本書爲國家社科基金青年項目
“近百年來古籍版本圖録研究”
（18TQ012）階段性成果

中國歷代書目題跋叢書

日本訪書志標注

楊守敬 撰
趙嘉 何理 劉英博 標注

圖書在版編目(CIP)數據

日本訪書志標注 /（清）楊守敬撰;趙嘉整理. —上海：上海古籍出版社，2023.7
（中國歷代書目題跋叢書）
ISBN 978-7-5732-0705-0

Ⅰ. ①日… Ⅱ. ①楊… ②趙… Ⅲ. ①古籍—圖書目録—中國 Ⅳ. ①Z838

中國國家版本館 CIP 數據核字(2023)第 083913 號

中國歷代書目題跋叢書
日本訪書志標注
楊守敬　撰
趙　嘉　標注
上海古籍出版社出版發行
（上海市閔行區號景路 159 弄 1-5 號 A 座 5F　郵政編碼 201101）
（1）網址：www.guji.com.cn
（2）E-mail：guji1@guji.com.cn
（3）易文網網址：www.ewen.co
蘇州市越洋印刷有限公司印刷
開本 850×1168　1/32　印張 19.125　插頁 7　字數 340,000
2023 年 7 月第 1 版　2023 年 7 月第 1 次印刷
ISBN 978-7-5732-0705-0
K·3373　定價：108.00 元

圖一　楊守敬像

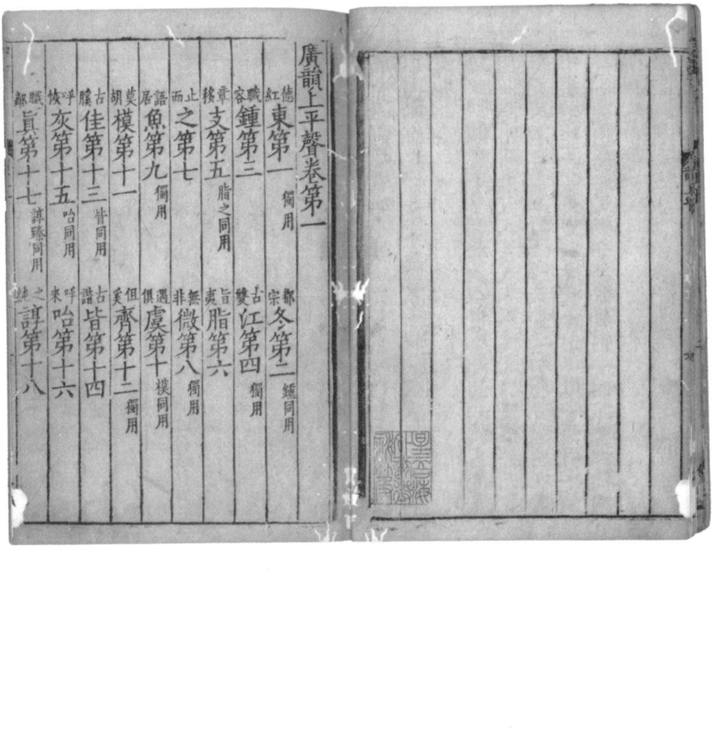

圖二　楊守敬所購藏宋本《廣韻》書影

（本書 041 號）

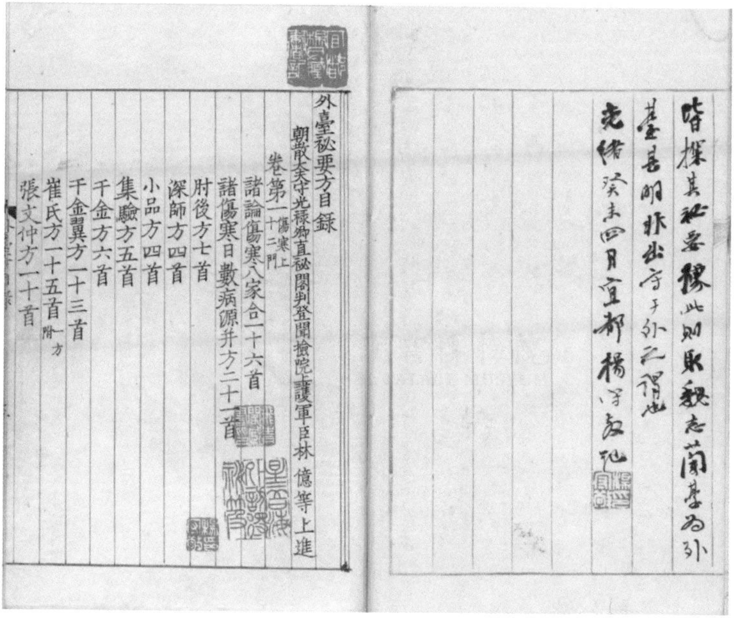
外臺秘要方目録
朝散大夫守光祿卿直秘閣判登聞檢院上護軍臣林億等上進
卷第一 傷寒上 十二門
諸論傷寒八家合一十六首
諸傷寒日數病源并方二十一首
肘後方七首
深師方四首
小品方四首
集驗方五首
千金方六首
千金翼方一十三首
崔氏方一十五首 附一方
張文仲方一十首

圖三　楊守敬所購藏影宋抄本《外臺秘要方》書影

（本書138號）

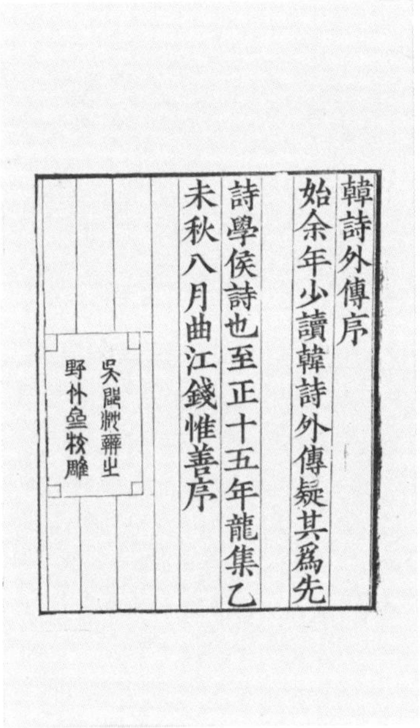
韓詩外傳序
始余年少讀韓詩外傳疑其爲先
詩學矦詩也至正十五年龍集乙
未秋八月曲江錢惟善序
吳郡沈辨之
野竹齋校雕

明本《韓詩外傳》
（本書 008 號）

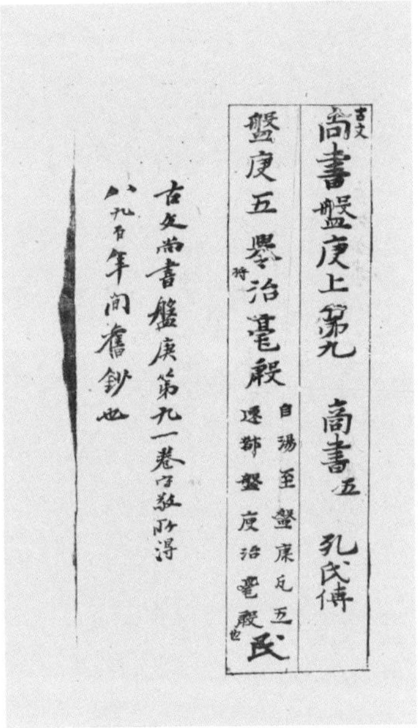
古文尚書盤庚上第九　尚書五　孔氏傳
盤庚五遷將治亳殷　自湯至盤庚凡五遷都盤庚治亳殷也
古文尚書盤庚第九一卷以敍所得
八九百年前舊鈔也

古抄本《古文尚書》
（本書 004 號）

圖四　《留真譜》書影

《中國歷代書目題跋叢書》出版説明

漢代劉向、劉歆父子編撰《别録》《七略》，目録之學自此濫觴，在傳統學術中發揮了重要作用。歷代典籍浩繁龐雜，官私藏書目録依類編次，繩貫珠聯，所謂「類例既分，學術自明」（《通志·校讎略》），學者自可「即類求書，因書究學」（《校讎通義·互著》），實爲讀書治學之門户。而我國典籍屢經流散之厄，許多圖書真容難睹，甚至天壤不存，書目題跋所録書名、撰者、卷數、版本、内容即爲訪書求古的重要綫索。至於藏書家於題跋中校訂版本異同、考述版本淵源、判定版本優劣、追述藏弆流傳，更是不乏真知灼見，足以津逮後學。

我社素重書目題跋著作的出版，早在二十世紀五十年代，我社就排印出版了歷代書目題跋著作二十二種，後彙編爲《中國歷代書目題跋叢書》第一輯。此後，我社又與學界通力合作，精選歷代有代表性和影響較大的書目題跋著作，約請專家學者點校整理。至二〇一五年，先後推出《中國歷代書目題跋叢書》第二至四輯，共收書目題跋著作四十六種，加上第一輯的二十二種，計六十八種，極大地普及了版本目録之學。面對廣大讀者的需求，我社將該叢書陸續重版，並訂正所發現的錯誤，以饗讀者。

上海古籍出版社

二〇一八年八月

目録

卷五

卷八

卷十

卷十一

卷十二……三六五

卷十五

卷十六

卷十七

附録一

整理説明

楊守敬（1839—1915），字惺吾，號鄰蘇老人，湖北宜都人。清末著名歷史地理學家、金石學家、書法家、藏書家、古籍版本學家。主要著述有《水經注疏》《隋書地理志考證》《學書邇言》《楷法溯源》《日本訪書志》《留真譜》《望堂金石集》等八十餘種。

1880 年楊守敬出使日本，充當駐日公使何如璋的隨員，由此開始了其日本訪書之旅。1881 年黎庶昌接任駐日公使，楊守敬留任，協助黎氏編刻《古逸叢書》。彼時日本正值明治維新，大量漢籍被當地藏書家賤值出售，楊守敬得以經眼、收購衆多古籍文獻，從此與藏書結下不解之緣。在此期間，楊氏結識了森立之、向山黄村、島田重禮等日本藏書家，並在他們的幫助下，通過購買、交换、借抄、拍攝等方式，獲得了一大批珍貴的古籍善本。1884 年楊守敬攜書歸國，結束了近四年的訪書活動。

日本的訪書經歷是楊守敬編寫《日本訪書志》的直接原因，其在日本見到了森立之等人所編寫的《經籍訪古志》，於是「按録索之」「每得一書，即略爲考其原委，别紙記之。久之，得廿餘册，擬歸後與同人互相考證，爲之提要」（《日本訪書志序》）。因爲楊守敬在日本時的主要精力在於協助黎庶昌編刻《古逸叢書》，所以其個人訪書活動的成果並未在當時完成，只是處於資料搜集階段，所撰多是草稿。

楊守敬回國之後亦未立即展開《日本訪書志》的編寫工作，而是先後奔波於黄岡、上海、宜都、武昌等地，直到1899年其赴武昌受聘爲兩湖書院地理教習，才開始有了一段相對平穩集中的時間用於編寫著述，《日本訪書志》即爲其中之一。從楊守敬作於1881年的《日本訪書志緣起》算起，至1901年《日本訪書志》正式刊成，相隔了20年。《日本訪書志》諸刻本前均有「光緒丁酉(1897)嘉平月鄰蘇園開雕」的牌記，則説明該書的整理刊刻大約持續了4年。

《日本訪書志》的整理刊刻過程中即存在許多不盡人意之處，導致該書出現混亂、謬誤。

首先，作爲該書的作者，楊守敬本人對《日本訪書志》在刊刻過程中的監督較爲有限。上文中已經提到，由該書牌記可知，《日本訪書志》的書版開雕於鄰蘇園。鄰蘇園是楊守敬在黄州的藏書處，據楊世燦所編《楊守敬學術年譜》(湖北人民出版社，2004年)，其在1897—1901年間在黄州的時間很短，1899年之後便去了武昌，其重要精力則用於《隋書地理志考證》《漢書地理志補校》《晦明軒稿》諸書的編輯出版，《日本訪書志》的刊印工作則交由女婿黄志孚負責。這與楊守敬在《日本訪書志》序中所言「守敬又就館省垣，原書多藏黄洲，未能一一整理」的説法是一致的。

其次，楊守敬所撰《日本訪書志》底稿潦草凌亂，在刊印前未能徹底整理完畢。楊守敬在《日本訪書志序》中提到「暨歸，赴黄岡教官任，同好者絶無其人，此稿遂束高閣，而遠方妮古之士嘗以書來索觀其目。因檢舊稿塗乙不易辨……乃先以字畫清晰者付書手録之，釐爲十六卷」。可知《日本訪書志》的底稿並未完全整理完畢，而是選擇了其中文字較爲清晰的部分先行刊刻。但是我們在整理該書的過程中發現，即便是付梓刻印的部分，依舊存在刻工因不辨楊氏手跡而屢屢出現文字形近而誤的情況。該書的辛丑初刻本，更是有許多因辨識不清而産生的墨丁。這説明底稿字畫的潦草已經影響到了該書的校勘與刊刻。

針對《日本訪書志》在刊刻之初存在的種種不利情況，楊守敬採用了隨刻隨改的辦法，該書的所有版本都是在同一部書版上刊刻修改的。同時，爲了方便在修改相應書版時而不影響相連的書版内容，楊氏將每篇解題文字單獨刊刻，不同解題之間不相連，如有新的解題加入，也置於該卷卷末，從而避免了牽一髮而動全身，實屬高明，但也爲後人區分版本差異增加了難度。

我們根據楊氏《留真譜》及《鄰蘇老人年譜》中的綫索，又結合所見到的《日本訪書志》實際的版本情況，發現該書曾經多次刊印，有多種版本存世。

據《鄰蘇老人年譜》記載，楊守敬是在光緒丁酉年（1897）計畫刊刻《留真譜》和《日本訪書志》的，到了辛丑年（1901）兩部書同時刻成[一]。我們在研究《留真譜》的過程中發現了這樣一個問題，《留真譜》中收録了一張《古文尚書》的書影，書影旁有楊守敬的識語「《古文尚書・洪範第六》，一卷，見《日本訪書志》，守敬影照得之」。遂查閲了《續修四庫全書》《日本藏漢籍善本書志書目集成》《宋元明清書目題跋叢刊》《海王邨古籍書目題跋叢刊》中《日本訪書志》的影印本，却發現不同的結果，這些影印本雖然都有「光緒丁酉嘉平月鄰蘇園開雕」的牌記，但《續修》本和《集成》本實際則是十七卷，都收録了《古文尚書》的解題；而其餘則都是十六卷，無《古文尚書》解題。我們又查看了幾種影印本的出版説明，結果説法却是彼此不一〔三〕。

《海王邨》本的出版者在《前言》中説：

光緒二十三年（一八九七）的鄰蘇園自刻本是唯一的刻本，但是有十七卷本與十六卷本的不同。十七卷本前冠自撰的《〈日本訪書志〉緣起》，寫於光緒七年（一八八一），應該就是彙編之始。守敬初刻時是整理好一篇刻一篇，因而分類和頁碼的編排難免混亂，卷十七僅有《古鈔王子安文》一篇十一頁。大概是自己也不滿意，因而在書刊行以後，守敬又重加編排，删去卷一的《古文尚書志》一篇，又將卷十七的《古鈔王子安文》一篇改爲卷十六的附録，將全書定爲十六卷，挖改重印。十六卷本前冠的守敬手書自序，寫於光緒二十七年（一九〇一），當是重編完成的時間。〔四〕

按照以上引文的意思，《日本訪書志》一書是先有十七卷、後有十六卷，兩者的差别在於十七卷本有《古文尚書》解題，而十六卷本無，其餘篇目並無差别。

但我們將以上幾個版本比勘，發現事實並非如此。

首先，僅就十七卷本而言，《續修》本、《集成》本二者並非完全一致。《續修》本在分類和頁碼的編排上較《集成》本更爲混亂，而《集成》本較《續修》本還少《文鏡秘府論》（古鈔本）、《蔡中郎文集》（明刊本）、《分類補注李太白詩集》（明郭雲鵬本）三篇解題。

其次，十七卷本雖較十六卷本多《古文尚書》解題一篇，但也缺少十六卷本卷九的《神農本草經》（漢學堂黄奭輯本）解題。

以上的差異説明，《海王邨》本的出版者對《日本訪書志》十六卷本和十七卷本版本判斷是存在問題的。同樣，《書目題跋叢刊》本書前的《影印説明》對《日本訪書志》的版本判斷也有可商榷之處：

丁酉（一八九七）開雕後，曾印刷朱印本多部贈諸同好，徵求意見，又增益修訂，歷時四年始成。此書有十六卷本、十七卷本，均署光緒丁酉，同卷本之間亦有卷首及跋文所收多寡不同者，當係作者據原版損益而成。現據光緒丁酉家刻十六卷本影印。〔五〕

出版者在這裏没有詳細指出十六卷本、十七卷本具體的差異，也没有説明兩種卷數刊印的次序，但其中「同卷本之間亦有卷首及跋文所收多寡不同者」，説明是見到了有卷數相同但内容有别的本子，較之《海王邨》本之《前言》所云更接近事實，但仍然認爲《日本訪書志》只有牌記爲丁酉年的一類。《續修》本和《集成》本没有出版説明。因此可以説，以上幾種《日本訪書志》影印本的出版者在當時對該書的版本問題並没有認識清楚，所作出的關於版本的判斷是模糊混亂的。

此前，對《日本訪書志》的版本問題研究得較爲全面的是劉昌潤，他在整理本《日本訪書志》的《前言》中提出了該書除丁酉本外還有辛丑本〔六〕。他説：

今知《訪書志》有兩種版本，一本扉葉篆書「日本訪書志十六卷」，先生埒東莞黄志孚署，葉背匡欄内題「光緒丁酉嘉平月鄰蘇園開雕」。一本題「日本訪書志初編十六卷」，葉背匡欄内題「光緒辛丑宜都楊氏開雕」，旁注「《晦鳴軒稿》附」。兩者相距四年，似當以後者爲完備；及檢柯逢時舊藏辛丑本，反較丁酉本少跋文九篇及王子安佚文，無目録，無《訪書志緣起》。各篇書口上右下刻有小字部類，亦有不刻者。且書中有朱筆校改。而丁酉本書口部類小字注全部剜去，文字多據辛丑本硃砂筆校語改正，因知丁酉本實後印於辛丑本。蓋當時學人聞先生輯刻《日本訪書志》，争欲先睹爲快，用贈柯氏者殆未經最後審定之初印本。〔七〕

劉氏在這裏提到的辛丑本實際包含了兩種，一種爲柯逢時所藏的「辛丑初刻本」，一種爲修訂後的辛丑本。我們後來在上海圖書館也見到了這兩種辛丑本，這兩個本子的版本特徵與引文中所述基本一致，但也有明顯不同的地方。劉氏在丁酉本與辛丑本的差異比較上敘述得則較爲籠統，而且也有失實之處。另外，我們在上海圖書館還發現了一種丁酉本，與上文中的幾種丁酉本不同。於是我們結合以上各種版本，對《日本訪書志》的版本進行了重新的梳理，以補前人研究疏漏之處。

在對《日本訪書志》的版本進行梳理前，有兩點需要説明，這是以往研究中不甚明確的，只有先明晰這兩點才能有助於我們理解該書的版本問題。

第一，無論是丁酉本還是辛丑本，所用的書版都是同一部，除了新增的書志外，後續的修改也是在原書版上進行的。

以上各種版本不僅在行款、字體上完全相同，而且有些書葉所反映出的版片特徵也完全一致。

其實楊守敬在刊刻這部書版之初便做好隨時修改的準備了，這一點體現在他的《日本訪書志》每篇書志均是單獨成版，即使有的書志只佔據了半葉九行中的一兩行也絕不會與下一篇聯綴在一塊書版上，而是另刻一版。

第二，在兩部版本的牌記「光緒丁酉嘉平月鄰蘇園開雕」與「光緒辛丑宜都楊氏開雕」中，「開雕」表明的是開始刊刻的時間，不是刊成的時間。

據《鄰蘇老人年譜》所載，楊守敬在丁酉年（1897）計畫刊刻《日本訪書志》時是在黄州鄰蘇園家中，之後從己亥年（1899）至辛丑年（1901）則一直在武昌兩湖書院任教習。「光緒丁酉嘉平月鄰蘇園開雕」交代了這部書刊刻的最初時間和地點，至於「光緒辛丑宜都楊氏開雕」，則説明了楊守敬當時是在武昌對該書進行了修改，楊氏是宜都人，故署「宜都楊氏」。楊守敬的《日本訪書志》序文所署時間是辛丑四月，其《鳴晦軒稿》正式刻本序文的時間是辛丑九月，因此可知《日本訪書志》附有《鳴晦軒稿》的版本刊印的時間應該在辛丑九月之前。

綜上可知，既然只有一部書版，自然是先在丁酉年開雕，而這部書版在辛丑年時已經基本刊刻完畢，辛丑本使用的便是此版印出的書葉。只是當時楊氏已身在武昌，遂將原有部分和新增部分一併刊印成書，這就是辛丑本。該本没有《日本訪書志緣起》，更無目録，説明只是一個過渡本。而後楊氏又繼續對該書進行修改完善，最終的定本則是帶有丁酉本牌記的版本。

我們所見以下各種版本爲這一結論提供了依據，具體爲：

辛丑初刻本

此本今上海圖書館有藏(索書號線普 641577－84),與劉昌潤所提到的柯逢時藏本爲同一版本,有楊氏序,無《日本訪書志緣起》,無目録,共十六卷。除了没有《古鈔王子安文》外,較之後來的辛丑修訂本還缺少卷十一中的《姓解》一篇〔八〕,亦無修訂本所附的《晦鳴軒稿》。

《日本訪書志》是楊守敬陸續修改不斷完善而成書的,因此該書在刊刻之初就存在排葉和分類混亂的問題,由於當時只是對初刻本的字句進行了校勘,所以這一問題在修訂本中没有得到修正〔九〕。因爲這一版本無《晦鳴軒稿》,所以此本的刊印時間應該在所有版本中是最早的。

辛丑修訂本

此本上海圖書館有藏(索書號線普 414551－58),主要是對辛丑初印本在字句上的訛誤進行了修改,並且還附録了《晦鳴軒稿》〔一〇〕。這部《晦鳴軒稿》除了收録了楊氏衆多的地理考證文章之外,還有一篇解題——《神農本草經》(漢學堂黄奭輯本),該解題後來被收入到了丁酉本中的最終定本中。

除未收録《神農本草經》(漢學堂黄奭輯本)解題外,判斷辛丑初刻本和辛丑修訂本作爲《日本訪書志》早期刊印的版本的依據還體現在兩方面:

一是書中有多處墨丁,這些墨丁在後來的版本中基本上都被刻成了字。比如卷一第十葉後半葉末行最後一字,辛丑兩本作墨丁,此後版本作「四」字;卷八第十葉前半葉末二行最後兩字,辛丑初刻本作墨丁,辛丑修訂本作「緣由」,其他版本均同辛丑修訂本。

二是辛丑兩本收録解題數量與其餘後印版本差别較大。區别主要在第五卷，較其餘後出版本少《貞觀政要》（古抄本）、《貞觀政要》（影舊抄本）、《貞觀政要》（舊抄本）三篇解題，共計二十六葉。

丁酉本　甲種

此本上海圖書館有藏（索書號606466－73），牌記「光緒丁酉嘉平月鄰蘇園開雕」，有楊氏序，有《日本訪書志緣起》，無目録，十六卷。無《古文尚書》《古鈔王子安文》《神農本草經》（漢學堂黄奭輯本）解題。

這個版本依然没有目録，説明楊守敬還没有對收録的篇目進行全面的整理，因此此本仍然存在收録解題重複的問題，《姓解》一書還是存有兩篇解題，但增入了《貞觀政要》（古抄本）、《貞觀政要》（影舊抄本）、《貞觀政要》（舊抄本）的解題。在排序上補充了辛丑兩本中的一些漏葉，如補充了卷八的第二十一葉（《大唐新語》書志的末葉）；也改正了一些書葉版心的數字，使其前後連貫。但前兩個版本對《一切經音義》的排序及《蔡中郎文集》的分類錯誤仍然没有被糾正，仍然有漏葉存在。

丁酉本　乙種

即《續修》本。牌記「光緒丁酉嘉平月鄰蘇園開雕」，有楊氏序，有《日本訪書志緣起》，無目録，十七卷，第十七卷即《古鈔王子安文》解題，無《神農本草經》（漢學堂黄奭輯本）解題。

這個版本和丁酉本甲種較爲接近，主要區别就在於將先前辛丑修訂本所附的《晦鳴軒稿》中的《王子安集》作爲《日本訪書志》的第十七卷，但並未將《神農本草經》（漢學堂黄奭輯本）解題也一起收入。從這個版本開始，《日本訪書志》有了十七卷本。

丁酉本　丙種

即《集成》本。牌記「光緒丁酉嘉平月鄰蘇園開雕」，有楊氏序，有《日本訪書志緣起》，無目録，十七卷，無《神農本草經》（漢學堂黄奭輯本）解題。

此本對甲、乙二種《日本訪書志》作了較多的改正，其改動程度較大，包括校勘、排序和删減解題三方面。

在校勘上，此前所有版本卷三《大廣益會玉篇》（元刊本）的解題開頭均是：

每半葉十二行，四周雙邊，篇幅較至正本尤廓，每刊板年月。

而丁酉本丙種則改爲：

每半葉十二行，四周雙邊，篇幅較至正本、鄭氏本尤廓，無刊板年月。

由此可見此前版本解題内容之謬誤，此後各版本均與丁酉丙種同。

在排序上，從此本開始將此前版本中卷四《一切經音義》解題的葉數排列正確；將卷四兩葉編爲三十四號的書葉中的第二張改爲三十六號；《才調集》（舊鈔本）解題原本在辛丑二本中位於第十三卷，丁酉本甲種曾將其移至第十二卷《篋中集》（舊鈔本）前，丙種則又將其恢復到辛丑二本的位置。

在删減解題上，這個本子删去了前幾個版本中卷十三的《文鏡秘府論》（古鈔本）解題，因爲卷六中已經有此書的書志，且更爲詳盡；删去了本屬於集部書但却置於子部書的《蔡中郎文集》（明刊本）、《分類補注李太白詩集》（明郭雲鵬本）兩篇解題。這兩篇解題又被後來的版本歸到了集部書中而得以保留。

雖然這一版本對《日本訪書志》作了以上的改動，但仍然存在許多不盡如人意的地方，最明顯的就是仍然存有兩篇同一版本的《姓解》解題。

丁酉本　丁種

即《書目題跋叢刊》本、《海王邨》本，兩部影印本篇幅完全一致，文字略有異同。牌記「光緒丁酉嘉平月鄰蘇園開雕」，有楊氏序，有《日本訪書志緣起》，有目録，十六卷，有《神農本草經》（漢學堂黄奭輯本）解題。

此本是《日本訪書志》刻本中的最終定本，也是唯一有目録的刻本，楊氏將《古鈔王子安文》書志由之前獨佔一卷改爲第十六卷的補遺部分，並且繼續對原來的版本進行了以下的修改。

在校勘上，自丁酉本乙種、丙種起增入的《貞觀政要》（古抄本）解題中有墨丁（卷五第三十四葉前半葉第六行首字處），丁酉本丁種改爲「誠」字；乙種、丙種第五卷第三十九葉前半葉次行首字作「王」，丁種改爲「手」；甲、乙、丙三種版本第五卷第四十二葉前半葉第三行小注中有兩處墨丁，丁種分别改爲「菅」「録」；此前所有版本的卷七第四十四葉前半葉有多處「□」，代表原文中不可辨識的地方，但又容易與「口」字混淆，故丁種均改作空一字處理；此前所有版本均將卷十四中《王荆文公詩注》訛刻成「王荊文云詩注」，丁種改正。可以説此本是繼辛丑修訂本之後校勘最爲細緻的一個版本。

在分類排序上，丁種將此前所有版本卷二中的《聚類名義鈔》（舊鈔本）書志移到了卷四；卷十一中的《秘府略》（鈔本）書志由第四十二葉移至第二十八葉；此前所有版本均誤將卷十六《禪苑蒙求》（寬文九年刊本）解題的最後一葉內容當作下一部《碧嚴録》（元刊本）解題的最後一葉，丁種改爲正確順序（今丁種本卷十四第十四葉、十五葉對换即之前錯誤的順序）。

在解題的增減上，丁種删去了自甲種、乙種起增入的《古文尚書》解題，删去了多餘的《姓解》解題一篇，增入了《神農本草經》（漢學堂黄奭輯本）解題，同時還將丙種删去的《蔡中郎文集》《分類補注李太白詩集》兩篇書志重新加入到集部書中。

另外，對於劉昌潤所提到的書口小字部類問題，我們經過仔細核對，發現實際與劉氏所言並不一致。丁酉本的甲、乙、丙、丁種書口中均殘留有小字部類，這些部類中實際上是含有多級目録的痕跡，其中既有「經部」這樣的一級類目，也有「小學」這樣的二級類目，這説明楊守敬在編書之初是計畫將該書的目録分到第二級的，但最終定本中的目録只是按照四部排列，並未設置具體部類。

以上便是我們所見到的《日本訪書志》的6種不同版本，通過對這些版本主要特徵的介紹，我們不難發現此前關於該書版本研究的疏漏之處。由此我們可以總結出《日本訪書志》刊刻的大體經過：楊守敬先是在丁酉年開始著手該書的刊刻工作，書版開雕於丁酉年，在辛丑年開始第一次印刷，此後楊氏對該書又有大幅度修改。由於是陸續寫成陸續刊刻，多次修改多次刊印，所以産生了幾種在排序、分類以及書志書目存在差異的丁酉本。該書最初是先有十六卷本，其間又改爲十七卷本，最後確定爲十六卷本。因爲該書在每次修改時並没有對牌記做相應改動，而前人在研究時又過分依賴牌記及卷數，没有仔細比對書中具體内容的差異，因此做出了錯誤的推論。

結合以上《日本訪書志》在刊刻過程中産生的版本特點，本次整理以丁酉乙種本即《續修》本爲底本。此本内容較爲齊備，同時又相對較爲通行。與其他諸本篇目差異具體情況如下（標號爲本次整理本中的序號）：

004 **古文尚書** 古鈔本

此篇僅見於《續修》本中，《日本訪書志》其餘刻本未收，後王重民先生輯《日本訪書志補》中有「尚書孔傳殘本五卷　日本古鈔本」一篇，核對内容，可知當即指此本。王氏未記落款「光緒甲午六月宜都楊守敬記」。

124 **神農本草經三卷** 漢學堂黄奭輯本

此篇解題最初見於辛丑初刻本《訪書志》所附《晦明軒稿》中，《續修》本、《集成》本亦無，而之後的《海王邨》本和《書目題跋叢刊》本均已列入《訪書志》正文，所加書葉版心作「又六」〔一二〕。

178 **才調集十卷** 舊鈔本

辛丑初刻本及《續修》本中《才調集》兩見，一見於卷十二，一見於卷十三，内容完全一致，當是《訪書志》早期版本編輯重複，此後諸版本均只保留了卷十三中的《才調集》。

180 文鏡秘府論六卷 古鈔本

《文鏡秘府論》在《續修》本中兩見，一爲六卷本，一爲二卷本，解題内容不同，一詳一略，此處爲詳者。二卷本爲六卷本之殘本。後來《訪書志》的版本做了進一步修改，删掉了簡略者。

197 蔡中郎集十卷 明刊本

辛丑初刻本無此篇解題，《續修》本將此篇置於釋家類，之後版本均將此篇解題置於卷十四《陳思王集》解題後。

199 分類補注李太白詩三十卷 明郭雲鵬本

此篇解題屬於補刻，辛丑初刻本、《集成》本無，《續修》本將其補入卷十六《感山雲卧紀談》之後，版心作「又七」。之後《書目題跋叢刊》本、《海王邨》本均將此篇調整到卷十四《須溪先生校本韋蘇州集》後，但版心仍作「又七」。

同時，我們在參校其他版本時，還將上海圖書館所藏辛丑甲種本中的楊寶鏞批注浮簽以及《續修》本佚名批注一併收入，這些批注或是涉及《日本訪書志》的校勘、編輯特點，或是説明了相關版本的遞藏，具有一定的參考價值。

楊守敬在《日本訪書志》序中提到該書只是其訪書所得的部分内容：

又其中不盡罕見之書，而驚人秘笈尚多未録出者，良以精力衰頽，襄助無人致斯缺憾。倘天假之年，當并出所得異本，盡以告世人也。

遺憾的是楊氏此後再未編寫《日本訪書志》的後續著述。1915 年楊守敬去世，其觀海堂藏書由家人出售給當時的國民政府，今主要分別藏於國家圖書館、北京故宫博物院、臺北「故宫博物院」、臺北「國家圖書館」等處〔一二〕。二十世紀二十年代，王重民先生在故宫博物院圖書館任職期間，受袁同禮先生之命，以故宫博物院所藏爲主，同時參考相關資料，輯録出不見於《日本訪書志》的楊氏題跋數十種，初名《日本訪書續志》。《日本訪書續志》最初發表在 1928 年出版的《圖書館學季刊》第二卷第三期上，該《續志》屬於尚未完成的草稿，首列《日本訪書續志輯目》，有楊氏題跋本 37 篇；之後是王重民先生題記一篇，説明共輯録楊氏題跋 36 篇（今按，實際 37 篇），同時説明這些題跋除了源自故宫所藏楊氏藏書外，還有部分是來自《適園藏書志》《晦明軒稿》《古逸叢書》的記録（六篇録自張氏《適園藏書志》，一篇録自《晦明軒稿》，一篇録自《古逸叢書》）；最後是選取抄録了 36 篇中的 28 篇楊氏題跋。後來王重民先生對《日本訪書續志》加以修改補充，共收録楊氏題跋 46 篇，更名《日本訪書志補》，由中華圖書館協會在 1930 年鉛印出版，成爲該書最爲常見的版本，今日所見之影印本、整理本，皆以此爲底本（該本未刊載王氏在《日本訪書續志》中的題記）。這批藏書後來大部分遷播到臺灣，分藏臺北故宫博物院和臺北「國家圖書館」。二十世紀七十年代，日本學者阿部隆一撰有《「中華民國國立故宫博物院」藏楊氏觀海堂善本解題：中國訪書志一》，對《日本訪書志》《日本訪書志補》中所著録的古籍有較爲細緻的著録，因此也成爲本次整理時的重要參考資料之一。

需要特意説明的是，楊守敬在編寫《日本訪書志》的同時，還在編輯《留真譜》，兩部版本目録學著作是同時完成的，聯繫緊密[一三]。楊守敬已經在《日本訪書志》的一些解題中，注有「有圖」的提示語（如《春秋集傳釋義》《漢隸字源》《景祐天竺字源》），而這些古籍的書影則存於《留真譜》中。由此可知，楊守敬在編寫《日本訪書志》的過程中，是將其中著録的古籍與《留真譜》相結合的，帶有圖文結合的特點。此前，廣文書局出版的《留真譜初編》《留真譜二編》，在爲該書書影編目時，已在相應的條目下以「見楊《志》」來標注其出現在《日本訪書志》中的位置，當屬較早留意到《日本訪書志》與《留真譜》之間的緊密聯繫的做法。本次整理，借鑒了廣文書局本整理《留真譜》的方式，將《日本訪書志》《日本訪書志補》收録之書見於《留真譜》者加以標注，也對廣文本著録的一些版本信息差異加以進一步核實，修正了一些不實之處。因廣文書局本《留真譜》並不常見，讀者不便查閱，故在整理中將較爲常見的北京圖書館出版社影印本《留真譜》和廣文本《留真譜》一併標注，便於核對。

得益於當今便利的網絡、數字媒介，此次《日本訪書志》的整理已經比1997年湖北人民出版社、湖北教育出版社出版的《楊守敬集》中的《日本訪書志》《日本訪書志補》，以及2003年遼寧教育出版社出版的《日本訪書志》《日本訪書志補》有了新的發現和補正。兩部先行出版的整理本，爲本書在確立新的整理方向和材料選擇上提供了借鑒，開創之功實不可没。

在本書的出版過程中，得到了上海古籍出版社郭沖編輯的邀請以及河北大學文學院在出版經費上的支持。在整理過程中，得到了學生謝穎、劉英博、何理諸君的幫助。特此致謝。囿於見聞，整理工作仍不免疏誤，請讀者批評指正。

趙嘉　二〇二三年三月十九日

〔一〕楊守敬、熊會貞撰，《鄰蘇老人年譜》，民國四年(1915)石印本。

〔二〕按，《續修四庫全書》本《日本訪書志》每卷卷端有「上海古籍出版社藏書」印，可知此本爲上海古籍出版社收藏。

〔三〕按，《中國古籍善本書目》著録《日本訪書志》兩部，均爲稿本，一爲不分卷本，一爲十六卷本，《中國古籍總目》著録同。

〔四〕《海王邨古籍書目題跋叢刊》，中國書店，2008年，第1册。

〔五〕《宋元明清書目題跋叢刊》，中華書局，2006年，第19册。

〔六〕按，劉昌潤這一説法影響很大，比如臺北故宫博物院在2014年出版的《鄰蘇觀海——院藏楊守敬圖書特展》一書中引用了劉氏的説法，第56頁。馬月華在《古逸叢書研究》一書中也採用了劉氏的説法(北京大學出版社，2015年，第15頁)。

〔七〕謝承仁等主編，《楊守敬集》，湖北人民出版社、湖北教育出版社，1997年，第8册。

〔八〕按，辛丑初刻本原來在卷十一中只有《姓解》解題一篇，但後來的辛丑修訂本、《續修》本、《集成》本又在此篇書志前加入相同版本的《姓解》解題一篇，只是内容略有不同，當爲楊氏撰稿時重複所致。後來的《海王邨》本、《書目題跋叢刊》本則將重複的一篇再次删去。

〔九〕按，《日本訪書志》一書的排葉和分類混亂問題較爲嚴重，在刊印之初尤甚。比如卷四《一切經音義》（宋槧本）的解題，應該至第二十五葉而止，但辛丑初印本、辛丑修訂本、《續修》本均將下一篇《隸篆萬象名義》（舊鈔本）解題的第二葉内容排在第二十六葉，誤作爲《一切經音義》解題的内容，使得兩篇書志讀來令人費解，直到《集成》本、《書目題跋叢刊》本、《海王邨》本才改正了順序。又，該書辛丑初刻本卷十六收録爲子部佛教典籍書志，而第一部却是《蔡中郎文集》（明刻本）的解題，顯然是倉促成書導致的分類錯誤。辛丑修訂本、《續修》本依舊如此，直到《書目題跋叢刊》本、《海王邨》本才將此解題移至卷十四别集類書志中（《集成》本無此篇）。

〔一〇〕按，楊守敬最初將此書寫作「晦鳴軒稿」，到了辛丑九月正式刊印此書時改作「晦明軒稿」。該書收録的主要是楊氏關於歷史地理的考證文章，《日本訪書志》所附《晦鳴軒稿》較之刊本只是其中的一部分，説明當時此書尚未完成。關於該書的成書過程可參見施和金在《楊守敬集》第 5 册中的前言。

〔一一〕按，《晦明軒稿》在光緒庚子年刻成，但楊氏爲此書作序時間署作辛丑九月。楊氏在《年譜》中作「晦明」，其餘有作「晦鳴」者。

〔一二〕魯穎《觀海堂藏書流傳考》一文對楊守敬觀海堂藏書的流傳與現存情況有較爲全面的考察（載《故宫博物院院刊》，2014 年第 3 期）。

〔一三〕按，楊守敬自撰的《鄰蘇老人年譜》中記載《日本訪書志》和《留真譜》是同年編寫，同年完成的。

整理凡例

一、此次標點整理，以《續修四庫全書》本《日本訪書志》（丁酉本乙種）爲底本，校本包括：

1. 上海圖書館所藏辛丑初印本、辛丑修訂本、丁酉本甲種；

2. 《日本藏漢籍善本書志書目集成》本（丁酉本丙種，簡稱「《集成》本」），北京圖書館出版社 2003 年影印本。

3. 《宋元明清書目題跋叢刊》本（丁酉本丁種一，簡稱「《書目題跋叢刊》本」），中華書局 2006 年影印本；

4. 《海王邨古籍書目題跋叢刊》本（丁酉本丁種二，簡稱「《海王邨》本」），中國書店 2008 年影印本；

並參考湖北人民出版社、湖北教育出版社《楊守敬集》本（簡稱「湖北本」）。劉潤昌整理，1997 年出版）、遼寧教育出版社整理本（簡稱「遼寧本」）。張雷點校，2003 年出版），如有關鍵異同，出校說明。

王重民先生《日本訪書志補》，《續修四庫全書》影印中華圖書館協會 1930 年鉛印本附於《日本訪書志》後。本次整理，保留《日本訪書志補》所列篇目，解題内容則據題跋真跡或録文録入；未得見題跋真跡或録文者，則據《日本訪書志補》録入，與孫楷第先生爲《日本訪書志補》所作序一併附録於後。

二、標注部分主要側重兩個方面，一是對《日本訪書志》文本内容的校定，二是對《日本訪書志》著録的古籍展開調查，將其中可查訪者標注館藏地、版本時代、其他書目的著録等情況，以案語附入。

三、對於《日本訪書志》所著録之古籍，盡量核對原書之膠片、電子版，其中差異以校記列出。

四、《日本訪書志》中爲避清諱而改諸字，如「玄」作「元」、「丘」作「邱」等，本次整理均徑改回本字。

五、本次整理所用主要參考用書版本信息如下：

《經籍訪古志》，澁江全善、森立之等撰，杜澤遜、班龍門點校，上海古籍出版社 2017 年出版；

《留真譜初編》《留真譜二編》，廣文書局 1991 年出版；

《留真譜》，北京圖書館出版社 2004 年出版；

《「中華民國國立故宫博物院」藏楊氏觀海堂善本解題》（簡稱《中國訪書志一》），阿部隆一撰，慶應大學附屬研究所斯道文庫 1970 年出版；

《臨蘇觀海——院藏楊守敬圖書特展》，宋兆霖主編，臺北「故宫博物院」2014 年出版；

《「國立中央圖書館」善本題跋真跡》，「國立中央圖書館」1982 年出版；

《標點善本題跋集録》，「國立中央圖書館」1992 年出版；

《上海圖書館善本題跋真蹟》，上海圖書館編，上海辭書出版社 2013 年出版；

《上海圖書館善本題跋輯録》，陳先行、郭立暄編著，上海辭書出版社 2017 年出版；
《上海圖書館藏宋本圖録（修訂本）》，上海圖書館編，上海古籍出版社 2022 年出版；
《國家圖書館宋元善本圖録》，編輯出版委員會編，浙江古籍出版社 2019 年出版；
《蕘圃藏書題識》，（清）黄丕烈撰，屠友祥注，上海遠東出版社 1999 年出版；
《皕宋樓藏書志》，（清）陸心源撰，中華書局 1990 年出版；
《藝風藏書記》，繆荃孫撰，黄明、楊同甫標點，上海古籍出版社 2007 年出版；
《藏園群書題記》，傅增湘撰，上海古籍出版社 1989 年出版；
《藏園群書經眼録》，傅增湘撰，中華書局 2019 年出版；
《藏園老人手稿》，傅增湘撰，中華書局 2020 年出版；
《涵芬樓燼餘書録》，張元濟撰，張人鳳整理，上海古籍出版社 2022 年出版；
《廣韻版本考》，朴貞玉、朴現圭著，學海出版社 1986 年出版；
《宋代經書注疏刊刻研究》，張麗娟著，北京大學出版社 2013 年出版。

日本訪書志序

光緒庚辰之夏，守敬應大埔何公使如璋之召赴日本充當隨員，於其書肆頗得舊本，旋交其國醫員森立之，見所著《經籍訪古志》，遂按録索之。會遵義黎公使庶昌接任，議刻《古逸叢書》，囑守敬極力搜訪，而藏在其好古家者不可以金幣得。屬有天幸，守敬所攜古金石文字乃多日本所未見者，彼此交易。於是其國著録之書麕集於篋中。每得一書，即略爲考其原委，別紙記之。久之，得廿餘册，擬歸後與同人互相考證，爲之提要。暨歸，赴黄岡教官任，同好者絶無其人，此稿遂束高閣，而遠方妮古之士嘗以書來索觀其目。因檢舊稿塗乙不易辨，時守敬又就館省垣，原書多藏黄洲，未能一一整理，乃先以字畫清晰者付書手録之，釐爲十六卷。見聞之疏陋，體例之舛錯，皆所不免。又其中不盡罕見之書，而驚人秘笈尚多未録出者，良以精力衰頹，襄助無人致斯缺憾。倘天假之年，當并出所得異本，盡以告世人也。

辛丑四月宜都楊守敬自記於兩湖書院之東分教堂。

日本訪書志緣起

余生僻陬，家尠藏書，目録之學素無淵源。庚辰東來日本，念歐陽公「百篇尚存」之語，頗有搜羅放佚之志，茫然無津涯，未知佚而存者爲何本。乃日游市上，凡板已毁壞者皆購之，不一年遂有三萬餘卷。其中雖無秦火不焚之籍，實有奝然未獻之書。因以諸家譜録參互考訂，凡有異同及罕見者皆甄録之。夫以其所不見遂謂人之所不見，此遼豕所以貽譏。然亦犉有秘文墜簡，經余表章而出者，不可謂非採風之一助也。

日本舊有鈔本《經籍訪古志》，七卷，近時澁江道純、森立之同撰，所載今頗有不可踪跡者，然余之所得，爲此《志》之所遺正復不少。今不相沿襲，凡非目覩者別爲《待訪録》。

《訪古志》所録明刊本，彼以爲罕見而實我國通行者。如劉節之《藝文類聚》，安國、徐守銘之《初學記》，馬元調之元、白《集》之類，今並不載。亦有彼國習見而中土今罕遇者，又有彼國翻刻舊本而未西渡者，兹一一録入。

《經義考》每書載序跋，體例最善。《愛日精廬藏書志》遂沿之。兹凡《四庫》未著録者，宋元以上並載序跋，明本則擇有考證者載之。行款、匡廓亦詳於宋元而略於明本。

日本古鈔本以經部爲最，經部之中又以《易》《論語》爲多，大抵根原於李唐，或傳鈔於北宋，是皆我國所未聞，其見於《七經孟子考文》者，每經不過一二種，實未足概彼國古籍之全。

《考文》一書，山井鼎校之於前，物觀又奉勅校之於後。宜若彼國古本不復有遺漏，不知《考文》刊於享保中，當我康熙末，其時彼國好古之士亦始萌芽，故故所傳《易》單疏本〔二〕、《尚書》單疏本、《毛詩》黄唐本、《左傳》古抄卷子本皆爲《考文》所未見，其他遺漏何怪焉。

日本古鈔本經注多有虚字，阮氏《校刊記》疑是彼國人妄增。今通觀其鈔本，乃知實沿於隋唐之遺，詳見陸氏《釋文》中。即其原於北宋者，尚未盡删削。如《志》中所載《尚書》《毛詩》經注鈔本猶多虚字。今合校數本，其漸次剷除之迹猶可尋。阮氏所見經注本大抵皆出於南宋，故不信彼爲唐本。

日本文事盛於延喜、天平，當唐之中葉，厥後日尋干戈，至明啟、禎間，德川氏秉政，始偃武修文。故自德川氏以前，可信其無僞作之弊。《古文孝經》固非真孔傳，然亦必司馬貞、劉子玄所共議之本。《提要》疑是宋以後人僞作，未悉彼國情事也。

日本氣候固無我江南之多霉爛，亦不如我河北之少蠹蝕，何以唐人之迹存於今者不可勝計？蓋其國有力之家皆有土藏，故雖屢經火災而不燬。至於鈔本，皆用彼國繭紙，堅紉勝於布帛，故歷千年而不碎。

日本收藏家除足利官學外，以金澤文庫爲最古，當我元明之間，今日流傳宋本大半是其所遺。次則養安院，當明之季世，亦多宋元本，且有朝鮮古本。此下則以近世狩谷望之求古樓爲最富，雖其楓山官庫、昌平官學所儲亦不及也。又有市野光彦、澀江道純、小島尚質及森立之，皆儲藏之有名者。

余之所得大抵諸家之遺。

日本醫員多博學，藏書亦醫員爲多，喜多村氏、多紀氏、澀江氏、小島氏、森氏皆醫員也，故醫籍尤收羅靡遺。《蹟壽館目録》多紀丹波元堅撰。所載今著録家不及者不下百種，今只就余收得者録之。

日本崇尚佛法，凡有兵戈，例不燬壞古刹。故高山寺、法隆寺二藏所儲唐經生書佛經不下萬卷，即經史古本亦多出其中。今兹所録仿《舊唐書・藝文志》之例，收諸家之爲釋氏而作者，其一切經雖精妙絶倫，皆别記之。

日本頗多朝鮮古刻本，皆明時平秀吉之役所掠而來，如《姓解》《草堂詩箋》等書。余詢之朝鮮使臣，並稱無傳，且云秀吉之亂，其國典籍爲之一空，然則求朝鮮逸書者，此地當得半矣。

日本維新之際頗欲廢漢學，故家舊藏幾於論斤估值。爾時販鬻於我土者不下數千萬卷。猶憶前數年有蔡姓者載書一船，道出宜昌，友人饒季音得南宋板《吕氏讀詩記》一部，據云宋元槧甚多，意必有祕笈孤本錯雜於其中，未知流落得所否。今余收拾於殘賸之後，不能不爲來遲恨，亦不能不爲書恨也。

余之初來也，書肆於舊板尚不甚珍重。及余購求不已，其國之好事者遂亦往往出重值而争之，於是舊本日稀。書估得一嘉靖本亦視爲祕笈，而余力竭矣。然以余一人好尚之篤，使彼國已棄之肉復登於俎，自今以往諒不至拉雜而摧燒之矣，則彼之視爲奇貨，固余所厚望也。近日則聞什襲藏之，不以售外人矣。

日本學者於四部皆有撰述，朝事丹鉛，暮懸國門，頗沿明季之風。然亦有通材樸學卓然可傳者，反多未授梓人。如狩谷之《和名類鈔箋》、丹波之《醫籍考》。擬别爲《日本著述提要》，故兹皆不録入。其有采録古書不參彼國人論議者，如《醫心方》《和名類聚之類》，皆千年以上舊籍，尤爲校訂之資，故變例收之。至若朝鮮爲我外藩，《桂苑筆耕集》已見於《唐志》，今兹亦隨類載入。《醫方類聚》，日本有活字本，亦醫籍之淵藪也。

皇侃《論語疏》、《群書治要》及《佚存叢書》久已傳於中土，此録似勿庸贅述。然皇《疏》有改古式之失，《治要》有鈔本、活字二種。他如《古文孝經》《唐才子傳》《臣軌》《文館詞林》《難經集注》，皆在《佚存叢書》中。彼國亦别本互出，異同疊見，則亦何可略之。

日本收藏家余之所交者，森立之、向山黄村、島田重禮三人，嗜好略與余等，其有絶特之本，此録亦多采之。唯此三人之外余罕所晉接，想必有驚人祕笈什襲於金匱石室中者，幸出以示我，當隨時補入録中，亦此邦珍重古籍之雅談也。

《志》中急宜刊布者，經部之《易》單疏、《書》單疏、萬卷堂之《穀梁傳》、十卷本之《論語疏》、小學類之蜀本《爾雅》、顧野王原本《玉篇》、宋本《隸釋》，子部之台州本《荀子》、類書之杜臺卿《玉燭寶典》、邵思《姓解》、醫家之李英公《新修本草》、楊上善之《太素經》、集部之《文館詞林》十卷，《佚存叢書》所刻僅四卷。是皆我久佚之籍，亦藝林最要之書，使刻爲叢書，恐不在《士禮居》《平津館》下也。若釋慧琳《一切經音義》百卷、釋希麟《續一切音義》十卷，此小學之淵藪，一部傳而漢唐文字音韻之書皆得以見崖略，顧卷佚浩繁，力不能贍，世之高膽遠矚者或亦有取於斯。厥後黎公使多以刻入《古逸叢書》。

前人譜録之書多尚簡要，《敏求記》唯録宋本，《天禄琳琅》《愛日精廬》《拜經樓》藏書則兼采明本，時代不同故也，而張金吾論説尤詳。余之此書又詳於張氏，似頗傷繁冗，然余著録於兵燹之後，又收拾於瀛海之外，則非唯其時不同，且其地亦不同，苟不詳書，將有疑其爲郢書燕説者，且録中之書他日未必一一能傳，則存此崖略亦好古者所樂觀也。

凡習見之書不載撰人名氏，其罕見之品則詳録姓氏，間考爵里。

古鈔本及翻刻本多載彼國題記，其紀元名目甚繁，若必一一與中土年號比較詳注則不勝其冗，今別爲一表以便考校〔二〕。

光緒辛巳二月宜都楊守敬記。

〔一〕「故故」當衍一「故」字。

〔二〕今《日本訪書志》諸刻本未見楊氏所言之表。

卷一

001　足利活字本七經

足利學活字本《七經》，山井鼎所據以著《七經孟子考文》者。是書印行於日本慶長時，當明萬曆年間。其原係據其國古鈔本，或去其注末虛字，又參校宋本，故其不與宋本合者，皆古鈔本也。日本刻經，始見正平《論語》及翻興國本《左傳》，又有五山本《毛詩鄭箋》。其全印《七經》者，自慶長活字本始。余至日本之初物色之，見一經即購，存積四年之久，乃配得全部。蓋活字一時印行雖多，久即罕存，其例皆然。如吾中土蘭雪堂活字本，亦印於明代，今日已成星鳳。山井鼎當我康熙年間，此本已非通行，惟足利侯國大學始有全部，無怪近日之更難遇也。或疑其中凡近宋諱多缺筆，當是全翻宋本，是不然。蓋其刻字時，仿宋本字體摹入。故凡遇宋諱亦一例効之，實不盡據宋本。證之余所得諸古鈔本，而後知參合之跡顯然。且《尚書》《禮記》字體非仿宋本者即不缺筆，可以釋然矣。

【案】《留真譜初編》中收録有部分足利活字本《七經》書影：《周易》（廣文本第3—8頁、北京本第3—8頁）；《尚書》（廣文本第25—28頁、北京本第28—30頁）；《毛詩》（廣文本第63—66頁、北京本第71—74頁）；《禮記》（廣文本第137—140頁、北京本第147—150頁）；《春秋經傳集解》（廣文本第81—88頁、北京本第93—98頁）；《論語》（廣文本第187—190頁、北京本第208—210頁）；《孟子》（廣文本第213—216頁、北京本第231—232頁）。

楊氏所著録《七經》中，有三種今藏臺北「故宫博物院」：《春秋經傳集解》著録爲日本慶長間活字本，十五册（故觀013681－013695）；《論語》著録爲日本慶長間要法寺刊本，二册（故觀013696－013697）；《孟子》著録爲日本慶長間古活字第五種異植字本，五册，楊守敬墨筆校貼附，朱筆句逗、墨批訓讀（故觀013698－013702）。

又，傅增湘《藏園群書經眼録》著録相同版本一套，爲其所收藏本，抄録如下（第2—4頁）：

周易十卷

七行十七字，注雙行，板心微小，字體拘方，黑口，四周雙闌。首行題「周易上經乾傳第一」，次行下題「王弼註」。

尚書十三卷

九行十七字，注雙行，黑口，四周雙闌。每卷後小字雙行記「經若干字」「注若干字」。前有《尚書序》，次目録。首行題「尚書卷第一」，次行頂格題「堯典第一」，空五格題「虞書」，又空二格題「孔氏傳」。版心闊大而字亦疏放。

毛詩二十卷

八行十七字，注雙行，黑口，四周雙闌。版闊而字方，首行題「毛詩卷第一」，次行題「周南關雎詁訓傳第一」，三行低二格題「毛詩國風」，下題「鄭氏箋」。小序後即接連本詩。卷末記「經凡若干言」「注凡若干言」。鈐有「杉垣簃珍藏記」朱、「弘前醫官澀江氏藏書記」朱二印。

禮記二十卷

八行十八字，注雙行，黑口，四周雙闌。版闊大。首行題「禮記卷第一」，次行「曲禮上第一」，空三格題「禮記」二字。又空三格題「鄭氏注」。鈐有「向黄邨珍藏印」白、「青山氏藏」朱各印。

春秋經傳集解三十卷

八行十七字，注雙行，黑口，四周雙闌。闊版心，大字。首《左傳序》。首行題「春秋經傳集解隱公第一」，次行低六格，題「杜氏」二字，空一格題「盡十一年」。經、傳字以陰文別之，卷末有後序，序後記「經凡若干言」「注凡若干言」，皆大字各占一行。

論語十卷

七行十七字，注雙行，黑口，四周雙闌。版心略小，字方整，與《周易》同種。首何晏等上集解序。首行題「論語學而第一」，下題「何晏集解」。每卷末標題下記「經若干字」「注若干字」，小字雙行。

孟子十四卷

七行十七字，注雙行，黑口，四周雙闌。版心略小，字方，與《論語》同。前有孟子題辭。首行題「孟子卷第一」，次行題「梁惠王章句上」。凡七章。

鈐有「弘賢」朱、「清原」朱、「天師明經儒」朱文長印。（余藏）

002　周易正義十四卷　舊鈔本

單疏古鈔本，無年月，狩谷望之求古樓舊藏，相傳爲弘治、永禄間鈔本。首「周易正義序」，次「周易正義第一」「國子祭酒上護軍曲阜縣開國子臣孔穎達奉勅撰定」，第二卷以下並同，但無「定」字。凡標經注起止，並大字居中，《正義》則雙行小字，每半葉八行，行二十一字，以大字計。其文字大抵與明錢孫保所校宋本單疏合[一]。《乾卦》「彖曰」至「萬國咸寧」[二]，錢本總在「各以有君」之下，與十行以下分屬各段者不同，此亦總疏不分屬。唯錢本所據尚是宋刻，此則爲唐鈔之遺。如《文言》「知至至之，可與幾也」，日本古鈔本皆有「言」字，自唐石經以下皆無「言」字。此《正義》覆述經文有「言」字，且前九三疏引《文言》云云，此本亦有「言」字，可知《正義》所據經文本有「言」字。後人據石經並删《正義》，錢氏所據單疏已删此字，不待注、疏合刻矣。

〔一〕「錢孫保」原作「錢保孫」。湖北本已出校。

〔二〕「彖曰」原作「象曰」。湖北本已出校。

【案】《留真譜初編》中收録該書書影（廣文本第 9 頁，北京本第 9 頁）。《經籍訪古志》著録（第 10 頁）。今藏臺北「故宫博物院」，三册（故觀 013760—013762）。

003 伊川易解六卷繫辭精義二卷 刻入《古逸叢書》

元至正己丑積德書堂刊本，中缺宋諱，當爲重翻宋本。唯首載朱子《九圖》，又《精義》題「晦庵先生校正」，恐皆是坊賈所爲。其東萊一跋，此本亦遺之，據董鼎《周易會通》補入。按，《東都事略》《書録解題》並云「《易傳》六卷」，而《文獻通考》及《宋志》均作十卷，《宋志》：《傳》九卷，《繫辭解》一卷。《二程遺書》則併爲四卷，惟錢遵王《敏求記》載有六卷本。其參差之故，或謂當時本無定本，故所傳各異，而其實非也。余謂《遺書》之四卷爲明人所併，端臨之十卷，蓋據當時坊刻《程朱傳義》合刊云。然而《宋志》因之，非别有所據傳鈔本也。日本昌平學藏有《程朱傳義》十卷，元延祐甲寅孟冬翠巖精舍刊本，余亦得殘本二册。亦缺宋諱，則其根源於宋本無疑。蓋自宋董楷有《周易傳義附録》十四卷，坊賈遂以朱子所定之古文從《程傳》，而以《程傳》之卷第從《本義》，又删其所載異同，唯明廣東崇德堂刊本載異同而音義亦删除。而二書皆失本真，後來各析爲書，而二書又互相攘奪。近世《本義》有重刊吴革本，始復朱子之舊，而《程傳》原本終不可見。此本仍爲六卷，又異同兩存，其爲東萊定本無疑。至《繫辭精義》，《書録解題》稱《館閣書目》以爲託祖謙之名。今按所載諸家之説，翦截失當，謂爲僞託，似不誣。然此書流傳尤少，其中所載《龜山易説》久已失傳，存之亦未必不無考證焉。光緒癸未嘉平月記。

【案】此本收入《古逸叢書》第四種之「覆元至正本易程傳」，書後有楊守敬題記，與《訪書志》相同。

004 古文尚書 古鈔本

此《古文尚書》古鈔本，存第一、第二、第七、第八、第九、第十、第十一、第十二、第十三，末有「天正第六戊寅六月吉秀圓記」〔一〕。每半葉九行，行二十字。以森立之《訪古志》照之，此第七、第八、第十一、第十二、第十三冊，即容安書院所藏；其第一、第二、第九、第十二冊，則守敬從日本市上得之。相其筆迹格式，的爲一書，不知何時散落〔二〕。其中古字與山井鼎《七經孟子考文》所載古本合，其第一卷序後直接「古文尚書　堯典第一」，不別題「尚書卷第一」，蓋合安國《序》。同卷與唐石經合。宋以下序後別題「尚書卷第一」五字，非也。今人以《經典釋文》覈山井鼎之書往往不合，遂疑日本古鈔爲不足據〔三〕，不知《釋文》已經宋陳鄂改亂，非陸氏之舊，阮文達作《校刊記》亦未悟及此。

〔一〕王重民先生《日本訪書志補》所著録「尚書孔傳殘本五卷」與此爲同一版本，此句後另有「册尾有『天正第六戊寅六月吉秀圓』題記并花押」一句。

〔二〕「散落」原作「義落」，據葉景葵《卷盦藏書記》所録改。

〔三〕「疑」原作「類」，據葉景葵《卷盦藏書記》所録改。

【案】《留真譜初編》收録該書書影（廣文本第22頁，北京本第22頁）。

《初編》所收爲第九卷書影，每卷書影又附有楊氏題記：

《古文尚書·盤庚第九》，一卷，守敬所得八九百年間舊鈔也。

此本今藏臺北「故宫博物院」，著録爲日本天正戊寅（六年）釋秀圓鈔本。存九卷，四册（故觀 011738 – 011741）。

《經籍訪古志》著録此本（第 17 頁）。

此篇僅見於《續修》本中，《日本訪書志》其餘刻本未收，後王重民先生輯《日本訪書志補》中有「尚書孔傳殘本五卷　日本古鈔本」一篇（見後 241 號），核對内容，可知當即指此本。王氏未記落款「光緒甲午六月宜都楊守敬記」。阿部隆一《中國訪書志一》著録此本並抄録楊氏在第十三卷末、第十卷末的兩篇題記（第 20 頁），但與《訪書志》此篇文字尚有較大差異。葉景葵《卷盦藏書記》記録楊氏卷首題記，與《訪書志》所録較爲接近，惟内容多出二句：一爲「宋以下序後别題『尚書卷第一』五字，非也」後有「仲弢學士見而愛之，囑爲覆寫，以此未經衛包所改之書，當爲至寶」；一爲「阮文達作《校刊記》亦未悟及此」後有「是當與學士重商之。光緒癸卯二月，楊守敬記」一句。

005 尚書正義二十卷 北宋槧本

《正義》單疏本。首孔維上《校勘正義表》，後題「端拱元年三月日秦奭等上表」，下列勘官軒轅節、胡令問、解貞吉、胡迪、解楨、李覺、袁逢吉、孔維等銜名。次長孫無忌《上五經正義表》，次《尚書正義序》，序下一行題「國子祭酒上護軍曲阜縣開國子臣孔穎達奉勑撰」，「勑」字提行，與「國子」平列。題「尚書正義卷第一」，次行題孔穎達銜，與前同，唯「達」下有「等」字。以下每卷并有穎達銜名，唯無「等」字，每卷後統計若干字。每半葉十五行，行二十四字，左右雙邊，缺「玄」「胤」「讓」「敬」「弘」等諱。卷三末書「嘉元二年暮春廿五朝約句讀了，圓種」。每卷有「金澤文庫」印，又有「歸源」墨印，原本今藏楓山官庫。是書中土久無傳本，山井鼎作《考文》時亦未之見。緣此書寛政間丹波櫟窗始得殘本獻之官，官併搜索餘卷所在，遂成完本。余初得後藤正齊影鈔本〔一〕，蓋正齊曾爲官書掌管，故能使人摹之也，因念是書猶是端拱經進，原本首尾完具，詢希世之珍，乃從書記官巖谷修借原本用西法照出，意欲攜歸，醵金重刊，久不能集事。丙戌又攜入都以付德化李木齋，許以重刊。旋聞木齋丁艱，恐此事又成虛願也。或云此亦南宋初刻本。

〔一〕「後藤正齊」當作「後藤正齋」，詳下文所引《藏園群書經眼録》。《訪書志》刻本常將「齋」刻成「齊」，下文不再出校。

【案】《留真譜初編》收録該書書影（廣文本第 29—34 頁，北京本第 31—36 頁）。傅增湘《藏園群書經眼録》著録此本及楊氏複製此本經過，抄録於下（第 21 頁）：

宋刊本，版匡高七寸七分，寬五寸八分。半葉十五行，每行二十四字，白口，左右雙闌。版心中縫題書幾，下記刊工姓名，有王政、施章、黄暉、吴珪、汪盛、陳忠、王仲、葛珍、朱因、王寔、方成、張亢、洪茂、蔡至道、洪先諸人。首端拱元年雕印《五經正義表》，下列勘官秦奭等銜名九行。次趙國公無忌等《上五經正義表》。次《尚書正義序》。本書第一行標書名，次行低四格題撰人銜名二行。凡正義先標注文起訖各二字爲題，次行頂格標「正義曰」云云。每卷終空一行標書名卷幾，次一行記「計幾萬幾千幾百幾十幾字」。亦有空一行者。宋諱缺筆甚謹，玄、敬、弘、讓、貞、恒、瑗、般、頊、慎等字皆爲字不成，是孝宗時刊本。然筆意堅實，結體方嚴，猶有汴都遺韻也。鈐有「金澤文庫」正書墨印。

按：此書曾載《日本訪書志》，言寬政間丹波櫟窗始得殘本獻之，又搜訪餘卷，竟成完璧。楊惺吾守敬先得後藤正齋影寫本，後復從官庫假宋本照影歸國。旋爲李木齋先生收得，許以重刊，迄未如願。惺吾常引爲憾。然昨歲大坂每日新聞社已複製流傳，余蒙内藤湖南博士虎惠貽一帙，精美殊常，直下真跡一等。鄰蘇有知，亦當九原含笑矣。

此後《四部叢刊三編》（1935—1936 年）亦影印此本。此本今藏日本宫内廳書陵部，著録作南宋孝宗朝浙刻本。張麗娟《宋代經書注疏刊刻研究》言及此本爲南宋翻刻本，且有詳細介紹（第 233—234 頁）。

006 尚書注疏二十卷 宋槧本

南宋紹熙間三山黄唐題識，稱「六經疏義自京監蜀本皆省正文及注，又篇章散亂，覽者病焉。本司舊刊《易》《書》《周禮》正經注疏，萃見一書，便於披繹」云云。故各經後皆有此跋，是合疏於注自此本始。十行本又在其後。十行本板至明猶存，世多傳本。此則中土久已亡，唯日本山井鼎《七經孟子考文》得見之，以校明刊本，多所是正。顧其原書在海外，經師徵引，疑信參半。余至日本，竭力搜訪，久之，乃聞在西京大板收藏家。余囑書估信致求之，往返數四，議價不成。及差滿歸國，道出神户，乃親乘輪車至大板物色之，其人仍居奇不肯售。余以爲日本古籍有所見，志在必得。況此宋槧經書爲海内孤本，交臂失之，留此遺憾。幸歸裝尚有餘金，乃破慳得之，攜書歸。時同行者方詫余獨自入大板，及攜書歸舟，把玩不置，莫不竊笑癖而且癡，而余不顧也。書凡裝十册，缺二册，鈔補亦是以原書影摹，字體行款，毫無移易，固不害爲全書也。

黄唐跋是紹熙壬子，《七經考文》於《禮記》後誤「熙」爲「興」。阮氏《十三經校刊記》遂謂合疏于注在南北宋之間，又爲山井鼎之所誤也，附訂於此。此書今歸南皮張制府。

【案】《留真譜初編》收録該書書影（廣文本第35—36頁，北京本第41—42頁）。

此本今藏國家圖書館，著録爲兩浙東路茶鹽司刻本（卷七、卷八、卷十九、卷二十爲日本影宋鈔本），十六册，每半葉八行十九字，小字雙行同，白口，左右雙邊（索書號04523）。《古逸叢書三編》《中華再造善本·唐宋編》收録。

此書前有楊守敬題跋一篇，與《訪書志》所記内容大致相同。

楊氏雖然發現山井鼎氏所録牌記有誤，但所據牌記爲鈔本描摹，而非原書所刻。

上圖所藏《日本訪書志》初印本此處有楊寶鏞題浮簽：

此跋未詳行款，余案陳氏《經籍跋文》：宋本《禮記註疏》，每半葉八行，經每行十六字，注及正義小字雙行，行二十字，惠定宇手校，後歸曲阜孔氏。□亦紹熙所刻之一經，偶佚黄唐題跋耳。

又，鄭振鐸1947年9月7日在上海修文堂所見宋本《尚書正義》一部，或即此本(見沈津整理《鄭振鐸致蔣復璁信札(下)》[《文獻》2002年第1期]。又《爲國家保存文化——鄭振鐸搶救珍稀文獻書信日記輯録》[鄭振鐸著，陳福康整理，2016年中華書局]，書前有陳福康所撰《搶救民族文獻的珍貴文獻》一文，確認此信寫作時間是1947年9月7日[第18頁])：

中午與森老、斐雲應孫君約，看《尚書正義》，凡二函，十六册，中有三册係鈔配，以舊紙抄，諒係楊守敬所抄補者。餘皆宋刻宋印，見之，狂喜不禁！

007 尚書釋音二卷 影宋本，刻入《古逸叢書》

余在日本校刊《古逸叢書》，黎星使女壻張君沆得影寫此本，議欲刻之。余謂此書非得之日本，似不必彙入，且此書非陸氏之舊，乃宋人之書。星使駭然，余乃檢《崇文總目》及《玉海》證之，知爲宋開寶中太子中舍陳鄂奉詔刊定，以德明所釋乃《古文尚書》，與唐明皇所定今文駁異，令鄂删定其文，改從隸書。故段若膺、盧紹弓於《釋文》中此二卷深致不滿。今不能得開寶以前古本，則此不足驚人也。張君意存見好，必欲刻之，余亦未便深拒。今按此書不特「淺」改作「錢」，「庸」改作「鏞」，「鳥」改作「島」，「苞」改作「包」，「旄」改作「毛」，「鏐」改作「璆」，皆深没陸氏原文。惟「頗」改作「陂」，注云「舊本作『頗』」，此有唐明皇之詔，故不能没之。最可笑者，《舜典》下注云：「王氏注，相承云梅頤上孔氏傳《古文尚書》，亡《舜典》一篇，時以王肅注頗類孔氏，取王注從『慎徽五典』以下爲《舜典》，以續孔傳，徐仙民亦音此本，今依舊音之。」又「曰若稽古」二十八字云：「聊出之，於王注無施也。」是陸氏於《舜典》全用王注，不用方興傳，而今本則改用方興傳，而以王注間載注中，又不申明用姚改王之故，而但存陸氏，用「王氏注」於《舜典》題下，豈非大謬。

篇中「至于北岳，如西禮」，注云：「方興本同，似仍用王本者。」其實所載音字皆方興傳，與今本無一字出入，且多明明與王注不照者，陳鄂不學至此，而以删定通儒之書，豈非千古恨事！

日本《古文尚書》古鈔本，「驩兜」作「鴅叜」，近人謂爲日本人僞撰，以陸氏此本作「驩兜」爲證，亦癡人説夢也。

或曰：子力詆此書，然則不猶愈今之《釋文》乎？曰：此則當分别觀之，《序》下「訓」下「攝十四三篇亡」，盧刻本「四」「三」互倒；「科斗」下「蝦蟆」，不作「蟇」。《堯典》「氄」下「如兖反」，不作「如充反」；「女于」下「上恧反」不作「上而反」。《舜典》下「難，乃丹反」不作「乃但」，及「槀飫」不作「槀」。《大禹謨》「解」不作「懈」。《禹貢》「雍」下「州名後同」，不作「後名州同」；「鈎般」不作「盤」；「犀，細兮反」不作「纓」。《武城》「四月，始生魄然貌」，不作「然也」；《酒誥》「文王第稱穆」下「黄僕」不作「皇僕」；《召誥》「度，待洛反」，不作「時洛」。《洛誥》「惟七年周公攝政」，盧本脱「周公」二字。《君奭》「奔走」下「使人歸趣之」不作「趨之」。《君陳》「長，誅丈反」不作「丁丈」。此皆勝于盧本者也。若《序》「高辛」下「母不見」脱「名」字；《舜典》「四朝」下「四年」誤「四季」；《禹貢》「道」作「導」，而誤「音導」爲「言道」；《洪範》「無虐」馬本作「亡」，「侮此」誤作「悔」；《蔡仲之命》「從車」，此誤作「徒」；《顧命》「車渠，車輞」，此誤作「軔」。是皆形近之誤，或影摹失之。

案，此本缺「慎」「遘」等諱，又多改反爲切，是南宋刊本。首不題「經典釋文卷幾」，當是單行本。然改「尚書音義」爲「釋音」，皆謬。又題下徐、盧二本，並有卷第，葉鈔本無之，或以葉鈔爲是。余謂《大禹謨》下注云「徐云本《虞書》總爲一卷，凡十二卷，今依《七志》《七録》爲十三卷」，則陸氏原書載有卷第審矣。葉鈔及此本無卷第者，非也。

《釋文・條例》云：「孔傳《古文》亡《舜典》一篇，齊明帝建武中，吴興姚方興采馬、王之注，造孔傳《舜典》一篇，云於大航頭買得，上之。」是今之《舜典傳》明明爲姚方興作，或云劉光伯作，亦非。而考傳者亦多與他傳不分，非也。附訂於此。

【案】《留真譜初編》收録該書書影（廣文本第 37—38 頁，北京本第 43—44 頁）。

本書即《古逸叢書》第十種之「影宋大字本尚書釋音」，半葉十行，行大字約十四五字，小字約二十五字，左右雙邊，白口。卷端空白葉，有「汪魚亭藏閱書」（朱文）、「汪仲子曾讀過」（朱文）藏印。書後有潘錫爵跋：

此余影寫宋本《尚書釋文》也。其每葉行數字數與士禮居影刊之《孝經》《論語》《孟子音義》相同，知其爲宋本無疑。原本據小印知爲陸氏所藏，後藏仁和汪氏振綺樓。咸豐元二間元和管吉云明經請諸其師陳碩父徵君假之，用玻璃紙影鈔一通，未及轉鈔，紙黏而黑，漸致模糊。己未仲春，吉云語余，屬任影寫之役。余因用白紙影寫兩本，月餘而畢。以一本歸諸吉云，一本藏諸家塾，即此本也。其本爲盧紹弓、段若膺、顧千里、黄紹武諸先生所未見，故其校《通志堂》本曾未一引，而余乃得鈔校而讀之，不亦幸歟？吴縣潘錫爵跋。

008　詩外傳十卷　明沈辨之刊本

每卷題「詩外傳」，無「韓」字，惟卷首錢惟善《序》題有「韓」字。序後有「吴都沈辨之野竹齋校彫」篆書木記，首行題「詩外傳卷第一」，次行題「韓嬰」二字。每半葉九行，行十七字，大如錢，左右雙邊。余以此本校之毛氏《津逮》本，小有異同，而此爲優。蓋毛氏亦原此本，而又有謬誤者也。程榮《漢魏叢書》所據原本，脱首卷第二葉，竟以「抽觴」接「遊女不可求思」刊之。其他謬誤亦多，何允中雖補此一葉，而謬誤者亦未能校正。余嘗作札記，視趙懷玉、周廷寀校本〔一〕，似爲詳密云。

按，沈辨之，明嘉靖間人，與文休承兄弟往來。《孫祠書目》因其木記接錢《序》後，遂以沈爲元人，非也。余謂此刻款式雖古，而字體實是明嘉靖間之格，《訪古志》稱即以元本重雕者，亦非也。此本亦得之立之，首有「吴氏仲文印」，又有「黑水居圖書記」。

〔一〕「周廷寀」原誤作「周寀」。湖北本已出校。

【案】《留真譜初編》收録該書書影（廣文本第71—72頁，北京本第81—82頁）。

據阿部隆一《中國訪書志一》，此本爲沈氏野竹齋刻本，二册（第27頁）。此本今藏臺北「故宫博物院」，著録爲明野竹齋刻本，二册（故觀010212－010213）。

又，《中華再造善本·明代編》收録相同版本，著録爲明沈氏野竹齋刻本，藏國家圖書館（索書號07920）。

009　周禮鄭氏注十二卷　南宋槧巾箱本

宋刊巾箱本《周禮》，唯齊次風《石經考文提要》猶及見之，近來著録家未之聞，阮氏

《校勘記》亦不載，知傳世鮮矣。中有「重言」無「重意」，故標題略之。其文字往往與岳本及明刊徐氏本合，注疏本皆不及也。江陰繆筱珊編修愛不釋手，乃影摹一通，而以原本歸之。

《初學記》二十四卷出「國游」注：「《周禮》曰：『囿人掌國游之獸禁。』鄭玄注云：『國之離宮小苑游觀處。』」今本《周禮》皆作「囿游」，注云：「囿游，囿之離宮小苑觀處也。」據「疏説」云云，知賈公彦所見本已如此。想宋以下板本無異同者。「國游」「囿游」皆通，「觀」上無「游」字不可讀，而阮校本不及之。附記於此。

近見歸安陸氏有宋槧巾箱本《周禮》，然彼有「重言重意互注」字，亦非此本也。

【案】《留真譜初編》收録該書書影（廣文本第133頁，北京本第143頁）。

繆荃孫《藝風堂藏書記》卷一著録《周禮》十二卷一部（第9頁）：

宋刊巾箱本。鄭氏注。有重言二字作陰文。無重意，刻印俱精。每半葉九行，每行十七字。日本曼殊院舊藏，有印，白文。

此當即《訪書志》所著録之本。

張麗娟《宋代經書注疏刊刻研究》一書第三章之《九行十七字巾箱本》列出《周禮》巾

箱本三部，其中國家圖書館藏兩部，日本藏一部，皆與此本不同（第207頁）。此本與王氏《訪書志補》所著録爲同一本，但後者解題内容較略。見附録一245號。

010　儀禮鄭注十七卷

明陳鳳梧刊本，每半葉十行，行十九字，經、注並同。首題「儀禮卷第一」，次行題「漢鄭玄注」，三行頂格題「士冠禮第一」，皆非古式。附載《釋文》，凡釋經者即緊注其下，其釋注者則加○而附于注後，所見宋槧經注本，亦無此式者。其「士冠禮第一」下引鄭《目録》，遂使後來刊注疏者誤認此爲注文，而不標「疏」字。按，顧亭林據唐石經稱「今本《儀禮》脱經文五條」，此本五條皆在，唯《鄉射禮》「士鹿中」下脱注文耳。然以嚴州本校之，其他注文亦多脱誤。據鳳梧自序，蓋以鈔本上木，宜其多所遺失也。是本爲狩谷棭齋舊藏，森立之《訪古志》稱其與近世所行本大有異同，贊爲絶佳之本，蓋亦只就閩、監、毛注疏本校之，則此爲佳耳，固不足與嚴州本、徐氏本並論也。然脱誤雖多，取源自異，其足與嚴州、徐氏互證者，正復不少。此本著録家皆不及，則亦未可竟廢之也。陳氏自序别刊有單經本，今不得見，覩此可知其概矣。

【案】《留真譜二編》收録該書書影（廣文本第43—44頁，北京本第1232—1233頁）。

此本今藏臺北「故宫博物院」，著録爲《儀禮》十七卷，明正德十六年陳鳳梧汴中刊本，四册，有楊守敬和狩谷望之藏印（故觀 011760－011763）。

《經籍訪古志》著録此本（第 29 頁）。

阿部隆一《中國訪書志一》亦著録此本（第 28 頁）。

011　春秋左傳集解三十卷　古鈔卷子本

初森立之爲余言，日本驚人祕笈以古鈔《左傳》卷子本爲第一，稱是六朝之遺，非唐宋本所得比數。此書藏楓山官庫，不許出，恐非外人所得見。余託書記官巖谷修訪之，則云徧覔官庫中未見。余深致惋惜，乃以所得小島學古所摹第三卷首半幅刻之《留真譜》中，冀後來者續訪之。立之又爲言，此書不容遺失，倶道是如何櫝藏之狀。復以白巖谷，忽一日來告，云此書無恙。余即欲借出一觀，巖谷云：「此非吾所敢任。」余謂：「貴國有如此奇書，韞櫝而藏，何如叚吾傳録於西土，使海内學者得覩隋唐之遺，不尤貴國之光乎？」巖谷辗然，即徧商之，掌書者借出，限十日交還。書至，果卷子三十無一殘缺，紙質堅紉，蓋黄麻也。每卷有「金澤文庫」印，卷後有「建長八年叄河守清原」「建保三年清原仲光」「文永五年音博士清原等校刊」題記。余乃倩書手十人至寓館，窮日夜之力，改爲摺本影鈔之。刻期書成，其中異同之迹，真令人驚心動魄，多與陸氏《釋文》所稱一本合，真六朝舊笈也。其有《釋文》不載，爲唐石經、宋槧本所奪誤者，不可殫述。別詳札記。今第舉一二大者，如《昭公廿七年傳》「夫鄢將師矯子之命以滅三族。三族，國之良也」，今各本不疊「三族」二字，得不謂是唐石經以下之脱文乎？如《莊十九年傳》「鬻拳可謂愛君矣」，注：「楚臣能盡其忠愛，所以興。」各本「楚」下無「臣」字，尚可通乎？又如《隱九年傳》「衷戎師」，注：「以過二伏兵。」各本「過」作「遇」。山井鼎所見興國本亦作「遇」，旁注「别本作過」，蓋校者據此本耳，而阮氏《校刊記》非之。竊謂此一字千金也。蓋祝聃引戎師超過二伏兵，至後伏兵，後伏兵起，戎還，二伏兵禦其前，後伏兵擊其中。祝聃反逐其後。故注云：「前、後、中三處受敵。」衷戎師之情景如繪，若初即已遇見二伏兵，戎師不鬭，即還走矣，安得更隨祝聃至後伏兵處乎？此得不謂宋槧以下妄改乎？至如何義門所舉「死而賜謚」，古刻多然，此類不足稱説矣。原本校注甚爲精密，其作「乍」者，「作」之省；作「才」者，「摺」之省。所云「摺本」者，即謂宋本也。此書山井鼎所未見，蓋山井鼎爲足利士族，足利學所藏古鈔本無《左傳》。故《考文》只有興國本及活字本，而無古本。楓山官庫在其京師，非彼列侯之士所得寓目也。余乃從百年後得見彼國學者未見之書，不可謂非厚幸乎！

【案】《留真譜初編》收録楊氏影鈔此本之書影（廣文本第75—77頁，北京本第86—87頁）。《留真譜二編》則收録此本全文影鈔本（廣文本第409—570頁，北京本第1279—1439頁）。《初編》與《二編》重複著録同一本書，且後者完全收録全書，恐非楊氏本意。《二編》於民國六年（1917年）問世，而楊氏已於1915年逝世。書影旁有楊氏題記：

右《左傳》舊鈔卷子本，舊藏楓山官庫，三十卷，首尾完具，最稱奇籍。余來此，託掌秘書者蹤跡之，竟不可得，蓋散佚於明治之初。原本每卷後有題識，詳見森立之《訪古志》，此從小島尚質摹本，僅末卷兩題，原卷當尚在人間，願後來者按圖索之。

上圖所藏初印本此處有楊寶鏞題浮簽：

楊氏《留真譜》未知刻成若干種，有無印本，當訪求之。篴盦。

楊守敬據此本所作影鈔本，今藏臺北「國家圖書館」，著録爲清光緒壬午宜都楊氏影鈔日本金澤文庫藏古卷子本，三十卷，三十册。楊守敬、周懋琦各手書題記（00592）。此本曾經張鈞衡收藏，見於《適園藏書志》，亦見於王重民《日本訪書志補》中所著録「春秋經傳集解三十卷 影日本古鈔卷子本」者，與此篇内容大致相同，見後248號。《「國立中央圖書館」善本題跋真跡》收録楊氏題跋書影（第133頁），《標點善本題跋集録》收録楊氏跋文（第24頁），與《訪書志》有異：

舊讀山井鼎《七經孟子考文》，各經皆有古鈔本，唯《左傳》經注本、注疏本，皆只據足利學所藏宋槧本，因疑日本《左傳》無古鈔本。及得小島學古《留真譜》中有摹本第□卷首葉，字大如錢，迥異日本諸鈔本。問之森立之，乃云此書全部三十卷，是古鈔卷軸本，藏楓山官庫，爲吾日本古鈔經籍之冠，山井鼎等未之見也。余因託書記官巖谷脩於楓山庫中檢之，復書乃云無此書，深爲悵惘，故余《譜》中刻第□卷首一葉以爲幟志，而森立之力稱斷無遺失理，且道卅卷共一櫝，爲格□五，并告其櫝之長短尺寸，使巖谷再檢之，久之乃得，且許假我一月讀。計全書卅卷，無一字殘損，紙質堅韌如硬黃，紙背亦有校記，日本所謂「奥書」也，均是未褾本。各卷後有建長中越後守實時、參河守教隆、文永中清原俊隆、正嘉中清原直隆、弘安中左近衛將監顯時跋，皆係親筆題署。森立之云。又有延久、保延、仁平、久壽、應保、長寬、嘉應、治承、養和、壽永、元歷、建保、承久、延應各記。第三十卷末有應永十六年八月一日覽了跋。每卷有金澤文庫印。篇中朱墨校記，其稱「才ナ」「才无」者，謂宋槧摺本之有無也，「才」即「摺」字，「ナ」即「有」字，其稱「乍某」者，「乍」即「作」字也，皆校書者省筆。余以爲此絶書僅有奇書，不可不傳録之，迺雇書手十餘人，窮日夜之力影摹之；又以其筆法奇古，摹鈔未能神似，每卷雙鉤首一葉及卷後題字，以存真面，凡一月而成。其中文字多與陸氏《釋文》所稱一本合，蓋六朝舊籍非唐以後所可比，勘其經傳之異於唐石經者且數百字，其注文之異於宋槧者不可勝紀，明以下俗刻更無論矣。今略標數條，如昭廿七年《傳》「夫鄢將師矯之命以滅三族」。三族，國之良也」，自唐石經以下，皆不疊「三族」二字，文義不足，得謂非脱文乎？日本又有唐人書昭廿七年《左傳》一卷，亦疊「三族」二字，其卷藏高山寺，余於紙幣局見之。其注文如莊十九年《傳》「刑猶不忘納君于善」，注「言愛君明非臣法也，楚臣能盡其忠，愛所以興」，自岳本以下皆脱下「臣」字，不可通矣。又如桓九年《傳》「衷戎師，前後擊之，盡殪」注「爲三部伏兵，祝聃帥勇而無剛者先犯戎而速奔，以過二伏兵，至後伏兵，伏兵起，戎還走，祝聃反逐之」云云。宋以下刻本，「過」皆作「遇」，又不疊二字，最爲謬誤。蓋祝聃引戎師過二伏兵，而戎尚不知遇伏，至後伏兵之處，伏兵盡起，戎始知遇伏而還走，若至二伏兵即相遇，則必鬬，安能引至後伏兵處乎？疊「伏兵」二字，情景如繪，蓋已伏兵并起也。若夫死而賜謚等要義，皆絶勝俗本。全書朱墨校具在，細意詳考，知爲六代舊傳無疑，其中亦間有鈔胥奪誤，深識者自能辨之，亦無事曲狥。余嘗謂據今所得日本七經古鈔本重校一過，當勝山井鼎，此其一徵也。光緒壬午夏六月宜都楊守敬記于東京使館。

又，臺北「故宫博物院」亦藏有楊守敬影鈔本兩部（故觀 000410 – 000439、故觀 000458 – 000487）。

012 春秋左氏傳殘卷 舊鈔卷子本

自《昭公二十七年傳》「惠已甚」起，至《三十二年》「民忘」止，每行字數不等，凡書「經」「傳」皆不出格一字。石山寺藏本。癸未春，日本印刷局借得，欲石印。余得往讀之，相傳爲唐人筆，書法精美，紙用黄麻，信奇蹟也。注文腳多「也」字，余别有詳校本，今録其最異者：經文「二十」「三十」「四十」並作「廿」「卅」「卌」。《注》「令終，陽匃子」，作「陽匃，正子也」。《注》「子果宋樂祁也」〔二〕，「祁」下有「犂」字。《傳》「乃辭小國」，「乃」作「則」。《傳》「以滅三族，國之良也」，「三族」二字疊文，按文義，則不疊非也，自唐石經以下皆脱。《傳》「是瓦之罪」，「罪」下有「也」。「晉祁勝與鄔臧通室」，「鄔」作「鄢」，與石經合。「民之多辟」作「僻」，與《釋文》合。《注》「母氏性不曠」作「不廣」。《傳》「忿纇無期」，「纇」作「類」，與《釋文》一本合。《傳》「其子之廢」，「其」作「恭」，上有「與」字，按文義有「與」字爲長。《傳》「聞其聲而還」，無「其」字。《傳》「爲鄔大夫」，「鄔」作「鄢」，上、下注同，與石經合。「御以如皐」，「皐」作「睪」，古字通。《廿九年傳》「塹而死」作「漸」，《注》同。《傳》「能飲食之」，「之」作「龍」。《傳》「賜氏曰御龍」下有「氏」字。《注》「在哀二十四年」〔二〕，上有「事」字。《傳卅年》「有所不獲，數矣」，「數」上有「禮」字。《傳》「吳子問於伍員」，「伍」作「五」；「楚執政衆而乖」，「政」下有「者」；「以待字之察也」〔三〕，「察」下有「之」字。按唐石經此行計九字，是原刊有「之」字；「亦唯君」作「惟命」。《三十一年》「秋，吳則侵楚」〔四〕，「人」作「子」；「莒牟夷」《注》「在五年」，作「在廿五年」。

〔一〕「子果」湖北本校改作「子梁」。
〔二〕「哀」湖北本校改作「襄」。
〔三〕「以」字上湖北本校補「三十一年傳」。
〔四〕「則」湖北本校改作「人」。

【案】上圖所藏初印本此處有楊寶鏞題浮簽：

惺吾藏有六朝人書《左氏傳》殘卷，存一百六十四行，行十五字，得於日本國柏木政矩氏，有跋，甚詳盡，滬上石印，余曾購之。此《志》所未載也。篴盦識。

013　春秋左傳三十卷　舊鈔本

此本不載經文，唯第三十卷載經文。其分卷與唐石經同，中缺北宋諱，當是據北宋經傳本録出。然第三十卷仍録經文者，鈔寫時未能畫一耳，亦或别有單行傳本。缺第三十卷，而别以經傳本補之耶？凡《傳》文，多與石經及沈中賓本合，沈本之顯然訛誤者，此亦不與之同。而間有與諸本絶異之處，則往往與山井鼎所記異本合，洵爲北宋善本也。《莊四年》「以國與紀季」，各本無「國」字，唯山井鼎云：「足利本及宋板旁記異本有『國』字。」《十六年》「爲宋故也」，各本脱「爲」字，唯臨川本有「爲」字，與《釋文》一本合。《三十年》「謀伐山戎也」，各本無「伐」字，石經重刻增入「伐」字。《閔二年》「命可知矣」，各本「矣」作「也」，唯足利本與此同。《僖三年》「未之絶也」，各本作「絶之」，此與石經合。《二十二年》「隘而不列」，「列」上旁注「成」字，與《文選注》引合。「二十九字」[一]「雖然鄭亡，子亦有不利焉」，各本無「雖」字，此與石經合。《文六年》「辟刑獄」，各本作「辟獄刑」，此與沈本合。《宣十一年》「對曰：可哉，吾儕小人！」，注疏本脱「可哉」二字，此與臨川本合。《成二年》「從左右皆射之」，各本「射」作「肘」，此與纂圖本、淳熙本合；「殺靈侯」，各本作「弑」，此與沈本同。《十三年》「養之以福」，旁注引家本作「養以之福」[二]。《十五年》「向帶爲太宰」，與

《釋文》沈本合；「宋殺大夫山」，「殺」下無「其」字，與沈本同。《十六年》「晉有勝矣」，各本無「晉」字，石經旁增「晉」字。《襄四年》「棄武羅、伯困、熊」，各本「困」作「因」，唯臨川本、沈本與此同。《八年》「亦不使一介行李」，各本「介」作「个」，此與沈本同。《十二年》「同姓臨於宗廟，同宗臨於祖廟，同族臨於禰廟」，三「臨」字各本無。《十四年》「吾今實悔過」，各本「今」作「令」，此與沈本合；「使子行請於孫子」，各本無「請」字，足利本旁注：「異本有『請』字，石經初刻有『請』字；「夫君，臣之主也」，按此恐誤。各本「臣」作「神」。《十九年》「士子孔亦相親也」，各本「士」作「二」，此與臨川本、沈本合。《二十三年》「非鼠何如」，各本作「如何」，此誤，與沈本同。《二十四年》「胡載不謀」，各本「載」作「再」。《二十五年》「枕尸而哭之」，各本無「之」字，此與臨川本、沈本同；「何以至大焉」，各本無「大」字，足利本旁記：「異本有『大』字，臨川本有『大』字。」「賦車兵徒卒」，各本「卒」作「兵」，此誤與沈本同。《二十六年》「君與夫人」，各本作「大夫」。《昭三年》「又弱一介焉」，各本作「个」，惟明監本與此同。《四年》「曰：晉有三不殆」，各本「曰」上有「公」字，此與沈本合；「禮吾未見者有六焉」，各本「吾」下有「所」字，此與沈本同；「使寘諸饋于介而退」，各本無「諸」字，「介」作「个」，惟《文選・思元賦注》《運命論注》引作「介」。《五年》「敝邑休殆」，各本作「怠」，此與沈本合。《七年》「周文王之法」下無「曰」字，旁添「曰」字。《八年》「莫保其性」，宋殘本、十行本「保」作「信」；「臣必致死禮以息楚」，「楚」下無「國」字，與岳本同。《十四年》「恤孤寡」，各本「恤」作「宥」，與岳本、沈本同。《十九年》「民有亂兵」，各本作「兵亂」，此與沈本同。《二十年》「鄖申」，各本「申」作「甲」，此與臨川、沈本同；「古者無死」，各本「者」作「若」，此與沈本合。《二十七年》「工尹麇」不作「王尹麇」。《定三年》「莊公下急而好絜」〔三〕，各本作「潔」，此與石經、臨川本合。《四年》「命以康誥」，各本「康」作「唐」，此與沈本同。《八年》「必以而子厚」，各本無「厚」字，此與淳熙本合。《十四年》「謀救范中行氏也」，各本無「也」字，此與石經合。《哀元年》「逢猾當公而進」，各本「猾」作「滑」，此與足利本合。《十五年》「事死如事生」，各本無「事」字，此與沈本合。《十七年》「皇瑗奔晉，召之」，此本「召之」上旁注「宋公」二字。《二十四年》「以荆爲太子」，各本「以」上有「而」字，此與足利本合。《二十五年》「少畜於公宫」，此本「公」下旁注「宫」字，與石經初刻合。其他與各本異同參半，及筆畫小異者，別詳校札記。

〔一〕「二十九字」湖北本疑當作「三十年」。

〔二〕「引家」，湖北本疑二字間缺「各」字，當從之。

〔三〕「莊公下」湖北本校改作「莊公卞」。

【案】《留真譜初編》收録該書書影（廣文本第78—80頁，北京本第89—90頁）。

書影中尚有楊氏題跋一則：

右《左傳》古鈔殘卷一軸，黄麻紙書，較楓山本似尤邃古。柏木貨一郎。

014　春秋經傳集解三十卷　宋槧本

宋嘉定丙子，興國軍教授聞人模校刊。末有《經傳識異》數十事，又有校刊諸人官銜及聞人模跋。每半葉八行，行十七字，不附《釋音》，藏楓山官庫，蓋即毛居正《六經正誤》所稱興國本。余以《正誤》所引十三條對校，一一相合，又以山井鼎《考文》照之，則彼所稱足利宋本者，亦無一不合。而山井鼎不言是興國本者，以所見本無末題識數葉耳。按，岳氏《九經三傳沿革例》稱，興國本爲于氏所刊，此本並無于氏之名。又稱于氏本每數葉後附《釋音》，此本無《釋音》。又稱于氏本有圈點、句讀，并點註文。此本無句讀，則非于氏本無疑。蓋興國舊板始于紹興鄭仲熊，只有《五經》。聞人重刊《左傳》，並修他板，亦只《五經》。詳見聞人跋。至于氏始增刻《九經》。其《五經》經注文字雖仍舊本，而增刻《釋文》、句讀。故同爲興國本，而實非一本也。大抵南宋之初，諸道所刊經傳，尚不附《釋音》，至南宋末，則無不附《釋音》者。岳氏既稱前輩，以興國于氏本爲最善，而又議于氏經注有遺脱，余嘗通校此本，則經注並無遺脱。或于氏重刊此書，失于檢照而有遺脱耶？于氏增釋音、句讀，已非以原書覆板，重寫時保無改其行款，故有遺脱之弊。且嘗以岳本互勘，皆此本爲勝。如《昭二十年》「衞賜北宫喜謚」，杜注「皆未死而賜謚」。此本無「未」字，與何義門所見宋殘本合，岳本有「未」字，非也。不特岳本，凡阮氏《校勘記》所載宋本亦均不及之。然則今世所存宋本《左傳》，無有善於此者。别詳札記。余在日本，曾勸星使黎公刻之，以費不足而止。竊羨聞人以校官慫慂當事者，既刻此書，又修《五經》板。余亦校官，攜此書歸來數年，口焦脣乾，卒無應之者。古今人不相及，讀聞人跋，彌滋愧已。

【案】《留真譜初編》收録該書書影（廣文本第 89—100 頁，北京本第 100—110 頁）。又，《留真譜初編》所摹書影中有「佐伯侯毛利／高標字培松／藏書畫之印」朱文印，是九州佐伯藩第八代藩主毛利高標，其後人將藏書獻於紅葉山文庫（楓山官庫），由此可知原書即爲楓山官庫藏書。

楊氏言此本藏於楓山官庫，即紅葉山文庫，爲德川氏藏書庫，明治時經歷大學、太史局等機構管轄，明治六年（1873）爲太政大臣接管，明治十七年入太政官文庫。由此沿革，知該機構與民間一般民間藏書室不同，其典藏嚴格，未聞曾售書予楊氏，則解題中所謂「攜此書歸來」，恐非指原書，當指下一條之「覆宋本」。

015　春秋經傳集解三十卷　覆宋本

右日本古時覆宋刻《左傳集解》，不附《釋音》。每半葉八行，行十七字。森立之《訪古志》載此書，云是依蜀大字本重刊者，與李鶚本《爾雅》同種，其刻當在應永以前。然則此本雖非宋刻，而覆板時亦在宋代，故傳本亦絶希也。唯立之云是覆北宋蜀本。余親質之，則以字體類《爾雅》，又以不附《釋音》。故余覆校之，「愼」字缺筆，知其決非北宋本。其後借得楓山官庫所藏興國本，行款、匡廓、字體皆與此本同，略校數册，文字亦無異。乃知此本即覆興國本，特所據祖本失載《考異》聞跋耳。森立之未見楓山官庫本，故不知此本原于興國。余乃影摹刻補于此本後，使後之讀者得所指名。按岳氏言，《哀十六年》「石乞曰此事也，克則爲卿」，諸本多無「也」字，興國本有「也」字，今此本無「也」字；而「此事克」三字占四格，此明爲重刊時去之，後來于氏重刊，又依鄭氏舊本增入「也」字。又岳氏云《僖二年》「若不闕秦，將焉取之」〔一〕，原本無「若」「將」二字，此本擠入。故八字只占六格，與後《考異》亦不相應，未知此爲聞人校刊時改刊，抑日本重刊時改刊也，惜當日未以聞人原本校及此。余從森立之得此書，立之自有跋在篋蓋裏面，稱此書爲市野光彦舊藏，後歸澁江道純。是二人皆日本舊藏家，今書每册首尚有二人印記，册尾市野光彦亦有跋。又稱，此外唯狩谷望之藏一本，而余乃並得之，以一部與章君碩卿。又按，山井鼎云慶長活字板原于此本，余嘗互校之，亦有異同。

〔一〕「僖二年」湖北本校改作「僖三十年」。

【案】據解題，知楊氏在日本購得該版本《春秋經傳集解》兩部，此本即五山版《春秋經傳集解》。今《北京大學圖書館藏古籍善本書目》著録其中一部，爲日本室町時代覆刻宋嘉定九年（1216）興國軍本（卷三十末有楊守敬據日本楓山官庫所藏宋興國軍本摹補經傳識異、興國軍官師銜名及嘉定丙子聞人模跋，楊守敬、吴慈培、日人市野光彦跋，有抄配），十五册（索書號 7361），或即此本。

《經籍訪古志》著録此本（第 38 頁）。

016　春秋集傳釋義十二卷　元槧本，有圖

元俞臯撰，首吴澂序，真書雜以篆書，亦頗有致。次引用諸家名氏，次《凡例》，《凡例》後有「至元後戊寅日新堂栞行」木記。次《程朱説春秋綱領》，次《自序》、次《三傳序》、次《程傳序》、次《胡傳序》。首題「春秋集傳釋義大成卷之一」，次行題「後學新安俞臯述」〔二〕。每半葉十行，行二十字，注雙行，行二十七字，四周雙邊，中縫雙墨，蓋雕鏤精雅。

錢氏《敏求記》稱爲元槧之至佳者，信然。俞氏所據《經》《傳》文皆宋佳本，往往與唐石經合槧。

〔一〕「俞」原作「余」，此篇解題小字即作「俞」。湖北本已出校。

【案】《留真譜初編》收録該書書影(廣文本第 115—116 頁，北京本第 126 頁)。

017 春秋穀梁傳十二卷 宋刊本，刻入《古逸叢書》

余仁仲萬卷堂所刻經本，今聞於世者，曰《周禮》、曰《公羊》、曰《穀梁》。《公羊》揚州汪氏有繙本，《周禮》舊藏盧雅雨家，惟《穀梁》僅康熙間長洲何煌見之。然其本缺宣公以前，已稱爲希世之珍。此本首尾完具，無一字損失。以何氏校本照之，有應有不應，當由何氏所見爲初印本，此又仁仲覆校重訂者。故於何氏所稱脱誤之處，皆挖補擠入。然則此爲余氏定本，何氏所見猶未善也。原本舊爲日本學士柴邦彦所藏，文政間狩谷望之使人影摹之，纖豪畢肖，展轉歸向山黄村。余初來日本時即從黄村求得之，慫恿星使何公重繙以傳。會瓜代，不果。暨新任星使黎公乃以付之梓人，踰年而後成。按，《穀梁》所據之經，不必悉與《左氏》《公羊》合。而分經附傳之例，亦與二《傳》差互。至范氏之解，則傳習愈希，除《注疏》刊本外絶尟證驗。即明知有脱誤，亦苦於無徵不信。然則此本之不絶如綫，誠爲瓌寶。今以唐石經證經、傳，以唐宋人説《春秋》三傳者佐之，以宋監本余所得日本古鈔經注本，首題「監本春秋穀梁傳」，多與十行本經注合。注疏本證《集解》，以陸氏《釋文》佐之。又自宋以來所傳經注本不必與《釋文》合，而合刊注疏者，往往改《釋文》以就之。至毛本則割截尤甚。此本後有仁仲自記，不以《釋文》改定本，亦不以定本改《釋文》，猶有漢唐經師家法。今單行《釋文》俱在，此本既悉與之合，故於注疏所附，亦不一一訂正焉。光緒癸未秋九月記。

【案】《留真譜初編》收録該書書影（廣文本第121—124頁，北京本第133—134頁）。

此本收入《古逸叢書》第二種之「影宋紹熙本穀梁傳」，後此書原本在二十世紀初燬於火災（據張麗娟《宋代經書注疏刊刻研究》，第139頁）。半葉十一行十八至十九字，注二十七字，細黑口，左右雙邊。鈐有「金澤文庫」朱文印。《古逸叢書》本書後附有《經籍訪古志》相關解題，無楊守敬撰文。

卷 二

018 論語集解十卷 古鈔卷子改摺本，分爲四册

卷末有「觀應元年五月二十二日，非夫人之爲書，而誰爲書？柳下惠則可，吾則不可？本住院權律師豪俊書」。然則是亦僧徒所爲，其引柳下惠云云，未知其解。上論二册爲一手所書，墨法濃古。下論二册又爲一手所書，用墨稍淡。其自《學而》至《雍也》注，皆全載姓名，句末亦多虚字。然自《中人以上章》以下，亦僅載其姓。《述而》以下，則多削其名，句末虚字亦多删削，亦有全載姓名者。第三册《先進》《顔淵》兩篇，全載姓名，亦有數章削名者。《子路》《憲問》以下至末，則全削其名。此書不見於森立之《訪古志》。余初得小島尚質校本，於《里仁》後跋云：「弘化三年，丙午暮春，從卷子改帖本，朱校同異於正平本上層。此本上二帖紙墨最古，洵爲六百七年外古鈔。而下二帖，觀應元年權律師豪俊所鈔補也。」又於《雍也》篇後跋云：「卷首至此，體式一同。斯本實爲六朝舊本轉傳之真。而《述而》以下，蓋據宋時改竄本補鈔者，固不可就彼本以改此正平善本也。」又於《冉子退

朝章》馬融注「匡」字作「匤」，因以爲是豪俊補寫時據宋代刊本之證。又云：「若據彼改此，六朝舊本則不能免取開元改字之本，以駁漢時博士之譏也。」今得此原本，細審之，乃知尚質所云〔一〕，《述而》以下據宋本補寫之説爲謬。而所云據宋本以改此六朝本者，爲得其實。蓋自《述而》以下雖多削其名，而與《學而》一册同出一手一時所書，毫無疑義。況亦有全載姓名者，《先進》以下則多不載注者之名，而亦未全行删除。其注末虚字雖皆準宋本，而注中實與宋本多異。乃知此書四册雖出兩人手，而實爲一時所鈔。其自《述而》以下，有削名者，則以當時習見宋本皆無名，故鈔手隨意省之；其有仍全書姓名者，則其删略不盡者也。至《退朝章》注中「匡」作「匤」，此亦因當時宋本書流傳彼國最多，觸目皆是，故鈔胥輩亦信筆效之。即如楓山庫所藏古卷子《左傳》確爲六朝本之遺，而所書「桓」字亦多作「桓」。蓋緣彼本亦鈔於宋末，故有此弊也，不特此也。余所見日本當宋時所鈔，彼國古文書及佛經，凡「匡」「桓」字皆多作「匤」「桓」。又如慶長活本《七經》，實不盡據宋本，而所用活字皆缺「桓」「匡」「貞」等筆，此足見習慣不察矣。

〔一〕「質」，底本、《集成》本、《書目題跋叢刊》本作「賢」，《海王邨》本作「質」。結合文本，知楊氏所謂當爲「小島尚質」，作「質」是。湖北本此處出校改爲「質」。

【案】《留真譜初編》收録該書書影（廣文本第181—182頁，北京本第199—200頁）。

《留真譜初編》書影中含有楊氏題跋一則：

此亦卷子本，自卷首至《雍也》，文字與諸卷子本略同，《述而》以下筆跡少異，所據本亦不同。蓋《雍也》以前注中全列姓名，《述而》以後則有姓無名，與邢本同，其句末「也」「乎」「之」「矣」等字亦大半删削，故知所據爲宋槧本也。此本吉宦漢、市野光彦皆未引及，余得小島學古校本，校於正平《論語》本上，故知其原爲異同若此。其原本則未知今藏何家。此圖亦據小島摹本也。

019 監本論語集解二卷 宋刊本

宋槧本，以《學而》至《鄉黨》爲上卷，《先進》至《堯曰》爲下卷。分卷最謬，當是坊賈所爲。「監本纂圖重言重意互註論語卷上」[二]，次行頂格，題「學而第一凡十六章。下引陸氏《釋文》。集解《音義》云云」。每半板十行，行十八字，注二十四字，全附陸氏《釋音》。序後有「劉氏天香書院之記」八字木戳。又有《魯國城里圖》一葉接于序後。書中宋諱并缺筆，「徵」「貞」「慎」「讓」「桓」「恒」「完」「玄」「匡」。唯「敬」字不缺。又《蓋有不知而作章》注末，引朱氏曰「識音志」，則知此本刊於《集註》既行後也。今按，其與注疏本尤異者，若《不患人之不己知章》有注曰：「徒患己之無能知。」與皇疏本、十卷注疏本合。《一貫章》有注曰：「忠以事上，恕以接下，本一而已，其唯人乎？」與岳本合，見余蕭客《經解鉤沈》。《託孤章》有注曰：「重稱君子者，乃可名爲君子也。」與十卷注疏本合。此并足訂近本之脱。其他經文尤異者，「君子疾没世而名不稱焉」，「名」作「民」。「曰：敢問死」，無「曰」字。與《集注》同。「可與言而不與之言」，無「之」字。「窺見室家之好」，「窺」作「闚」。「出納之吝」，「納」作「内」。注文之尤要者：《其爲人也章》「孔子」作「孔子曰」。《吾十有五章》「有所成也」，「也」作「立」。《子游問孝章》「家畜」之「畜」，作「交」。《或謂孔子章》「與爲政同」，「與」上有「即」字。《禘自既灌章》「列尊卑」，「列」作「别」。《里仁章》「里者人之所居」，「仁」作「人」。《公冶長章》「縲攣也」，「攣」作「繫」。《令尹子文章》注「姓鬭名穀」，「穀」作「縠」。《子在陳章》「狂簡者」，無「簡」字。《雍也章》「孔曰以其能簡」，無「孔曰」二字。《子謂仲弓章》「騂赤也」，「也」作「色」。《季氏使閔子騫章》「託使者」，「託」作「語」，「我辭焉」作「辭説」。《賢哉回也章》「簞食」下有「瓢飲」二字。《孟子反章》「前日啟」，「啟」作「奔」。此恐誤。《如有博施章》「皆恕已」，「恕」作「如」。《默識章》「無是行於我」，「我」上有「人」字。《用行章》「孔子言」，「子」作「曰」。《文莫章》「凡言文」作「言凡」。《曾子有疾章》「不敢欺詐」作「誕」〔二〕。《如有周公章》「周公者」，無「者」字。《才難章》「人才難得」，「人」作「大」。《麻冕章》「下拜，然後成禮」，「後」下有「升」字。《畏匡章》「未喪此文」，「此」作「斯」。《彌高章》「有所序」，「所」作「次」。《反魯章》「反魯」下疊字。《在川章》「言凡往也者」，無「也」字。《唐棣章》「而不自見者」，「自」作「得」。《回也非助章》「無發起」，「無」下有「所」字。《厚葬章》「割止」作「制止」。《長府章》「因舊事則可也」，無「也」字。《善人章》「然亦不入於聖人之奥室」，「入」上有「能」字。《司馬牛章》「孔子行仁難」，「子」作「曰」。《棘子成章》「與犬羊别」，下有「者」字。《年饑章》「孔曰：孰，誰也」，無「孔曰」二字。《辨惑章》「孔曰」作「包曰」。《子張問士章》「其志慮」，「志」作「念」。《會友章》「友相切磋」，「友」作「有」。《仲弓問政章》「人將自舉其所知」，「舉」下有「之各舉」三字。《多學章》「而一知之」，作「一以知之」。《三年之喪章》「子生於歲」，「於」作「未」。《待孔子章》「聖道難成」，「成」作「行」。《歸女樂章》「廢朝禮三日」，無「三日」二字。《荷篠章》「不分植五穀」，「植」作「殖」。《大師摯章》「居其河内」，「其」作「於」。《大德章》「小德則不能踰法」，無「澤」字。《堯曰章》「殷家尚白」，「家」作「家」。凡此者，雖不免小有譌誤，而其佳者或與《釋文》合，或與皇疏本合，皆證據鑿鑿，優於明刊《注疏》本。其他字句異同，不甚關出入者，别詳札記。按，《集解經注》本，明代無重刊宋本者。自《集註》盛行之後，學者束諸高閣，故有明一代唯存永懷堂一本，然是從注疏本割取，非重刻宋本也。國朝唯惠定宇及見相臺岳氏本，至阮氏作《校勘記》時，並岳本不見。此本爲自來著録家所不及，即日本亦罕知之者。唯吉漢宦《近聞寓筆》載其所見永正年古鈔

《論語》，有清原明經宣賢父子跋。其中依唐本補入二處即《忠恕章》及《託孤章》。與此本合，而吉漢宦亦不能指其據何宋本。此本書估從西京搜出，前後無倭訓，至爲難得。余以重價得之。至其雕鏤之精，紙墨之雅，則有目共賞，洵爲希世之珍也！

又按，重言重意相傳爲宋人所爲，吉漢宦則云輯自唐人，未詳所出，附記於此。

又按，十行本以下《論語注疏》不附《釋音》，此本獨載之，往往與宋本《音義》合，且有足訂其誤者，亦一善也。余攜此書歸，時海寧查君翼甫不惜重金力求，余不之與。章君碩卿酷愛之，余與約，能重刻餉世則可。碩卿謂然，乃跋而歸之。後章君罷官，以抵關君季華夙債。關君攜之都中，又轉售于李君木齋。

〔一〕湖北本疑此句前有「首行」二字。

〔二〕依照前文格式，「作」前疑缺「詐」字。

【案】《留真譜初編》收録該書書影（廣文本第199—200頁，北京本第219頁）。

此本今藏北京大學圖書館，著録爲宋劉氏天香書院刻本，楊守敬、袁克文跋，有缺葉，二册（索書號9087）。《中華再造善本·唐宋編》收録此本。是書由楊氏購自日本，歸國後售予李盛鐸，後歸北京大學圖書館。書中有周叔弢藏印，據欒偉平《李盛鐸與周叔弢的藏書——兼述北京大學圖書館之鈐「周暹」印善本來源》（《圖書館工作與研究》2013.4），弢翁鈐蓋此印是因爲李盛鐸將部分藏書抵押給周氏（李盛鐸木犀軒藏書在其晚年因經濟問題將藏書四處抵押）。

書前有袁克文題跋一則：

《纂圖互註論語》，二卷，爲南宋絶精之刻，且自《集註》後古本渺不可得，此雖一時帖括之書而猶存古注之舊，矧爲中土從未見於著録之本，自海外得之，斯尤足貴者。因求假於茮微師付書胥影寫一過，秘諸篋笥，亦聊解佞宋之渴云爾。偶記數言，仍歸原書於師子庵中。乙卯冬月，克文謹記。

書後有楊守敬附記一則，與《日本訪書志》所録校勘内容略有不同，特别是關於楊氏出售該書的經過與上文不同：

余初攜歸時，海寧查君翼甫一見心醉，不惜重金堅求得之，余與約能重刊此書者方割愛。後查君東歸，不果，而碩卿章君亦酷愛此書，余亦與約必重刻餉世，碩卿許諾，乃跋而賫之。昔錢牧齋售《漢書》於季滄葦，自稱如李後主揮淚對宫娥，此情此景，非身歷者焉知其沉痛也。光緒丁亥正月，宜都楊守敬記。

又，北京本《留真譜》此葉天頭處有佚名批注：

宋刻，二卷，後歸李盛鐸。今年藏園售出之《禮記》與此同。

檢《藏園群書經眼録》，傅氏確實著録與此《論語》行款相同之《監本纂圖重言重意互注禮記》一部，二十卷，曾爲其購藏，其中鈐印有「玉蘭堂」「宋本」「乙」「毛晉之印」「毛氏子晉」「季振宜讀書」各印（第 45 頁）。另有楊守敬題跋，抄録如下：

右宋槧《纂圖互注重言重意禮記》，與予所得《論語》款式見《留真譜》。悉同，有毛子晉印、玉蘭堂印、季振宜印，欄外有橢圓「宋本」印，又有「乙」字方印，蓋汲古藏宋本爲中駟也，彫鏤之精與《論語》不相上下。避宋諱，惟「敬」字不缺筆，與《論語》亦同，蓋南渡已祧也。日本吉官漢謂互注起於唐人，而余所見則起於南宋。或謂起於元人者誤也。余所得《論語》校以注疏大有異同，今爲李木齋所得。已備録於《日本訪書志》中。此本亦必與世傳經注本注疏及陸氏釋文大有關係，惜余老耄，不能通校一過。沅叔得此，自當悉心以著其異。蓋鄭氏三禮，前輩於《周禮》、《儀禮》多有詳校，而于《禮記》獨略，以世傳《禮記》除岳本、撫州本注疏外無多宋本足以互勘也。余在日本所得經書古鈔本至多，惟《禮記》自足利本外只古鈔一通，俟由上海運書來，當與沅叔對參之。甲寅閏五月十三日，鄰蘇老人記，時年七十有六。

又有傅氏記録購書經過：

是書余甲寅夏得于琉璃廠文友堂。頻年所見如李木齋先生之《論語》，繆藝風之《尚書》，海源閣之《毛詩》，其標名行格均與此同，疑當日五經皆付鐫矣。沅叔。

《藏園老人手稿》第十一册之《雙鑒樓善本書目》(第10頁)此處記録爲：

是書甲寅夏以六百元購之京師文友堂。余歷年所見如李木師之《論語》、繆藝風之《尚書》、海源閣有《監本纂圖毛詩》，其標名亦與此一律，皆與此板式行格悉同，疑是當時監本纂圖五經皆有之矣。

020 論語集解十卷 日本正平刊本

此本卷末跋云：「堺浦道祐居士重新命工鏤梓，正平甲辰五月吉日謹誌。」案，正平甲辰爲日本後村上天皇正平十九年，當元順帝至正二十四年也。市野光彦云，道祐居士，足利義氏之四子，幼喪父，與其母居于堺浦。遂薙染爲僧，更名道祐。據所云重新鏤梓，則猶有原本可知。驗其格式、字體，實出於古卷軸，絶不與宋槧相涉。其文字較之《群書治要》、唐石經頗有異同。間有與漢石經、《史》《漢》《説文》所引合，又多與陸氏《釋文》所稱一本合。彼邦學者皆指爲六朝之遺，並非唐初諸儒定本，其語信不爲誣。案《日本國史》云，應神天皇十六年，百濟博士王仁賫《論語》十卷，皇太子就而受之。日本之有經典自是始。即晉武帝太康六年也。顧前代市舶罕載，其流傳中土者，唯錢遵王述古堂一通。因得自朝鮮，遂誤認爲朝鮮刊本，蓋彼時未知「正平」爲日本年號也。況其所得亦是影鈔逸人貫重鐫本，並非原槧。爾後展轉傳録，不無奪漏。故陳仲魚、阮文達諸人所校出者，十不三四。近世張金吾、吴兔牀輩始知此爲出自日本，然又不知幾經鈔胥，愈失其真，而此間所存舊本，亦復落落如晨星。又有無跋本，界闌、字形全同此本。蓋後人剷去跋文，其實同出一版也。文化間，江户市野光彦以此本翻雕，惜梓人未良，失原本古健之致。又印行不多，板亦旋毁。今星使黎公訪得原刊本上木，一點一畫，模範逼真，非顯有訛誤不敢校改。原《集解》單行之本，宋人皆著于録，有明一代，唯閩、監、毛之注疏合刊本，别無重翻《集解》宋本者。永懷堂所刊亦從閩本出，非别有所承之經注本也。故我朝唯惠定宇得見相臺岳氏刊本，至阮文達校注疏時，並岳本不得見焉，余得南宋刊本《纂圖互注集解》，頗足訂注疏本之脱誤，然亦不載諸家之名。余以爲此不足深惜也。觀邢氏疏《集解·序》之語，序云：「今集諸家之善，記其姓名。」《邢疏》云：「『注言『包曰』『馬曰』之類是也。注但記其姓，而此連言名者，以著其姓所以名其人，非謂名字之名也。」則知其所見，唯存姓削名之本。此本不知始於何時，大抵長興刊布之本。案《魏·王肅傳》注，「周生烈」爲複姓，今但稱「周曰」，其不學可知。及朱子作《集注》，沿其例，盡削所引諸家之名。遂致明道、伊川不分。並不悟何氏原本皆全載姓名，唯包氏不名，以何氏諱咸故。望文曲解，何殊郢書燕説乎！及南宋朱子作《集注》，亦僅引孟蜀石經及福州寫本，論者頗惜其隘於旁徵，不知其互勘無從也。良由長興版本既行，宋初遂頒布天下，收向日民間寫本不用。雖有舛誤，無由參校，此晁公武所由致嘅者。夫邢氏所據既如彼，朱子所見又如此，今之慭遺尚不足以證開成石經，何論陸氏《釋文》以上。則讀此本者，直當置身於隋唐之間，與顔師古、孔沖遠一輩人論議可也。雖然流俗相習，因仍已久，自非衆證鑿鑿，何能以海外孤本服窮經者之心？猶幸此邦故家之所藏弆，名山之所沈霾，往往有别本爲好事者物色以出。其間賸文壞字，得失參池，固非鴻都、石渠難盡依據，要其根源皆在邢氏見本以前。好學深思之士，或以徵舊聞，或以解疑滯，拾其一字，莫非瓌寶。以余披訪所及得目覩者，亦二十餘通，較之相臺之著《沿革》數猶過之。岳氏參校諸本凡廿三通。不可謂非千載一遇也。乃彙集諸本，較其異同，別詳札記。使天下學者讀此一本，並得兼采日本諸古鈔之長，又使知彼此錯互之中，有源流變遷之漸。而此本之可憑，邢本之妄删，昭若日月，或亦通經學古者所不嗤乎？光緒壬午十月二十八日記。

【案】《留真譜初編》收録該書書影（廣文本第 185—186 頁，北京本第 205—206 頁）。

《留真譜初編》書影中含有楊氏附記一則：

右重刊正平《論語》，逸人貫，彼邦學者亦未詳爲何許人。驗其紙墨，當亦去正平不遠。格式雖仍正平之舊，文字亦略有校改，傳世尤少，余從書估借校一過，摹之如此。

此本收入《古逸叢書》第三種之「覆正平本論語集解」。半葉六行，行大字十三、小字雙行同，四周單邊，白口。《古逸叢書》此本後有楊氏《覆正平論語集解後序》，與《日本訪書志》此篇解題相同。此本與王重民《日本訪書志補》中「覆正平本論語集解十卷《古逸叢書》校本」爲同一本（見後251號）。

021　論語注疏十卷　元槧本

首行頂格題「論語序」，次行低一格題「翰林侍讀學士朝議大夫守國子祭酒上柱國賜紫金魚袋臣邢昺等校定」，三行頂格題「序解」。本書題「論語注疏解經」，卷第一行頂格題「學而第一」，旁注「凡十六章」，下題「何晏集解」，再下題「邢昺疏」。每半板十三行，行二十三、四字不等，注、疏並雙行，行三十二字。注緊接正文，不別題「注」字。正義則以「疏」字隔之，分爲十卷，尚仍單疏之舊。《宋志》：《論語正義》十卷。十行本以下並二十卷，是合注疏者分之。第四卷、第八卷後有木記云「平陽府梁宅刊」。第五卷、第九卷有木記「大元元貞丙申刊」。第十卷題「堯都梁宅刊」，首尾有「養安院藏書」印記。按，今世所傳《論語注疏》以十行本爲最古，如《序解》疏中「少府朱畸」十行以下皆同，據《漢書・藝文志》《釋文・序録》並作「宋畸」，此本正作「宋畸」。若無此本，則「宋」「朱」二字竟不能定爲誰誤。又《不逆詐章》《古之狂也蕩章》及《叔孫武叔毀仲尼章》疏文，十行本有空缺，閩、監同，毛本以意補，此本獨全。又十行本以下，疏中訛字，凡浦鏜及阮校疑誤者，此本皆不誤。是此本雖刊於元代，其根源於單疏本，決非從十行本出。其注文亦多與宋刊纂圖本合，遠勝十行本。至其雕刻之精，儼然北宋體格，亦絶非十行本所及。考元金之世，平陽立經籍所，故一時書坊印板麕集於此，今傳世者唯《政和證類本草》是平陽張存惠所刊，然已經明成化間重雕，已非平陽原本。唯此本尚是原刻初印，無一葉損失，豈非瓌寶也哉！

又，森立之《訪古志》載楓山官庫藏北宋本《論語注疏》，然彼爲二十卷，知非此本。向謂合疏於注始於南宋，有黄唐《禮記疏》一跋爲據，則森氏之説似誤，然森氏精鑒，必不妄語。今觀此書，字體方正，又參差無横格，所見元刊本無似此者，或此爲翻北宋本。因疑《論語》在當時傳習者多，故合注疏爲最先也。

附各本空缺疏文：

《不逆詐章》：言先覺人者，是寧能爲賢乎？言非賢也。所「是」下十字，各本皆缺。不信之人，爲人億度，逆知反怨恨人。「之人」下十字，各本空缺。

《古之矜也廉章》：謂曠蕩無所依據，古之矜也廉者，謂有廉隅，今之矜也，忿戾者。此二十四字，十行本空闕，二十九字，閩監亦然，毛本臆補。

《叔孫武叔毁仲尼章》：「則如日月」下四字作「貞明麗天」。「其何傷於日月乎言」下作「人毁仲尼猶毁日月」。「日月」下作「雖欲絶」。「其何能傷之乎」下作「猶欲絶毁仲尼」。「仲尼亦不」下作「亦不能傷其賢也」。此數處，十行，閩監並空闕，毛本臆補。唯「貞明麗天」四字仍空闕。

【案】《留真譜初編》收録該書書影（廣文本第 201—204 頁，北京本第 221—224 頁）。楊氏在《書影》中選擇了是本卷四、卷五、卷八、卷九、卷十的牌記。此本由楊氏携歸，後轉售劉世珩，劉氏據以覆刻，原本已毁於火。詳顧永新《元貞本〈論語注疏解經〉綴合及相關問題研究》（《版本目録學研究》第二輯，2010 年。）

022　中庸集略二卷　朝鮮刊本

宋石𡼖編，朱子删定。此書《四庫》著録者名《輯略》。明嘉靖中吕信卿刊本。首有乾道癸巳朱子序，此本脱朱子原序。末有嘉靖二十五年朝鮮金光轍跋，跋中亦稱《輯略》。蓋以近用互稱也。按，朱子《中庸序》稱以《輯略》《或問》附《章句》後，則此書與《中庸章句》合爲一書。逮《章句》孤行，而此書晦。雖明人嘗刻之，而今又晦。時藝興，經學廢，名爲尊朱，而朱子手定之書，且在若存若亡之間，可慨也夫！

023 中庸章句 一卷 不記刊行年月

板心有「倭板四書」「山崎嘉點」八字，此《四書》中之一種也。山崎氏爲此間宋學名儒，其所據當是宋槧精本。末有朱子跋一篇，爲諸本所無，亟録於左。

右《中庸》一篇，三十三章，其首章「子思」，推本先聖所傳之意以立言，蓋一篇之體要。而其下十章，則引先聖之所嘗言者以明之也。游氏曰：「以性情言之，則曰中和；以德行言之，則曰中庸。其實一也。」至十二章，又子思之言，而其下八章，復以先聖之言明之也。十二章，明道之體用。下章庸言、庸行，夫婦所知、所能也。君子之道，鬼神之德，大舜、文、武、周公之事，孔子之言，則有聖人所不知、不能者矣。道之爲用，其費如此，然其體之微妙，則非知道者，孰能窺之？此所以明費而隱之意也。第二十章，據《家語》，本一時之言，今諸家分爲五、六者，非是。然《家語》之文，語勢未終，疑亦脱「博學」之以下，今通補爲一章。二十一章以下至於卒章，則又皆子思之言，反復推説，互相發明，以盡所傳之意者也。二十一章，總言天道、人道之别。二十二章言天道，二十三章言人道，二十四章又言天道，二十五章又言人道，二十六章又言天道，二十七章又言人道。二十八、二十九章承上章「爲下」「居上」而言，亦人道。三十章復言天道，三十一、三十二章承上章「小德」「大德」而言，亦天道。卒章反言「下學」之始，以示入德之方，而遂極言其所至，具性、命、道、教、費、隱、誠、明之妙，以終一篇之意，自人而入於天也。熹嘗伏讀其書，而妄以己意分其章句如此。

竊惟是書，子程子以爲孔門傳授心法，且謂善讀者得之，終身用之，有不能盡是，豈可以章句求哉。然又聞之，學者之於經，未有不得於辭而能通其意者，是以敢私識之，以待誦習而玩心焉。新安朱熹謹書。

024　唐玄宗開元注孝經一卷

享禄卷子本，寬政十二年撫刊，已刊入《古逸叢書》中

按《唐會要》，開元十年六月，上注《孝經》頒天下及國子學。天寶二年五月，上重注，亦頒天下，云云。是注凡再修，此本爲開元十年初注本，前有元行沖序，末有跋文數條。書寫人自記稱「享禄辛卯苾芻堯空」。寬政十二年，源弘賢以此本橅刻，書法亦神似明皇御書，想原本必仿效明皇手蹟，故此尚有典型也。元行沖序後緊題「孝經」二字，空一格，題「御注」，下行題「開宗明義章第一」，係以卷子本改爲摺本，每行十五字。《三才章》額上題「疏中」，《廣要道章》額上題「疏下」，知元疏分上、中、下三卷，與《唐志》合。

按，此書與石臺重注本頗有更改，固不可以此本校重注本。然亦有足證重注本之異同者，如《諸侯章》注「恒須戒慎」，正德本作「恒須戒懼」，《疏》標起止，亦作「戒懼」。阮《校》以爲誤。此本作「恒慎戒懼」，「慎」爲「須」字之誤，至「戒」「懼」分承上「戰」「兢」二項，玩注文自見。「懼」字必非「慎」誤，此石臺本之不可從者。《卿大夫章》注「懈，惰也」，此

作「惰」，與天聖本、正德本合。《士章》此作《士人章》，與《古文孝經》別本合。《孝治章》注「臨撫其人」，岳本改「撫」作「於」，此作「臨莅」。可知岳本之作「於」，因形近而誤。《紀孝行章》注「擗踴哭泣」。此本「踴」作「踊」，與天聖本合。《五刑章》「君者，臣所禀命也」〔二〕，天聖、正德本「所」作「之」。此本作「君者，臣之所禀教命也」。然則重注本當是「臣之所禀命也」，各脱一字耳。「豈唯不孝」此作「皆爲」，與疏合。《廣至德章》注「家到户至」，正義云此依鄭注。阮《校》：《文選注》引鄭注「家」作「門」。此仍作「門」，則知作「家」者，石臺所改，恐非明皇原本。《應感章》「光于四海」，注「于」作「於」。石臺、天聖、岳本皆同，與經不相應。此注作「充于四海」，乃知以「充」釋「光」，故改「于」作「於」。石臺等本注中之「光」當爲「充」誤。是皆足以訂證石臺諸本異同之迹。至此本亦間有脱誤，則由鈔寫筆誤，不足怪也。

按，源弘賢跋稱，《應感章》「長幼順，故上下治」，疏與注不合。今按此本注云「君能順於長幼，則下皆效上，無不理也」。《正義》云云，果與此本應。今略校之，亦不特此條。《五刑章》「此大亂之道也」，此本注云「言人有上三惡，皆爲不孝」。《正義》云云，亦與此本應，而與石臺不合。竊怪邢氏翦截元《疏》，而不知元《疏》本爲初注本而作，可謂至疏。豈邢氏作疏時第見元氏單疏，而未見玄宗初注本，故其序文只知「天寶二年」之注，不言「開元二年」，而疏中與石臺本違異之處，遂失之不覺。然則此本真唐人之遺，爲北宋人所不見。若非有元《疏》序可憑，誰信有此事哉！

又按，古注與疏皆别行，無合併之本。此本祇録注文，何以有元《疏》之序，並《三才章》《廣至德章》有「疏中」「疏下」之語？然余所得日本《易》《書》《詩》古鈔北宋單注本，其楣端往往録疏中要義，以便講習，不得謂皆從南宋合併之本録出也。日本古鈔本經書注中，每多「之」「也」等字。阮《校》謂是彼國人所加，森立夫謂是隋唐之遺〔二〕。余通觀其古鈔本，唐本最多虚字。至北宋，始多删削而未盡。至南宋乃翦截八九，遂各本爲一律，頗與立之之説相應，但此本注脚較石臺每多「也」字，兩本雖有初注、重注之分，不應違異若此。余後見鈔本至多，乃知古鈔者因注文雙行難于均齊字數，故往往於對行字懸空數字者，增添虚字以足之。故所增之字總在注末，而各鈔不同。其在注中者，則原本皆如是，故各鈔皆同。至於經文，則毫無增損，其有異同，故是隋、唐之遺。阮説、森説各據一邊。爲發其凡於此。

〔一〕根據上文格式，「君」字前當脱「注」字。

〔二〕「森立夫」似當作「森立之」，湖北本、遼寧本徑改。

【案】此本收入《古逸叢書》第五種之「覆卷子本唐開元御注孝經」，書中並無楊氏題跋。

025 唐玄宗天寶重注孝經一卷 翻北宋本

卷首題「孝經序」，次行上空四字，題「御製序并注」。序後上空四字，題「開宗明義章第一」。卷末間一行題「御注孝經一卷」。又間一行，載《孝經音略》。每半板十五行，行二十二、三字至二十四、五字不等。左右雙邊，書中避「敬」「匡」「胤」「恒」「竟」「炫」「通」七字。按「通」字係章獻明肅皇太后家諱。天聖元年，太后臨朝稱制，令天下皆避其父諱。明道二年，太后崩後，舊〔一〕。據「通」字諱，則此本當是天聖間刊本。其中與石臺本異者，《開宗明義章》前無「孝經」二字。《諸侯章》注「履薄恐陷」誤「伉陷」。《卿大夫章》注「懈惰也」，「惰」作「惰」。《孝治章》注「得小大之歡心」，脱「得」字；「助其祭亨也」，「亨」作「享」；「鬼神亨之」亦作「享」。《聖治章》注「懸衾篋枕」，「懸」作「縣」。《五刑章》注「臣所稟命」，「所」作「之」。《應感章》注「王者父事天」，「者」誤「孝」。《喪章》「擗踊哭泣」〔二〕，注「踴」作「踊」。其他皆與石臺本同，遠勝相臺岳本。文政九年，狩谷望之以此本影橅重雕，板亦燬。有跋一通，引其國古制，頗足考見鄭、孔、御注傳習之由，録之如左。

〔一〕《訪書志》此篇解題與《經籍訪古志》所著録之本解題相似，「舊」字爲文不通，檢《經籍訪古志》，作「復舊」，似當從之。

〔二〕「喪章」當作「喪親章」，湖北本已出校。

【案】《留真譜初編》收録該書全書書影（廣文本第159—170頁，北京本第171—182頁）。卷端書影中有「狩谷望之審定宋本」鈐印，卷末有「湯島狩谷氏求古樓重雕」牌記，「星吾東瀛訪古記」鈐印。此本今藏日本宮内廳書陵部，著録作北宋本。《經籍訪古志》著録此本（第53頁）。書影中未見楊氏在《訪書志》所言狩谷氏題跋，《經籍訪古志》亦未著録。

026　古文孝經孔氏傳一卷附直解一卷　鈔本〔一〕

此本孔傳與前二本略同。《直解》一卷則爲孔《序》作疏，不題撰人名氏。《訪古志》載求古樓藏二通，題「魏劉炫」。「魏」爲「隋」誤，無論矣。但劉炫所作爲《述議》五卷、《稽疑》一卷，不名《直解》。且此卷中明引《述議》「子者德之稱」一條，則非《述議》審矣。又每章題解皆引邢疏，與山井鼎所稱合，但彼本夾入注中，此則别爲一卷。則是以今文之疏，竄入古文之本。山井鼎稱爲後人附入，當得其實。

〔一〕此篇下原有「類聚名義鈔十册　舊鈔本」一篇，今據《海王邨》本、《集成》本、《書目題跋叢刊》本移置卷四末。

卷三

027 爾雅注三卷 影鈔蜀大字本

首《爾雅序》，無「郭璞撰」三字，字大如錢。「敬」「驚」「弘」「殷」「匡」「胤」「玄」「郎」「恒」「楨」「真」「徵」「遘」「慎」「彀」等字，「溝」「遘」二字，及「桓」「慎」二字間有不缺筆者。則爲南宋孝宗時所刊。卷末有「經凡一萬八百九言，注凡一萬七千六百二十八言」二行。又有「將仕郎守國子四門博士臣李鶚書」一行。按，王明清《揮麈録》云：「後唐平蜀，明宗命大學博士李鍔書《五經》，倣其製，刊板於國子監，印書之始。今則盛行於天下，蜀中爲最。明清家藏有鍔書《五經》印本存，後題『長興二年』也。」據此則此本爲翻蜀大字本。其不題「長興二年」者，蓋翻刻時去之，唯「鍔」作「鶚」爲異〔一〕，當以此本爲正。案《釋詁》注云：「倫、理、事以相約敕。」阮氏《校刊記》謂「事務以相」四字，係因疏語竄入，其説似精。若此果爲蜀本，則在邢疏未作之先，而注中亦同他本。然則此四字，本郭氏原文歟？又《釋畜》「狗四尺爲獒」注〔二〕，各本有「尚書孔氏曰」云云十五字，此本獨無。段茂堂云此非郭注，後人所附益。按單疏本標起止，云注「公羊」至「之獒」是邢氏所據，郭注無此十五字。今以此本證段説，若合符節，則此詢爲蜀本矣。但段氏所以謂此非郭氏注者，豈以孔《傳》僞書郭所不見乎？然孔《傳》于東晉之初已傳于世，故《釋鳥》「鳥鼠同穴」注，明引孔氏《尚書傳》，云「共爲雄雌」。而段氏未之檢及，則謂孔《傳》必郭所不引，亦非事情也。此本後爲黎公刊入《古逸叢書》中，余别有札記，未刊。

又按此書據松崎明復云，是日本室町氏所刻，原本今尚存東京高階氏。余嘗于黑田某所見之，果是日本重翻，字體校影鈔殊肥，黑田告余云，日本今存僅此一本。

〔一〕「鶚」底本作「鍔」，湖北、遼寧兩整理本均改作「鶚」，今存《爾雅》中作序者皆題作「李鶚」。

〔二〕「獒」原作「熬」，湖北本已出校。

【案】《留真譜初編》收録該書書影（廣文本第 219—222 頁，北京本第 241—244 頁）。此本與《訪書志補》253 號版本相同。

此本收入《古逸叢書》第一種之「影覆宋蜀大字本爾雅」，書後有楊氏札記：

右大字本《爾雅》，末有「博士李鶚書」一行。森立之《訪古志》據王明清《揮麈録》定以後唐蜀本重雕，當得其實。唯《釋詁》注云「倫理事務以相約敕」，阮氏《校刊記》

謂「事務以相」四字係因疏語竄入，其説似精。若此果爲蜀本，則在邢疏未作之先而注中亦同他本，然則此四字本郭氏原文與？又《釋畜》「狗四尺爲獒」注，各本有「《尚書》孔氏曰」云云十五字，此本獨無。段茂堂云此非郭注，後人所附益。按，單疏本標起止，云注《公羊》至之獒，是邢氏所據，郭注無此十五字，今以此本證段説，若合符契，則此詢爲蜀本矣。或謂孔《傳》僞書，爲郭氏所不取，此則非事實。按，釋「鳥鼠同穴」明引孔氏《尚書傳》云「共爲雄雌」，足見郭氏時孔《傳》已通行於世矣。按，《爾雅》宋刻唯見於邵氏《正義》，阮文達作《校刊》，第引吴元恭仿宋本及元雪窗書院本，至曾賓谷所刊繪圖本名曰「宋刻」，實未足據，馬諒本以下更無譏焉。此間别有松崎復重刊北宋明道小字本，又有明天順胡深等刊注疏本，皆足以互相證驗而此本尤爲祖禰，因刊之以貽習蒼雅者。光緒癸未春正月楊守敬記。

028　爾雅注三卷　重翻北宋本

首《爾雅序》，次行題「郭璞撰」。首行題「爾雅序卷上」，次行題「郭璞注」，以下款式同前本。每半葉九行，行二十一字至二十三字不等，注雙行，約三十字。其中避諱缺筆略同前本。松崎明復定爲北宋仁宗時刊本，亦有「桓」「溝」二字缺筆，則係南宋時補刊。其板心有「重刊」「重開」記，每卷末附《釋音》，比前本字稍小，然望而知爲北宋刊本也。其中譌舛不少，然無臆改之失，遠勝元以來刊本。此書原本爲日本大醫某所藏，狩谷望之借之精摹，而松崎明復據以重刊，又別作《校譌》以附于後，大抵據大字本及阮氏校刊本删繁摘要。然時過于疏略，如《釋詁》經文，「席」大字本作「蓆」，而此不校。「禕」兩本皆作「禕」，而此校云「禕」，大字本作「禕」，不相應。《釋詁》注「先祖于摧」，大字本「于」作「於」；「樓猶今言拘樓」，大字本「拘」作「枸」，此皆未校其他二本異同，漏略者不可勝數，而所校出者亦多誤刻。良由松崎氏校此時年已七十餘，自言衰病相仍，多假手于門人，故未能精審。然影摹、雕鏤之工，則與宋刻無二云。

【案】《留真譜初編》收録該書書影（廣文本第 223—224 頁，北京本第 245—246 頁）。

029 爾雅注疏十一卷 元槧本

此本雕鏤精雅，元槧之極精者。分卷與明閩本同，蓋閩本原于此也。左右雙邊，每半葉九行，行二十字。注疏并低一格，雙行，行二十字。經下載注，不標「注」字。「疏」標陰文。首題「爾雅注疏序」，次行、三行邢昺官銜，四行以下邢序。本書題「爾雅注疏卷第一」，次行題「爾雅序」，行下題「郭璞序　邢昺」〔一〕。郭序後題「爾雅兼義一卷上」，行下題「郭璞注」。按此下應題「邢昺疏」。

按，此本與阮氏《校刊記》所載元槧本一一符合，其中誤謬之處甚多。如「肇祖元胎」，此本「胎」竟誤「始」，此其尤顯然失之不校者。然阮本多明正德補刊，此則爲元時初印本，絶無補刊之葉。今略校數端：邢昺題銜，彼本「子」誤「賜」，而此本不誤。又序疏「至序末揔序」，閩監以下脱「至」字，此不脱；「惣」作「總」，此作「揔」，與各本異，而阮《校》不及之。又「凡物雖殊其號」，阮《校》云補刊本脱「凡」字，此不脱。又「謝嶠」，阮《校》云注疏本改「濡」，此仍作「嶠」，是皆補刊之失，非其原本如此。則此本之可貴，不得因有阮《校》而略之矣。

〔一〕「邢昺」後脱一「疏」字，湖北本已出校。

【案】《留真譜初編》收録該書書影（廣文本第 225—227 頁，北京本第 247—249 頁）。

書影中有楊氏題記：

元槧《爾雅注疏》，飛青閣藏本。

傅增湘藏有楊氏舊藏此本第一卷，其《雙鑑樓善本書目》著録此本（《藏園老人手稿》第十一册，第115頁）：

《爾雅註疏》存第一卷

爾雅注疏卷第一

爾雅序　　郭璞序　邢昺疏

序後接連本文

爾雅兼義一卷上　郭璞注

釋詁第一

序及經均大字，半葉九行，行二十字，注雙行，接經文，下低一格，行二十字。疏提行，以陰文「疏」字別之，亦雙行二十字。此書刊印俱精，在元板中可稱上駟，各藏書家未經著録。楊惺吾得之日本，曾刊入《留真譜》及《日本訪書志》，昔年曾許以余，遲遲未果。其後惺老没於京師，遺書入政事堂，其子秋浦乃檢出相貽，因重加補綴，什襲藏之，以志老友之高誼云。

030 爾雅注三卷 明景泰七年刊本

首郭璞序。卷首體式頗同宋本，但標目冠「新刊」字。每卷末附《釋音》。每半葉十一行，行二十二字，注雙行，卷末有分書「景泰七年八月應天府府尹和陽馬諒校刊跋」。按，金陵陳氏於道光五年重刊此本，删去首行「新刊」二字，又改十一行爲十行。嘗校之，《釋器》「以履者謂之珧」，注「以爲名，珧，小蚌」，此誤作「珄」；《釋言》「還復返也」，注云「皆迴返也」，此脱注四字。皆别本不誤，此獨誤者。然其他皆與宋本、元雪窗本合，遠勝注疏本及郎奎金、鍾仁傑本。《訪古志》又載有明弘治間刊本，余未之見。

【案】《經籍訪古志》著録相同版本（第74頁）。

031 説文五音韻譜三十卷 宋刊大字本

首題「許氏説文」，次行題「徐鉉校定」、官銜。以下許氏自序，許沖上表及徐鉉表，而首尾無李燾序跋。凡「慎」字皆不書，雙注「御名」二字，蓋孝宗時刊板。序後題「許氏説文解字五音韻譜卷一」。據《文獻通考》所載仁甫《後序》云：燾在武陵，嘗與賈直孺之孫端修因徐楚金兄弟《説文解字韻譜》，别《類編》所次五音先後〔一〕，作《五首譜》。其部序仍用許叔重舊次。又云：會得請歸眉山，茲來遂寧，囑餘杭虞仲房鏤板即用徐氏舊《譜》，參取《集韻》卷第，「起東終甲」即此本也。按，《宋史》仁甫本傳，淳熙四年後，燾知常德府，即所云「在武陵初撰此書」之年也。又云表請閑，提舉興國宫秩，則所云「會得請歸眉山」也。又云頃之㞕、塾繼亡，上欲以吏事紓燾憂，起知遂寧府，即所云「來遂寧，與虞仲房相遇」也。此本字體端整，雕刻精工，當即虞仲房所鏤原本，不知何時將仁甫序、跋脱去。自明萬曆戊戌兵部侍郎陳大科重刻是書，所見本亦脱仁甫序、跋。遂誤認此爲徐氏校定許氏原書，而删去「五音韻譜」之篇題，別題「許慎自序」「許沖上書」等字。段茂堂所譏爲「庸妄人」者，又改許《序》「形聲」爲「諧聲」，歧誤後學。此本與段氏所見周錫瓚宋大字本大致相合，當同出一本。而段氏不言有仁甫序、跋，當亦脱去。余意明代無刻「始一終亥」之本者，今著録家所傳舊本皆宋本也。書估或得此舊板，抽出仁甫序、跋以充大徐原本。明人罕治小學，故遂通行。而陳大科又成其錯，遂以誣罔天下。陳大科所附《説文異同》，亦引李巽巖序，而不悟此書即巽巖所作，真異事也。又奇者，《文獻通考》載仁甫序、跋即續于《説文繫傳》之後，而失標「五音韻譜」之題。或疑許氏、徐氏等序表，以爲明人羼入，則冤矣。昔人謂鉉書行而鍇書微，《五音韻譜》行而鉉書微。今鉉、鍇書行，而《五音韻譜》又微。李氏書體例固駁，而所録《説文》必雍熙舊本，其足與今「始一終亥」之本相證驗，不猶愈於小徐之《韻譜》乎？世有好古之士以此本重刊，并録仁甫序、跋，以正明本之誤，亦治《説文》者所不疵也。

〔一〕 湖北本以爲「别」字後脱「以」字。

【案】《留真譜初編》收録該書書影（廣文本第 229—230 頁，北京本第 251—252 頁）。

032 漢隸字源殘本 有圖

狩谷氏求古樓舊藏，《訪古志》所稱「元槧未見者」即此本也。每半葉六行，行六字，以大字計數。四周雙邊，板心魚尾下標「漢隸字源」。今存去聲五「寘」，自「義」字起前半葉缺。至卌九「宥臭」字止，凡八十六葉有半。其書以婁氏《字源》爲主，每字先以陰識楷書標目，其下隸字次第，亦與婁氏同，而筆畫小異。凡婁氏已收之碑而有所遺者，則題云「某碑今補」；原書有誤者，則題云「今正」；原書未收之碑及未收之字，則題云「續增」。並沿婁氏之例，以數目字記之。惜其首卷《碑目》不存，無從考其爲何碑也。按，《蘇平仲集》及《宋潛溪集》均有宋季子重校《漢隸字源》六卷《序》，似此書即季氏所編。然潛溪稱其於《字原》之外增多僅一千八百十七字，而此書所增約略計之，幾及原書之半，然則亦非宋氏書也。視其板式當在明初，惟漢碑之出土者，元、明二代著録寥寥，不應此人得見如此之多。

或所採沿及南北朝，或足以印章之近隸書者。觀其所補之字，以《隸釋》及今所存漢碑照之皆合，則知其所增之字必非鄉壁虛造，擬其博綜，歐、趙以還，良堪指數。惜缺其首尾，使作者姓名翳如，真可謂之不幸。要其所增之字，雖無碑名，望而知其可爲典要，學者猶有資焉。記之以告海内之講金石者。

【案】《留真譜初編》收録該書書影（廣文本第 323—324 頁，北京本第 349—350 頁）。

《經籍訪古志》著録此本（第 83 頁）。

據阿部隆一《中國訪書志一》，此本爲明初刻本，殘，存去聲卷，一册（第 56 頁），今藏臺北「故宫博物院」，著録爲明刊黑口本（故觀 000813）。

033　金薤琳琅二十卷　鈔本

每卷有王鴻緒印，知是横雲山人舊藏，不知何時流入彼國。又有備前河本氏藏書記，此亦日本有名之收藏家也。按，都氏此書原刻今罕見，德州盧氏刊本所據亦鈔本，以此本校之，大有異同。然以見存之碑校之，則二本皆有脱誤，則其碑之不存者，未敢定其誰是也。是書首題「金薤琳琅卷第一」，次行題「太僕少卿吴郡都穆」，三、四行題子目「周壇山石刻」「周石鼓文」。五行低一字題「周壇山石刻」，款式仿宋本，蓋都氏富藏古籍，故所自著書猶仍古式也。

【案】上圖所藏初印本此處有楊寶鏞題浮簽：

《金薤琳琅》二十卷，乾隆四十三年杭州宋氏刻本，有盧召弓序，稱善本，見莫氏《郘亭書目》。

《藏園訂補郘亭知見傳本書目》著録爲乾隆四十三年杭州宋氏刻，宋振譽校本。宋氏乾隆六年以碑目文拓本校此書，汪荻洲又精校之，盧召弓爲序，稱善本（第463頁）。

034　玉篇殘本四卷　刻入《古逸叢書》

《玉篇》卷子本四卷，其第十八之後，分從柏木所藏原本用西洋影照法刻之，毫髮不爽，餘俱以傳寫本入木刻成。後日本印刷局長得能良介從西京高山寺借得《糸部》前半卷，以影照法刻之，乃又據以重鐫，而《糸部》始爲完璧。四卷中唯柏木本最爲奇古，餘三卷大抵不相先後，然皆千年以上物也。是書所載義訓，皆博引經傳，其自下己意者，則加「野王按」三字。按，顧氏《玉篇》經蕭愷等刪改行世，見《梁書·蕭子顯傳》。至唐上元間，有孫强增加之本，又有《玉篇鈔》十三卷，見《日本國見在書目》。是則增損顧氏之書，在唐代已有數家。釋慧力《像文玉篇》，趙利正《玉篇解疑》，當别自爲書，與顧氏原本不相亂。然就此四卷核之，則爲顧氏原本無疑。今孫强等增損之本已無傳，僅存宋陳彭年《大廣益》本。余舊疑《廣益》本雖亦三十卷，僅分爲上、中、下三册，若顧氏原本更簡，何能分爲三十卷？豈知其所云「廣益」者，特於正文大有增益，而注文則全删所引經典，並有删其大字正文者。據《廣益》本於祥符牒後載，舊一十五萬八千六百四十一言，新五萬一千一百二十九言，新舊總二十萬九千七百七十言。又雙注云，注四十萬七千五百有三十字。余以《廣益》本合大字注文并計之，實只二十萬有奇，絶無注文四十萬之事。今見此本始悟其所云「注四十萬」者，爲顧氏原本之數，故盈三十卷。舊一十五萬者，孫强等删除注文，增加大字，並自撰注文之數也。新五萬有奇者，陳彭年等增加大字，並自撰注文之數也。或者不察，乃以顧氏原本注文爲簡，孫强、陳彭年注文爲繁，傎之甚矣。按，野王所收之字，大抵本於《説文》，其有出於《説文》之外者，多引《三蒼》等書。於字異義同，且兩部或數部並收，知其綱羅《蒼》《雅》，在當時已爲賅備。《廣益》本遞有增益，而不爲之分别，使後人無從考驗得失，殊失詳慎。又原本次第多與《説文》同，《説文》所無之字續之於後。《廣益》本則多所淩亂，間有以增入之字厠其中，近人乃欲以《玉篇》之次第校《説文》之次第，不亦謬乎！今顧氏原本雖不得見其全，而日本釋空海所撰《萬象名義》三十卷，當唐開成、會昌間。其分部隸字以此殘本校之，一一吻合，則知其全書皆據顧氏原本，絶無增損淩亂。又日本僧昌住新撰《字鏡》，十二卷，日本昌泰間所撰，當唐昭宗光化中。其分部次第雖不同，而所載義訓較備。合之釋慧琳《一切經音義》、百卷，唐元和十二年撰，此爲中土佚書。源順《和名類聚鈔》、二十卷，日本天延間所撰，當宋開寶間。具平《弘決外典鈔》、四卷，日本正歷二年，具平親王所撰，當宋淳化二年。釋信瑞《浄土三部經音義》，日本嘉禎二年撰，當宋端平二年。皆引有野王按語，若彙集之以爲疏證，使顧氏原書與孫、陳《廣益》本劃然不相亂，亦千載快事也。今第就顧氏所引經典校其異同，爲之札記焉。別詳。光緒十年正月。

【案】《留真譜初編》收録該書書影（廣文本第 233—237 頁，北京本第 255—263 頁）。所選書影中有《訪書志》解題中提到的「《糸部》前半部」。

《經籍訪古志》著録此書部分版本（第 81 頁）。

張景栻、張昱《楊守敬舊藏日本卷子本目録》（載《藏書家》第四輯［合訂版］，齊魯書社，2014 年）：

古寫玉篇

石山知足院所藏（據日本人所寫原簽題）。影摹本，長約 1 710 釐米。卷後附欒調甫先生跋。此《玉篇》殘卷，楊守敬《日本訪書志》著録。

此本收入《古逸叢書》第十一種之「影舊鈔卷子原本玉篇零卷」，後有楊守敬題記，與《訪書志》此篇同。

035　大廣益會玉篇三十卷　北宋槧本

款式全與澤存堂本同，首亦無大中祥符牒，而野王序前亦有新舊字數。此書并宋槧《玉篇》初爲森立之所藏，余欲購之，則以高木壽穎有前約爲辭。厥後高木遂以此二書納之博物館，故余所藏僅有宋本《廣韻》，而無宋本《玉篇》焉。按，《提要》據曹楝亭所刊本前有大中祥符牒，余所見元、明刊本皆有此牒。而張氏刊本無之，遂謂是張氏所删，而詭稱爲上元本，并謂竹垞一序以未見其書而漫題之。今按，竹垞序明云借毛氏宋槧元本以屬張氏，又明云張氏書刊成求序，是則宋槧張刻皆竹垞所目見，今以此本照之，一一吻合，是則删除牒文亦係宋人。謂竹垞誤以大中祥符本爲上元本，可也；謂爲張氏删牒作僞，不可也。至張氏校刊以《廣韻》例之，亦必多所校改，惜此書已爲官物，不得借出。然原書俱在，後之好事者可就其館見之，以證余言之不誣，而張氏詭託之冤可白。至曹氏所刊本有祥符牒，或據元、明本增，或所見宋本本有此牒，今亦不敢臆斷焉。蓋大中祥符原刊頒行本必有此牒，其删除牒文者，爲重刊本也。

【案】《留真譜初編》收録該書書影（廣文本第239—240頁，北京本第269—270頁）。今藏日本宮内廳書陵部，著録作南宋刊、宋元遞修本，明治十三年森立之識語，鈐「高木壽穎藏書之記」印。

036 大廣益會玉篇三十卷 元刊本

每半葉十三行，每行大字十九字，左右雙邊。首有大中祥符六年《牒文》，次野王序，次《進玉篇啟》。目録後有「至正丙申孟夏翠巖精舍新刊」木記，又後有《新編正誤足註玉篇廣韻指南》。蓋據釋神珙《反紐圖》而增益僧守温等之「字母」爲之。第一卷後又有木記，與前同。此本以張士俊所刻宋本校之，此多大中祥符一牒。而每部文字次第不與張本同，殆坊賈欲均其注文字數，以便排寫。唯圖易於檢尋，不知依類相從之義。考《玉篇》原本次第，皆本《説文》。以《古逸叢書》殘卷照之可證。張刻宋本已有移易，然不甚懸絶。此則任意排置，全無義例，但所據原本當是祥符官刊，故仍存祥符一牒。張刊本無牒文，故朱竹垞認爲上元孫强之本。然「大廣益會」之題未改，則亦從祥符本出也。二本同源異流，當有互相訂正處。此本卷首有狩谷望之印，又有棭齋印，即望之之字也。望之博極群書，其求古樓所藏祕本爲日本之冠，珍惜此册，洵可貴也。

【案】《留真譜初編》收録該書書影(廣文本第241—244頁,北京本第271—274頁)。今臺北「故宫博物院」藏有楊氏舊藏《大廣益會玉篇》一部,著録爲元至正十六年翠巖精舍刊本,四册,清光緒辛巳(七年)楊守敬手書題記,書中鈐有「狩谷望之」「掖齋」等鈐印(故觀000769－000772)。據「鄰蘇觀海——院藏楊守敬圖書特展」圖録,書後又有楊氏題跋,與《訪書志》此條内容相校,《訪書志》結尾無「珍惜此册,洵可寶也」以及「光緒辛巳秋分宜都楊守敬記」之句,其餘内容相同,由此可知此本即是《訪書志》所著録之本。

037　大廣益會玉篇三十卷　元刊本

每半葉十二行,四週雙邊,篇幅較至正本尤廓〔一〕。無刊板年月〔二〕,蓋亦元槧。此書與張刊宋本異同之處,已見於至正本、鄭氏本兩跋。兹復即每部字數合校之,如《須部》張刊本六字,此本少一「頦」字,與《天禄琳琅》所説合〔三〕。《土部》張本四百五十五字,此題四百五十六字。因就此部字字互對,乃知複一「垺」字,而説解不同。又張本有「埒」「埌」「墟」「垕」四字,至正本、鄭本同。而此本無之。至正本、鄭本同。此本有「埾」「埪」「壈」「塚」四字,張本無之。然則他本之出入,何可勝紀。他日當合此數部,與張本一一對勘,姑爲發其端於此。

〔一〕《海王邨》本、《書目題跋叢刊》本作「較至正本、鄭氏本尤廓」。

〔二〕「無」原作「每」，據《海王邨》本、《書目題跋叢刊》本改。

〔三〕《海王邨》本、《書目題跋叢刊》本此句後有「《長部》張刊本十六字，此本多一『豁』字」一句，與楊氏手書題識同。

【案】《留真譜初編》收録該書書影（廣文本第 245—246 頁，北京本第 265—266 頁）。

此本今藏臺北「故宫博物院」，著録爲明初建刊黑口本，三册，清光緒甲申楊守敬手書題記（故觀 000785－000787）。

據阿部隆一《中國訪書志一》，楊氏題識與《訪書志》大略相同，末題「光緒甲申七月宜都楊守敬記」（第 55 頁）。

038　大廣益會玉篇三十卷 元刊本

此本缺《牒文》《序》《啟》及《指南》一卷[一]，本書卅卷皆全，其篇幅贏於至正、鄭氏兩本，蓋亦元刻。每半葉十二行，四週雙邊，每卷有赤龍館印。按，岸本氏藏本與此體式相同，此似更在前，或彼即從此本翻雕，以其缺首一册，故抑置第四。其中文字異同，已詳前三卷。

〔一〕「及」原作「反」，據《海王邨》本、《書目題跋叢刊》本改。

【案】此本今藏臺北「故宫博物院」，著录爲元至正丙午南山書院刊本，存七册(000773－000779)。

039　大廣益會玉篇三十卷　元刊本

此本板式校至順本稍嬴，行款亦同。唯標題彼作大字，跨兩行，此則只占一行。《目録》後有鼎形木記，中有篆書「宗文」二字，下有「建安鄭氏鼎新綉梓」方木記。相其字體，蓋亦元代刊本。其中與張刻本參差之迹，已略見至順本跋中，今復比校之：如《目録》，宋本三十卷分爲上、中、下三册，每十卷爲一册，每册有十卷之總目，每卷又有總目，非也。蓋野王《玉篇》三十卷，孫强本亦三十卷，每卷爲一軸，故應每卷有總目，斷無分上、中、下三册之理。祥符官刊雖有增删，改卷子爲摺疊本，亦必仍其舊。不然既經重修，若嫌每卷葉數過少，何必不爲之合併，而仍三十卷也。北宋官刊如《太平御覽》之類，亦每卷不及三十葉。此蓋猶沿卷子本之舊，以卷子本不能過長也。至南宋則始爲之合併，而每卷相連屬不隔流水矣。此本《目録》通在第一卷之首，固非祥符舊式。然三十卷不分上、中、下，每卷各自爲首尾，不相接續，則又此本之勝也。又《目録》張刻部首大字居中，部數旁注于下。此本部數陰識，部首陽識，疑此本爲古。此本每卷有「新宮城書藏」印，日本儲籍家之有名者。

或謂所貴於舊本者，文字之異同耳，沾沾於《目録》卷數之分合，似無關出入。余謂古書分合，以唐、宋爲一大關鍵。蓋由卷子改摺本之故。今存北宋本尚多舊式，至南宋則面目全非。此唐、宋《志》所以違異，而《崇文總目》又多不同於《讀書志》也。

【案】《留真譜初編》收録該書書影(廣文本第 247—248 頁，北京本第 275—276 頁)。

040 大廣益會玉篇三十卷 明刊本

此本板式校永樂本稍縮，而行款相同。第一卷標題下有木記云「劉氏明德堂京本校正」，第三十卷末又有木記云「劉氏明德書堂新刊」。案，《四庫提要》所著有明德堂刊本《廣韻》，余舊亦藏之。蓋《篇》《韻》合刊本，相其字體，當在明成化、弘治間。或以爲元槧本，誤也。

此本《黄部》獨多一「黌」字，蓋又竄入者。

【案】《留真譜初編》收録該書書影(廣文本第 251—252 頁，北京本第 277—278 頁)。

041　廣韻五卷　北宋刊本，刻入《古逸叢書》中

此即張氏澤存堂刊本所從出也。原爲日本寺田望南所藏，後歸町田久成，余多方購之未得。會黎公使欲重刻之，堅不肯出，而町田久成喜鐫刻，見余所藏漢印譜數種，亦垂涎不已，因議交易之，以西法影照而上木。原本謬訛不少，張氏校改撲塵之功，誠不可没。然亦有本不誤而以爲誤者，有顯然訛誤而未校出者，有宜存而徑改者，如「官」字下原本「并」作「井」，尚是形近之誤，張氏據謬説改爲「開」。錢竹汀未見原本，遂謂誤「并」爲「開」始於《廣韻》，而不知原本不如是也。

余初議刻此書，盡從原本，即明知其誤亦不改，以明張氏校刻之功過。而黎公使必欲從張氏校改，故《古逸叢書》皆守敬一手審定，唯此書及《老子》是黎公使據余校本自爲札記。然往往有當存疑而徑改者，如開卷景德四年牒，原本「凖」作「准」，「勅」作「敇」，二字雖俗體，然當時公牘文字本來如此，今皆校改之，亦似是而非也。又有失於校改者，如《一東》「蒙」字下注「二十六」，實二十七。又如「鶇」字下注「鶇鵍，鳥名，美形。出《廣雅》」。「狨」字注「細布」，泰定、至順刊本均作「猛也」。泰定、至順刊本《廣韻》皆作「又美形也」。此皆當從元本者。又如「去聲豔第五十五」注「㮇、釅同用」「釅第五十七」「陷第五十

八」「鑑、梵同用」「鑑第五十九」，原本如是。顧澗濱因其與曹楝亭刻本不同，謂是張氏據《禮部韻略》，此則張氏之受誣也。余别見北宋本《玉篇》，體式與澤存堂本亦同，曹刻《玉篇》有大中祥符牒，亦謂爲張氏所削，并誣，附記于此。又第五卷後《四聲清濁法》「生」字下，張本留墨丁，此本「生」作「朱」，曰：「之余反，朱，赤也。」「朝」字下一格，張本留墨丁，此本作「紬，直流反，紬布也」。此必張氏所據原本。此二處有霉爛處，非又有别一本也。日本收藏家於古字書最多，余盡數購求之，不遺餘力。自宋本外，凡得元刻本《玉篇》《廣韻》各四、五通，明初刻本各三、四通，各不同板，而明中涓大字本不數焉。其中異同差池不可枚舉，元、明本亦有足訂宋本者。意欲歸後合諸本校之，重刊此二書，詳爲札記，而力薄願奢，終不克副。昔顧澗薲憾張本校刊不審，深惜傳是樓原宋本不傳，不能盡刊潘氏轉寫張氏之誤。孰知今日宋本之外，更有互證之本，如是其多也。

【案】《留真譜初編》收録該書書影（廣文本第259—260頁，北京本第285—286頁）。

此本收入《古逸叢書》第十二種之「覆宋本重修廣韻」，書中並無楊氏題記。

今上海圖書館藏有一部宋刻本《廣韻》，有楊守敬題跋（索書號754011－5）。《上海圖書館善本題跋真跡》收録楊氏題跋書影（第3册，第284頁）、《上海圖書館善本題跋輯録》收録楊氏題跋釋文（第96頁），與《訪書志》解題有所不同，抄録如下：

此即張氏澤存堂刊本所從出，原本訛謬不少，張氏校改撲塵之功誠不可没。然有本不誤而以爲誤者，有顯然誤而未校出者，有宜存疑而徑改者。如「官」字下，原本引孔子妻「并官氏」作「井官氏」，尚是形近之訛，張氏據俗書誤本，改「井」爲「開」，錢竹汀未見原本，遂稱誤「并」爲「開」始於《廣韻》，而不知宋本不如是也。又如「鶇」字下注「鶇鴒，鳥【名】，美形，出《廣雅》」，泰定、至順刊本皆作「又美形也」；「同」字注「亦州」，元本「州」下有「名」字；「狨」字注「細布」，元本注并作「猛也」，此張氏失于參校者。又如開卷景德牒文，原本「凖」作「准」，「勑」作「勅」，二字雖俗體，然當時公牘文字本來如此，今校改作「凖」、作「勑」，亦似是而實非也。原本字體從通俗，而張氏據《説文》改從正字，此尤非多見唐人手跡不知其失也。此本原爲日本寺田望南所藏，後歸博物館局長町田久成。余多方購求未得，會星使黎蒓齋觀察欲重刊此書，以爲張刊雖精，不如此本之古樸，屬余借摹，堅不肯出，而久成見余所藏漢印譜十餘種，亦垂涎不已，因議交易之。余初謂張本傳世尚多，此書似不必刻，若必刻則當盡從原本，即顯然訛誤，亦一字不改，而星使堅欲改之，争之幾失色，乃議改其太甚，刻成後爲札記，然往往有可存疑竟爲張氏所牽者。厥後工未竣而余差滿歸，恐札記未必刻，仍留學者以口實也。他如去聲「豔第五十五」注「桥、豓同用」「釅第五十七」「陷第五十八」「鑑、梵同用」「鑑第五十九」，此原本亦如是，顧澗薲因其與曹楝亭初刊不同，謂是張氏據《禮部韻略》校改，此則張氏之受誣也。余别見北宋本《玉篇》，體式與澤存堂本亦同，或據曹刻《玉篇》有大中祥符牒，謂爲張氏所削，亦誣，附記於此。又第五卷後《四聲清濁法》「生」字下張本留墨丁，此本「生」作「朱」，注「之余反，朱，赤也」；「朝」字下一格張本留墨丁，此本作「紬」，注「直流反，紬，布也」，此必張氏原本有爛缺，故如此，非所據又别一本也。日本收藏家於古字書最多，余盡數求之，不留餘憾。自宋本外，凡得元刊本《玉篇》《廣韻》各四、五通，明初刻本各三、四通，而各不同板，明中涓大字本不數。其中異同差池難以悉舉。元、明本亦有足訂正宋本者。昔顧澗薲謂張氏校刊不審，深惜徐氏傳是樓原宋不傳，不能盡刊潘氏轉寫、張氏意改之誤。孰知詎徐氏又二百年，宋本外更有互證之本如是其多。元泰定本黎星使亦重刻之，又多據張本校改，深爲可惜也。余意歸後合諸本校之，詳爲札記，而以方謀别刻日本古卷子字書爲隋唐之遺者，有《新撰字鏡》及《萬象名義》，所據《玉篇》《廣韻》，皆顧野王及陸法言原本。兹事遂輟。日月如馳，力綿願奢，謹記於此，以告當世之著録者。光緒甲申十一月朔，宜都楊守敬記於鄂城通志局客次。

《上海圖書館藏宋本圖録（修訂本）》介紹此本舊爲日本寺田望南所藏，後歸博物館局長町田久成，由楊守敬購歸，轉售潘祖蔭滂喜齋。1951 年 7 月上海文物保管委員會購自滂喜齋後人潘丁達于，交付上海圖書館庋藏(第 27 頁)。

042　廣韻五卷　宋刊本

首題「陳州司法孫愐唐韻序」，與元至順本同。序後當有木記，爲後人割去。每半葉十二行，兩邊雙線，缺宋諱處與各本同。每卷首有「若秋藏書」印。此本字體絶似南宋，蓋不如北宋之方整，而又非元本之圓潤。雖無年月可考，固一望而知之也。至此本與重修本之分合，詳見余至順、至正兩本及勤德堂本三跋，兹不贅録。

【案】　此本今藏國家圖書館，著録爲元刻本，二册，每半葉十二行，小字雙行不等，細黑口，左右雙邊(索書號 07334)。《中華再造善本·金元編》收録該書。《國家圖書館宋元善本圖録》收録該書書影(第 3 册，第 1295 頁)。

此本爲楊氏舊藏，遞經袁克文、涵芬樓收藏，見於《涵芬樓燼餘書録》(第 179 頁)。是本書前有楊守敬、袁克文二家題跋，其中楊氏題跋與《訪書志》内容一致，故抄録袁氏題跋如下：

(一)乙卯十一月十四日獲於京師，寒雲，時年二十又六。「寒雲」(白文方印)

(在書前楊氏題跋後)

（二）此本與泰定刊本頗有增損，於字句而次第先後亦多歧異，版心較之低寸許。他若至正、至順、雙桂書堂、勤德書堂諸刊本，亦有異同，版心皆視此爲高廣。宋諱有缺有不缺，《天禄》《四庫》所收乙未明德堂刊，惟避「匡」字之本，定爲宋麻沙，以《楹書隅録》所考，恐尚是元貞之乙未，或至正之乙未也。此本「匡」陽均「匡」「邼」「筐」「蚷」「框」「劻」「鬘」「洭」「軭」「眶」「恇」「茟」「駈」，又魂均「惇」、漾均「誆」。外尚避「貞」字，清均「貞」「隕」「楨」「禎」「郥」「湞」「偵」。是又異於天禄所藏。「袁二」（朱文長方印）（在書前楊氏題跋後）

（三）楊惺吾跋謂此處應有木記，爲後人割去云云。竊按南宋坊刻序後卷尾於正文盡處往往刻數空行，後留一大墨釘，以省刀工，即如此葉。斷處尚餘闊墨，欄後無木記可知也。寒雲。「寒雲」（朱文方印）「袁二」（朱文長方印）（孫恤序後）

又，袁克文《寒雲手寫所藏宋本提要廿九种》亦著録此本（《國家圖書館藏古籍題跋叢刊》第 26 册，第 285 頁）：

廣韻　**五卷**　**宋刊宋印**

不著撰者姓名。

首「陳州司法孫愐唐韻序」，子目標每卷前，分三排，首次第，次韻紐，下注「獨用」或「同用」，次第數目字墨釘白文。

半葉十二行，行十九字，注雙行，行卅一字，線口，雙魚尾，下標韻及卷次。左右雙欄，左欄外標葉次、卷次，下冠「廣韻」或「韻」字。

缺諱：惇、匡、郾、筐、蚷、框、劻、髽、洭、軭、眶、恇、萓、駏、誆、貞、隕、楨、禎、郥、湞、偵。

藏印：若秋藏書序及二、三、四、五卷前、星吾海外訪得秘笈、宜都楊氏藏書記、楊守敬印卷一前、册首有楊守敬題記。

《廣韻》乃宋建陽坊刻巾箱本，此書元明本傳世頗夥，宋刊獨罕。此册經楊氏刊入《留真譜》。

比對袁氏所作題跋，可知其對是書版本的判斷是經過變化的，由認可楊氏之説到質疑，《寒雲手寫所藏宋本提要廿九种》在先而書中所作題跋在後。

043　廣韻五卷　元刊本

首載陳州司法孫愐《唐韻序》，序後有「至順庚午敏德堂刊」篆書木記，木記後又有「辛未菊節後十日印」，校刊此書首尾年餘，宜其刻印俱精。此本校張士俊澤存堂所刊重脩本注文殊简，而與顧亭林刊本略同。朱竹垞謂明代内府刊板中涓欲均其字數，取而刪之。《提要》謂《永樂大典》引此本，皆曰「陸法言《廣韻》」，引重修本皆曰「宋重修《廣韻》」。世尚有麻沙小字一本，與明内府板同。題曰「乙未歲明德堂刊」，當爲元刻，非明中涓所删。然其本但題曰「乙未歲」〔二〕，究不能確指爲元刊。余藏有《玉篇》，亦劉氏明德堂刊本，似已在明初。此本明著「至順」，則刊于元代無疑。又《提要》稱二十一「殷」不作二十一「欣」，「殷」獨用，不作與文通，皆與此本合。又稱「匡」字紐下十三字皆闕一筆，避太祖諱，其他則不避，此本亦與所説合。但「朗」字雖不避，而《一東》「融」字注「朗」作「朗」；又「蕩」字下「徒朗切」，亦缺筆作「朗」，是其他不避者重刻時補之也。據此其根源于宋本無疑。又《提要》稱「東」字下「舜七友」譌作「舜之後」，此本作「七友」不誤，足知明德堂本又不如此本之善也。今略校之，其足以訂重修本之誤者，如《東韻》中「仝」字，重修本注「古文，見《道經》」，此本「見」作「出」，二義雖通，以下「仝」字注例之，則作「出」是也。「同」字注「亦州」，此本「州」下有「名」字。「狨」字注「細布」，「絨」字注「上同」；此本「狨」字注「猛也」，「絨」字注「細布」。「蒙」字紐下注「二十六」，此本作「二十七」；按，「蒙」紐實二十七字。「聰」字注「聞也」，此本作「開」，皆當以此本爲是。而「狨」「絨」二字，則一望而知爲重修之謬，其他雖亦有此本獨誤者，皆是未校之故，可以參證得之。至《永樂大典》稱此本爲陸法言《廣韻》，殊非典據。按，法言之書自名《切韻》，其書久亡，《崇文總目》有陸慈《切韻》五卷，當即法言之書。唯《郡齋讀書志》稱「《廣韻》五卷，陸法言撰，其後唐孫愐增加字」，是公武以孫愐之書本之法言，故以標題。然屢經增改，非事實矣。況《封氏聞見記》載法言韻凡一萬二千一百五十八字，今此本有二萬五千九百二字，則爲增加本無疑。又李涪《刊誤》云：「《尚書》『嘉謨嘉猷』，法言曰『嘉予嘉猷』；《詩》曰『載沈載浮』，法言曰『浮』，伏予反。」今此本「謀」「猷」二字皆在「尤韻」，與李涪説不相應。則非法言書更無疑義。要之法言之《切韻》、孫愐之《唐韻》、重修本之《廣韻》三書，同源異流，此本每卷既題《廣韻》，則非孫愐之舊，無論法言。然少於重修本二百九十二字〔二〕，則非從重修本出。疑重修本既行於世，而孫愐本仍存，書坊刻孫本因冠以《廣韻》之目，其中參差各不相照。書此以俟知者。

〔一〕「曰」原作「田」，據《海王邨》本、《書目題跋叢刊》本改。
〔二〕「二百九十二」原作「□□」，據《海王邨》本、《書目題跋叢刊》本改。

【案】《留真譜二編》收録該書書影（廣文本《二編》第77—78頁，北京本（下册）第1263—1264頁）。據朴貞玉、朴現圭《廣韻版本考》，本書行款爲序每半葉十二行，行大字十九字；正文十三行，注小字雙行，每行小字約二十七、八字。

《經籍訪古志》著録有相同版本（第 88 頁）。

《故宫所藏觀海堂書目》著録此本，今藏臺北「故宫博物院」，著録爲元至順庚午（元年）敏德堂刊本，五册（故觀 000793－000797）。

044　廣韻五卷　元刊本

首題「陳州司馬孫愐唐韻序」，《序》後有木記題「至正丙午菊節南山書院刊行」。行款與至順本同，而篇幅則廓。又四週雙邊，知非從至順本翻刻。按，各本皆題爲「司法」，此題爲「司馬」，當是淺人所改。此書前人未得刊刻年月，故多疑竇，余已略疏其分合於至順本。今又得此本，注文亦简略，尤足證非明中涓所删。或疑此即陸法言之原本，謂《切韻》亦兼《唐韻》之名，引《唐志》《宋志》皆載陸法言《唐韻》五卷爲證。余檢新、舊《唐志》，皆不載法言《唐韻》，唯《舊唐志》有陸慈《切韻》五卷，法言蓋以字行。《和名類聚鈔》作「陸詞《切韻》」，慧琳《一切經音義》亦云「陸詞」。然題爲「切韻」並無《唐韻》之目，唯《宋志》有法言《廣韻》，《宋志》多謬，不足據。此蓋沿《郡齋讀書志》之稱，而又失其意者。宋人多以《切韻》《廣韻》《唐韻》三書爲一，《困學紀聞》已辨之。或又謂孫愐以後，陳彭年以前，修《廣韻》者尚有嚴寶文、裴務齊、陳道固三家，此本當爲三家之遺。今按，重修本牒文有郭知玄、關亮、薛峋、王仁煦、祝尚丘諸人增加字，亦不止嚴、裴、陳三家。考《日本現在書目》，自武玄之以下皆稱《切韻》，《和名類聚鈔》、慧琳《音義》、希麟《音義》、《白氏六帖》、《佩觿》等書引孫愐、郭知玄、王仁煦、祝尚丘、裴務齊、麻果、蔣魴諸人之書，亦并稱《切韻》。無稱《廣韻》者。況祥符牒文云：「仍特换於新名，庶永昭於成績，宜改爲《大宋重修廣韻》。」可知《廣韻》之稱，實始祥符，陳彭年以前，固不得冒此名也。且果爲嚴寶文等之遺，何以獨載孫愐一序？余跋至順本，亦疑此爲孫愐之書，特爲書賈改題。今細繹之，亦非也。愐自序稱：按《三蒼》以下之書數十種，並列注中。今此本注皆不引各書名，尤有切證者，丘光庭《兼明書》云：「孫愐《唐韻》引《風俗通》云：『丘氏，魯左丘明之後也。』」此本「丘」下但注「地名」二字，則非孫愐之書無疑。又按，魏鶴山稱吴彩鸞《唐韻》寫本「二十九山」之後，繼之以「三十先」「三十一仙」，則此本非《唐韻》，又一證也。鶴山之説未足據，《困學紀聞》已辨之。按《雲煙過眼録》及《研北雜志》皆云彩鸞所書爲「二十三先」「二十四僊」，此卷國初尚存，故閻潛丘稱：親見彩鸞所書《唐韻》，次第較鶴山亦不合。然謂此本是據重修本所删削乎？則又非也。重修本「二十文」下注「『欣』同用」；「十八吻」下注「『隱』，用同」。此本「二十一殷」，不作「欣」，不避宋諱。與「二十文」皆獨用。「十八吻」目録注「『隱』同用」，而卷内仍注「獨用」，不使連屬。按，合「欣」於「文」，合「隱」於「吻」，始于景祐中之修《禮部韻略》，非特唐人無此。

顧亭林、朱竹垞皆力言其非。即重修本亦不應有此，幸此本尚有參差之迹可尋，不盡爲景祐之合併所汩没。唯其注文之簡略，前既非孫愐，後亦不同陳彭年，武玄之以下之書既不存，無從考驗其根源。或以簡略爲古，或以詳贍爲真，皆未可爲定論也。

【案】《留真譜初編》收録該書書影（廣文本第 271—272 頁，北京本第 297—298 頁）。本書行款爲半葉十二行，行二十字，注雙行，二十七字。

《經籍訪古志》著録有相同版本（第 87 頁）。

《故宫所藏觀海堂書目》著録此本，今藏臺北「故宫博物院」，著録爲元至正丙午（二十六年）南山書院刊本，五册，清光緒癸未（九年）楊守敬手書題識（故觀 000788 – 000792）。

阿部隆一《中國訪書志一》著録楊氏題識，與《訪書志》稍異（第 58 頁）。

又，傅增湘《藏園群書經眼録》著録相同版本一部，有按語言及該書版本價值，抄録於下（第 124 頁）：

按：此本注文已删落，不足貴也。

又按：此書載《日本訪書志》，言首題陳州司馬孫愐，改「司法」爲「司馬」，當是淺人所爲。且注文亦簡略，與至順本又不盡同，可證明明代《廣韻》刊本之刊落注文非中涓所爲矣。又明代永樂甲辰廣成書堂刊本、弘治辛酉劉氏文明書堂刊本皆改「司

法」爲「司馬」，實此本之作俑也。（日本内閣文庫藏書，己巳十一月十九日觀）

045 廣韻五卷 元槧本

孫愐序後有木記云「余氏勤德書堂鼎新刊行」，不著年月。相其字體、紙質，亦是元刊元印。此書余既得至順、至正兩本，已著其參差之迹，然究不能定爲何時、何人之作，反覆研尋，乃知張刊宋本，非陳彭年之舊。此本係從重修原本出，非從張本節删，故有勝於張本之處。而其依用《禮部韻略》，則此本與張刊本皆然。按張淏《雲谷雜記》：「詔丁度等以唐諸家韻本，刊其韻窄者凡十三處，許令附近通用，此蓋今所行《禮部韻略》也。」《東齋記事》所説亦同。今以《集韻》《禮部韻略》校《廣韻》，則知併「殷」於「文」；併「嚴」於「鹽」「添」，併「凡」於「咸」「銜」；上聲，併「隱」於「吻」；去聲，併「廢」於「隊」「代」，併「焮」於「問」；入聲，併「迄」於「物」，併「業」於「葉」「帖」，併「乏」於「洽」「狎」。凡得九處，餘悉相同。及考之上聲末，合「儼」於「琰」「忝」，合「范」於「豏」「檻」〔一〕；去聲末，合「釅」於「豔」「㮇」，合「梵」於「陷」「鑑」，與「平」「入」之部分不相應，乃知此四處亦《韻略》《集韵》所合併，合之前九處，恰符「十三」之數，並非《廣韻》原注如此，乃校刻《廣韻》者，因《韻略》《集韻》而改移之。當因此四韻尤窄之故。細校此本，闕宋孝、光、寧三帝諱，「慎」「惇」字皆缺筆。

張氏重修本亦缺欽宗諱，是其根源不出南、北宋之間，皆非祥符官刊原本。張氏本注文詳瞻，與《兼明書》《史略》《困學紀聞》、姚寬《戰國策後序》所引多合，其爲孫愐以下諸家增加之本無疑。此本簡略過甚，其中實有删削不成語者，其爲從祥符本節省無疑。然如「狘」「絨」二字之互異，則顯爲張刊本之誤，則不唯部分有改易，即注文亦未盡陳彭年之舊。吁！二百六部之祥符本尚費尋究，何論陸法言與孫愐古書罕存。存者又不得其真源流變遷，非深識不能見其癥結，此余所以有《經籍沿革考》之作也。

〔一〕「蹍」湖北本以爲當作「蹨」。

【案】《留真譜初編》收録該書書影（廣文本第 275—276 頁，北京本第 305—306 頁）。據朴貞玉、朴現圭《廣韻版本考》該本行款爲序每半葉十二行，行大字十九字；正文半葉十三行，注小字雙行，行小字約二十七、八字（第 67 頁）。

《故宫所藏觀海堂書目》著録此本，今藏臺北「故宫博物院」，著録爲元余氏勤德堂刊本，五册，清光緒十年楊守敬手書題識（故觀 000844 - 000848）。

阿部隆一《中國訪書志一》著録楊氏題識，與《訪書志》稍異（第 59 頁）。

046 廣韻五卷 明刊本

標題亦改「司法」爲「司馬」，與元至正本同。序後木記云「弘治辛酉劉氏文明書堂新刊」。四週雙邊，匡廓亦與至正本不殊，但字體略大，其中正俗文字不一。然其避宋諱處，宋、元本同，知其亦翻舊本，非重書上木也。首册書眉有日本人以他本校字，往往此本爲是。此余所得舊本《廣韻》之第六册，舊係日本寺田弘所藏，有「讀杜草堂」印記。

【案】《留真譜二編》收録該書書影（廣文本第 79—80 頁，北京本第 1261—1262 頁）。據朴貞玉、朴現圭《廣韻版本考》該本行款爲序每半葉十行，行大字二十字；正文十二行，注小字雙行，行二十七、八字（第 94 頁）。《故宫所藏觀海堂書目》著録此本，今藏臺北「故宫博物院」，著録爲明弘治辛酉（十四年）劉氏文明書堂刊本，五册，清光緒壬午（八年）楊守敬手書題識（故觀 011799－011803）。阿部隆一《中國訪書志一》著録楊氏題識，與《訪書志》稍異（第 60 頁）。

047 廣韻五卷 明刊本

標題改「司法」爲「司馬」，與元至正本同。序後木記云「永樂甲辰良月廣成書堂新刊」。行款、匡廓亦同至正本，而字體稍寬博，文字亦有異同。避宋諱處則皆與宋、元本同，則亦據舊本重翻者也。每卷有「釋意芳印」，第一册有「多紀氏印」。按，多紀亦稱「丹波元堅」，字芷庭，三世爲醫，博通典籍，收藏極富。此本每卷籤題分書「孫愐廣韻」，當是多紀氏之筆。蓋彼國人亦疑此爲孫書也。

【案】《留真譜初編》收録該書書影（廣文本第 277—278 頁，北京本第 307—308 頁）。據朴貞玉、朴現圭《廣韻版本考》該本行款爲序每半葉十行，行大字二十字；正文十二行，注小字雙行，行二十七、八字（第 85 頁）。

《經籍訪古志》著録有相同版本（第 87 頁）。

《故宫所藏觀海堂書目》著録此本，今藏臺北「故宫博物院」，著録爲明永樂甲辰（二十二年）廣成書堂刊本，五册，清光緒壬午（八年）楊守敬手書題識（故觀 011794－011798）。

阿部隆一《中國訪書志一》著録楊氏題識，與《訪書志》稍異（第 60 頁）。

卷四

048 集韻十卷 宋刊本

缺首卷，楓山官庫藏本。篇幅甚大，高約九寸，闊約一尺二寸。每半葉十行，行三十一二不等。余從修史官巖谷修借出，使日本人高根虎松以曹刻本校一過，而手摹卷後跋四葉，刻期繳還。今據馬遠林汲古影宋校本對勘，十合八九。唯汲古本每半葉十一行，則與此本非出一源。又陳頌南云，宋本「十四賄」以「浖益謂履曰屣」六字綴於「隧」字注。曹本無此六字，而空白二寸弱。高根校本亦未填補，豈原本亦如曹刻與？抑高根之疎與？惜當時匆匆，未能手勘之也。至頌南所舉「十四太」之脱文，此則一一皆具。又曹刻本「寶元二年奏」，脱「聖聰」以下七行半，一百二十四字；又脱「寶元二年丁度」以下官銜一葉，又脱「慶曆三年章得象」以下官銜一葉，汲古本與此本皆有。唯汲古本「章得象」以下有「恭惟」云云至「書籍」止。以下缺爛。此本則自「章得象」以下並無文字，而別有淳熙乙巳田世卿跋一葉。是知汲古祖本是慶曆本而有修板，以板心有「重刊」字樣。此本則淳熙重刻本也。丁度、章得象兩葉官銜俱已見蔣光煦《東湖叢記》，兹不贅記。特録田世卿跋於左：

世卿舊聞《集韻》收字最爲該博，搜訪積年，竟未能得。皆云此板久已磨滅，不復有也。世卿前年蒙恩將屯安康，偶得蜀本，字多舛誤，間亦脱漏。嘗從暇日委官校正，凡點畫錯謬者五百三十一字，其間湮晦漫不可省者二百一十五字，正文注解脱漏者三十三字。繼得中原平時舊本重校，修改者一百五十五字。舊本推善〔一〕，而書字點畫亦有謬誤。復以《説文》《爾雅》等書是正，改定凡五百一十五字，因令鋟板以廣其傳。自淳熙乙巳九月至丁未五月，僅能畢工，亦庶幾不作無益害有益之義也。武功大夫高州刺史充金州駐劄御前諸軍都統制田世卿謹跋。

〔一〕湖北本以爲「推」當爲「雖」。據原書田氏題跋真跡，該字漫漶難識。

【案】《留真譜初編》收録該書書影（廣文本第287—302頁，北京本第311—325頁）。此本今藏日本宫内廳書陵部，著録作宋淳熙十四年跋刊本。《經籍訪古志》著録此本（第90頁）。

又，傅增湘《藏園群書經眼録》亦著録是本，抄録其中按語如下（第127頁）：

按：此書載《日本訪書志》。楊惺吾曾以曹楝亭刻本校過，又據汲古閣影宋本對勘，十合八九。惟汲古本十一行，與此非出一源。蓋汲古祖本是慶曆本而有修板，此則淳熙十四年丁未金州軍重刻也。（日本帝室圖書寮藏書，己巳十一月十一日觀）

049 禮部韻略五卷 影宋元祐刊本

《禮部韻略》，宋元祐五年官刊本。首列「元祐庚午禮部續降韻略條制」，即《提要》稱「博士孫諤所上者」。凡四葉，每半葉十二行，行二十一字，摹寫精整，想見原刊之善。卷首題「禮部韻略第一卷」。中每有兩音之字，則圈記之。第五卷後載「貢院條制」，名諱至哲宗止。後又有中書門下丁度等劄子，有「今將舊本看詳」云云，蓋丁度等重修此書之劄子也。晁公武所云「丁度撰」蓋即據此本，然實非丁度所創始，劄子後附《條制》二葉，末題「景祐四年六月」。案，此書今時著録家只有歐陽德隆之《押韻釋疑》及紫雲山民郭守正增修本，而當時原書竟不可見。此則的爲元祐官刊正本，尤可寶也。《提要》著録，係錢保赤影宋本，當無丁度劄子，今録于後：

中書門下　牒刊修《廣韻》所

翰林學士兼侍讀學士尚書刑部郎中知　制誥丁度等劄子奏，昨奉　勑詳定刊修《廣韻韻略》。所有《韻略》，今將舊本看詳，其間文字多無解訓，并疑混聲及重疊出字，不顯義理，致誤舉人使用。今取合入詩賦使用聲韻要切文字，重修《韻略》。除義理灼然可曉，更不解釋外，於逐字下各著訓説，或引經史爲證。又有獨用韻苦窄者，難爲著撰聲律文字凡一十三處，並取有唐諸家韻本詳據，許令附近通用。其疑混聲及重疊出字，各許依本字下注解使用。上件《禮部韻略》并删定，附《韻條制》，謹先寫録進　呈。如可施行，欲望却降付刊修所鏤板訖，送　國子監印造頒行，取進止。

景祐四年六月　　日牒

禮部侍郎參知政事石

吏部侍郎參知政事程

户部侍郎參知政事韓

户部侍郎平章事陳

門下侍郎平章事王

按，所云「牒刊《廣韻》所」者，蓋併《廣韻》刊書所也，以下附《韻條制》，文多不録。

是書收字既狹，解釋尤簡，其習見之字或但有反切，且有一字不注者。蓋其初就《廣韻》删其不經見之字，其一字數音，間有收入，全爲舉人場屋之用，故稱《韻略》。其不直用

《廣韻》者，緣欲考其所學，厥後因一字重疊收入者無訓解，乃爲之注釋。又以「韻窄十三處，許令附近通用」，此丁度景祐所詳定者。又其後孫諤等以其明見經傳，而《禮部韻》不收，其一字兩音者亦不備，故又爲之增添。至毛晃之《增韻》、歐陽德隆之《釋疑》，則增字愈多，解釋愈煩，然尚未併韻。未知何時併二百六爲一百六韻，其官刊本必有「條例」，而今不傳。其傳者有劉文郁、劉淵等刊本，皆不言其併韻之故，然解釋較毛、歐爲略，當源于官刊本。至陰時夫之《韻府群玉》，則繁稱蔓引，竟成類書。此《禮部韻》源流之大略也。

050 魁本排字通併禮部韻注五卷 元刊本

此本無序、跋。上、下平各爲十五，上聲二十九，去聲三十，入聲十七，蓋合併二百六部爲一百六部也。所併之韻，韻首以墨蓋隔之。如魚尾形。《韻略》所載依字母爲次第，如「東」「通」「同」「籠」是也。此本則「東」紐下次「同」，而「籠」「通」隔越於後。次第與《廣韻》多同，訓解亦然。向傳今韻之併，始於平水劉淵，錢竹汀跋王文郁刊本謂始於文郁，詳見張金吾《愛日精廬藏書志》。今以此本照之，則金吾稱《韻會》所引平水韻與其本不合者，皆與其本合。唯「泜」下云「水名，又音遲」，無「在常山」三字。「筮」下文郁本只一「莢」字，《韻會》本作「巫莢，藥名」四字，此本則不與文郁合，而與《韻會》同。然文郁本有「新添」「重添」之字，此本無之，是又出文郁本之前。又以歐陽德隆《釋疑》校之，則所隸之字互有出入，如「東」字紐下，此本有「凍」字；「同」字紐下此本無「氃」「詷」「艟」三字；「蟲」字下無「爞」字；「中」字下無「忡」字；而「忡」字又别出一紐，曰「敕中」切，似又在歐陽之前也。又「通」字紐下無「桐」字，「同」字紐下無「重」字，「先」字紐下無「西」字，「煙」字紐下無「殷」字。是不從毛晃《增韻》之説，或本又在毛氏前也。然以元祐刊本校之，而贏出之字爲不少矣。且元祐本兩音之字有圈以記之，歐陽《釋疑》本同，此本則無圈記，當是坊刻去之。

此本每半葉十二行，大字横列排匀，郭守正所刊《韻略》亦如此〔二〕。鐫刻頗精，爲日本寺田宏所藏，每卷有「淺草源氏五萬卷樓圖書之記」印章，末有天保甲辰長祚題跋。其跋首録張金吾跋，以此本比勘，又據錢竹汀跋定爲金刊。余望而知爲元版。凡宋諱皆不缺筆。而寺田奇貨居之，堅稱金刻。余以中土此書頗少，破慳得之，惜不得金吾藏本一一校之也。

按，併韻既不得主名，其實原本《廣韻》目録之注。今以《禮部韻注》通用之韻，與《廣韻》校之：平聲，《廣韻》「監」字下注「『添』同用」，《禮部》注「『添』『嚴』通」；《廣韻》「咸」字下注「『銜』同用」，《禮部》注「『銜』『凡』同用」；《廣韻》「嚴」字下，「『凡』同用」，《禮部韻》無注，是較《廣韻》多併二部。入聲，《廣韻》「葉」字下注「『帖』同用」，《禮部韻》注「『帖』『業』通」；《廣韻》「洽」字下注「『狎』同用」，《禮部》注「『狎』『乏』通」；《廣韻》「業」下注「『乏』同用」，《禮部韻》無注，是又較《廣韻》多併二部。今以《廣韻》二百六部注同用者合併算之，已得一百十一部，以《禮部韻》注同用者合併算之，得一百七部。至毛氏《增韻》、歐陽氏《釋疑》皆然。然只注通用，尚未合併，不知何時又以上聲之「迴」「極」通用，遂爲一百六韻而合併之。或謂併「拯」入「迥」始于劉淵，而王文郁本已併之，此本亦然。遂爲元明以來定制。

日本長祚跋：

此本經本邦人改裝，脱許道真序，又前後無録刻年月、木記及錢氏所謂《聖朝頒降貢舉程式》《御名廟諱》一條等，而張金吾所考勘，如「東」「冬」「江」「支」四韻字註，及全韻之數，所并之韻字，首以魚尾隔等，悉相符矣。但「肛，虚江切」，作「許江切」；「泜，水名，又音遲」，至「荑」字，全註「荑，莁荑，藥名」四字。又所謂韻末標「新添」「重添」者，此本無有，且諦審版式字様，與《琳琅書目》所舉金版《貞觀政要》條下曰「字宗顔體，刻印精良」者相似。顧金版於西土流傳寔尠，耳目罕經，譬諸吉光片羽。今此本既非大德再刊者，而異同板様亦復如是，雖難遽定其正大己丑初刻本即是此種，然而其與張本則夐乎不侔，是殆金版無容疑也。嗚呼！張氏不夢知「排字通併」之舊名，僅獲元大德「重添」新刊本，而詫其有一無二秘籍，若見此版，鄭重驚奇當更何如也！且張氏所疑「新添」「重添」者，果係刊刻者所增，此本可據而斷焉。古刻之可尊如此，豈可不「十襲」爲寶愛之乎！

余又得朝鮮明天順八年黄從兄刊本，首有盆城金孟子進序，又有朝奉大夫知清道郡事、兼勸農副使大丘道兵馬團練副使黄從兄跋，蓋與《玉篇》《直音》合刊者，首題「排字禮部韻略」，上平聲無「魁本」二字。其隸字及注與前本十同八九，唯前本以反切居前，此本居後，刊刻草率之極。據金孟序，是屬滔流所鐫。余以已有前精本，故以此爲次，録其《玉篇》，《直音》則全删其解説，但著音讀，而又亂《玉篇》次第，不足録也。

又按，此本訓解之字與《廣韻》多同，而與元祐刊本《韻略》及歐陽《釋疑》本多異，不第次第有參差也。

〔一〕「亦」辛丑初刻本作「已」。

【案】《留真譜初編》收録該書書影（廣文本第 313 頁，北京本第 335—336 頁）。是書行款爲半葉十二行。

此本今藏臺北「故宫博物院」，著録爲元刊本，五册，清楊守敬手書題識，日本長祚氏手跋（故觀 000849－000853）。

阿部隆一《中國訪書志一》著録楊氏題識，與《訪書志》稍異（第 63 頁）。

051 增修互注禮部韻略五卷 元刊本

首有紹興三十二年十二月毛晃表文，目録前題「衢州免解進士毛晃增注男進士居正校勘重增」。每半葉十一行，大字行十四字，小字行二十八字。末有「至正乙未仲夏日新書堂重刊」木記。卷内題「今增」者晃所爲，題「重增」者居正所爲。每卷後有增入、圈出、重增總數，顧無居正序、跋，余所得五、六通皆無之。未知其由。居正父子以博洽名一時，居正有《六經正誤》，今存。今觀其辨别毫釐，徵引博奧，在南宋諸儒中可謂翹楚。而《提要》詆其不知古今文字之别，又不知古今聲韻之殊，摘其「東」字紐下不應增「桐」字，「同」字紐下不應增「重」字，「先」字紐下不應增「西」字，「煙」字紐下不應增「殷」字，謂其不古不今，殊難依據。余謂此事難言，若謂不應以假借爲本文，則《禮部韻》中兩音之字，以假借而分隸，不可勝紀。若謂不應以古音入律詩，則自《廣韻》以來，以至今韻，其中與今俗方音不合者甚多，而今之方音與古音合者，尤難枚舉。毛氏不依附《廣韻》，于舉世不談古音之日，能采取古音以增入此書，可謂特出。獨惜其所采尚未備，不能如吳才老之《韻補》專成一書耳。然古音自顧亭林以來，江、段、孔、王或十部，或十七部，或二十一部，終不能定一尊。若夫古、今文字正俗之别，此又從來所不能畫一者，無論《廣韻》所收之字數倍于《説文》，即元祐之《韻略》，其不合六書者，亦不勝舉。今按，所增大抵音異之字爲多，其本爲禮部原書所無而增之者，皆《廣韻》所有。唯「沖」下增「沖」字，引《詩》「鑿冰沖沖」云「從冰」，似不免臆説。然「襛」「穠」並收，「𢡖」「窻」互出，已見於《廣韻》，此孫愐之誤，陸法言當不爾。《禮部韻》亦有之。此又不得專咎毛氏也。

【案】《經籍訪古志》著録有相同版本（第90頁）。《故宫所藏觀海堂書目》著録此本，今藏臺北「故宫博物院」，著録爲元至正二十六年秀岩書堂刊本，五册（故觀000803－000807）。

052 韻鏡一卷 日本舊刻本，刊入《古逸叢書》

其書不著撰人名氏，紹興辛巳，張麟之得其本，别爲之《序例》刊之，初名《指微韻鏡》。逮嘉泰三年麟之又重爲之序，蓋即鄭夾漈《七音序略》所云《七音韻鑑》者也。是宋代已經三刊，不知何故元明以來遂無傳本，著録皆不之及。日本享禄戊子清原宣賢合諸傳鈔本重刊之，頗有更改。永禄七年云，又得慶元丁巳所刊原本重校之，始還其舊。其書直列十六平、上、去、入各四等，大致與《切韻指掌》《四聲等子》略同，簡而不漏，詳而不雜，等韻書中稱最善本。唯内轉第一本，撮口、合口之音而云「開」。第二不撮口音而云「合開」。又第四、第五支攝内「坡」，《切韻指南》《五音集韻》唯「陂」「靡」「彼」「破」「被」「靡」六字屬「合」，餘七音皆屬「開」，今此六字在第五轉，則第四轉當云「開」，而云「開合」。又第十一轉，當云「合」，而云「開」。第十二當云「合」，而云「開」。「合」亦撮口合口音。第二十六與第二十五同，當云「開」而云「合」。凡此差互，不無疑竇，或又校改傳刻之誤。今悉依原本，俟識者定之。又圖後所列韻字「東」「冬」以下，余所見日本別刻本皆作陽文，此本陰、陽文錯出，似無義例，亦不校改以存其真焉。

【案】《留真譜初編》收録該書書影（廣文本第 317—318 頁，北京本第 343—344 頁）。是書行款爲半葉十行，行二十字。

此本收入《古逸叢書》第十八種之「覆永禄本韻鏡」，書中並無楊氏題記。今藏臺北「故宫博物院」，著録爲日本享禄元年翻刊宋慶元三年本，一册（故觀 003990）。

053 龍龕手鑑八卷 朝鮮古刻本

按，智光原序稱四卷，此分爲八卷，蓋緣書中每部多有「今增」字樣，則非僧行均原書。此朝鮮古刻本，又有日本活字板本，則又從朝鮮出者也。今行世此書有二通，一爲張丹鳴刊本，分四卷，而每卷又分上、下卷。首弟四行題「金部第一」，第五行即以「鍐」字頂格，此必非行均之舊。其中謬誤百出，且有脱漏大字者。如金部脱「鑑」字、「鏘」字。一爲李調元《函海》刊本，款式與此本合，當爲宋本之舊。其中多空缺處，此必原書有磨泐或蟲蝕之故。其本譌謬尤甚，如第一卷以第二十四之「巾部」爲首，第五葉「禾部」未終乃接目録，又脱目録之第一葉，而第一葉「毛部」之後，忽接以「禾部」之後半，而不悟首四葉之應在此處。李氏《函海》固多不校勘，若其錯亂至此，是並未入目矣。此本雖有後人羼入之字，而其下必題以「今增」，與原書不混。至其文字精善，足以訂正張刻本、《函海》本不可勝數。邇來著録家雖有此書傳鈔舊本，而無人翻雕，得此本固足寶貴。況其所增之字，亦多經典常用之文，不盡梵筴俗書，異乎鄉壁虛造者矣。

【案】《留真譜初編》收録該書書影（廣文本第 333—334 頁，北京本第 359—361 頁）。是書行款爲半葉十行，行大字十六字。

《經籍訪古志》著録有相同版本（第 83 頁）。

此本今藏臺北「故宮博物院」，著録爲明嘉靖四十二年朝鮮高德山歸真寺刊本，七册（故觀 003151－003157）。

054 韻府群玉二十篇 元槧本

首滕賓序，次姚雲序，次趙孟頫題，次陰竹野序，次陰復春序，次陰勁弦序，次凡例，次序目，次目録，缺一葉，鈔補。有「戊申春東山秀岩書堂刊本」。書首行題「韻府群玉卷之一」，行下有陰文「上平聲」三字。次行題「晚學陰時夫勁弦編輯」，三行題「新吴陰中夫復春編注」。按，《提要》録此書，云是大德間刊本。今考時夫之父陰竹野序爲大德丁未，陰復春序爲延祐甲寅。陰勁弦序雖不書年月，而言其書成時其父已没，是大德間此書尚未成，安得有刊本。則所云大德本者，意斷之説也。《千頃堂書目》云，陰勁遇一作陰時遇，字時夫，奉新人。數世同居，登宋寶祐九經科，入元不仕。其兄中夫名勁達。今以此書證之，中夫爲時夫之兄，見於自序，與黄氏所説合。不知《提要》何緣以中夫爲時夫之弟，豈以標題時夫居中夫之前乎？又足見所見本無陰氏昆弟二序也。今按，陰竹野序稱「前進士陰幼達」，序稱「延祐甲寅鄉試後五日」，則黄氏所云「登宋寶祐九經科進士」者爲其父陰竹野，亦非時夫昆弟登科之年也。今合序與標題參互考之，陰竹野未詳其名，陰時夫爲竹野之季子，名幼達，字時夫，以字行，遂别字勁弦。陰中夫爲時夫之兄，名勁達，字中夫，以字行，又别字復春。其書爲時夫所作，其注爲中夫所作，故標題弟居兄前，然一稱後學，一稱中吴，爲不典矣。余嘗謂陰氏韻書，非唯分部難據，即以至淺者言之，《廣韻》以下多沿字母七音之次第，凡同音之字皆隸一處，使人識首一字，凡以下同音之字，皆可不考而知。今以常見之字置於前，遂使音切次第錯雜淩亂，徒眯後生之耳目。相沿至今，編爲令甲，此真事理所不解者也。

【案】《訪書志》所著録之元代东山秀岩書堂刊本《韻府群玉》行款爲半葉十行，行十五字。

《經籍訪古志》著録有相同版本（第182頁）。

《觀海堂書目》中著録元槧本《韻府群玉》三部（第406頁），今臺北「故宫博物院」藏有其中一部，著録爲元至元二十八年東山秀岩書堂刊本，十册（故觀001234－001243）。

055　經史通用直音四卷　明成化刊本

通妙邵真人編纂，清瀏喻道純校正，雲中張道中重校。首有成化八年白玢序，稱趙堂披閱《道藏》經典，以直音難字證於經末，其徒喻道純補訂之，然不以《道藏》經典爲次第，而以篇旁統之。俗體、古文、收羅綦博，其體例略如《龍龕手鑑》，唯直音不用反切，訓詁亦較略耳。

056 一切經音義一百卷 日本藏高麗藏本

唐沙門慧琳《一切音義》百卷，余初至日本，有島田蕃根者持以來贈，展閱之，知非玄應書，驚喜無似。據《宋高僧傳》稱，周顯德中中國已無此本；又《行瑫傳》亦稱慧琳《音義》不傳。此本從《高麗藏》本翻出，原本爲胡蝶裝。余曾於日本東京三緣山寺見之，字大如錢，然亦多訛字。按，唐人景審原序稱此書取音於《韻英》《考聲切韻》，而以《説文》《玉篇》《字林》《字統》《古今正字》《文字典説》《開元文字音義》七家字書釋詁。七書不該，百氏咸討。今就此書覆審，如張戩《考聲》《集訓》《古今正字》《文字典説》《文字釋要》等書，并隋、唐《志》所不載。又如武玄之《韻詮》、陳庭堅《韻英》[一]、諸葛穎《桂苑叢珠》，雖見於著録家，而他書亦罕徵引。又如引《説文》則聲義並載，引《玉篇》則多野王按語，引《左氏傳》則賈逵注，引《國語》則唐固注，引《孟子》則劉熙注。此外佚文祕籍不可勝紀，誠小學之淵藪，藝林之鴻寶。此書出，遂覺段茂堂、王懷祖、任子田、沈匏廬諸先生之撰述，皆有不全不備之憾。初得此書，即勸黎純齋星使刻之，以費繁而止。厥後中江李眉生廉使欲刻之，已措資矣。會余差滿將歸，遂輟議。然此書譌謬奪誤觸目皆是，其未佚者固當檢原書，一一對勘；其已佚者，亦必參合諸書審視裁擇；可兩存者，仍之；顯然訛誤者，直改之。唯兹事體大，非博極群書、心有識别者不得妄下雌黄。海内深識之士何能共聚一堂，商確從違，所爲撫卷太息，恐年歲之不我與也。

此本初印多誤字，厥後又有挖改，然不盡當。余既見此本，凡書肆中所有皆購之，以餉中土學者。厥後又知其板尚存西京，又屬書估印數十部，故上海亦有此書出售，皆自余披剔而出也。

〔一〕按，《韻英》作者是元庭堅，非陳庭堅。

【案】《留真譜初編》收録該書書影（廣文本第963—970頁，北京本第1057—1066頁）。

此本今藏臺北「故宫博物院」，著録爲日本元文二年江户獅谷白蓮社刊本，二十五册，光緒十年楊守敬題記（故觀011565－011589）。

阿部隆一《中國訪書志一》著録楊氏題跋，内容與《訪書志》略異：「可兩存者，仍之」後有「别爲札記」一句；「顯然訛誤者，直改之」後有「然必守以不校校之，況一一爲之詳記，勢必如岑建功之刻《輿地紀勝》，其札記反多於本書」一句；「海内深識之士何能共聚一堂，商確從違，所爲撫卷太息，恐年歲之不我與也」欄上有楊氏補記「既思直改之説，甚難能任此者，海内能有幾人？不如所兩存者仍之，顯然訛誤者改之，皆爲之札記」；末

題「光緒甲申四月宜都楊守敬記」;另有一段:

此書他日若有重刻者,先即所引諸書,無論已佚未佚,各訂一册,盡爲録出。一可校異同,一可輯佚書。倘不爲此,每讀一條翻檢一條,既難分任,又費時日,且不能旁參互證。七月六日守敬再記。

057 一切經音義二十五卷 日本古鈔本

此本原爲日本浪速井上氏所藏,納之博物館中者,爲蝴蝶裝,兩面書之,字體殊古雅。每半葉十二行,首題「一切經音義目録」,下旁注「第一」「第二」,又下題「沙門玄應撰」。第二行題「第一卷」,以下爲第一卷子目。目録後提行,高二格題「摩竭題」,注雙行。卷末題「願以此功德過去二親等出離三有海,共生安樂國。大治叁年戊申五月十八日敬奉書寫畢」。按大治叁年爲宋高宗建炎二年,然望其界格體式,當是從唐卷子本出。故標「玄應」,不題「唐」字也。此本非唯勝宋、元本,當亦高麗本所不及。余於癸未嘉平月十四日因舊局長町田久成始得見之,意欲影鈔之,以歸期迫不及待而罷,僅摹首葉款式入之《留真譜》中,然耿耿於心,未能釋也,書以告後之渡海者,其勿忽諸。

【案】《留真譜初編》收録該書書影(廣文本第961—962頁,北京本第1055—1056頁)。

今藏日本宫内廳書陵部，著録作鎌倉時代寫本。

058　一切經音義二十五卷　宋槧本

釋玄應《一切經音義》二十五卷，自《開元釋教録》以下，至明北藏皆同。南藏始分第三、第四、第五三卷爲四卷，遂爲二十六卷，而訛謬宏多。嘉慶間武進莊氏以北藏本校刊行世，臧氏言從咸寧大興寺得善本，不言何本。今據其本校之，實北藏本也。近日杭州曹籀復重刊之。曹氏言漢陽葉氏有影宋本，爲某所乾没，竟不出，曹氏至擬之雷擊，而不知宋藏原本猶在天壤間。此本爲宋理宗嘉熙三年安吉州資福寺刊，自「階」字號起，至「弁」字號止，爲摺疊裝，每葉十二行，行十七字，首題「衆經音義序」，下標「階」字，以下略與高麗本同。惟「玄應」上有「大慈恩寺」四字。所釋經文大字頂格，音義俱雙行，自第八卷至第十四卷，則惟標目頂格，經文則低一格，此或以别本補之，然字體板式皆同。十五卷以下仍同前七卷之式。今以校明兩藏本，非唯異于南藏，并與北藏大異。如開卷序文「諒在前模」，與高麗本、元本合；明南、北藏本「模」誤作「後」。上文「求其本據」，莊刻本誤「據」爲「模」，此莊本之獨誤也。「斯則得於要約」，元、明本並誤「斯」爲「期」。第一卷《華嚴經》「踰摩」下無「新譯音義」以下三十五字；「毗嵐」下或作「毗藍」，「婆風」或作「鞞嵐婆」或云「吠藍婆」。《大集日藏分經》「屏中」下，「圕圂，屏厠也」，上有「廣椎」二字。第二卷《涅般經》「震動」下，經文有「從手，作振，掉也，亦動也」，無「發也掉」三字；「矛稍」下，無「或作鏰，俗字也」六字；「規欲」下，「謂以法也」，「法」下有「取之」二字。按，無此二字不可通；「金錍」下無「賓彌」以下十四字，而有「按荀揩《詁幼文》〔一〕，字宜作篦，音方美反」十四字；惟「鸚鵡」下與「婆嘻」注文共連爲一條，與高麗本同誤。以下增删處不勝紀。余得此本後，即屬高根虎以明南藏本校之，異同不下數千事。別詳札記。憶余初至日本，與森立之遇，談及日本古鈔本注多虚字，以阮文達《十三經校刊記》之説以爲日本人所爲。森立之變色，言曰：「此在《經典釋文》已言之，君不省之乎？」余曰：「《釋文》言多虚字，爲注脚『某也』『某某也』之類。非如『也』下安『之』、『哉』下續『矣』之類也。且自有刻本以後，此弊已全除之矣。」立之隨即入内，取此宋板《音義》出，指數處「也之」「哉也」等處，並有「也也」疊刊者。因謂：「此非宋刻本乎？」余乃歉然。厥後悟得鈔書者欲注文兩行整齊，不及細核字數排匀，故隨意以虚字填入，互詳前經部中。

〔一〕檢《舊唐書·經籍志》類著録顔延之撰《詁幼文》，《隋書·經籍志》，著録顔延之所撰亦有《詁幼》《幼誥》。《隋書·經籍志》著録荀楷撰有《廣詁幼》。不知《訪書志》所稱《誥幼文》爲顔氏抑或荀氏所作。若爲荀氏所作，則「揩」當作「楷」。

059　篆隸萬象名義三十卷 舊鈔本

日本東大寺沙門大僧都空海撰。空海入唐求法，兼善詞翰，歸後遂爲日本聞人之冠。今世彼國所傳假字，即空海所創造也。此書蓋據顧野王《玉篇》爲本，而以一篆、一隸配之。隸即今之真書。其注文則如《大廣益本玉篇》，但舉訓詁，不載所引經典。唯所載篆書，每部中或有或無，當是鈔胥省之。又自卷首至《面部》分析爲十二卷，而總目則仍顧氏原卷，此不可解。今古鈔原卷子本尚在高山寺，余曾於紙幣局見之，原卷雖古，亦非空海親筆。此又狩谷棭齋所藏，其籤題尚是棭齊親筆。據跋，則源弘賢不忍文庫中物也。按，野王《玉篇》一亂於孫强，再亂於陳彭年，其原本遂不可尋。今得古鈔卷子本五卷，刻入《古逸叢書》中，可以窺見顧氏真面目，然亦只存十之一二。今以此書與五殘卷校，則每部所隸之字一一相合，絶無增損淩亂之弊，且全部無一殘闕。余以爲其可寶，當出《玉篇》五殘卷之上〔一〕。蓋《廣益》本雖删顧氏所引經典原文〔二〕，而經典義訓大抵尚存。唯顧氏上承《説文》，其所增入之字皆有根據，而其隸字次第亦多與《説文》相合；其有不合者，正足與今本《説文》互相證驗。則此中之原流升降，有關於小學者匪淺。況空海所存義訓，較《廣益》本亦爲稍詳。顧氏原書於常用之字，往往列四五義，《廣益》本概存二三義而已。若據此書校刻餉世，非唯出《廣益玉篇》上，直當一部顧氏原本《玉篇》可矣！唯鈔此書者草率之極，奪誤滿紙，此則不能不有待深於小學者理董焉。

弘賢嘗讀弘法大師作書目録，有《篆隸萬象名義》卅卷，而不知其存亡。余固勤于小學，求之有年于兹矣。享和元年冬，稻山、秋月二公以寫本見寄，云原本藏山城國高山寺，其部首始「一」終「亥」，一依《說文》《玉篇》，至於音訓與二書互有出入，不知當時據何書。數十年聞其名而不得見者，一旦獲之，吾不忍文庫之榮莫加焉，什襲以藏。源弘賢踴躍歡喜識。按，弘賢謂與《玉篇》有出入者，蓋據所見《廣益》本而言。

〔一〕據今藏臺北「國家圖書館」楊氏舊藏本中楊氏題跋（見案語），「五卷」作「四卷」，楊氏所指《玉篇》殘卷當指上文中所著録之四卷殘本《玉篇》（034號）。

〔二〕「删顧氏所引」至篇末整版，底本誤置前，今據《海王邨》本、《集成》本、《書目題跋叢刊》本調整。

【案】楊氏舊藏該書非一種，已知有兩種均有楊氏題跋，分别藏於今臺北「故宫博物院」和臺北「國家圖書館」。

（一）藏臺北「國家圖書館」者，著録爲傳鈔日本高山寺藏永久二年鈔本，六册，清光緒九年楊守敬手書題識（索書號01062）。此本除楊氏藏印外，尚有周懋琦「韓侯周氏校鑑之學」、張乃熊「芷圃收藏」，又有「國立中央圖書館收藏」印記，《適園藏書志》《芷圃善本書目》著録，可知此本遞經楊氏、周氏、張氏收藏，後由文獻保存同志會代中央圖書館從張乃熊處收得。

《「國立中央圖書館」善本題跋真跡》收録楊氏題跋書影（第 262 頁）、《標點善本題跋集録》著録楊氏題跋内容（第 47 頁），與《訪書志》有異：「亦非空海親筆」後有「此蓋從彼傳鈔本也」一句；「其有不合者，正足與今本《説文》互相證驗」後有小字注「王貫三以今本《玉篇》校《説文》，惜不見此」一句；「直當一部顧氏原本《玉篇》可矣」後有「然此惟段茂堂、嚴鐵橋、王貫三諸人能解之，稍涉藩籬，但知搜索逸書，如任兆麟大椿等輩，恐未必知之，餘無論矣」一句；末題「光緒癸未秋八月，宜都楊守敬記於東京使館」。另《訪書志》所云「四卷」者此皆作「五卷」。

（二）藏臺北「故宫博物院」者，著録爲日本江户間影鈔高山寺藏永久二年鈔本，八册，楊守敬手書題識（故觀 001006 – 001013）。阿部隆一《中國訪書志一》著録此本楊氏題跋，内容與前臺北「國家圖書館」藏本題跋大致相同，末有「丁未十二月吴縣王仁俊假讀於存古學堂」一句（第 161 頁）。

060　新撰字鏡十二卷　影古鈔本

日本僧昌住撰。原序中不出昌住之名，然日本别有删削注文之本，及《群書一覽》皆題爲昌住撰，當别有著録之書可據。序稱昌泰中撰成此書，實中土唐昭宗光化元年也。其書自《天部》至《連部》凡一百六十部，其二萬九百四十餘字。分部不依《説文》《玉篇》次第，而亦各以類從。其有偏旁上、下、左、右之不同者，亦爲分之。如《火部》居左者爲第八，居下者爲第九；《人部》居上者爲第十，居左者爲第十一。蓋特以便尋檢，無他義例也。其注收羅義訓，最爲廣博。據其自序，大抵本釋玄應《一切經音義》及《玉篇》《切韻》爲主[二]，而又旁採諸字書以增益之。其有東倭義訓，亦間爲附入。今爲勘之，其正、俗等字，有出於《集韻》《龍龕手鑑》之外者。所列古文，亦有出於《説文》《玉篇》之外者。蓋昌住當日本右文之時，多見古小學書，觀《見在書目》可證。不第《玉篇》《切韻》皆顧、陸原本也。余初從書肆得影鈔本五卷，一、四、五、六、七。驚喜無似，惜其不全，徧訪諸藏書家，亦絶無傳鈔本。詢之森立之，乃知原本在博物館中，因局長町田久成使鈔胥就其館影寫之。町田云：第二、第四兩册原爲鈴鹿氏所藏，餘十册爲浪速井上氏所藏。兩家皆欲合併爲全書，而皆不肯割。町田爲局長時，勸兩家均納博物館，於是始爲全書。每卷有「法隆寺印」，蓋此寺爲日本古時名刹，多藏古書。余所得古鈔本多有此印。首卷末有「天治元年甲辰五月下旬書寫之畢」題記，當宋宣和六年。餘卷或有或無。又云：「法隆寺一切經書寫之次，爲字決諸人各一卷。書寫之中，此卷是五師静因之分，以朦筆所寫了〔二〕。」蓋十二卷爲十二人所書。余嘗赴博物館親見原書，用單紙，堅滑異常，兩面書寫，日本古寫佛經多兩面書寫。筆法各自奇古，惜鈔者尚未能似之，迺別摹第一册第一葉，以存原書真面目焉。

新撰字鏡序

詳夫大極元氣之初〔三〕，三光尚匿〔四〕，木皇、火帝之後，八卦爰興。是知仁義漸開，假龍圖而起文；道德云廢，因鳥迹以成字焉。然則〔五〕，暨如倉頡見鳥迹出没，遥究法性之真理，永絶言音。然而哀生之流轉，託影幻化門；顧物之長迷，和光方便道；是以悲周四生，智覃萬物。或震圓音於三千兮，驚重昏之睡；或耀普眼於九界兮，拂永夜之蒙。其數十二分，其門八萬四。權實殊塗，大小異歸。當機皆潤法雨，有緑盡煦惠風。而鷲嶺輟影，鶴林疵光。捃貝葉以寫《三藏》，疏貫華以益一切。蓋聞如來説法，必藉文字，若無文字，實相焉檀？其文字者，月氏梵天所制，原始垂則，四十七言，一十八章。滂流諸國，枝派漸廣。但雖自古以還無異書，因地隨人，點畫微不同矣。漢家靈龜負書，以出於玄滬之水；神鳥帶文，以飛於丹山之雲。文字之起，自然奇哉。矧至庖犧成八卦，蒼頡創六書，政罷結繩，教興書契。自爾已來，三綱五常之世規，「七覺」「八正」之奥典，莫不記鳳尾、施人庸。而隸、古品異，正俗作區。内、外憲牒靚詁訓，識宏致焉；大、小經論瞻音義，弁雅趣矣。粤《浄土三部經》者，末法良導，濁世指南也。五逆不難，白毫輝於稱名之牀；十惡惟易，金臺現乎念佛之牖。繇是自瞻智博達之書按，迄愚戇短慮之圭窬。握經之者，偏握此經；愛法之者，專愛此法。然而人咸譃談義理，俗殫廢抛文字。魚魯致乖，豕亥斯惑。諸老俊彦，弗箴於積謬，童蒙孱囂，逾病夫重疑。音謬功淺，語誤義失，義失理乖，理乖寡益。自非略其差舛，集其正義，彰德大範，難矣。吁嗟！踳駮夥邪，莫之能正。微言既絶，大旨亦乖。是故余㝪㝪涉年，欲罷不耐，遂披衆經音義，抽相應之注釋；目諸典篇章，取潤色之本文，注緝爲四卷，名曰《浄土三部經音義集》。蓋述而不作，是則尼父之格言也。因而略纂，豈非鄙生之懇志乎！抑反音據《廣韻》爲辨四聲，字義稽群籍爲識教訓。不顧敷淺之身，恣傳聖模；定知校讐之文，僭訂仳傂。總會之説，是否悤楺，冀見者添削之，形《洪範》之至賾焉。時也嘉禎弟二之曆柔兆涒灘之暮春王正月序云爾。

〔一〕「玄應」原作「應玄」，湖北、遼寧二整理本皆已改正。

〔二〕「朦」原作「滕」，湖北本據《留真譜》中所選書影改作「朦」。

〔三〕國家圖書館藏抄本《新撰字鏡》（索書號 10765，以下稱「國圖本」）此句作「倩以夫大極元氣之初」。

〔四〕「尚匿」國圖本作「尚遥」。

〔五〕《訪書志》自此句之後所抄録序文已非《字鏡》序文，而是另一部書《浄土三部經音義集》序的一部分。湖北本已發現這一問題，但限於當時條件未能將《字鏡》所缺序文補充完整。今人張磊《〈新撰字鏡〉研究》一書已將《字鏡》序文收入，並做校勘（中國社會科學出版社，2012 年版）。

【案】《留真譜初編》收録該書書影（廣文本第 253—256 頁，北京本第 279—282 頁）。上圖所藏初印本此處有楊寶鏞題浮簽：

一行末「應玄」當是「玄應」之誤。

楊氏舊藏該書非一種，已知有兩種均有楊氏題跋，分别藏於今臺北「故宫博物院」和今臺北「國家圖書館」。

（一）藏臺北「國家圖書館」者，著録爲清光緒八年宜都楊氏影寫日本天治元年鈔本，十二册，楊守敬題記（索書號 01061）。

此本除楊氏藏印外，尚有周懋琦「韓侯周氏校讎之學」、張乃熊「芷圃收藏」又有「國立中央圖書館收藏」印記，《適園藏書志》《莚圃善本書目》著録，可知此本遞經楊氏、周氏、張氏收藏，後由文獻保存同志會代中央圖書館從張乃熊處收得。

《「國立中央圖書館」善本題跋真跡》收録楊氏題跋書影（第 257 頁）、《標點善本題跋集録》著録楊氏題跋内容（第 46 頁），與《訪書志》有小異。

（二） 藏臺北「故宮博物院」者，著録爲日本安政乙卯（二年）傳録天治年間鈔本，十二册（故觀 003205－003216）。

阿部隆一《中國訪書志一》著録楊氏題跋，内容與《訪書志》有異（第 162 頁）：「不第《玉篇》《切韻》皆顧、陸原本」後有「此亦訓詁之淵藪、藝林之鴻寶也」一句；「驚喜無似，惜其不全，偏訪諸藏書家，亦絶少傳鈔本」後作「後知其原書在博物館中者一也，因託東友爲鈔之，久之不得端緒。余以爲有此奇書而不得鈔傳，辜負此次訪書之名，私心必欲得當而後快。後商之森立之，乃爲□諾諸司書者，使鈔胥就其餘鈔之，閲半年而後成。蓋非余堅忍不輟則不能之，亦非森君好古夙成樂此不疲，不肯擔之也。蓋森君每見余鈔録其國古書則拍手稱快，似亦嫌當今少知己而樂得異邦之有同心已。光緒癸未正月。又按，此書有以漢文訓詁釋爲倭訓者，又有删削成一册者，並載昌住原序，其實非原書也。此又從余影鈔本過録，蓋欲多存數本於世。守敬記」。

061 弘決外典鈔四卷 寶永丁亥刻本

日本村上天皇子具平親王撰。蓋據釋藏《止觀輔行傳弘決》所引外典之文而詮釋之。自序稱「正曆二年」，當中土宋太宗淳化三年也。按《輔行記》所引，已多異聞，如說「隋」字云：「本無『走』，唐祚既興，謂隋已走，是故加之。」與「周、齊不遑寧處」之說相反。又如張華治李子預病用「八毒丸」稱出《本草》郭注。案，《本草》無郭注，豈有誤字與？至於具平注中所引，如葛洪《兼名苑》，當出於《和名鈔》。麻果、韓知十、郭知玄、祝尚丘等之字書，疑出於《東宮切韻》。《周書異記》《漢法本内傳》、顧愷之《啟蒙記通玄》、賈大隱《老子疏》、周弘正《莊子疏》、劉炫《孝經述議》皆古書之罕見稱引者。又如引皇侃《論語疏》，楊上善《太素經》《明堂經》，或有疑其僞造者，不知彼國固流傳有緒也。昔吾友績谿胡甘伯澍從《輔行記》鈔出所引古書一册，吴潘氏刻於《滂喜齋叢書》中。豈知八百年前已有爲之者，並有爲之箋注者。今對照之，胡氏專鈔經典，具平則兼及古德遺事、遺說，差爲不同耳。

弘決外典鈔序

余竊見天台章疏，智者大師已說三種之止觀，深顯一乘之妙理，圓融實相，一心三觀，佛旨殆盡歟？章安一聞記之，妙樂後來弘之。或假儒、墨以爲比喻，或採陸、郭以釋音訓，欲令末代下根，易得覺悟也。當知四依菩薩爲如來，使遮爲師弟，弘宣正教矣。去年有一僧相語曰：「我宗法文多引外典，就中《弘決輔行記》太爲繁碎，後來末學不必兼習，況轉寫之間，點畫多誤；披讀之處，文義易迷。羡勘本書，以決疑滯。」余自知不才，再三辭謝，然而苦請不休，難得默止。今直鈔外典之文，引本書而注之。其未決者，缺而不論。撰爲四軸，號《弘決外典鈔》。筆削甫就，欲聞臧否，先寫一本，敬贈多武岑賀公，庶世世與公結因緣，猶今章安與妙樂焉。于時正曆二年二月廿九日也。

【案】此本今藏臺北「故宫博物院」，著録爲日本寶永己丑（六年）京都書林刊本，二册（故觀 004494－004495）。

062　景祐天竺字源七卷　有圖，影宋本

宋沙門惟浄撰，蓋爲翻譯天竺文字而作，明南、北兩《藏》皆不載。有宋仁宗景祐二年御製序，末有御書譚經等銜名〔一〕。邇來西洋文字頗有精者，而印度梵筴，雖釋子亦多略之。竊惟數十百年後，印度亦必多交涉之事，則此書又何可聽其若存若亡哉！

景祐天竺字源序

御製

原夫文籍既生，音韻斯辨。五聲所配，叶律吕之和；六音並分，有形意之異。由是詁訓之説，著於部録。及乎常星夜隕，載誕余僊；白馬東來，遐傳貝牒。則又梵文竺字寖入於中區矣。鼎國而下，翻譯繼多，敷演空宗，發揮義諦。唐氏中葉，時非暇豫，西明之館，亦既停豪，迦陵之音久無嗣響。天猒亂德，神輿睿圖。太祖皇帝揖讓開階，威靈燭遠，摩伽法侣始綴於妙經；太宗皇帝恢布文明，闡揚世範，與國浄宇，再啟於譯場。真宗皇帝祚契重熙，化孚有截。繼宣聖教之作，增新法寶之編，嚴事荐修，勝緣茂集。朕欽承景業，緬鑒先猷，敦清浄以保民，務慈仁而庇物。每謂覺雄奥旨，溥利羣生，助我無爲，誠資國教，滯於有相，且匪予心。然而假筌蹄則意象方明，捨文字則性理難究，允繫精學，克績微言。《景祐天竺字源》者，西天譯經三藏、試光禄卿、傳梵大師法護、譯經三藏、試光禄卿、光梵大師惟浄所同綴集也。西天章典，以八字爲句，四句成頌。成劫之初，梵王光説，具百萬頌，傳授天人，以其梵王所説，故曰「梵書」。住劫之初，帝釋天主，又略爲十萬頌，其後波膩尼仙又略爲八千頌，此並音字之本。其支派論有一千頌。字體有三百頌，字緣有二：一者三千頌，二者二千五百頌。又字緣、字體有八界，論總八百頌，其諸經典文字不出十二轉聲，三十四字母，相生相引，合二、合三，句戴聯環，分體分用。中有邊際、超越、和會、長短、清濁、不清不濁等聲，蓋此方音切純清、次清、純濁、不清不濁之比焉。是書也，華梵對翻，都爲七卷，聲明之學，寔肇於兹。推而衍之，觸類皆達。昧其趣者，重輕訛略，或有差殊；窮其致者，錯綜會歸，咸臻融暢。庶使學徒祖習，便於討求，誠法海之津梁，而真宗之輗軏。終篇奏御，因得詳研。賜以名題，仍裁序引。冀永流於花《藏》，俾常續於潮音云耳。

景祐二年九月日奉

聖旨開板摹印頒行

御書祇候臣盛師民、臣路德鄰、臣論端

翰林書藝　御書院祇候臣張琪等　書

梵學明梵大師賜紫沙門臣文涉書梵字。譯經筆受慧悟大師賜紫沙門、臣文

一書梵字兼校勘

西天譯經三藏朝散大夫試光禄卿傳梵大師賜紫沙門臣法護編集

第二番以下梵書略不出之，準第一可知也。余所見町田久成所攜古鈔本，第二卷以下，並一行正書，

一行梵文。此本第二卷以下則止有正書，故卷末記此數語。

〔一〕 湖北本以爲「譚」誤，當作「譯」。

【案】《留真譜初編》收録該書書影（廣文本第 973—974 頁，北京本第 1069—1070 頁）。本書行款爲半葉八行，行十八字。

此本今藏臺北「故宫博物院」，著録爲日本江户時代鈔本，五册（故觀 001015－001019）。

063 浄土三部經音義四卷 舊鈔本

日本嘉禎三年沙門信瑞撰，當宋端平二年。所云「三部」者，卷一、卷二爲《無量壽觀經》，卷三爲《觀無量壽經》，卷四爲《阿彌陀經》，其引《東宫切韻》載曹憲、陸法言、孫愐、王仁煦、麻果、薛峋、郭知玄、祝尚丘、孫伷、韓知十、武玄之、裴務齊、沙門清徹等之説。其書久佚，見於新、舊《唐志》者唯武玄之《韵詮》十五卷。其陸法言、孫愐之書雜在《廣韵》中，今亦不能別出。按，《日本現在書目》載有王仁煦、麻果、孫愐、孫伷、祝尚丘、裴務齊、韓知十等《切韻》，而薛峋亦闕。《和名類聚鈔》亦只載郭知玄、祝尚丘、裴務齊、麻果之説，其他亦不載。此書旁注：「《東宫切韻》菅丞相之父所作〔二〕。」按，日本《皇統紀略·東宫切韻》

三十卷，菅原是善撰。其人當中土中唐之世，其子管原道真，爲日本名臣，惜原書已佚，僅見引於此書及《和名類聚鈔》，蓋百不存一，深爲可惜也。

原夫吾大師堪忍世尊，久證遮那之妙身，本無等不入於數，如是二章之内，字者依煩，不明音反「音反」者，各見斥部耳。亦於字之中，或有東倭音訓，是諸書私記之字也。或有西漢音訓，是數疏字書之文也。或有著「平」「上」「去」「入」字；或有專不著等之字，大槩此趣者，以數字書及私記等文集混雜造者也。凡《孝經》古文字多誤，博士頗以教授者，且云：諸儒各任意，或以正之字論俗作，或以通之字諍正作，加以字有三體之作。至讀有四音及叵多訓，或字有異形同字「嵩崧」「流泝」「巛坤」「憐怜」「叁三」「予余」「姦奸」「吥唼」「飜翻」。如是叵多，見《正名要録》。是等字雖異形，而至讀作及讀皆同也。或字有形相似音訓各別也，「専專」「傅傳」「祟崇」「盂孟」「輊輕」。如是叵多，見《正名要録》。如是等字形相似，而音訓各别也。或有字之斥同，相見作別也，「十卜」「王玉壬」「月肉」「丹丹」「角角」如是等字斥者，雖相似而皆別也。或有字點相似，而亦別也，「馬」「魚」「爲」等字從四點，「舄」「鳥」「與」此等字從一點，觀舊等字從少，大略如是，至書人而文作者，皆謬錯也。至内悉見悟耳。雖然部文以作字，史遷綴《史記》之文，從英雄、高士、耆舊、逸民文字傳來，其興尚矣。如今愚僧生蓬艾門，難遇明師，長荆蕀廬，弗識教誨，於是書疏閉於胷臆，文字闇諸心神也。況取筆思字，蒙然如居雲霧中；向紙認文，茫然如日月盆窺天。搔首之間，歎濿之頃，僅求獲也。《一切經音義》一帙廿五卷。雖每論字音訓，頗覺得而於他文書搜覓音訓，匆匆易迷〔二〕，茫茫叵悟也。所以然者，多卷之上，不録顯篇部，披閱之中，徒然玩日〔三〕。因爲俾易覺於管見，頗所鳩纂諸字音訓，粗攸撰録，羣文倭漢，文文辨部，字字搜篇。以寬平四年夏草案已竟，號曰《新撰字鏡》，勒成一部，頗察泰然，分爲三軸。自爾以後，筆翰不捨，拾集無輟。因以昌泰年中間得《玉篇》及《切韻》，捃加私記脱泄之字，更增花麗，亦復《小學篇》之字及《本草》之文，雖非字之數内等閑撰入也。調聲之美，勘附改張，乃成十二卷也。片數壹佰陸拾，末在臨時部等，不入數。文數貳万九佰卌余字，又《小學篇》字四百余，不入數。從此之外，連字并重，點字之内，精不搜認，若有等閑，可見用也。後達者普加諧紕，流布於後代，聊隨管神所撰集字書，敢爲若學之輩述亂簡以序引耳。〔四〕

右序文詰屈難通曉，僧徒文理本疏，又展轉傳鈔，遂不可讀，聊出之以俟善思者。

〔一〕「菅」原作「管」。湖北本已出校。下文「管原是善」「管原道真」同。
〔二〕「匆匆」，辛丑初刻本作「匆匆」。
〔三〕「玩」，辛丑初刻本作「晚」。

〔四〕 本段自「原夫」之後混入《新撰字鏡》的部分序文。湖北本已經指出。

【案】 此本今藏臺北「國家圖書館」，著録爲日本抄本，三册，清光緒九年楊守敬手書題記（索書號 09025）。

此本除楊氏藏印外，尚有周懋琦「韓侯周氏校讎之學」、張乃熊「莚圃收藏」，又有「國立中央圖書館收藏」印記，《適園藏書志》《莚圃善本書目》著録，可知此本遞經楊氏、周氏、張氏收藏，後由文獻保存同志會代中央圖書館從張乃熊處收得。

《「國立中央圖書館」善本題跋真跡》收録楊氏題跋書影（第 1805 頁）、《標點善本題跋集録》著録楊氏題跋内容（第 419 頁），抄録如下：

《浄土三部經音義》四卷，日本沙門信瑞纂，自序題「嘉禎三年」，當宋理宗端平三年也。卷一、卷二爲《無量壽觀經》，卷三爲《觀無量壽經》，卷四爲《阿彌陀經》。其引《廣韻》則陸法言、孫愐分著；引《玉篇》亦時見野玉案語，是其所見古本，與今殊異。又所引《東宫切韻》中，載郭知玄、薛峋、麻果、韓知十、祝尚邱、武玄之、王仁煦等之説，皆唐以前小學書之散逸者，其見於新、舊《唐志》者不過數家，餘多見其國《現在書目》，雖卷帙無多，固當與玄應、慧琳《衆經音義》并珍也。光緒癸未春三月，宜都楊守敬記於東京使館。

是書引《東宫切韻》，旁注云是書之作，菅丞相之父也，菅名道真，爲彼國名臣，當中國唐之中葉，惜其書不傳也，此書彼國藏書家亦不知之。余從書肆得此本。守敬再記。

此本與《日本訪書志補》中「浄土三部經音義四卷　日抄本」爲同一部（見後256號），王重民先生輯録楊氏題跋未有第二段（又按，楊氏筆誤，將「野王」誤作「野玉」）。

064　類聚名義鈔十册　舊鈔本〔一〕

此書無撰人姓名，亦無年月。其原本不知其爲卷子，爲摺本。此則狩谷望之舊藏影鈔本，每卷面尚是望之題籤。其書分部以「人」字起，至「酉」字止。又别爲雜部，以附其後。其分部若有次第，若無次第，以「佛」「法」「僧」三字分爲十册。「佛」字四册，上、中各一册，下二册。「法」上、下三册。「僧」上、中、下三册。然亦僅標目，有此名其本書則但題爲《類聚名義鈔》。其書正俗並收，而以倭訓注于其下。其每部之中，名義可以相附者，即彙入之，有似類書。如「魚」部中，有「新婦」「黄頰」「石首」等各目是也。然若此者，僅十之一二，全部仍以偏旁爲主。雖稍涉龐雜，然古文奇字賴之以考見者，正復不少。固不得以《説文》等書律之也。

〔二〕《日本訪書志》初刻本無此篇，底本置於卷二末，今據《海王邨》本、《集成》本、《書目題跋叢刊》本移置於此。

【案】《觀海堂書目》弔字號著録「《類聚名義鈔》　十本　日本古鈔本　一匣」（第408頁）。

據阿部隆一《中國訪書志一》，此本爲日本江户間影寫觀智院本，十册（第166頁）。今藏臺北「故宫博物院」，著録爲日本江户間影寫觀智院本，九卷，十册（故觀003218－003227）。

卷五

065 國語二十一卷 明刊本

此爲明嘉靖戊子吴郡金李仿宋刊本。韋敘後有「金李校刻于澤遠堂記」，中間宋諱並缺筆，故知原于宋本也。按，宋元憲公序作《國語補音》，取官私十五六本參校。今以此本校《補音》皆合，則知此即公序定本。自明人穆文熙等刻《國語》，以《補音》注于當文之下，時多謬誤，而公序定本並《補音》單行本皆亂。自國朝黄蕘圃士禮居刻天聖明道本，而公序本遂微。不知明道本固有勝公序處，而公序之得者十居六七，即如卷一「昔我先王世后稷」，公序本無「王」字，錢遵王、顧千里、汪小米皆以明道本有此字爲奇貨，而許宗彦云韋解于下「先王」不空，始釋「王」字，則此唯云「先世」，可知明道本未必是，公序本未必非。今明道本有武昌書局重刊，而公序本竟如星鳳。世有知言君子，以此本重刊，與明道本並傳，豈非合之兩美？

【案】《留真譜初編》收録該書書影（廣文本第349—350頁，北京本第377—378頁）。

此本今藏臺北「故宫博物院」，《「國立故宫博物院」善本舊籍總目》著録爲明嘉靖七年吴郡金李澤遠堂覆宋刊本，六册，楊守敬手書題識（第228頁）。是書行款爲每半葉二十行，行大、小字均爲二十。《四部叢刊初編》據以影印之《國語》與此爲同一版本。

阿部隆一《中國訪書志一》著録楊氏題跋，内容與《訪書志》略同（第74頁），題跋落款爲「戊子四月宜都楊守敬記」。

066 國語補音一卷

宋元憲作《國語補音》，取官私所藏十五六本參校，得多失少。自明人附刊入韋注中，而單行本遂微。自黄蕘圃刻明道本，顧千里爲《札記》，汪小米爲《考異》，宋氏之書遂多疵議。傳世舊本，唯見孔氏《微波榭叢書》中。近日盱眙吴氏又從孔本翻刻于成都，末附錢保塘《札記》，稱以明修舊刻本校孔本，知孔本實從明本出，又以舊刻校正孔本數處。今以照此本，則與錢君所稱舊本多合。而錢君不言是明嘉靖正學書院刊本，豈錢君所據本佚趙仲一序耶？此本澁江道純舊藏，余從森立之得之。

【案】此本今藏臺北「故宫博物院」，著録爲日本江户間鈔本，一册，楊守敬手書題識（故觀002821）。

阿部隆一《中國訪書志一》著録楊氏題跋，内容與《訪書志》略同，惟末句作「此本舊爲市野光彦所藏板，尾有林下一人印，後歸澀江道純，又入森立之手，余從森立之得之。光緒戊子四月楊守敬記」（第 74 頁）。

067 晉書一百三十卷 明刊本

每卷後題「西爽堂吴氏校刻」。首有黄汝亨序，簡端以嘉靖本、萬曆本及汲古閣本校其異同〔一〕，最爲精密。每册首有「留蠹書屋儲藏史編」印記。按，留蠹書屋爲吉漢宦藏書庫名，吉君有《論語考異》及《近聞寓筆》二書，蓋日本校訂名家。又有「曾根書庫」印，未詳其人。載記末有「歲癸亥長夏二十有五日校完，竹逕居士源元起」硃記。據此，則此書爲源君所校，非出吉君之手也。

〔一〕「萬曆本」原作「萬歷大」，據《海王邨》本、《集成》本、《書目題跋叢刊》本改。

【案】《留真譜初編》收録該書書影（廣文本第 379—380 頁，北京本第 409—410 頁）。

此本今藏臺北「故宫博物院」，著録爲明萬曆間漳浦吴氏西爽堂刊本，三十册，日本文久癸亥源元朱起筆手校（故觀 014516－014545）。

阿部隆一《中國訪書志一》著録此本首卷書前有楊氏題識(第 72 頁)：

此吉官漢校本也，每册首有留蠹書屋印記可證也。又按，非也哉，記末有源元起校讀記。

068 宋槧五代史記七十五卷

此書開卷題「五代史記」，便與各本不同。别本皆有「曾三異校定」，宋槧《歐陽居士集》亦有三異《考異》，此本無之，則爲北宋槧無疑。字畫古雅，饒有歐書《化度寺》筆意。間有補刊，亦端正不苟。相其紙質，雖是明代所印，然不害爲宋刻佳本。世傳《五代史》以明汪文盛本爲最，以此比擬，不啻婢見夫人矣。

此本今歸江陰繆筱珊編修。

【案】《留真譜初編》收録該書書影(廣文本第 387—388 頁，北京本第 417—418 頁)。

繆荃孫《藝風藏書記》卷四亦著録此本(第 73 頁)：

宋刻本。每半葉十二行，每行二十一、二、三、四字不等，白口。每葉下注一字，似是刻工之姓。行字極密，刻畫清挺，宋刻之至精者。楊惺吾得之日本，輾轉歸余。

069　史略六卷　宋槧本，刻入《古逸叢書》

高似孫《史略》六卷，宋槧，原本今存博物館。此書世久失傳，此當爲海外孤本。首有「蒹葭堂」印、「木氏永保」印。按，木世肅大坂人，以藏書名者也。原本亦多誤字，今就其顯然者改之。其稍涉疑似者，仍存其舊。按史家流別，已詳於劉知幾《史通》，高氏此書未能出其範圍。況餖飣雜鈔，詳略失當。其最謬者，如《後漢書》既採《宋書》范蔚宗本傳，又採《南史》及蔚宗《獄中與諸甥書》，大同小異，一事三出，不恤其繁。又如既據《新唐書》録劉陟《齊書》十三卷，爲齊正史，又據《隋志》録劉陟《齊紀》十三卷，爲齊别史；既出范質《晉朝陷蕃記》四卷，又出范質《陷蕃記》四卷，而不知皆爲一書。其他書名之誤，人名之誤，與卷數之誤，不可勝紀。據其自序，成書於二十七日，宜其罅漏如斯之多也。似孫以博奥名，其《子略》《緯略》兩書頗爲精核，此書則遠不逮之，久而湮滅，良有由然。唯似孫聞見終博，所載史家體例，亦略見於此篇。又時有逸聞，如所採《東觀漢記》爲今《四庫》輯本所不載，此則可節取焉。

【案】《留真譜初編》收録該書書影（廣文本第 407—408 頁，北京本第 439—

440 頁)。今藏日本内閣文庫,著録作南宋寶慶間刻本《經籍訪古志》著録(第 132 頁)。

此本收入《古逸叢書》第二十種之「影宋本史略」,書後有楊守敬題跋,與《訪書志》所記相同,落款時間是光緒甲申春正月。

070　帝範二卷　日本舊刊本

唐太宗《帝範》,新、舊《唐志》並四卷,賈行注。又《舊唐書・敬宗本紀》有韋公肅注,是唐時已有二注。《崇文總目》《書録解題》並稱一卷,豈爲無注之本與?晁公武《讀書志》僅載六篇,則顯然闕佚其半。《四庫》著録從《永樂大典》本鈔出。據元吴萊稱,征雲南僰時所得,其注文頗繁冗,中有引吕東萊之言,則非賈、韋二注明矣。此本分爲上、下二卷,有康平三年五月江匡房點校記。江氏爲日本文章鉅族,有《江家次第》傳世,皆一家之言也。又有寬治、長寬、承安、建久、承元、元仁等題記。考康平三年當宋仁宗嘉祐五年,則其根源最古。其注文簡要,不注姓名,亦不詳爲賈、爲韋。但以正文考之,則此當是太宗原本。其序文題「御製」,與《大典》本題「唐太宗文皇帝撰」不同;又書中文皇自稱皆曰「余」,不曰「朕」;「民」字、「治」字皆不避,均以此本爲是。其他如《建親篇》「枝葉扶疏」,《大典》本誤「扶」爲「不」;「子弟無一户之名」,誤爲「封户之人」;「神器」誤爲「大器」;「設令懸教」,誤「令」

爲「分」；「宜其不遠」，謂「與堯不遠」也。誤「不」爲「宏」；「察之以明，撫之以德」脱四字，作「察之以德」。《審官篇》「有劣智者不可賴以大功」，誤作「有小力者不可賴以成職」，其下脱「君擇臣而授官，臣量己而受職」二句。《納諫篇》「折檻壞疏」，誤「壞」爲「懷」，注者遂不知「壞疏」是用《説苑》「師經投瑟撞疏」事。《去讒篇》「宣王終身而不知」，誤「宣王」爲「宣一」。《誡盈篇》「民財匱」，誤作「人才遺」。《務農篇》「衣食乏則忘廉恥」，誤「乏」爲「足」，誤「忘」爲「志」；「欲澄其流」，誤「澄」爲「止」。《閲武篇》「忘戰則民殆」，誤「忘」爲「亟」；「三年治兵，辨等列也」，以正文混入注中。《崇文篇》「此崇文之術也」，脱「崇」「之」二字；「不能逸，居其易」，誤「逸」爲「力」。是皆顯然謬訛。其他訛文、奪字，尤不勝舉，别詳札記。而《大典》本注者不能訂正，遂望文生義，不顧其安。然則此本非特元、明以來不見，亦《大典》本作注者所不見也。又此書每二篇一總結，《大典》本注者皆以本篇文曲解之，尤爲鹵莽。《去讒篇》「昏明之本」，《大典》本竟改爲「國之本」。《訥諫篇》「却坐」二字是用袁盎却慎夫人同坐事，《大典》本竟不知其所出。《去讒篇》「昭公去國而方悟」，是用宋昭公事，《大典》本注誤引魯昭公失國事；又見「方悟」與情事不合，遂改「方」爲「不」，而不知上文「臣朝有千臣」，尤無著也。凡此皆《大典》注本之陋，不及此本之精博遠甚。唯此本合《臣軌》刻于寛文八年，其中脱誤甚多。余校以古鈔數本，又以所引原書照之，始可讀。然《建親篇》引《雒書》一條，各本皆誤字錯出，竟不可校。又此本「六王懷叛逆之志」，注云韓、魏、燕、趙、齊、楚等王，亦與本書意不合，當以《大典》本補正之。若能重刻行世，亦快事也。

上卷題云：

康平三年五月五日點之，禮部郎中江匡房。

下卷題云：

康平三年五月六日點之，治部少羕江匡房。

寬治八年七月十六日於楊梅亭點了，尤可秘藏而已。

藤永實

長寬二年正月廿八日奉授主上已訖。

式部大輔藤永範

兼安元年七月廿四日御讀畢〔一〕，此書奉授一代聖主，早家之重寶也。

從三位行宮內鄉兼式部大輔藤永範建久三年六月十五日御讀畢，此書繼家蹤已及聖主三代，誠是家之秘本也。

正四位下行式部大輔藤朝臣光範承元二年四月廿三日書寫畢。
以二品户部永範本移點畢。　菅原淳高元仁二年三月廿五日侍御讀畢。
翰林學士菅淳高

〔一〕「羕安」，湖北本以爲當爲日本年號「承安」之訛。

071　臣軌二卷　寬文八年刊本

《臣軌》二卷，新、舊《唐志》《崇文總目》並同。此卷末題「垂拱元年撰」。按，《唐會要》云：「長壽二年三月，則天自制《臣軌》兩卷，令貢舉人習業，停《老子》。」與垂拱元年撰不合，阮文達《四庫未收書目》遂疑此五字爲日本妄增。余按，日本楓山官庫藏本，及向山黄村所藏天正年間鈔本，皆有「垂拱元年撰」五字，筆迹亦相同，絶非此邦人所臆增。竊意此書撰於垂拱，而令貢舉人習業則在長壽。《會要》第舉其制令之年耳。又楓山本及向山黄村本均有「鄭州陽武縣臣王德纂注」，而楓山本並記臣德纂述曰：「其《臣軌》所引正經及子、史者，其正經之義則皆取先儒舊注，不敢更生異見。《老子》之義，則唯取河上公焉。餘皆出自愚心，亦不師祖往説矣。」余按，注中所引《論語》鄭注七條，《孝經》鄭注二條，皆他書所未引者，足見其非宋以下人。官庫本又引江本云：「《臣軌》既是御撰，妙極稽古，垂範千載〔一〕，作鏡百僚，既爲臣之令模，乃事君之要道。宜誦登於口，誠藏於心，束髮盍簪，庶多宏益。長安四年三迬四日江都縣孫祥記。」今按，此本及活字板本並無「王德」「孫祥」二記，蓋鈔者脱之。活字本爲林天瀑所校，注脚虚字殊少，當是天瀑所删。此本注腳虚字爲多，雖訛誤之處此本爲甚，而根源則較古矣。此與《帝範》體式皆原於唐人卷子鈔本，絶非從刊本翻雕者。

《帝範》二卷、《臣軌》二卷也者，共成於唐帝。唐帝受隋氏弊，聰明神武，庶幾成康，功德兼備，自漢以來未之有。自吁洛都嗟之後，而元首股肱，互爲治道，故所以《帝範》《臣軌》之有作者也。本朝博士讀之，尤尊之至。若鎌倉將軍家皆讀之，有助治道久，何啻中華而已哉。洛人林白水新鏤之梓，以欲行於世，良有故哉。白水需書其後，於是題之。寬文八年秋八月日，柳谷散人埜子苞父書。

〔一〕「千載」二字《訪書志》諸刻本均無，據《經籍訪古志》所引補。

【案】《留真譜初編》收録該書書影（廣文本第 443 頁，北京本第 481 頁）。

據阿部隆一《中國訪書志一》著録天正八年寫本一部，並認爲此本即爲楊氏《留真譜》所著録之本。檢《「國立故宫博物院」善本舊籍總目》，共著録《臣軌》三部，一部爲日本活字本，另外兩部日本均爲寫本，未見寬文八年刊本。

又，據阿部隆一《中國訪書志一》、《日本訪書志補》所著録（見後 261 號）「臣軌二卷日本 古鈔本」爲鎌倉末南北朝初寫本，今藏臺北「故宫博物院」，二册（故觀 010496 – 010497）。

072 唐六典三十卷 古鈔本

案，此書今著録家不見有宋、元本，僅傳明正德乙亥蘇州所刻，首有王鏊序，末有宋紹興四年張希亮、詹棫校刊題跋，篇中墨丁空缺觸目皆是，幾不可讀，而流傳亦少。日本享保甲辰，當雍正二年。其攝政大臣家熙爲之考訂，凡原書空缺者，擬補於其下。亦有原書本缺，如第四卷「禮部郎中」條下脱文，則據《册府元龜》《舊唐志》所引補之。第七卷「屯田郎中員外郎」下，「凡天下諸軍」云云，則據《通典》《舊唐志》補之。凡數百字，校訂矜慎，見聞亦博。據其自序，用力二十年始克成書。然亦有缺而不能補者。如第一卷「令史十八人」下，空缺仍不下五十餘字。獨怪家熙當時以宰相之尊，著書行世，而所據者亦只正德、嘉靖兩本。而余於百餘年後乃從其書肆得古鈔本，其本紙質堅紉，兩面書寫，末無張希亮等題識，相其筆跡，當亦七八百年前之書，凡明刻所缺皆不缺。今以對校之，家熙所補十同七八。其有不同者，皆以此本爲是。蓋家熙意度，終不如原書之確也。惟鈔手筆誤，則當以明本、家熙本正之。又有日本天保七年當道光丙申。刻本，書籤亦稱「官板」，首録王鏊序，尾有張希亮跋，無墨丁空缺，然不言所據何本。其中有勝於家熙本者，亦有似臆度者。若謂是據家熙本補填，而亦多違異，且第一卷「令史」下空缺，家熙本未補，此本則與古鈔本合。若謂是見古鈔本，而第四卷「禮部郎中」下之缺文，第七卷「令史」下之缺文，仍未補。且於「令史，凡天下諸」下，妄添「侯」字以彌縫其缺，不知其注文不可接。若謂書坊所爲，而其補填之字出家熙外者，亦多有典據。如第二卷「護軍」注「魏武帝以牽招爲中護軍將軍」〔二〕，家熙本云「當填『韓浩』」，此本則作「牽招」。案，韓浩以護軍從太祖破柳城，改爲中護軍，太祖平張魯，以韓浩還，留牽招爲中護軍，是韓浩爲護軍在前，牽招繼其位。然原本空缺下是「招」字，則作「牽招」是也。鈔本亦作「牽招」。此豈不學者所能？或謂其本原於蘇州掃葉山房之本，余架上無之，不能質言之也。余謂此書自唐虞而下，本末粲然，真所謂經國大典，豈獨有唐一代，百世而下，雖有損益，不能出其範圍。顧傳本絶少，余嘗合諸本，竭一月之力，就天保刊本定其從違，安得有心經世之略者重刊焉。

〔二〕　辛丑初刻本「牽」字作墨丁，此後諸版本皆補刻作「牽」字。

073　唐律疏義三十卷　日本刊本

首有雍正乙卯刑部尚書勵廷儀序。以孫氏岱南閣所刊元余志安本較之，有柳贇序[二]，而無貫治子《釋文》，亦無王元亮《纂例》、諸表，而顧千里所舉卷三、卷十七、卷二十六、卷二十八所載《釋文》刪除不盡者，此本亦同；而目録前多出議刊官職名氏一葉，有「龍興路儒學某某」，與柳贇序云刊于龍興者合，則是此本即泰定初刊本，故《疏義》與《纂例》《釋文》別行，而余志安乃合刊之。唯柳序稱「廉訪使師公而議刊」，廉訪使乃是朶州秃。豈師唱於前而朶爲後任與？此本雖不能無誤，而足以訂正余本者不下數百字，孫氏當日竟未見此本，亦一缺事也。又余收得日本人校本一通，以孫氏刊本硃識其上，其所出《疏義》多與此本合；而所校《釋文》異同尤多，則不知竟出何本，豈泰定所刊《釋文》日本別有傳録與？

議刊《唐律疏義》官職名氏：

廉訪司官

中奉大夫江西湖東道肅政廉訪使朶州秃

奉政大夫江西湖東道肅政廉訪使司事岳出謀

管勾承發架閣庫照磨程志通

儒學提舉司官

文林郎江西等處儒學提舉贇

承事郎江西等處儒學副提舉高若鳳

龍興路儒學教授李鼎孫

學正李時董正刊成

又按，余志安元本，楓山官庫亦有之。

〔一〕檢日本文化二年刊本《唐律疏義》，「贇」作「贇」，下同。又元代余志安勤有堂刻本《唐律疏義》作「贇」，即「貫」字。按，柳貫，元代著名學者。

【案】今臺北「故宫博物院」藏有楊氏觀海堂舊藏《唐律疏義》一部，爲日本文化二年昌平黌刊本，十四册（故觀 005822－005835），或即《訪書志》著録之本。

074 貞觀政要十卷 古抄本

舊影寫本，狩古望之求古樓所載〔一〕。前二卷末有「安元三年二月五日奉授主上既訖」云云，有「永久」「建久」「建保」「嘉禄」「建長」等名記，與森立之《訪古志》所載首一部合。每半葉七行，行十七字，字體精妙，神似唐人寫經之筆。原本當是卷子，影寫改爲摺本，然首無吴兢表文，猶不免有脱漏也。其第三卷以下，每卷後有「文化六年六月等日齋中寫勾勘寀」〔二〕。第末卷有「文化十二年十月上澣寄與興田箕山〔三〕，生之記」。每半葉九行，行十七字，而森立之顧未言及。此書以戈直注本照之，非唯字句多有不同，即篇第亦有增減移易。戈氏自序云：「嘗會萃衆本，參互考訂。章之不當分者，合之；不當合者，分之。」知是皆爲戈氏所亂久矣。今全録其題識，以與森氏《訪古志》相證驗。又録篇第異同於其下，使讀者知其崖略。若夫字句之差互，則屢牘不能盡，別爲札記焉。

安元三年二月五日奉授

主上既訖　正三位行宫内卿兼式部大輔播磨權守藤原朝臣永範。

永久三年仲春二十五日點訖，合證本等又加自點秘本也。　良兼。

建久第五年九月二十一日詣三品李部大卿書閣讀合畢，有秘説等。　匠作員外少尹藤孝範。

建保第四年夷則二十五日受嚴訓訖。

文章得業生經範。

嘉禄三年四月二十四日合二條院御本并八條左相府證本畢。　刑部權少輔經範。

建長三年二月十日以家説授茂才明範既訖。　三品李部大卿經範。

建長六年三月二十日以家説授小男淳範既訖。　三品吏部大卿經範。

《貞觀政要》古抄本次第：

第一卷

《貞觀政要序》標題作「弘文館」，戈本作「修文館」。

《君道》第一　戈本題《論君道》一，以下每題多有「論」字。此篇次第同。

《政體篇》第二　古本十八章，戈本題「十三章」，而有十四章。

第十一章：戈本無。

貞觀八年，太宗謂房玄齡等曰：「我所居殿即是隋文帝所造，已經四十餘年，損壞處少。唯承乾殿是煬帝造，工匠多不見新奇，斗拱至小，年月雖近，破壞處多。今爲改更，欲別作意見，亦恐似此屋耳。」魏徵對曰：「昔魏文侯時，租賦歲倍，有人致賀，文侯曰：『今户口不加，而租税歲倍，此由課歛多，譬如治皮，令大則薄，令小則厚。理民亦復如此。』由是魏國大理。臣今量之，陛下爲理，四夷賓服，天下已安，但須守今日理道，亦歸之於厚，此即是足。」

第十二章：戈本無。

貞觀八年，太宗謂羣臣曰：「爲理之要，務全其本。若中國不静，遠夷雖至，亦何異焉？朕與公等共理天下，令中夏義安，四方静肅，並由公等盛盡忠誠，共康庶績之所致耳，朕實喜之。然安不忘危，亦兼以懼朕。煬帝纂業之初，天下隆盛，棄德窮兵，以取顛覆。頡利近者，足爲强大，志意既盈，禍亂斯及，喪其大業，爲臣於朕。葉護可汗，亦太强盛，自恃富貴，通使求婚，失道怙通，以致破滅。其子既立，便肆猜忌，衆叛親離，覆基絶嗣。朕不能遠纂堯、舜、禹、湯之德，目睹此輩，何得不誡懼乎！公等輔朕，功績已成，唯當慎以守之，自獲長世，並宜勉力。有不是事，則須明言，君臣同心，何得不理。」侍中魏徵對曰：「陛下弘至理以安天下，功已成矣。然每覩非常之慶，彌切慮危之心，自古至慎，無以加此。臣聞上之所好，下必從之，明詔獎厲，足使懊夫立節。」

第十三章：戈本無。

太宗問拓跋使人曰：「拓跋兵馬，今有幾許？」對曰：「見有四千餘人，舊有四萬餘人。」太宗謂侍臣曰：「朕聞西胡愛珠，若得好珠，劈身藏之。」侍臣咸曰：「貪財害己，實爲可笑。」太宗曰：「勿唯笑胡，今官人貪財，不顧性命，身死之後，子孫被辱，何異西胡之愛珠耶？帝王亦然。恣情放逸，好樂無度，荒廢庶政，長夜忘返，所行如此，豈不滅亡？隋煬帝奢侈自賢，身死匹夫，足爲可笑。」魏徵對曰：「臣聞魯哀公謂孔子曰：『有人好忘者，移宅乃忘其妻。』孔子曰：『又有好忘甚於此者，近見桀、紂之君，乃忘其身。』」太宗曰：「朕與公等既知笑人，今共相匡輔，庶免人笑。」

第十四章：戈本無。

貞觀九年，太宗謂侍臣曰：「爲帝王者，必須慎其所與。只如鷹犬、鞍馬、聲色、殊味，朕若欲之，隨須即至，如此等也，恒敗人正。邪佞忠直，亦在時君所好。若任不得賢，何能無滅？」侍中魏徵對曰：「臣聞齊威王問淳于髡：『寡人所好與古帝王同否？』髡曰：『古者聖王所好有四，今王所好唯有其三。古者好色，王亦好之；古者好馬，王亦好之；古者好味，王亦好之；唯有一事不同者，古者好賢，王獨不好。』齊王曰：『無賢可好也。』髡曰：『古之美色，有西施、毛嬙，奇味即龍肝、豹胎，善馬則有飛兔、緑耳，此等今既無之，王之厨膳、後宫、外厩今亦備具。王以爲今之無賢，知前世之賢，得與王相見以否？』」太宗深然之。

第十五章：戈本無。

貞觀十年，太宗謂侍臣曰：「《月令》是早晚有？」侍中魏徵對曰：「今《禮記》所載《月令》起自吕不韋。」太宗曰：「促爲化專依《月令》，善惡復皆如所記不？」魏徵又曰：「秦漢以來，聖王依《月令》。事多若一依《月令》者，亦未有促。古者設教勸人爲善，所行皆欲順時，善惡亦未必皆然。」太宗又曰：「《月令》既起秦時，三皇、五帝並是聖主，何因不行《月令》？」徵曰：「計《月令》起於上古，是以《尚書》云『敬授民時』。吕不韋只是修古《月令》，未必始起於秦代。」太宗曰：「朕比讀書，所見善事，並即行之，都無所疑。至於用人，則善惡難别，故知人極爲不易。朕比使公等數人，何因理政猶不及文、景？」徵又曰：「陛下留心於理，委任臣等逾於古人。直由臣等庸短，不能稱陛下委寄。欲論四夷賓服，天下無事，古來未有似今日者。至於文、景，不足以比聖德。」徵曰：「自古人君初爲理也，皆欲比隆堯、舜，至於天下既安，不能終其善。

人臣初被任也，亦欲盡心竭力，及居富貴，即欲全官爵。若遂君臣常不懈怠，豈有天下不安之道哉！」太宗曰：「論至理，誠如公此語。」

第十八章：戈本無。

貞觀三年，上謂房玄齡曰：「古人善爲國者，必先理其身。理其身，必慎其所習。所習正，則其身正。身正，則不令而行。所習不正，則身不正。身不正，則雖令不從。是以舜誡禹曰：『隣哉！隣哉！』周公誡成王曰：『其明！其明！』此皆言慎其所習近也。朕比歲臨朝視事，及園苑間遊賞，皆召魏徵、虞世南侍從，或與謀議政事，講論經典，既常聞啟沃，非直於身有益，在於社稷亦可謂久安之道。」

第二卷

《任賢》第三凡八章，戈本同。

《求諫》第四凡八章，戈本十一章，移《納諫篇》三章於此篇，作第四、第六、第七章。

《納諫》第五凡十章，戈本亦十章。

第二章戈本移入《求諫篇》爲第四章。

第四章戈本移入《求諫篇》爲第六章。

第五章戈本移入《求諫篇》篇爲第七章。古本原爲二章。戈本云：「舊本此與前章通爲一章，今按不同分爲二章。」而此古本原是二章。

按此篇戈本移出三章，而又別采太宗事跡增入三章。「太宗有駿馬」一條，「貞觀七年幸九成宮」一條，「貞觀八年謂長孫無忌」一條。

又按此下戈本增入《直諫》一篇，凡十章，皆古本所無。但於《直諫》下標一「附」字。而不增題第六。是此書爲後人所亂之確據。

第三卷

《君臣鑒戒》第六凡四章，戈本七章。

按此篇戈本第一章、第二章皆古本所無。其第五章「魏徵上疏」云云，是此本《禮樂篇》文。

《論擇官》第七凡十章，戈本十一章，無「論」字。

第四章：戈本移爲第二章。

第七章戈本分「治書侍御史」以下別爲一章，而增「貞觀十一年」五字。

第八章戈本於「朕聞」下增「太平後必有大亂，大亂後必有太平。大亂之後，即是太平之運也」二十五字。

第九章戈本於「賞不遺疏遠」上增一百三十二字。

《論封建》第八古本、戈本篇第同。

第四卷

《論太子諸王定分》第九凡四章，戈本亦四章。

第一章戈本分「御史馬周」以下別爲一章。

第二章戈本於「或至亂國」下增入三十六字。又於「發病而死」下增入二十四字。

第四章「貞觀中皇子年少者」云云，戈本移入《教誡篇》末。

《論尊師傅》第十古本、戈本竝六章，戈本作「尊敬師傅」。

第五章戈本于「是故周儲」上增入七十一字。

《教誡太子諸王》第十一凡六章，戈本七章，「教」上有「論」字。

第四章戈本于「覆亡非一」下，增入三十七字。又于「信非虛説」下增入三十四字。

第六章戈本移《定分篇》末章於此章下，爲第七章。

《規諫太子》第十二凡五章，戈本四章。

第四章戈本合上第三，共爲一章。又於「人面獸心之徒」下增入十六字。

第五卷

《論仁義》第十三

第二章「貞觀初太宗從容謂侍臣」云云，戈本移入《辨興亡》。

第五章「貞觀五年太宗謂侍臣」云云，戈本移入《辨興亡》。

第六章「乃可存其性命」下，戈本有「王珪頓首曰：陛下能知此，天下幸甚」十四字。

《論忠義》第十四凡十二章，戈本題十五章，核之只十四章。

第一章「太宗聞而嘉之」下，此本有「曰：於生死之間甚衆義備矣。如此則彼尋行數里、矯事談議者，徒自以爲人何逮於此也」，戈本無此三十四字。

第四章「忠臣烈士何代無之」下戈本增入九十八字。

第五章戈本於此章下，別采「貞觀八年桂州都督」一條爲第六章，古本無之。

第八章戈本移入《政體篇》。

第十二章「尋擢弘文館學士」下，戈本於此截斷，而以《赦令篇》之第七章移於此下，爲第十三章。又於「太宗攻遼東」上增「貞觀十九年」五字，別題爲第十四章。

《論孝友》第十五凡三章，戈本五章。

第一章「虞世南」以下，戈本別爲一章，是也。此本誤連。

第二章「王元軌」以下，戈本別爲一章，是也。此本誤連。

《論公平》第十六凡六章，戈本八章。

第四章：戈本無。

太宗謂房玄齡等曰：「昨日皇甫德參上書言朕修營洛州宮殿，是勞民也；收地租，是厚斂也；俗高髻，是宮中所化也。觀此人心，必欲使國家不役一人，不收一租，宮人皆無髮，乃稱其意耳。事既訕謗，當須論罪。」魏徵進曰：「賈誼當文帝之時，上書云『可爲痛哭者三，可爲長太息者五』。自古上書，率多激切。若不激切，則不能起人主之心。激切即似訕謗，所謂狂夫之言，聖人擇焉。惟在陛下裁察，不可責也。」太宗曰：「朕初欲責此人，但已許進直言，若責之，則於後誰敢言者？」賜絹二十匹，令歸。

第五章戈本爲第七章。

《論悔過》第廿四凡五章，戈本四章。

第二章「移居武德殿，魏徵上疏諫」下有「此殿在内，處所寬閒，參奉往來，實爲穩近。但」十七字，戈本無。

第三章：戈本無。

貞觀五年，太宗謂侍臣等曰：「齊文宣何如人君？」魏徵對曰：「非常顛狂，然與人共爭道理，自知短屈，即能從之。臣聞齊時魏愷先任青州長史，嘗使梁，還除光州長史，不就。楊遵彦奏之。文宣帝大怒，召而責之。愷曰：『先任青州大藩長史，今有使勞，更無罪過，反授小州，所以不就。』乃顧謂遵彥曰：『此漢有理。』因令捨之。」太宗曰：「往者，盧祖尚不肯受官，朕遂煞之。文宣帝雖復顛狂，尚能容忍此一事，朕所不如也。祖尚不受處分，雖失人臣之禮，朕即可煞之，大是傷急。一死不可再生，悔無所及，宜復其故官蔭。」

《論奢縱》第廿五凡四章，戈本一章。

第一章戈本移入《辨興亡》篇。

第二章：戈本無。

貞觀七年，太宗授郭孝恪西州道行軍總管，率步騎三千人出銀山道以伐焉耆。夜往掩襲其城，破之，虜其王龍突騎發。太宗謂侍臣曰：「計八月中旬孝恪發，去二十日應到，必以二十二日破焉耆，當馳使報朕。計其行程，今日應有好消息。」言未訖而騎至，云孝恪已破焉耆。太宗悦。及征龜兹，以孝恪爲崑山道副大總管，破其都城，留孝恪守之，餘軍分道別進。域中未賓，孝恪因乃出營於外，有龜兹人來謂孝恪曰：「那利，我之國相，人心素歸，今亡在外，必思爲變。城中之人頗有異志，公其備之。」孝恪不以爲虞。那利等果率衆萬餘，私與城内降胡相知，表裏爲應。孝恪失於警候，賊入城鼓譟，孝恪始覺之，爲胡矢所中而死。孝恪性奢侈，家之僕妾以及器玩務極鮮華，雖在軍中，床榻器皆餙以金玉。仍以金床華帳充具，以遺行軍大總管阿史那社尒。社尒一無所受。太宗聞之，乃曰：「二將何優劣之不同也。郭孝恪今爲寇虜所屠，可謂自招伊咎耳。」

第三章戈本移入《辨興亡》。

第四章「明王聖主」下戈本增入十三字。「禍亂不作者也」下，此本有「臣愚，頃聞京師營造供奉器物頗多，糜費百姓，或有怨嗟之言」二十四字，戈本無，而別增二百七十一字。下接「陛下少處人間」。又至「不可不誡也」，戈本增二百九十七字。

《論貪鄙》第廿六凡七章，戈本六章。

第四章：戈本無。

貞觀四年，濮州刺史龐相壽貪濁有聞，追還，解任。殿庭自陳幕府舊左右，實不貪濁。太宗矜之，使舍人謂之曰：「爾是我舊左右，我極哀矜爾，爾取他錢物，祇應爲貧。今賜爾絹一百匹，還向任所，更莫作罪過。」魏徵進而諫曰：「相壽貪濁，遠近所知。今以故舊私情，赦其貪濁之罪，加以厚賞，還令復任，相壽性識，未知愧恥。幕府左右其數甚多，人人皆恃恩私，足使爲善者懼。」太宗欣然納之，使引相壽於前，親謂之曰：「我昔爲王，爲一府作主。今爲天子，爲四海作主。既爲四海作主，不可偏與一府恩澤。向欲令爾重任，左右以爲爾若得重任，必使爲善者皆不用心。今既以左右所言者爲是，便不得申我私意，且放爾歸。」乃賜雜物而遣之，相壽默然，流涕而去。

第七卷

《崇儒學》第廿七凡二章，戈本六章。

第一章。戈本截「貞觀二年」以下爲第二章。又於「徵天下儒士」下增八字。又截「太宗幸國學」以下爲第三章。又截「十四年」下增「貞觀」二字爲第四章。

第二章戈本截「太宗嘗謂中書」以下爲六章。

《論文史》第廿八

第二章：戈本無「尚書左僕射」以下十一行。

尚書左僕射房玄齡、侍中魏徵、散騎常侍姚忌廉、太子右庶子李伯藥、孔穎達、侍郎岑文本、禮部侍郎令狐德棻、舍人許敬宗等，以貞觀十年撰成周、齊、梁、陳、隋等五代史，奏上。太宗勞之曰：「良史善惡必書，足爲懲勸。秦始皇奢侈無度，志在隱惡，焚書坑儒，用緘談者之口。隋煬帝志在隱惡，雖曰好學，招集天下學士，全不禮待，竟不能修得歷代一史，數百年事殆將泯絶。朕今欲見近代人主善惡，以爲身誡。故令公等修之，遂能成五代之史。深副朕懷，極可嘉尚。」於是進級班次，各有差降。

《論禮樂》第廿九凡十章，戈本十二章。戈本無「論」字。

第三章戈本截「禮部尚書」以下，別爲第四章。

第四章戈本截「禮部尚書王珪」以下爲第六章。

第八章「貞觀十四年」云云，戈本移入《鑒誡篇》。

第八卷

《務農》第卅《禁末作》附。凡五章。戈本四章，無「禁末作附」四字。

第三章：戈本無。

貞觀四年，太宗謂諸州考使曰：「國以人爲本，人以食爲命，若禾穀不登，恐由朕不躬親所致也。故就別院種三數畝禾，時自鋤其稊莠，纔得半畝，即苦疲乏。以此思之，勞可知矣。農夫實甚辛苦，頃聞關東及諸處粟兩錢半價，米四錢價。深慮無識之人，見米賤遂惰農自安。儻遇水旱，即受飢餓，卿等至州日每縣時遣官人就田隴間勸勵，不得令有送迎。若迎送往還，多廢農業，若此勸農。不如不去。」

《論刑法》第卅一凡九章，戈本八章，無「論」字。

第一章：戈本無。

貞觀元年詔：以犯大辟罪者，令斷其右趾。因謂侍臣曰：「前代不行肉刑久矣，今斷人右趾，意不忍爲。」諫議王珪對曰：「古行肉刑，以爲輕罪。今陛下矜死之多，故設斷趾之法，損一足以全其大命，於犯者甚益矣。且見之足爲懲誡〔四〕。」侍中陳叔達又曰：「古之肉刑，在死刑之外，陛下於死刑之内，降從斷趾，便是以生易死，足爲寬法。」

第四章自「蘊古始也」下，戈本多三十三字。

《論赦令》第卅二凡七章，戈本四章。

第二章戈本移入《慎所好篇》。

第六章戈本移入《儉約篇》。

第七章戈本移入《忠義篇》。

《論貢獻》第卅三凡五章，戈本同。「獻」作「賦」。

按，戈本此篇後有《辨興亡》一篇，凡五章。其第一章以此本《仁義》第二章移入。第二章以此本《奢縱篇》第一章移入。第三章以此《仁義篇》第五章移入。第四章古本無。第五章以此本《奢縱篇》第二章移入。

第九卷

《議征伐》第卅四凡十三章，戈本同。此篇據原校與南本多有增減，别詳《雜記》。

《議安邊》第卅五凡二章，戈本同。

第十卷

《論行幸》第卅六凡三章，戈本四章。

此篇後戈本有「貞觀十二年」云云一章，爲第四章。古本無。

《論田獵》第卅七凡四章，戈本五章。

戈本於第二章下增入「貞觀十二年太宗幸同州」一條，爲第三章。

《論祥瑞》第卅八一本，戈本合下《災害》爲《災祥》一篇。

第一章戈本以此條爲《災祥》第一條。

《論災異》第卅九凡三章，戈本合前條題爲「災祥」，共四章。各抄本皆作「災異」，惟安元抄本目録作「災害」。

《論慎終》第卌凡七章，戈本同。

第一章戈本爲第二章。

第二章戈本爲第一章，而於「太宗謂侍幸臣也」下多十七字。

第三章戈本於「房玄齡曰」下多四十二字。又於「天下大治」下多九字。又於「遠勝古也」下多八字。

第四章戈本於「天下無憂，不理也」下多六字。

〔一〕「載」湖北本出校作「藏」。

〔二〕「寀」湖北、遼寧本録作「宰」。

〔三〕「文化」《訪書志》諸刻本皆作「又化」，當是日本年號「文化」之訛。湖北、遼寧兩整理本皆改作「文化」。

〔四〕「誠」字原作墨丁，據《海王邨》本、《書目題跋叢刊》本改。

【案】《留真譜初編》收録該書書影（廣文本第 437—440 頁，北京本第 479 頁）。《經籍訪古志》著録此本（第 121 頁）。

此本今藏臺北「故宫博物院」，著録爲日本江户影寫南家鎌倉鈔本配補傳寫文化六年菅原長親寫菅家本，五册（故觀 002854－002858）。

075 貞觀政要十卷 影舊抄本

此本影文化六年鈔本。每半葉九行，行十七字，與狩谷藏本第三卷以下皆同。首有吴兢《上貞觀政要表》，而無吴兢《貞觀政要序》。其第一卷後有「建保」「嘉禄」「貞應」「安貞」「嘉禎」「仁治」「弘長」「永仁」「永禄」等年，菅氏歷世題記。每卷後均有文化六年六月等日寫記，有「寀」字押，森立之稱爲藤長親卿花押。此本即影寫長親卿手書本者。蓋原本卷軸改爲册子也。立之又云，以《玉海》所載目録及元戈直本校之，體式大異，蓋其國博士家所傳唐時真本。其言當不誣。末卷文化十二年興田吉從一跋，言此書甚悉。第一卷、第四卷、第七卷有「不忍文庫」「温故堂文庫」印，皆日本收藏名家也。

上貞觀政要表

臣兢言，臣愚，比嘗見朝野士庶有論及國家政教者，咸云：「若以陛下之聖明，克遵太宗之故事，則不暇遠求上古之術，以必致太平之業。」故知天下之蒼生所望於陛下者，誠亦厚矣。《易》曰：「聖人感人心而天下和平。」今聖德所感，可謂深矣。竊惟太宗文武皇帝之政化，自曠古而求，未有如此之盛者也。雖唐堯、虞舜、夏禹、殷湯、周之文武、漢之文景，皆所不逮也。至於用賢納諫之美，垂代立教之規，可以引闡大猷、增崇至道者，並焕乎國籍，作鑒來葉。微臣以早居史職，莫不成誦在心。其有委質策名，立功樹德，正詞鯁議，志在匡君者，亦隨事載録，用備勸誡。撰一帙十卷，合四十篇，仍以《貞觀政要》爲目，謹隨表奉進。望紆天鑒，擇善而行。引而申之，觸類而長。《易》不云乎「聖人久於其道而天下化成」。伏願行之而有恒，思之而無倦。則貞觀巍巍之化，可得而致矣。昔殷湯不如堯舜，伊尹恥之。陛下儻不修祖業，微臣亦恥之。《詩》曰：「念兹皇祖，陟降廷止。」又云：「無念爾祖，聿脩厥德。」此誠欽奉祖先之義也。伏惟陛下念之哉！則萬方幸甚。不勝誠懇之至。謹詣明福門，奉表以聞。謹言。

本云以下諸條在第二卷末。

手自校衆本勘本文〔一〕，擇善合點了。

三品李部員外大卿菅判。

建保四年五月十一日，授男著作郎長貞了。

大府卿菅爲了。

嘉禄元年八月九日，假于條前殿下且讀判。

貞應三年閏餘七月廿六日，授男長成了。

李部大卿判。

安貞二年四月二日，授男高長了。

大府卿判。

嘉禎四年五月一日，授少子長明孫家長等了。

李部大卿判。

仁治三年七月廿八日，侍當今皇帝御讀。

大藏卿兼式部大輔判。

弘長二年三月二日，授愚息清長了。

永仁五年十二月五日，以家説重授正修上人了。

李部大卿判。

永仁七年三月十日，以説授小童摩尼殊丸了生年十二歲，明玄判。

從二位菅清長了。

永禄三年四月，終書功了。

李部大卿菅長雅。

文化六年六月十九、二十兩日寫功了。　案。

同年七月十日，寓直之暇，一校了。昨日大風甚，自辰到酉。

《貞觀政要》十卷，菅原氏所傳，而從三位勘解，由長官菅原長親卿所親寫也。初吉從獲元德年中菅氏文章，得業生款狀於觀智院住寶僧，都愛藏之。長親卿一見奇之，介藤原以文而求之。吉從深欽卿慕其祖之意，割愛奉呈焉。卿大喜，辱手書，且賜以此書。事詳於其書牘中。蓋《政要》之爲書坊間所刻者，係於戈直所注，縉紳學士家雖間有傳之者，衍錯脱誤，大紊其真。此編乃菅氏奕世所傳，而出於參議爲長卿所授也。卷首載吴兢上表，蓋兢表獨載於國字譯本，而其佗則未嘗見存之者。況菅氏之令孫所親寫，而校訂《政要》之真，舍此編，吾安適從焉？吉從獲之，不啻十朋之龜〔二〕，乃十襲寶藏以貽之永世焉。長親卿手書別藏於家，宜併考。卿稱清岡學業富贍，最能文章，嘗聞卿常侍讀于　皇太子，頗有啟沃之功云，實菅廟三十一世之孫也。

文化十二年乙亥正月興田吉從謹識。

〔一〕「手」原作「王」，據《海王邨》本、《書目題跋叢刊》本改。

〔二〕「不啻十朋之龜」至段末，《訪書志》諸本整版皆誤置下篇書志末，今據《中國訪書志一》所録正。

【案】此本今藏臺北「故宮博物院」，著録爲日本江户傳鈔文化六年菅原長親寫菅家本，三册（故觀 002879－002881）。阿部隆一《中國訪書志一》著録。

076　貞觀政要十卷　舊抄本

此本係文政元年阿波介藤原以文以其國諸古本及戈本合校者。篇首載其國古墨筆凡十三通，又硃筆二通，一爲永本，一爲江本。又載漢本奥書題識。奥書，卷子反面書也。其本有《政要表》，而□《政要序》〔一〕。《表》後有「景龍三年正月日，衛尉少卿兼脩國史館、崇文館學士臣吳兢等上表」，爲各本所無。按吳兢本傳，其書實成於神龍中，《書録解題》引《館閣書目》亦云。然則此「景龍」當爲「神龍」之誤。而據其自序，《提要》考在開元八年以後，亦至確，莫詳其乖異之由也。此本每卷有「松田本生」印，又有「向山黄村」印。余從黄村得此本，而日本古本異同皆彙集無遺，擬歸而刻之，久無應者。今以阿波介藤合校諸本列左。

古本挍合凡例

八條左府本　二條院御點本　管本
或本　南家本　異本
古本　一本　摺本
亻本　扌本　家本
自本
永本菅長雅卿親寫本〔二〕，有「永録三年」之奥書〔三〕，故稱「永本」，今爲五條家藏。
江家本原本卷子本，有「匡衡朝臣」奥書，故稱「江本」。
江家本奥書如左：
本云：

以累代祕説本，奉授
聖上了，尤可祕藏也。
寬弘三年三月五日　吏部大卿江判。

朱云：

寬弘九年閏七月念一日，藤家本一挍了。　江匡衡。

此一卷以江家舊卷卷子本，有匡衡奥書。傳寫本挍正訖，稱「江本」者是也。餘卷今逸，惜哉。

以源容所元寛。挍本再挍訖此本有「多福文庫」印，元和活版也。

以清國嘉慶戊午重鐫掃葉山房刻本再訂訖，所稱「清本」是也。

文政元年八月一日　阿波介藤原以文〔四〕。

〔一〕《日本訪書志》諸刻本「而」與「政要」之間無字，結合《貞觀政要》現存版本情況，此處當爲「無」字。

〔二〕「菅」原作墨丁，今據《海王邨》本、《書目題跋叢刊》本改。

〔三〕「録」原作墨丁，今據《海王邨》本、《書目題跋叢刊》本改。

〔四〕《日本訪書志》此篇解題至此當已結束，諸刻本「不啻十朋之龜」後整版乃上一篇書志後半部分，今已正。

【案】此本今藏臺北「故宫博物院」，著録爲日本江户傳寫文化六年菅原長親寫菅家本及山田以文校合移寫本，十册（故觀 002869 – 002878）。

卷　六

077　桂林風土記一卷　舊鈔本

唐莫休符撰。《新唐書·藝文志》作三卷，此爲洪武沈氏本，即《曝書亭集》所稱謝在杭傳録本也。首有休符自序，目録「舜祠」起，「張鷟」止，凡四十四條，觀其次第，似已爲完本，疑後人合并，非有缺佚。惟「蒼梧·火山」有録無書，「宜州·龍開江」與「宜州·龍採木」合爲一條。又據《明一統志》載「獨秀山」有張固詩一首，此「獨秀山」條不載，是不免有脱漏。是書展轉傳録，譌誤甚多，首有「張載華收藏」印，引據他本互校，頗多是正，而齟齬不可通者仍不免。乃據《唐書》《寰宇記》、曹學銓《名勝志》諸書校改，略可以讀。其所不知，仍從蓋闕，未知海内尚有善本否也。

078　太平寰宇記殘本　宋刻本，刻入《古逸叢書》

此書《太平寰宇記》，中土宋刊本久不存。《四庫》著録據浙江汪氏所進鈔本，闕一百十三至一百十九，凡七卷。而乾嘉間江西萬氏、樂氏兩刊本更缺《河南道》第四一卷。考《曝書亭》所見池北書庫本，亦缺《河南道》第四，則審缺八卷矣。余於森立之《訪古志》見有此書宋槧殘本，藏楓山官庫，意或有足以補中土所佚者。因託修史館監事巖谷修探之，並告知星使黎公，行咨於其太政大臣，借之以出。計原書凡二十五册，爲蝴蝶裝，其存者不及半焉。乃以近刻本校一過，其一百十三至一百十八一百十四尾《江南道》第四一卷、一百十九一卷、一百十四尾數葉。未爲完書，亦足以慰好古之懷矣。雖尚佚其二卷有半，缺「湘鄉」以下五縣。則重刊之《古逸叢書》中，並刊其卷首一表。世傳《岣嶁禹碑》始自宋何致一，多有疑其僞造者。今按，此書於《潭州》下引庾仲雍《湘州記》云：「夏禹刻石書，名在山之上。」而不敢質言之，則樂氏初不見此碑審矣。又錢竹汀《養新録》稱，《元史·地理志》於郴州之郴陽縣云：「舊敦化，至元十三年改今名。」疑「敦」字犯宋諱，湖南爲宋土，不得有「敦化」縣。因據《輿地紀勝》引《寰宇記》爲晉天福初所改，漢初復舊，以訂其誤。今此書與《紀勝》悉合。其他所引逸書、逸事，不遑縷述，固非後人所得臆補者也。至江西兩刻本皆據傳鈔及活字本入木，互有脱誤，而萬氏本臆改尤甚。世有好事君子，因此所存殘本，以正江西兩刻，又以兩刻互校，而一一考樂氏所引原書，雖未必盡復舊觀，亦庶幾十得八九。若陳氏蘭森臆補之卷，固無論焉。光緒癸未九月記。

附宋刊原本存佚卷數。

序、目録、全。一卷、全。二卷、全。三卷、存前十三葉。四卷、缺。五卷、存十四、十五兩葉。六卷、存校勘一葉。七卷、全。八卷、全。九卷、全。十卷、存前九葉。十一卷、缺。十二卷、存一至五，又存第七一葉。十三至三十六、并缺。三十七、存前九葉。三十八至四十三、并缺。四十四、存七葉。四十五、四十六、并缺。四十七、第四葉以下存。四十八、存前三葉。四十九、缺。五十、存第十三一葉。五十一至七十一、并缺。七十二、存第二、第四、五、六四葉。七十三至七十六、并缺。七十七、第三葉以下存。七十八、缺第七一葉。七十九至八十八、并缺。八十九、存第七、第十兩葉。九十、存前三葉。九十一、全。九十二至九十五、并缺。九十六、存前八葉。九十七、九十八、并缺。九十九、全。一百、全。一百二、全。一百三、缺。一百四、全。一百五、存前九葉。一百六、八葉以下存。一百七、全。一百八、全。一百九、全。一百十、存前七葉。一百十一、第八葉以下存。一百十二、全。一百十三、全。一百十四、存前九葉。一百十五、全。一百十六、全。一百十七、全。一百十八、全。一百十九至一百廿三、并缺。一百廿四、存十三、十四兩葉。一百廿五、全。一百廿六至一百三十二、并缺。一百三十三、全。一百三十四、全。一百三十五、全。一百三十六、全。一百三十七、全。一百三十八、存前六葉。一百三十九、一百四十、并缺。一百四十一、全。一百四十二、缺三、四、五、六四葉。一百四十三、存前七葉。一百四十四至一百四十六、并缺。一百四十七、第三葉以下存。

一百四十八、缺六、七兩葉。一百四十九、存前八葉。一百五十至一百五十四、并缺。一百五十五、存第七、第八兩葉。一百五十六至一百六十、并缺。一百六十一、存第七一葉。一百六十二至一百八十六、并缺。一百八十七、存前四葉。一百八十八、第七葉以下存。一百八十九、存前九葉。一百九十至一百九十三、并缺。一百九十四、第二葉以下存。一百九十五、全。一百九十六、全。一百九十七、全。一百九十八、全。一百九十九、全。二百。存前六葉。

刻成後，乃知金陵書局已據樂氏祠堂本重刻，校訂頗審，惜乎其未見此宋殘本也。

案，此本日本森立之《訪古志》載之，但云殘本，不記卷數。及余借得重校，乃將其全部殘葉記之，並附刊余跋語。乃余歸後，姚君子良刻《訪古志》，但見《古逸叢書》有《補闕》六卷，遂改《訪古志》殘本爲六卷，並不詳觀余跋尾記其全書存佚，若日本只存此書六卷者，豈非讀首不讀尾者乎！又《訪古志》載紹熙壬子黄唐刊本《禮記注疏》七十卷，與曲阜孔氏藏本同，姚君但見通行《禮記注疏》六十三卷，遂悍然據改之。計姚君刻《訪古志》只改此二處，乃皆大謬，附訂於此。

【案】《留真譜初編》收録該書書影（廣文本第 461—464 頁，北京本第 499—502 頁）。現藏日本宫内廳書陵部，著録作南宋蜀刻本。行款爲半葉十一行，行二十字。《經籍訪古志》著録此本（第 128 頁）。

此本收入《古逸叢書》第二十六種之「影宋本太平寰宇記補闕」，書後有楊守敬題記，與《訪書志》此篇解題内容基本一致，落款時間爲光緒癸未十二月望日。

079 方輿勝覽前集四十卷後集七卷續集二十卷拾遺一卷 宋槧本

首吕午序，次祝穆自序，行書。序後有兩浙轉運司録白，蓋祝氏恐人翻雕，故請官爲給榜。《初集》自「浙西路」起至「海外四州」止，凡四十三卷。《後集》自淮東路、淮西兩路。《續集》自「成都路」起至「利西路」止。《拾遺》則自「臨安府」至「紹熙府」，每府州各補數條。此蓋和父原本，其分數次開雕者，當因資費不足，隨雕隨印行，非别爲起訖也。每半葉大字七行，小字十四行，行廿五字。每卷標題「新編四六必用方輿勝覽」，蓋本爲備四六之用也。首卷又有引用文集目，亦分類載之。

吕午序。嘉熙己亥。

祝穆自序。嘉熙己亥。

兩浙轉運司　　録白：

據祝太傅宅幹人吴吉狀：本宅見刊《方輿勝覽》及《四六寶苑》《事文類聚》凡數書，並係本宅貢士私自編輯，積歲辛勤。今來雕板，所費浩瀚，竊恐書市嗜利之徒，輙將上件書版翻開，或改换名目，或以《節略輿地紀勝》等書爲名，翻開攙奪，致本宅徒勞心力，枉費錢本，委實切害。照得雕書合經使臺申明，乞行約束，庶絶翻版之患，乞給榜下衢、婺州雕書籍處張掛曉示。如有此色，容本宅陳告，乞追人毁版，斷治施行。奉台判備榜須至指揮。右今出榜衢、婺州雕書籍去處張掛曉示，各令知悉，如有似此之人，仰經所屬陳告追究，毁版施行，故榜。

嘉熙貳年拾貳月　日榜。

衢、婺州雕書籍去處張掛。

轉運副使曾　台押。

福建路轉運司狀，乞給榜約束所屬，不得翻開上件書版，並同前式，更不再録白。

是編蒐獵名賢記序、詩文及史傳、稗官、雜説，殆數千篇，若非表而出之，亦幾明珠之暗投。今取全篇分類，以便檢閲。其一聯片語不成章者，更不贅録，蓋演而伸之，則爲一部郡志；總而會之，則爲一部文集，庶幾旁通曲暢云。此木記在引用文集目之前。

今將每郡事要標出卷首，餘並倣此，覽者切幸詳鑒。

郡名　風俗　形勝　土産　山川

學館　堂院　亭臺　樓閣　軒榭

館驛　橋梁　寺觀　祠墓　古跡

名宦　人物　名賢　題詠　四六此在《前集》目録之前。

今將兩淮州郡作《後集》刊行。四蜀及兩淮新復之境，見此纂輯，續當鋟梓。引用文目，已具《前集》卷首，更不重複。仍標出每郡事要如右。此在《後集》目録之前。

是編亦既鋟梓流布矣。重惟天下奇聞壯觀，見於文人才士之所紀述者，浩不可窮，耳目所及，幸而得之，則亦泰山一毫芒耳。因閲羣書，復抄小集附刊于後，名以《拾遺》。每州各空其紙，以俟博雅君子續自筆入，或因鬻書者録以見寄，使足成此一奇書，蓋所深望云。此在《拾遺》目録之前。

【案】傅增湘《藏園群書經眼録》著録相同版本一部，注：「日本帝室圖書寮藏書，己巳十一月十一日觀。」（第 325 頁）今藏日本宫内廳書陵部，著録作宋嘉熙三年序刊本。

080　方輿勝覽七十卷　宋槧本

首吕午序，次祝穆自序，楷書，通編爲七十卷，不復分《前》《後》《續》《拾遺》名目。標題亦去其「四六必用」四字，又去其每集告白。字體校原本稍大，行款雖同，小字則每行廿二字，歸安陸氏藏本與此同。字多減畫，蓋麻沙坊本也。此本標題於浙西之嚴州，改稱建德府；浙東路之温州，改稱瑞安府；廣西路之宜州，改稱慶遠府；夔州路之忠州，改稱咸淳府。按和父自序，書成于嘉熙己亥，而改嚴、温、宜、忠等州爲府，在咸淳元年，相去二十六年，其爲後人改編可知。書中亦多所增添，非祝氏之舊。然其所增亦皆據方志舊記編入，猶有知識者所爲，不似坊賈之羼亂妄作，故亦可貴。余按此書元、明以下均未重鐫，故著録家只有宋本，恐再延數世，歸于泯滅，余乃得兩宋本，惜無好事者重雕焉。

【案】《留真譜初編》收録該書書影（廣文本第 465—466 頁，北京本第 503—504 頁）。

此本今藏臺北「故宫博物院」，著録爲宋咸淳三年建安祝氏刊本，二十册（故觀 000535－000554）。阿部隆一《中國訪書志一》則著録爲宋末元初建陽書坊刊本。

081 大唐西域記十二卷 宋藏經刊本

明吴琯《古今逸史》有刊本，《四庫》據以入録。其第十一卷「僧伽羅國」下有明永樂三年太監鄭和見國王阿烈苦奈兒事，此校者之語，吴氏誤連入正文，想吴氏所得必傳鈔本，故有斯誤。其實此書明南北《藏》本皆有之，皆不附鄭和事。此本爲宋理宗嘉熙三年安吉州資福寺刊本，在「轉」字號，首題「大唐西域記」，次行題「尚書左僕射燕國公製」，不署「張説」名。宋、元、高麗《藏》本皆無之，《明藏》本始補名。序後題「大唐西域記卷第一」，又下行題「三藏法師玄奘奉詔譯」，又下行題「大摠持沙門辯機撰」，再下一行題「三十四國」，再下三十四國之目，再下爲總序，末有辯機後序。蓋玄奘奉詔譯此書，而辯機但排纂潤色之也。故晁公武《讀書志》謂「玄奘撰」者以此。《通志略》分玄奘、辯機爲二書，則大謬矣。《讀書志》又載有玄奘自序，則據其目録後總序而言，非本有而脱之也。唯余於日本三緣山所見《高麗藏》本，前有祕書著作佐郎敬播序，則宋、元、明《藏》及日本古活字本皆無之。至《明藏》本之脱誤，不下數百言。而吴琯本更不足道矣。別詳札記。今附敬播序于左。

大唐西域記序

竊以穹儀方載之廣，藴識懷靈之異，談天無以究其極，括地詎足辯其原。是知方志所未傳，聲教所不暨者，豈可勝道哉！詳夫天竺之爲國也，其來尚矣，聖賢以之疊軫，仁義於焉成俗。然事絶於曩代，壤隔於中土。《山經》莫之紀，《王會》所不書。博望鑿空，徒寘懷於印竹；昆明道閉，謬肆力於神池。遂使瑞表恒星，鬱玄妙於千載；夢彰佩日，祕神光於萬里。暨於蔡愔訪道，摩騰入洛，經藏石室，未盡龍宫之奥；像畫凉臺，寧極鷲峯之美。自兹厥後，時政多虞。閹豎乘權，潰東京而鼎峙；母后成釁，剪中朝而幅裂。憲章泯於函雒，烽燧警於關塞。四郊因而多壘，況玆邦之絶遠哉！然而釣奇之客，希世間至，頗存記注，寧盡物土之宜；徒採神經，未極真如之旨。有隨一統，寔務恢疆。尚且睠西海而咨嗟，望東雒而抒軸。揚旌玉門之表，信亦多人；利涉葱嶺之源，蓋無足紀。曷能指雪山而長騖，望龍池而一息者哉！良由德不被物，威不及遠。我大唐之有天下也，闢寰宇而創帝圖，掃欃搶而清天步。功伴造化，明等照臨。人荷再生，骨肉豺狼之吻；家蒙錫壽，還魂鬼蜮之墟。總異類於藁街，掩遐荒於輿地。苑十洲而池環海，小五帝而鄙上皇。法師幼漸法門，慨祇園之莫履；長懷真迹，仰鹿野而翹心。褰裳浄境，實惟素蓄。會淳風之西偃，屬候律之東歸。以貞觀三年杖錫遵路，資皇靈而抵殊俗，冒重險其若夷；假冥助而踐畏塗，幾必危而已濟。暄寒驟徒，展轉方達。言尋真相，見不見於空有之間；博考精微，聞不聞於生滅之際。廓羣疑於性海，啟妙覺於迷津。於是隱括衆經，無片言而不盡；傍稽聖迹，無一物而不窺。周流多載，方始旋返。十九年正月屆于長安，所獲經論六百五十七部，有詔譯焉。親踐者一百一十國，傳聞者二十八國。或事見於前典，或名始於今代，莫不餐和飲澤，頓顙而知歸；請吏革音，梯山而奉贐。歡闕庭而相抃，襲冠帶而成羣爾。其物産風土之差，習俗山川之異，遠則稽之於國典，近則詳之於故老。邈矣殊方，依然在目。無勞握槧，已詳油素。名爲《大唐西域記》，一秩十二卷。竊惟書事記言，固已緝於微婉；瑣詞小道，異有補於遺闕。祕書著作佐郎敬播序之云爾。

《四庫提要》以每卷之末附有《釋音》，疑爲後人所加。余所見惟古鈔卷子本無之。凡宋、元《藏》本皆有《釋音》。余在日本，曾得鈔本《隨函録》三十卷，後晉釋可洪撰，宋人刻《藏經》分載入之。

此本第一、第六兩卷原缺。日本元禄九年當康熙三十五年。山城州天安寺法金剛院重脩整此書，乃從別本影鈔此二卷補之，亦同宋本也。日本所藏宋本不一部。此二卷末并有「三城國綴喜薪村」，又有「靈瑞山酬恩巷沙門宗桂書寫」之記。

余在日本，森立之出狩谷望之所製古書帙一具，係用竹籤以絲排連如小簾，外敷以巾，可方可圓，不同今之函套。謂古者卷軸以此束之，故有數卷共一帙，十餘卷共一帙者。後見《白氏文集》目録亦標第幾帙，今見敬播序云「一秩十二卷」，益恍然矣。又《經典釋文》亦云合爲三秩三十卷。

【案】《續修四庫全書》本此篇解題後有佚名批注：

此本今歸江安傅氏，《四部叢刊》據以影印。

傅增湘《藏園群書經眼録》著録此本（第386頁）：

《大唐西域記》十二卷，唐釋玄奘譯，釋辯機撰，卷一、六抄配。宋經摺本，六行十七字。楊守敬獲之東瀛，後入余齋。

然檢《藏園老人手稿》中《雙鑑樓宋本書録》（丙辰），其中並未著録此本，或傅氏當時撰寫《書録》時，此本尚未歸其所有。

又，《國家圖書館宋元善本圖録》著録《大唐西域記》（索書號A00862），宋紹興二年王永從刻安吉州思溪法寶資福禪寺大藏本，卷一、六配日本鈔本，十一册，存十一卷：一至八、十至十二。爲楊守敬從日本購回，有楊氏印記，無他人鈐印（第7册，第2779頁）。據此可以推測，今國圖所藏本或即是《訪書志》所著録之本，此本可能亦即是傅氏所藏之本，只是該書未鈐蓋傅氏印記，亦不曾著録於《雙鑑樓宋本書録》中，傅氏短暫收藏後流出。

082 釋迦方誌三卷 南宋藏本

唐釋道宣撰。道宣以佛土事迹傳録差互，乃作是書。凡八篇：一《封疆》、二《統攝》、三《中邊》、四《遺迹》、五《遊履》、六《通局》、七《時住》、八《教相》。其書與《大唐西域記》相表裏。玄奘詳其所歷之國，此則詳佛教所統攝之國，亦多計東西道里，眉目粲然，可以披覽。邇來五印度迤北，爲回邦所據，迤南爲英吉利所攝，而所謂三千大千世界者，亦近在耳目之前。以此志校之，皆可按圖而稽然，則以此志當五印度古方誌可也。

釋迦方誌序

唐終南太一山釋道宣撰

惟夫大唐之有天下也將四十載，淳風洽而澆俗改，文德修而武功暢。故使青丘、丹穴之候，並入提封；龍砂、鳥塞之區，聿遵聲教。膜拜稽首，顯朝宗之羽儀；輸賝奉贄，表懷柔之盛德。然則八荒内外，前史具書；五竺方維，由來罕述。豈非時也？雖復周穆西狩，止届崑丘；舜禹南巡，不踰滄海。秦皇畫野，近袤臨洮；漢武封疆，關開鐵路。厥斯以降，遐討未詳。所以崆峒問道，局在酒泉之地；崑崙謁聖，實唯玉門之側。至於弱水、洞庭，三危、九隴，燕然、龍勒，沙障、黎河，具歷夏書，咸圖雍部。及博望之尋河也，創聞大夏之名；軒皇之遊夢也，初述華胥之國。貳師之伐大宛，定遠之開鐵門。由余入秦，日磾仕漢。聲榮覆於蔥嶺，帝德亘於耆山。赫奕皇華，其徒繁矣。而方土所記，人物所宜，風俗之沿革，山川之卓詭，雖陳之油素，略無可紀。豈不以經途遼遠，遊詣之者希乎！以事討論，縱有傳説，皆祖行人，信非躬覩，相從競[一]，虚爲實録，何以知其然耶？故積石河源，西瞻赤縣，崑崙天柱，東顧神州，鳴砂以外，咸稱胡國。安用遠籌，空傳緗簡。是知身毒之説，重譯臻焉；神異等傳，斷可知矣。自佛教東傳，榮光燭漢。政流十代，年將六百。輶軒繼接，備盡觀方，百有餘國，咸歸風化。莫不梯山貢職，望日來王。而前後傳録差互不同，事迹罕述，稱謂多惑，覆尋斯致，宗歸譯人。昔隋代東都上林園翻經館沙門彦。〔二〕

〔一〕《訪書志》諸刻本「競」字前作空圍，今核對大正藏本《釋迦方志》，「競」前有「奔」字。

〔二〕《訪書志》刻本自此句「彦」字後換下一書版，有「學爲先，必因文而輔教，纖微之善，罔不備書。百代之後，知斯言之可復也」二十八字，非《釋迦方志序》内容，爲卷八《大唐新語》内容。現據大正藏本《釋迦方志》補入本句及之後内容：「(彦)琮著《西域傳》一部十篇，廣布風俗略於佛事，得在洽聞失於信本。余以爲八相顯道三乘陶化，四儀所設莫不逗機。二嚴攸被皆宗慧解。今勝跡靈相雜沓於華胥，神光瑞影氤氳於宇内。義須昌明形量動發心靈，泉貞觀譯經嘗參位席。傍出西記具如別詳，但以紙墨易繁閲鏡難盡，佛之遺緒釋門共歸，故撮綱猷略爲一卷，貽諸後學，序之云爾。」

083 朝鮮國大典通編六卷　朝鮮刊本

乾隆五十年其國寄臣金致仁奉教纂輯。先是明成化五年寧城府院君崔恒等奉教撰《經國大典》。至乾隆九年，議政府領議政金在魯等又奉教爲《續大典》。至是致仁等以

《經國大典》《續大典》合部而增補《續典》，復受教及見行法例通爲一編。其書以吏、户、禮、兵、刑、工分爲六編，略如《唐會要》，凡其國之典章制度皆在焉。詳而有體，簡而有要。考朝鮮之政治得失，此其總滙焉。

國王《序》。

《大典通編·凡例》。

李福源《序》。

金致仁纂輯銜名。

金致仁等《進〈大典通編〉箋》。乾隆五十年。

徐居仁《經國大典序》。成化五年。

崔恒《進〈經國大典〉箋》。

國王英廟題《續大典》二首。

元景夏《續大典序》。

金在魯等《進〈續大典〉箋》。乾隆九年。

【案】《留真譜初編》收録該書書影（廣文本第 435—436 頁，北京本第 471 頁）。由書影可知是書行款爲半葉十行，行二十字。

084　大明律例附解十二卷

邗江書院刊本。首載洪武七年劉惟謙《表》，次洪武十八年《御製大誥》，次十九年《大誥續編》《三編》，次二十年《大誥武臣序》，次嘉靖二十九年十二月二日刑部尚書顧祥等《重修問刑條例題稿》，據《洪武律》并爲十二卷，而加疏解者。自弘治十三年至嘉靖二十九年《問刑條例》皆附載入，亦可以考見有明一代刑法之制矣。

085　東國史略六卷　朝鮮古刻本，成都楊氏重刻

此書有二種：一爲國別體，十二卷，仿《戰國策》；一爲編年體，六卷，仿《左氏春秋》，即此本也。二本皆不著撰人名，而其中皆有史臣論斷，文語略同。國別本題「菁川柳希齡編註」，又間引金富軾論説，此本則無之。是此本當爲明初李成桂朝其國史臣所爲，柳希齡本則又從此本改整理者也。此書自新羅、百濟以前，所紀檀君、箕子、衛滿、三韓、高勾麗等，皆寥寥數簡。竊意朝鮮自古爲文明之國，彼土册府必多逸聞、逸事出於中土史書之外者。今簡略乃爾，此《四庫提要》所謂詳略不盡合體要者也。然觀其序李成桂易代之際，若鄭夢周、李穡、金震陽皆以忠義許之，則知所紀皆實録。其書本名《史略》，固亦不必

以詳贍律之。唯國别本論説稍多，而序事或反少顛末，注亦無甚發明，固不如此本尚爲質實也。方今朝鮮爲我外藩最要之區域，俄人俯瞰於北，日本垂涎於東，英、法各國又皆與之互市立約，幾成蜂擁之勢。則欲保我邊陲，尤宜詳其立國本末，而資我籌策，此葆初大令所爲亟謀刻此書之意〔一〕，固不徒侈見聞爲考列史外傳之助也。

此書有明萬曆丁巳刻本，易其款式，頗有訛字，又改稱《朝鮮史略》，是以後來之國稱蒙屢代之名矣。

〔一〕 按，此處指楊壽昌，字葆初，四川成都人，與楊守敬相交，曾任黄岡知縣。

【案】《留真譜初編》收録該書書影（廣文本第 415—416 頁，北京本第 447 頁）。此本今藏臺北「故宫博物院」，著録爲朝鮮舊刊本，二册（故觀 012023－012024）。行款爲半葉十二行，行十九字，小字雙行，字數同。

086　懲毖録四卷　日本元禄八年刻本

朝鮮宰臣柳成龍撰。明萬曆壬辰，日本平秀吉發兵擾朝鮮，浹旬之間，八道幾盡。成龍身當其間，至戊戌亂後，乃追爲此録。按《武備志》稱，柳成龍、李德馨惑李昖，《平壤録》亦直斥爲佞臣，而此書自序則稱「報國無狀，深自悔責」，似非小人之口所有。按《朝野别録》見《征韓偉略》。稱，經筵官李珥啟李昖，養兵以備緩急，柳成龍非之。其後日本兵至，遂至瓦解。及平壤破後，又自任前迎明師，亦未免避難就易，則謂之爲「佞」，似非無因。又以沈惟敬有膽略，於其死也深致惋惜，尤少知人之明。但成龍本以文臣當此艱鉅，雖未能荷戈以衞社稷，而忍辱含垢，委曲求全，如跪李如松之類，其情可諒，其心可原。故日本人所爲《征韓偉略》大半以此書爲藍本，知其實録爲多，不盡出事後掩飾者矣。書首有日本人貝原篤信序，亦論事有識，不爲夸張語，并録之于原序之後。

《懲毖録》者何？記亂後事也。其在亂前者，往往亦記，所以本其始也。嗚呼！壬辰之禍慘矣，浹旬之間，三都失守，八方瓦解，乘輿播越。其得有今日，天也。亦由祖宗仁厚之澤，固結於民，而思漢之心未已〔一〕。聖上事大之誠，感動皇極，而存邢之師屢出。不然，則殆矣。《詩》曰：「予其懲，而毖後患。」此《懲毖録》所以作也。若余者，以無似受國重任於流離板蕩之際，危不持，顛不扶，罪死無赦，尚視息田畝間苟延性命，豈非寬典？憂悸稍定，每念前日事，未嘗不惶愧靡容。乃於閑中粗述其耳目所逮者，自壬辰至戊戌，總若干言，因以狀、啟、疏、文移及雜録附其後，雖無可觀者，亦皆當日事迹，故不能去。既以寓畎畝惓惓願忠之意，又以著愚臣報國無狀之罪云。

《傳》曰：「用兵有五，曰義兵，曰應兵，曰貪兵，曰驕兵，曰忿兵。」五之中「義兵」

與「應兵」，君子之所用也。《傳》又曰：「國雖大，好戰必亡；天下雖安，忘戰則必危。」「好」與「忘」二者，可以不戒乎哉！曩昔，豐臣氏之伐朝鮮也，可謂貪兵兼驕與忿，不可爲義兵，又非不得已而用之者，所謂好戰者也。是天道之所惡，其終亡者，固其所也。韓人之脆弱而速敗瓦解土崩者，由教養無素，守禦失道，故不能用應兵，是所謂忘戰者也。嗚呼！朝鮮之國勢危殆而幾亡者，職此而已。宜哉，柳相國之作《懲毖録》也！是觀前車而戒後車之意也。此書記事簡要，爲辭質直，非世之著書者誇多鬭靡之比。談朝鮮戰伐之事者，可以是爲的據。其他如《朝鮮征伐記》，雖書以國宇〔二〕，亦足以爲佐證。二書亶可稱實録也。予近者偶客乎京師，書坊之輩刊此書於梓。既成，屬序於予。予美此書之布行於世，故本兹編之所由作而論著之者如是，只恐見笑於大方之家已矣。元禄乙亥芒種後學筑前州貝原篤信序。

〔一〕「藻」元禄八年京大和屋伊兵衛刊本《懲毖録》(《朝鮮史料叢編》本)作「漢」。

〔二〕《訪書志》諸刻本中，「國」字後之字刻印似「宇」或「字」，元禄本作「字」。

087　史質一百卷　明刊本

明王洙撰。有嘉靖庚戌秦鳴夏序，蓋爲删《宋史》而作。其書多立名目，自我作古，如不稱「本紀」而稱「天王」，以爲法《春秋》，迂固之甚。既有「直臣」「忠義」「卓行」等《傳》，又有《君子傳》，既有「權奸」「佞倖」等《傳》，又有《小人傳》。甚至分「烈女」「烈娥」「烈婦」「節婦」「義姑」「貞妾」「義婦」爲七門。既立《江南降臣傳》，而何以又不入徐鉉？既立《小校傳》，而何以又遺施全？以《道統傳》殿於十五志之後，而録邵康節於朱子門人中，此何殊瞑目道黑白乎？末一卷爲《觀心亭記》《敬一箴》《圜丘詔書》，直不知有史法，以此而訾議《宋史》，可乎？秦鳴夏序稱其「蚤遯邱園，未位通顯」，然則鄉僻村夫而欲筆削一代，遂至災及棗梨，本不足辨。因此書《四庫存目》中未載之，恐此間有以逸書相詫者，故駁之如此。

088　華夷譯語十三册　鈔本

明茅伯符輯。首有朱之蕃序，稱伯符領大鴻臚時所輯《四夷考》，凡山川、道里、風俗、物産，無不備具，則此乃《四夷考》中之一種，而標目直題「華夷譯語序」，豈轉鈔者之所爲與？其書首朝鮮，次琉球，次日本，次安南，次占城，次暹羅，次韃靼，次畏兀兒，次西蕃，次回回，次滿剌加，次女真，次百夷。分天地、時令、花木、鳥獸、宫室、器用、人物、人事、身體、衣服、聲色、珍寶、飲饌、文史、數目、干支、卦名、通用諸類，或有合併，則各國詳略不一也，大抵皆日用習語。按，《讀書敏求記》有洪武二十一年翰林侍講史源潔《華夷驛語》一卷，又有《分類華夷譯語》二卷〔一〕。此雖不分卷，然十三册必非一二卷能容。且《皇明從信録》稱前元素無文字，但借高昌書製蒙古字行天下。洪武十五年，命侍講史源潔編類《華夷譯語》，復取《元秘史》參考，自是使臣往朔漠皆得通其情。是則源潔所撰僅《蒙古譯語》，非此書審矣。此書當必明四夷館中底本，爲茅氏所鈔出者。今泰西之語編於寰中，而環衛我中國者或反少解其語，一日有事，不慮隔閡乎？此亦當今必要之書也。

〔一〕按，章鈺《讀書敏求記校證》卷二指出「華夷驛語」誤，當作「華夷譯語」。另檢《讀書敏求記》，並無「分類華夷譯語」一書，湖北本已説明。

089　古鈔列仙傳二卷　古鈔本

此册余得之小島學古家，與沈汾《續仙傳》同裝爲一册，有養安院藏書印。首題「列仙傳卷上」，次行題「漢光禄大夫劉向撰」。每半葉十一行，行二十字。相其格式，與日本他鈔本不同，當是從宋刻出也。是書《漢志》不著録，陳振孫謂非西漢人文字，誠然。黄伯思疑爲東京人之所作。《提要》據葛洪《神仙傳序》，稱此書爲向作。《抱朴子》亦云然。則晉時已有其本，不第《隋志》著録也。《提要》又據其總讚引《孝經援神契》，《蜎子傳》稱《琴心》三篇，《老子傳》稱作《道德經》上、下二篇，均與《漢志》不合。余謂不特此數端也。按《世説新語》注引《列仙傳序》：「歷觀百家之中，以相檢驗得仙者，百四十六人，其七十四人已在佛經，故撰得七十四人，可以多聞博識者遐觀焉。」各本皆脱此序。然稱七十四人在佛經，此豈西漢人口吻？又《文賓傳》「太丘鄉人也」，前漢無太丘縣，後漢屬沛國。《木羽傳》「鉅鹿南和平鄉人也」，「平」字疑衍。前漢南和屬廣平國，後漢改屬鉅鹿。又《瑕丘傳》「寧人也」，兩漢上谷郡有寧縣，魏晉以下省廢。據此三證，似爲東漢人所作。然又稱「安期先生爲琅琊阜鄉人」，琅琊無阜鄉縣，據下文兩稱「阜鄉亭」，則知非縣名。又《騎龍鳴傳》「渾亭人也」，則並不著郡縣名。渾亭無考。又《雞文傳》「南郡鄘人也」，南郡無鄘縣。案南郡有郢、鄀、邔三縣，未知是何縣之訛。其爲方士所託無疑，讚文文義淺近，亦非通人之筆。或疑即《隋志》之郭元祖所撰，恐亦未然。然自魏晉以下，詞人據爲典要，何可廢也？此本以《文選注》《藝文類聚》《初學記》《北堂書鈔》《史記正義》《太平廣記》《太平御覽》等書所引校之，亦多異同，别爲札記附諸其後。

又按，《世説注》云「七十二人」，李石《續博物志》及《書録解題》并同。葛洪《神仙傳序》亦云「七十餘人」，或云「七十一人」，誤。此本只七十人。或以江妃二女爲二人，然亦只七十一人。考《御覽》三十八引《列仙傳》曰：「王母者，神人也。人面蓬頭髮，虎爪豹尾，善嘯，穴居，名西王母。在崑崙山中。」又三十九卷引《列仙傳》曰：「馬明生從安期先生受金液神丹方，乃入華陰山中，合金神丹昇天也。」合此恰當七十二人之數。各本皆脱，附載於此。

090　續仙傳三卷　古鈔本

此本合裝於《列仙傳》之後，上卷十六人，中卷二十一人〔一〕，下卷八人。首題「朝請郎前行溧水令沈汾撰」，與俗本題「唐溧水令」者不同。有自序一篇，稱「汾生而好道」云云。《四庫提要》據吴淑《江淮異人録》載有侍御沈汾游戲坐蜕事，疑即其人。以自序證之，當不誣也。序又稱「中和年兵火之後，焚籍猶缺」，似汾爲唐人。然下卷載有譚峭，又似已及南唐。疑莫能明也。今以《太平廣記》所引凡十人條校之，互有得失。蓋《廣記》不無傳刻之差，此本鈔手亦嫌草率，然與俗本天淵矣。

〔一〕據《四庫全書總目》知此處「二十一人」誤，當作「十二人」。湖北本已出校。

091　徐幹中論二卷　明嘉靖刊本

此爲明弘治壬戌吴縣黄紋原刊，嘉靖乙丑青州知府四明杜思重刻。每卷下又題「四明薛晨子熙校正」。然書中有墨丁數處，當是黄本原刊如是。程榮《漢魏叢書》原于杜刻，亦有空格。唯序文「蓋□百之一也」，原本「百」上空一字，程本遂緊接「蓋」字。至何允中重刻《廣漢魏叢書》，則皆不缺字。《法象篇》「夫以□□之困」，補「崩亡」二字。《貴驗篇》「故償□則縱多」上補「極」字。《貴言篇》「可以發□而步遠」，補「幽」字。《藝紀篇》「美育□材」，補「羣」字。今以《羣書治要》校之，知爲何氏臆補。《貴驗篇》，《治要》作「故墳庫則水縱」，因知補「極」字之妄。其他所補，皆不可據矣。近日金山錢氏校刻此書，頗稱精審，而亦沿何氏所補之謬。錢氏稱以程榮本校，不言程榮本有空格，據何本補字之故。非此本存世，則踪跡不可尋矣。至原書本二十餘篇，晁公武稱「李獻民所見別本尚有《復三年》《制役》二篇，然曾南豐所據必校録者，亦即此本」。則此二篇亡佚已久，唯《羣書治要》所録《中論》十二篇，其末二篇的爲《復三年》《制役》二篇之文，此則唐初之本，非此本所可比擬。錢竹汀先生於《治要》尚疑是僞書，抑嘗於《治要》所引漢魏諸書對校，知今本脱誤如此者甚多，此豈作僞者所能臆造耶？附記於此。

書新刻《中論》後

文章自六經而下，惟先秦、西漢爲近古，其次則及於東漢。余以得桓氏《鹽鐵論》讀之，未嘗不歎其辭氣之古，論議之妙，至不忍去手。繼讀徐氏《中論》，其辭氣論議，視桓氏無大相遠，而余之愛之與《鹽鐵》同。蓋《鹽鐵》西漢之文，《中論》東漢之文也。

二書雖幸存於世，然傳録之艱，人不易見。往歲同年徐君刻《鹽鐵論》於江陰，俾余識之。近黄華卿氏刻《中論》畢工，亦俾一言。余謂好古之士，世未嘗無，第所恨者，不得悉窺古人之製作而效法之。而切肆所市，率爾射利之時文，求如二書蓋不可得，而今乃得之，豈非學者之幸乎？余也舊學荒落，見古書之行，爲之欣躍，而且得掇名其末，其爲幸又何如也？華卿名紋，今爲吴孫學生〔一〕，觀是舉可以知其爲人矣。弘治壬戌六月之望，前進士姑蘇都穆書。

〔一〕據國圖「中華古籍資源庫」《徐幹中論》杜思遠嘉靖四十四年刻本(00142)核對都穆跋，「吴孫」誤，當爲「吴縣」。

【案】《留真譜初編》收録該書書影(廣文本第 543—544 頁，北京本第 593—594 頁)。

此本今藏臺北「故宫博物院」，著録爲明嘉靖乙丑青州府思重刊本，二册，光緒十四年楊守敬手書題記(故觀 011813 - 011814)。

據阿部隆一《中國訪書志一》，楊氏題記與《訪書志》所録大略相同，而後者文句多有調整，末題「戊子四月宜都楊守敬」。

卷七

092 墨子六卷 萬曆辛巳書坊刻本

按隋、唐《志》以下，《墨子》皆十五卷，陳振孫、宋濳溪所見則僅三卷，蓋南渡後所合併。然考明《道藏》本及嘉靖壬子芝城銅活字藍陽本皆仍十五卷，此本又併爲六卷，蓋書估之所爲。卷首籤題「鹿門校刻墨子全編」，上層有書林童思泉識語，稱得宋本請茅鹿門讐校。首有萬曆辛巳茅坤序，稱别駕唐公得《墨子》原本，將歸而梓之云云。然則鹿門第爲唐公作序，並未與校讐之役，其併爲六卷者，特書賈之所爲。然五十三篇皆備，不似他本之缺《經上》《經下》及《備城門》篇，其中文字異同，多與《道藏》本合，然則謂此本根源于宋槧，良不誣也。唯其中古字、古言，多爲書估所改，如「亓」本古「其」字，書估不識此字，皆改爲「亦」字，可笑之甚。鹿門雖陋，恐不至此。

按，《墨子》世少善本，近日因以畢氏所校爲精核，今以此書照之，如《所染篇》「行理性於染當」，畢校云「性當爲生」，而不知此本原作「生」，如此之類甚多。

又按，日本寶曆七年源儀重刻此本，以諸本之異同者校刊于書楣，多與畢氏闇合，與《太平御覽》所引合，不惟勝此本，且勝畢氏所據之《道藏》本。惜乎源氏無卓識，不刻其所引之一本，而刻此合併之本，令人嘆息也。

【案】《留真譜初編》收録該書書影（廣文本第 489—490 頁，北京本第 529—530 頁）。此書行款半葉九行，行二十字。

此本今藏臺北「故宫博物院」，著録爲明萬曆辛巳書林童思泉校刊本，六册（故觀008095－008100）。

093　莊子注疏殘本　宋刊本

郭象注，唐西華道士成玄英疏，宋槧本。原十卷，缺三至六，凡四卷。新見義卿賜蘆文庫舊藏，按，新見氏藏書最富，余曾見其書目，森立之《訪古志》亦往往引之。後其書散佚，其孫新見旗山又從他處購還者也。先是，日本萬治間書坊有刊本，分爲三十三卷，其中多俗訛字，蓋從古鈔本出。日本别有舊鈔本三十三卷，藏石經山房，見《訪古志》。市野光彦以《道藏》本校之，有傳録者。校本甚略，訛字仍多。會星使黎公酷嗜《莊子》書，以爲傳世無善本，而成《疏》又祕在《道藏》，謀重刊之。又從市上購得宋本第三卷，凡二十二葉，蓋即旗山本之所佚。乃謀之旗山，即以其原本上木。旗山則以先世手澤，雖兼金不售，其堅守先業，可謂至篤。黎公乃從旗山借宋本，以西洋法影照而刻之。其所缺之卷，則參校坊刻本、《道藏》本而集宋本之字以成之，不惜煩費，必欲爲完書，可謂與玄英有宿緣矣。余初以刻此書工費浩繁，又集字費日力，而所得古書有奇於此者，勸黎公輟此議，以其費刻他書，而黎公堅不許。按玄英之書，雖名爲「疏」，實不爲解釋郭注而作，故其書中往往直録郭注，不增一辭。原書三十卷，本自孤行，後人多所分併，有稱十二卷者，新、舊《唐志》《通志略》《文淵閣書目》《菉竹堂書目》。有稱三十三卷者，《郡齋讀書志》《玉海》《文獻通考》《世善堂書目》。按此以每篇爲一卷。有稱三十卷者，《書録解題》，按此與原序合。有稱二十卷者，《讀書敏求記》《述古堂書目》亦同。此本十卷，與《宋志》合，然亦合疏於注者，依郭注卷第，非成氏原卷如此也。玄英本道士，於此書爲當家，故於談玄處頗有理致語，讀者當自得之。

【案】《留真譜初編》收録該書書影（廣文本第 491—492 頁，北京本第 531—533 頁）。此書行款半葉八行，行十五字。

094 莊子南華真經十卷 日本刊本

郭象注本。此日本所刻，其初刊於服元喬，首有其序；覆刊於千葉立之，增校諸本異同于欄外，其書款式近俗，其中文字則大佳，亦不附釋音，雖未知源于何本，而其不從《纂圖互註》及世德堂本出，則斷斷矣。

095　莊子郭注殘本三卷　古鈔卷子本

森立之《訪古志》云：「《莊子》舊鈔卷子本十五卷，是本往歲小島學古入京時展閲一過，後得傳録《雜篇・庚桑》第二十三、《外物》第二十六、《寓言》第二十七，凡三卷，餘卷未見。」又言：「此本就李唐舊本傳録，文字異同校之今本，當據以校訂其誤者不少，間或與陸氏所依本合。……又按，是書卷數，《隋志》稱三十卷目一卷，梁三十三卷〔一〕，《釋文・序録》三十三卷、三十三篇，《現在書目》三十三卷，舊、新《唐志》十卷，今此本一篇爲一卷，與《七録》《釋文》所稱合，蓋古本之舊裁也。其爲十卷，唐代併合，實非郭氏之舊。」立之言如此，余此三卷即小島學古所傳録之本也。界長七寸六分，幅七、八分，每行十六、七字不等，注雙行。此卷字體細瘦，相其筆意，當在七八百年間，而其根源則在六朝。其一卷爲《庚桑》，首題「莊子雜篇庚桑第二十三」，無「楚」字，與《釋文》合。行下標「郭象注」。今校之：「正得秋而萬寶成」，「寶」作「實」。與《釋文》所稱「元嘉本」合。「大道已行矣」，「大」作「天」。「先善與利」，「與」作「興」。「而殖蓬蒿」〔二〕，「殖」作「列」。「子有殺父，臣有殺君」，「殺」作「弑」。「趎勉聞道達耳矣」，「勉」作「晚」。以立并與《釋文》一本合〔三〕。「庚桑子曰：

辭盡矣」，無「曰」字、「矣」字。「越雞不能伏鵠卵」，「雞」作「鷄」，下云「鷄之與雞」。「因夫吾問」，「問」作「聞」。與元嘉本合。「義則反愁我已」，無「已」字。「夫外韄者」，「韄」作「獲」，下同。與《釋文》本合。「人見其跂」，「跂」作「企」。「道通其分也」，下多「成也」二字。「出無本」以下提行。「有生黬也」，無「也」字。與《釋文》一本合。「可散而不可散者也」，上「可」字無，下多「者」字。「又適其偃焉」，作「偃者也」。「至禮有不入」，無「至」字。此當是因注文及下文增。若梁有「至」字，則「禮」下無「有」字。「徹志之勃」提行。「六者，勃志也」，「志」下有「者」字。以下四項并有「者」字。「道者」提行。「唯蟲能蟲，唯蟲能天」，「唯」作「雖」。與《釋文》一本合。「是故湯以庖人」，「庖」作「胞」。與《釋文》一本合。「介者拸」，「拸」作「移」。與《釋文》一本合。

其注文與今本異者，每注脚多有「也」「耳」等字，不可悉舉。「將有間也」作「將有間之者耶」。如此作，文義始晰。「弗能止也」作「弗能正矣」。「斯順之也」作「期順之也」。「此人發作」作「此要發作也」。「若其本分素備」，無「本」字。「則其死不久」作「則其死久矣」。「欻然自生，非有本也」作「欻然生耳，非有根也」。「直聚氣也」作「直聚氣耳」。「則各是其所是也」，「也」作「矣」。「若知而後爲，則知僞也」作「則僞矣」，無「知」字。「斯而謂工乎天」，「而」作「所」。「所」字是，今各本皆誤。「則逃將安在」作「逃將安之也」。「則不復以醜在懷」，「在」作「存」。「恍惚」作「忽恍」。又一卷題「莊子雜篇 第此字當在「物」字下。外物二十六」，款式與前卷同。「伍員流于江」，「于」作「乎」，下句同。「慰暋沈屯」，「暋」作「愍」。此當誤。「莊周」提行。「我將得邑金」，「邑」作「色」。「斗升之水」作「升斗」，下同。「莫不厭若魚者」，「厭」作「饜」。「守鯢鮒」，「鮒」作「蒲」。「閉其所譽」，「譽」作「與」，旁注「譽」。「其載焉終矜耳」，無「終」字。「宋元君」提行。「且之網」，「網」作「罔」，下同。「知能」作「智能」，下同。「雖有至智」提行。「去善而自善矣」作「去而善而善矣」，旁注「自」字。「厠足」作「仄足」。「莊子曰」提行。「噫」作「意」。「厚德」作「厚得」。「雖相與爲君臣」，無「與」字。「故曰」無「曰」字。「且以狶氏」，「且」上有「爲」字。「天之穿之」下有「也」字。「不勝」下有「也」字。「到植」作「倒植」。「可以休老」作「可以已沐」，注「非不老也」作「不沐也」。案：成玄英疏「衰老之容，以此而沐浴」，則正文似作「沐老」。「雖然，若是」下，旁注「者」字。「小人所以合時」作「小人之所時合」。「演門」提行。「筌者」提行。「在魚」下、「在鬼」下、「在意」下並有「也」字。末空一行，題「莊子雜篇外物第二十六」。其注文之異者：「至人無心」作「無必」。「唯變所適」作「唯變也」。「矜之愈重」，「愈」作「俞」。「所希跂者」，「跂」作「企」。「似營他人事者」，下有「無忿忿也」四字。「惠之爲歡者」，「爲」作「而」，與成《疏》本合。「隱括也」，疊「隱」字。「括，進之謂也」，無「括」字。「謂作故閉者閉塞」，下有「之也」二字。「居其所能」，無「能」字。「亦作恃息也」作「亦不息也」。「失當而後不通」，「而」作「然」，與上句一例。

又一卷題「莊子雜篇第二十七」，款式與前同。「藉外論之」下有「也」字。「非其父者也」，無「也」字。「是爲耆艾」下有「也」字。「子以期年耆者」作「以期來者」。按：注「無以待人」，則作「來者」是。「人而無以先人」作「人也而無以先人」。「所以窮年」下有「也」字。「言與齊不齊也」無「也」字。「故曰無言」作「言無言」，據注文則有者是。「不可於不可」作「可於不可」。「以不同形」作「不以」。「孔子勤」作「懃」，注同。「而其未嘗之言」作「未之言也」。「而不敢蘁蘁」作「遻」。「縣其罪」，「縣」作「懸」。「可以有哀乎」，「可」下有「謂」字。「顏成子」提行。「聞子之言」下有「也」字。「惡乎其所適，惡乎其所不適」，兩「乎」字作「何」，下「適」下有「也」字，據成《疏》則作「何」字是。「天有曆數」無「數」字，與《釋文》合。「衆網兩」提行。「景」作「影」。「叟叟也」作「搜搜」，與《釋文》一本合。「而非也」，「非」下有「者」字。「彼吾所以有待耶」，疊「以」字，「邪」作「也」。「而況乎以有待者乎」，無「以」字。「陽子居」提行。「至於梁」，無「於」字。「請問其過」，「問」作「聞」。「而睢睢盱盱」，「睢」[四]、「盱」間有「而」字，「睢」「盱」「居」爲韻，有「而」字是也。空一行，題「莊子雜篇寓言第二十七」。其注文之異者：「故借外論也」，「論」下有「之」字。「三異同」無「同」字。「以其耆艾」，無此四字。「無以待人」，「人」作「然」。「我竟不言也」，「不」

作「無」。「與時俱也」，「俱」下有「化」字。「是不可常」作「是可常乎」。「衆之所爲」下有「也」字。「口所以宣心」下有「也」字。「吾因天下」，無「吾」字。「妙善也，善惡同」作「妙善同」，無「也」「善」「惡」三字。「以其死之由生耳」作「由私也」。「非由有也」作「非有由也」。「若有神靈以致也」，「靈」下有「也」字，「致」作「故」，觀下文注則「故」字是。「盱盱跋扈之貌」作「睢盱跋扈」，不疊「睢」「盱」字，無「之貌」二字，是也。「疏遠」下有「之也」二字。

〔一〕檢《經籍訪古志》，「梁」下有「七録」二字。

〔二〕「殖」《訪書志》諸刻本皆作「植」，據下文改。

〔三〕「立」字《訪書志》諸刻本皆如此，兩整理本皆改作「上」。

〔四〕「睢」《訪書志》諸刻本此處皆刻作「脽」，據上文改。

【案】《經籍訪古志》著録此本（第204頁）。

張景栻、張旻《楊守敬舊藏日本卷子本目録》：

莊子雜篇庚桑第廿三

影摹本，共十三紙，計百九十五行。卷前有朱筆影摹高山寺印。卷末有「課兒沂照舊卷審校」字樣。

莊子雜篇外物第廿六

影摹本，共七紙，計百二十七行。卷前及卷末均紫色長方九疊印，似是小島之藏印。有影摹高山寺印。卷末朱筆書「光緒丁酉八月校讀一過。守敬記」。

莊子雜篇寓言第廿七

影摹本，共七紙，計百七行。卷前及卷末有紫色長方九疊印，卷首有影摹高山寺印。此《莊子》三卷，楊守敬《日本訪書志》著録。

096 孫子集注十三卷 明萬曆己丑刻本

首萬曆己丑新都程涓序，卷末新都黄邦彦後序。卷首題「孫子集注卷之一」，次行題「新都後學黄邦彦校正」。本書大字頂格，注雙行小字，低一格。按，陽湖孫氏校刻本稱《道藏》原本題曰「集注」，大興朱氏明刻本題曰「注解」。今此題「集注」，則知亦原於《道藏》。又孫氏稱書中或改「曹公」爲「曹操」，或以「孟氏」置唐人之後，或不知何延錫之名稱爲「何氏」，或出杜佑於杜牧之後。今按，此本「魏武注」皆稱「曹操」，無稱「曹公」者，此或黄氏校改。其餘皆如孫氏説。又「道者令民與上同意也」，孫云「『令民』二字原本脱」，此本有「令民」二字，則亦黄氏所補與？孫氏校訂此書頗精核，此本似不足録，但孫本於篇題之注皆作雙行小字，與本書注不一律，此則通爲雙行，體例校勝。又孫本「法者，曲制官道主用也」，杜牧注：「制者，金鼓□□有節制也。」空二字未刻。按，此本知爲「旌旗」二字。其他間與孫本異同處，寸有所長，亦校《孫子》者所不廢也。日本寬文九年書坊以此本重刊，則頗有脱葉，不足觀矣。

按，此書自《道藏》本外，明人重刻有朱氏所藏《注解》本，又有此本，而《四庫》皆不著録，則流傳之少可知也。

097　武經直解十二卷　明萬曆刊本

明劉寅撰。凡《孫子》三卷、《吴子》一卷、《司馬法》一卷、《李衛公問對》二卷、《尉僚子》二卷、《三略》一卷、《六韜》二卷。首自序，次萬曆五年張居正增訂序，次翁鴻業序。按，此書不及《施氏講義》之博贍，而隨文解義，明暢易曉，故在《武經》中亦稱善本。《四庫》僅著其《三略》一種，阮文達《四庫未收書目》著其《司馬法》《尉僚子》二種，知其書流傳甚罕。此本日本有重刊本，今只録劉氏自序。

武經直解序

洪武三十年，年在丁丑[一]，太祖高皇帝劉氏書作于洪武戊寅，不得稱「高皇帝」，此必萬曆重刊時改之。有旨，俾軍官子孫講讀武書通曉者，臨期試用。寅觀舊註數家〔二〕，矛盾不一，學者難於統會〔三〕。市肆板行者闕誤亦多〔四〕，雖嘗口授於人，而竟不能曉達其理。於是取其書删繁撮要，斷以經傳所載先儒之奥旨，質以平日所聞父師之格言，訛舛者稽而正之，脱誤者訂而增之，幽微者彰而顯之，傅會者辨而析之。越明年藁就，又明年書成。凡一十二卷〔五〕，一百一十四篇，題曰「武經直解」〔六〕。嗚呼！兵豈易言哉？觀形勢、審虚實、出正奇、定勝負，凡所以禁暴弭亂，安民守國，鎮邊疆、威四夷者，無越於此也。聖人於是重之，故仁、義、忠、信、知、勇、明、決，兵之本也。行伍、部曲、有節、有制，兵之用也。其潛謀、密運、料敵、取勝者，兵之機也。一徐、一疾、一動、一静、一予、一奪、一文、一武，兵之權也。不有大智，其何能謀；不有深謀，其何能將；不有良將，其何能兵；不有鋭兵，其何能武；不有武備，其何能國。欲有智而多謀，善將而能兵，提兵而用武，備武而守國，舍是書何以哉！兵者，詭道，是以孫、吴之流，專爲詐謀〔七〕。《司馬法》以下數書，論仁義節制之兵者，間亦有之，在學者推廣默識，心融而意會耳。雖然，兵謀師律，儒者罕言；譎詭變詐，聖人不取；仁義節制，其猶大匠之規矩準繩乎？大匠能誨人以規矩準繩，而不能使之巧。寅爲此書，但直解經文，而授人以規矩準繩耳。出奇用巧，在臨時應變者自爲之，非寅所敢預言也。狂斐踰僭，得罪聖門，誠不可免，然於國家戡定禍亂之道，學者修爲戰守之方，亦或有所小補云〔八〕。洪武戊寅歲律中太原劉寅序〔九〕。

〔一〕「年」日本内閣文庫藏明張居正重訂本《武經直解》本作「歲」，《景印明本武經七書直解》本同。

〔二〕《景印明本武經七書直解》本「寅觀」「舊註」之間有「孫武」二字。

〔三〕《景印明本武經七書直解》本在此句下有「《吴子》以下六書無註」一句。

〔四〕「亦多」内閣文庫本《武經直解》作「又多」，《景印明本武經七書直解》本同。

〔五〕「一十二卷」《景印明本武經七書直解》本作「二十五卷」。

〔六〕「題曰」前《景印明本武經七書直解》本有「總若千萬言」之句；「嗚呼」句前有「及取儒家諸書、先聖先賢之所著述有切於兵法者，編爲附録，載之於前。以取童蒙講誦之便，非敢與識者道也」之句。

〔七〕此句中「爲」内閣文庫本《武經直解》本作「尚」。

〔八〕「小補云」後《景印明本武經七書直解》本有「書中差繆尚多，古人所謂『校書如塵埃風葉，隨掃隨有』，信哉！斯言博聞君子覽者改而正之，可也」之句。

〔九〕《景印明本武經七書直解》本此句作「洪武戊寅歲律中無射望日戊戌前辛亥科進士太原劉寅序」。

【案】此本序文與内閣文庫藏本在校勘上有三處不同，與民國時期據丁氏八千卷樓藏本影印之《景印明本武經七書直解》則多有不同。檢《善本書志藏書志》，丁氏著録本亦爲明萬曆刊本，但爲二十五卷本。此書當在明代曾多次重刻，劉氏序文在有些翻刻本中有所增損。

098　孫子書五卷　明刊本

明趙本學注。本學，字虛舟，晉江人。據俞大猷跋，蓋即大猷之師，所著尚有《韜鈐》二編。此本前有巡撫湖廣郭惟賢序，巡撫湖廣梁見孟序，末有都督僉事俞大猷跋。據序、跋，此書初刻于薊遼，再刻于湖湘，三刻于鄖陽，此即鄖陽本也。其書章節句辭，蓋融貫《十家注》及《講義》《直解》等書而成，又以史傳與此書相發者，别爲引類，明白曉暢，誠《孫子》注之善本也。而《四庫》不著録，他家書目亦不載，蓋亡佚矣。此書日本有重刻，改題爲《趙注孫子》，其板售於書估，運至上海矣。

099　荀子二十卷　宋刊本，刻入《古逸叢書》

今世中土所傳《荀子》宋本有二：一爲北宋吕夏卿熙寧本，一爲南宋錢佃江西漕司本。而唐與政所刊于台州，當時爲一重公案者，顧無傳焉。嘉慶間盧抱經學士據朱文游所藏影鈔吕夏卿本，合元、明本校刊行世。王懷祖、顧澗薲皆有異議。然吕、錢兩本至今無重刊者。余初來日本時，從書肆購得此書雙鉤本數卷。訪之，乃知爲狩谷望之舊藏台州本，此其所擬重刊未成者。厥後從島田篁村見影摹全部，因告知星使黎公求得之，以付梓人，一仍其舊，踰年乃成。按此本後亦有吕夏卿等銜名，又別有熙寧元年中書劄子、曾公亮等銜名。據與政自序，悉視熙寧之故，則知其略無校改。案王伯厚所舉四條：「惟君子知嚮矣」，此本仍作「如嚮」，不相應，因知伯厚所舉者「嚮」「響」之異，非「知」「如」之異。此自校刊《紀聞》者之失。何校本仍作「如」。若盧抱經所勘，以此本照之，其遺漏不下數百字，又不第顧澗薲所舉。《君道篇》：「狂生者，不胥時而樂之」，不作「落也」。此間別有朝鮮古刊本，亦略與此本同。余又合元纂圖本、明世德堂本及王懷祖、劉端臨、郝蘭皋諸先生之説，更參以日本物茂卿、有《讀荀子》四卷。冢田虎、有《荀子斷》四卷。久保愛、有《荀子增注》二十卷。豬飼彦博有《荀子補遺》一卷。所訂，別爲札記，以未見吕、錢兩原本，將以有待，故未附刊焉。

光緒甲申三月。

【案】此本收入《古逸叢書》第七種之「影宋台州本荀子」，書後有楊守敬題記，與《訪書志》所記相同，落款作「光緒甲申三月宜都楊守敬倚裝書」。該本行款半葉八行，大字行十六字，小字行廿五字。

《經籍訪古志》著録該本(第 136 頁)。

100　文中子中説十卷 日本重刊北宋小字本

前有《文中子中説》序，序後本書題「中説卷第一」，次行頂格，題「王道篇」，行下題「阮逸注」。每半葉十四行，行二十六、七字不等，注雙行，約三十一、二字不等，四周單邊。十卷後有《敘篇》，杜淹《文仲子世家》一篇，《唐太宗與房、魏論禮樂事》一篇，東皋子《答陳尚書》一首，《關子明事》一首，《王氏家書雜録》一首，卷尾有「文政十年摹刊」字樣，精雅絶倫。書中避諱「弘」「匡」「敬」「玄」「徵」「朗」等字，「讓」「慎」等字不避，知爲北宋本。而考森氏《訪古志》載《中説》三種，此本獨遺。詢之同好，無知此本之原委者，亦無知此板之存亡者，余遍搜書肆，謹得一本，想模印不廣，板即毁廢矣。惜哉！

【案】　《留真譜初編》收録該書書影(廣文本第 523—524 頁，北京本第 573—574 頁)。

今臺北「故宫博物院」藏有《文中子中説》一部，十卷，一册，日本文政十年覆宋刊本，爲楊氏觀海堂舊藏，或即該本(故觀 006201)。

101　齊民要術殘本三卷

北宋天聖刊本，高山寺藏，見存卷五、卷八二卷，又卷一殘葉二紙。每卷題「齊民要術卷第幾」，次行題「後魏高陽太守賈思勰撰」，次列傳中篇目〔一〕。每半葉八行，行十七字，注雙行，行二十五字。「竟」「玄」「通」字等闕末筆。按胡震亨《祕册彙函》刊本即毛氏《津逮》本。有紹興甲子葛祐之刊是書序云：「此書乃天聖中崇文院板本，非朝廷要人不可得。」此本「通」字闕筆，故知是天聖官刊本也。余所得係小島尚質以高山寺本影鈔，精好如宋刻，今以胡刻本校之，乃知胡本謬誤脱漏，觸目皆是，不第如錢遵王《敏求記》所云卷首《周書》曰云云，小字夾注改爲大書也。錢謂嘉靖甲申湖湘本如是，故知胡刻原于湖湘本。第五卷《桑柘篇》，胡本脱一葉，此本亦完具。

又按，森立之《訪古志》稱尾張真福寺藏有卷子本九卷，只缺第三一卷，亦闕宋諱，與前本同，知亦是原於天聖本。若得此本，則賈氏書爲完璧，記以告後之人。

又按，陸氏《藏書記》有張紹仁據士禮居校宋本，亦僅至第七卷「作秦州春酒麴法」一段止，又有勞季言校宋本，當亦是黄校本傳録者。

又按，《愛日精廬藏書志》有黄琴六校本，琴六云士禮居藏有宋本前六卷〔二〕，據張校本則至第七卷之半止。據以校照曠閣新刊本，亦從胡本出。又據《農桑輯要》互勘，而後四卷無從釐正。因云：「後四卷脱誤本少，今以此第八卷校之，脱誤亦甚多。」余又以聚珍本王楨《農書》校之，補脱釐誤，大有裨益。當出黄校本上，唯未得原書全本照之，終爲恨事。

同治戊辰，高州陳荔秋先生致書何小宋撫軍，薦余入崇文書局。適方刻此書，所據即《津逮》本。賈氏自序偶脱一葉，即注其下方云「原缺一葉」。其有不可屬讀者，則以意連綴之。校此書者競語余云：「余等爲此書費力不少。」余微哂之，即辭不赴局。吁！此書宋本固不可得，《津逮》本、照曠本非罕見，乃因其所得本偶缺，遂不再求他本以補之，且不照原書行式以留他日校補，鹵莽如此，真所謂刊刻之功不蔽其僭妄之罪也。

〔一〕 檢《經籍訪古志》，「次列傳中篇目」作「次列卷中篇目」。湖北本已出校。

〔二〕 檢《愛日精盧藏書志》，此書見於《續志三》，但原文稱黄氏士禮居所藏爲校宋本，非宋本。

【案】《留真譜初編》收録該書北宋刊本書影（廣文本第 445—446 頁，北京本第 483—484 頁）。

《經籍訪古志》著録該書北宋刊本、舊鈔卷子本兩種（第 150 頁）。

102　夢溪筆談二十六卷　宋乾道本

末有乾道二年揚州教授湯修年跋，首題「夢溪筆談卷第一」，次行題「沈括存中」，三行低四字題「故事一」。左右雙邊。每條首行頂格，次行低二字。明崇禎間馬元調刊本即從此本出也。無《補筆談》《續筆談》。

103　高似孫緯略十二卷　影宋本

影宋本，前有嘉定乙亥似孫自序，首題「緯略卷幾」，次行「高似孫續古集」，每卷有總目，每半葉十二行，行二十二字。此書著録家無宋本，守山閣所刻據明沈士龍本。據士龍跋稱，以胡元瑞、曹能始、項稺玉、李貫之諸家參互考訂，始付之梓。篇首缺自序一篇，其第十二卷「筆橐」「金剛石經贊」「漢令甲」三條，有目無書；其末又有「竹宫」「甲觀畫堂」「八陣圖」「風馬牛」四條，則並目録無之。又沈本各條中注闕者，此本皆不缺。其低一行别寫之處，此本皆緊接上文雙行小字。是書傳流既少，《四庫》著録亦據沈本。沈本奪誤之處不勝舉，非重刊不能還似孫之舊。今僅附自序一篇及所脱七條於後。

緯略序〔一〕

嘉定壬申春，程氏準新刊尚書公《演繁露》成，以寄　先公，　先公得書，晝夜看不休，雖行野中必與俱，對賓客飯亦不舍。似孫從旁問曰：「書何爲奇古而眈視若此？」　先公曰：「是皆吾所欲志者，筆不及耳。」似孫晝夜之力省侍旁見聞者〔二〕，鈔作二卷，急課筆史，仍裝標成册〔三〕，曉以呈　先公。　先公翻閱再三，且曰：「此書好於《演繁露》，何人所作？」對曰：「似孫嘗聞　尊訓，有所欲志而筆不及，是乃夜來旋加緝録者。」　先公喜曰：「吾志也。宜增廣卷帙，庶幾成書。」一月後，甫得卷十二，而　先公已捐館，展卷輒墮淚，然不可因此而失傳，略識其事以爲之序。嗚呼！後四年乙亥正月十日，似孫書。

筆橐

《張安世傳》曰：「安世本持橐簪筆。」張晏曰：「橐，契囊也。近臣負囊簪〔四〕，從備顧問，或有所紀也。」師古曰：「囊所以盛書也。有底曰『囊』，無底曰『囊』〔五〕。簪筆者〔六〕，插筆於首。」《南史·劉杳傳》曰：「著紫荷橐」，即《安世傳》所云也。《齊·輿服志》曰：「肩上紫袷囊，名曰『契囊』，世呼爲『紫荷』〔七〕。」梁制，尚書令、僕射尚書，銅印墨綬，朝服佩水蒼玉，腰劒紫荷，執笏。《通典》。　今人用荷囊〔八〕，直曰「紫荷之囊」，蓋兼二字而用之，誤矣。如蘇味道詩：「盛府題青囊，殊章動繡衣。」徐彦伯詩：「思急青綸賜〔九〕，徂裝紫囊懸。」便用二事矣。宋景文公詩：「毛脱荷囊筆，塵昏寶帶金。」乃以「荷」爲平聲。

金剛石經贊

唐梁肅非唯文章嚴壯，而於佛理高妙，曾作《金剛般若波羅密經石幢贊》有曰：「二十五有之内，□塵相磨〔一〇〕，生滅相蕩，斡流旋集作句〔一一〕。轉，往復無際，如來憫之。於是開智慧門，示諸法如義，俾夫即動而寂，即寂而照，假文字以筌意，一色空而觀妙。然離一切相，得無住心，二乘遠而不見，十住見而不辨，如是信解乎難哉！」又曰：「傾沙界以施，而施有窮；等山河之大，而大有終；唯金剛空印，永不壞滅。」讀《金剛》之法，盡在是矣〔一二〕。又有《千手千眼觀世音菩薩像讚》曰：「不形之形無形，神人之形也。當法王御世，有元聖曰：『觀音以感通之妙用，運溥博之弘應，協贊無上，弼成玄功，神行無方，形亦丕變。故此像設，施于羣生。』此其至矣」。夫此數語亦妙。隋尉遲乙僧畫千手千眼觀音筆力之妙〔一三〕，贊歎不盡，若以梁《贊》較之，猶欠筆力千鈞也。

漢令甲

漢有「令甲」「令乙」者，律令之次序也。且如《漢律》，其關於軍政者〔一四〕，曰「傳民」、曰「卒更〔一五〕」、曰「戍邊〔一六〕」、曰「軍司空」；關於民事者〔一七〕，曰「出等〔一八〕」、曰「羣飲」、曰「占祖〔一九〕」、曰「大逆」、曰「鬬、傷爲城且〔二〇〕」、曰「不行親喪不得選舉」；關於夫道者〔二一〕，曰「官奉」、曰「盗金」、曰「邊尉」、曰「左官」、曰「皈寧」、曰「矢官」〔二二〕。稱士伍曰「都水」，治隄渠水門；曰「司空」，主水及罪隸。關於國事者〔二三〕，曰「大樂」、曰「傳置」、曰「朝請」、曰「僞金」、曰「爲酒」、曰「租銖」、曰「平賈」、曰「弛商賈」、曰「小學試吏」、曰「兵器錢」。毋出關令之關於軍政者，曰「馬復〔二四〕」、曰「出牝」〔二五〕、曰「若盧弩射」、曰「天下給邊」。關於民事者，曰「箠」、曰「櫝皈死者」、曰「毋陳赦前事」、曰「毋捕婦女老幼」、曰「七歲鬬殺死」。關於吏道者，曰「功」、曰「秩禄」、曰「責爵」、曰「貤爵」、曰「任子」、曰「保同産」、曰「監臨受財」、曰「特封吴芮」。關於政事者〔二六〕，曰「祠」、曰「宫衞」、曰「犯蹕」、曰「議宗廟」、曰「行馳道」、曰「金布」、曰「告緡」、曰「盗鑄」、曰「鬻鹽」、曰「養老」、曰「禁擿巢」。以漢之律令整整如此，而班固志《刑法》，略不該載，往往見於傳注之問〔二七〕，余因輯而彙之，亦足以見漢之律令猶爲寬簡也。

竹宫 竹殿

《漢書・郊祀志》曰：武帝祠泰畤竹宫，望拜神光，須宫闕名曰「長安甘泉宫」〔二八〕，有竹宫。杜甫詩：「竹宫時望拜，桂館或求仙〔二九〕。」韋應物詩：「嘗陪夕月竹宫齋〔三〇〕，每返温泉灞陵醉。」此「竹宫」也，而又有所謂「竹殿」焉。《洛陽宫殿簿》曰：「洛陽南宫有竹殿。」《魏略》曰：「青龍三年起太極殿，内有竹殿。」梁任昉《静思堂秋竹應詔》曰：「竹宫豐麗於甘泉之右，竹殿弘敞於神嘉之旁〔三一〕。」盧思道詩〔三二〕：「竹殿遥聞鳳管聲，虹橋别有羊車路。」張暉詩：「隮險入幽林，翠微含竹殿。」是也。

甲觀畫堂

《成帝紀》曰：「帝生甲觀畫堂。」應劭曰：「甲觀在太子宫中地〔三三〕，主用乳生也。畫堂畫九子母〔三四〕。」如淳曰：「甲觀之名。畫堂之名。」〔三五〕《三輔黄圖》曰：「太子宫有甲觀。」師古曰〔三六〕：「甲者，甲、乙、丙、丁之次也。《元后傳》曰：『見於丙殿。』此其例也。應氏以爲『在宫之甲地』〔三七〕，謬矣。畫室但畫飾耳，豈必九子母乎？『霍光止畫室中』，是則宫殿中通有彩畫之堂室。」唐温庭筠《生禖屏風歌》：「玉墀暗接崑崙井，井上無人金索冷。畫壁陰森九子堂，階前細月鋪花影。繡屏銀鴨香篛篆〔三八〕，天上夢飯花繞叢。宜男漫作後庭草〔三九〕，不似櫻桃千子紅。」如庭筠歌，則堂畫「九子」故有其事。然觀唐周昉輩所畫幃障，多作宫禁間嬪御小兒，極其工緻往往，〔四〇〕蓋取則百斯男之義。故殿曰「百子殿」，池曰「百子池」。錢起詩：「臘雪新暗百子殿〔四一〕，春風欲上萬年枝。」王維詩：「春池百子外，芳樹萬年餘。」杜牧詩：「百子池頭一曲春，君恩和淚溼紅塵。」是也。

八陣圖

盛弘之《荆州記》曰：「魚復鹽井以西，石磧平曠〔四二〕，騁望四遠。諸葛孔明積細石爲壘〔四三〕，方可數百步。壘西又聚石爲八行，相去二丈許，謂之八陣圖。桓宣武伐蜀經之，以爲常山蛇勢。《孫子》曰：「善用兵者辟如常山之地也〔四四〕，擊其首則尾至，擊其尾則首至，擊其腹則首尾俱至。」東坡夢杜子美曰：「世人誤會《八陣圖詩》『江流石不轉，遺恨失吞吴』。世人以爲先主、武侯欲與關羽復仇，故恨不滅吴，非也。我意本爲蜀、吴唇齒之國，不當相圖，晉能取蜀，以蜀有吞吴之意，此爲恨耳。」

風馬牛

《左氏傳》曰：「君處北海，寡人處南海，唯是風馬牛不相及也。」服虔曰：「風，放也。牝牡相誘謂之風。」《尚書》曰：「馬牛其風。」左氏所謂「風馬牛」，以「馬牛風逸，牝牡相遠」〔四五〕。孔穎達曰：「蓋是末界之微事，言此事不相及，故以取喻不相干也。」洪龜父詩乃曰：「鴻雁書遠空，馬牛風寒草。」

〔一〕按，國家圖書館藏清初抄本（索書號13362。以下簡稱「清初抄本」）、清白鹿山房活字本（索書號A02773。以下簡稱「活字本」）《緯略》，均見於「中華古籍資源庫」，皆爲葉德輝舊藏。二本序文原缺，均爲葉氏抄補。經核對，二本序文内容完全一致。此據二本校對《訪書志》所録。

〔二〕「晝夜之力」葉氏所抄序作「盡一夜之力」。

〔三〕「裝標」葉氏所鈔序作「裝褾」。

〔四〕「簪」下清初抄本、活字本有「筆」字。

〔五〕「有底曰『囊』，無底曰『囊』」清初抄本、活字本作「有底曰『槖』，無底曰『囊』」。

〔六〕「簪筆」清初抄本作「筆簪」。

〔七〕此處與《南齊書·輿服志》所載一致，清初抄本、活字本作「肩上紫袷荷囊，世呼爲『紫荷』。」

〔八〕「荷囊」清初抄本作「紫囊」。

〔九〕「青綸」清初抄本作「青輪」。

〔一〇〕□清初抄本作「根」字。

〔一一〕「句」清初抄本作「自」。

〔一二〕「盡」清初抄本作「蓋」。

〔一三〕「盡」清初抄本作「畫」。

〔一四〕「開」清初抄本作「闢」。

〔一五〕「卒更」清初抄本作「率更」。

〔一六〕「成邊」清初抄本作「戍邊」。

〔一七〕「開」清初抄本作「闢」。

〔一八〕「出等」清初抄本作「出算」。

〔一九〕「占祖」清初抄本作「占租」。

〔二〇〕「城且」清初抄本作「城旦」。

〔二一〕「開於夫道」清初抄本作「闢於吏道」。

〔二二〕「矢官」清初抄本作「失官」。

〔二三〕「開」清初抄本作「闢」。

〔二四〕「復」清初抄本作「役」。

〔二五〕「出牝」清初抄本作「出牡」。

〔二六〕「開」清初抄本作「闢」。

〔二七〕「問」清初抄本作「間」。

〔二八〕「須」清初抄本作「注」。

〔二九〕「求」清初抄本作「來」。

〔三〇〕「陪」清初抄本作「陪」。

〔三一〕「潋」清初抄本作「敞」。

〔三二〕「思」清初抄本作匡圍。

〔三三〕「中」清初抄本作「甲」。

〔三四〕「書堂」清初抄本作「畫堂」。

〔三五〕清初抄本此句爲「甲觀，觀名；畫堂，堂名。」今《漢書·成帝紀》注同。

〔三六〕「太子宫有甲觀。師古曰」清初抄本無。

〔三七〕「應氏」清初抄本此作「應劭」。

〔三八〕「潒」清初抄本作「濛」。

〔三九〕「漫」清初抄本作「没」。

〔四〇〕清初抄本此句作「往往極其工緻」。

〔四一〕「暗」清初抄本作「明」。

〔四二〕「碩」清初抄本作「磧」。

〔四三〕「積」清初抄本作「積」。

〔四四〕「地」清初抄本作「虵」。

〔四五〕「相遠」清初抄本作「相逐」。

【案】《留真譜初編》收録該書書影（廣文本第547—548頁，北京本第599—600頁）。

此本今藏臺北「故宫博物院」，著録爲日本江户末明治初間鈔本，六册（故觀 004411－004416）。

104　黄氏日鈔九十卷 明刊本

明正德刊本。首至元三年沈逵序，序後有「正德己卯孟秋書林龔氏重刊」木記。缺第九十二卷，第九十三卷尾亦有殘缺，蓋所據原本不全也。乾隆間汪氏刊本即據此重翻，故所缺亦同，汪氏自云從元本出者，誣也。每半葉十四行，行二十五字。

【案】《留真譜二編》收録該書書影（廣文本第 193—194 頁，北京本第 1653—1654 頁）。書影所題書名爲《慈溪黄氏日鈔分類》。

此本今藏臺北「故宫博物院」，著録爲明正德戊寅龔氏明實堂重刊本，九十七卷，二十册（故觀 006275－006294）。

105　困學紀聞二十卷 元刊本

明翻刊元慶元路本《困學紀聞》二十卷，卷末題「孫厚孫寧孫校正，慶元路儒學學正胡禾監刊」。又有泰定二年陸晉之跋。據閻校本閻詠序稱，此本最善，唯誤「慶元」爲「應元」，豈閻氏有所避與？其中文字亦不盡與閻校合：第二卷「乃命三后」條，閻本脱「於禽獸」三字。第四卷「《管子·地員》」條「次日五弛」下，各本空三格，此不空。第五卷「猶《金縢》之新逆」，各本誤作「迎」。第八卷「陳烈」條，注「前賢之讀書如此」，各本「前賢」作「古人」，義雖得通，然烈於伯厚爲前輩，則作「前賢」是也。第十卷引《尸子》「儉者爲獵者表虎」，各本「儉」作「狩」，此與《御覽》引合。第十四卷引《温彦博傳》「有時而餳」，各本作「賜」，此與《新唐書》合。凡此之類，必是伯厚原書，非經後人校改者。

【案】《留真譜初編》收録該書書影（廣文本第 555—556 頁，北京本第 607—608 頁）。本書行款爲半葉十行，行十八字。《經籍訪古志》著録相同版本（第 161 頁）。

106 道一編六卷 明弘治二年刊本

此書《四庫》著録在《存目》中，稱其不著撰人名氏，因陳建《學蔀通辨》中有程篁墩著《道一編》云云，知爲程敏政作。今是本篇明有敏政自序，《四庫》本缺之耳。今録于左：

道一編序〔一〕

朱、陸二氏之學，始異而終同，見于書者可考也。不知者往往尊朱而斥陸，豈非以其早年未定之論，而致夫終身不同之決，惑于門人記録之手，而不取正于朱子親筆之書耶？以今考之，「志同道合」之語著于《奠文》，「反身入德」之言見于《義跋》。又屢自咎夫支離之失〔二〕，而盛稱其爲己之功。於其高第弟子楊簡、沈煥、舒璘、袁燮之流拳拳敬服〔三〕，俾學者往資之。廓大公無我之心，而未嘗有芥蔕異同之嫌。兹其爲朱子，而後學所不能測識者與？齋居之暇，過不自揆，取「無極」七書，「鵞湖」三詩，鈔爲二卷，用著其異同之始，所謂早年未定之論也。别取朱子書札有及于陸子者，釐爲三卷，而陸子之説附焉。其初則誠若冰炭之相反，其中則覺夫疑信之相半，至於終則有若輔車之相倚，且深取于《孟子》「道性善」「收放心」之兩言。讀至此而後知朱子晚年所以推重陸子之學〔四〕，殆出于南軒、東萊之右〔五〕。顧不考者斥之爲異，是固不知陸子，而亦豈知朱子者哉？此予編之不容已也。編後附以虞氏、鄭氏、趙氏之説，以爲於朱、陸之學，蓋得其真。若其餘之紛紛者，殆不足録，亦不暇録也。因總命之曰《道一編》，序而藏之。弘治二年歲己酉冬日長至新安程敏政書。

〔一〕今檢國圖藏明弘治三年刻本（索書號 08907）、明弘治間刻本（索書號 CBM1276）《道一編》（均見於「中華古籍資源庫」），二本程氏序相同，與《訪書志》所鈔序有異。

〔二〕「屢自咎夫支離」國圖二弘治本作「屢有見於支離」；「失」作「弊」。

〔三〕「敬服」國圖二弘治本作「致意」。

〔四〕「推重」國圖二弘治本作「兼收」。

〔五〕「殆出于南軒、東萊之右」國圖二弘治本作「誠不在南軒、東萊之下」。

107　乘除通變算寶二卷法算取用本末一卷續古摘奇算法二卷田畝比類乘除捷法二卷 朝鮮刊本

宋楊輝撰。朝鮮翻雕明洪武刊本，每半葉十六行，行二十五字，首有楊輝自序三通。《乘除通變》目録題「乘除通變筭寶」，後有「洪武戊午冬至勤德書堂新刊」木記，卷首題「筭法通變本末」，與總目稍異。卷上次行題「錢塘楊輝編集」，卷中省楊輝姓名，題「乘除通變筭寶」。卷下題「法筭取用本末」，次行題「錢塘楊輝史仲榮編集」，蓋二人之作。上《乘除通變》爲上、中、下三卷，此亦編書罕見之例。目録後有「古杭余氏勤德書堂刊行」木記。《田畝比類》亦上、下二卷，目録後木記與《筭法通變》所題同，卷末有宣德八年朝鮮朴彧跋，跋後有刊板監刻人等官銜。按，陸氏《藏書志》則共爲六卷，郁氏《宜稼堂叢書》刊有此書六卷，所據傳鈔本多殘脱，宋景昌補之。歸安陸氏又得毛鈔本，較郁本爲完善，然亦只六卷。阮氏《研經室外集》作三卷，尤誤。非唯卷數行款陸氏本每葉二十二行。與此不合，即書之先後次第亦殊，然則二本皆爲後人所併。其《續古摘奇》二卷，則郁、陸兩本均缺上卷，蓋脱佚已久。郁氏據《筭學啟蒙序》知朝鮮曾有此書，顧終未傳來，余乃從日本得之。序後有二印，與陸氏説合。而每種皆有總目，則陸亦未言，想亦缺也。當重刊此是本，以還楊氏之舊。郁氏不載楊輝自序，陸氏本有序而未載，今列於左。

夫六藝之設，數學居其一焉。昔黄帝時大夫隸首創此藝，繼得周公著《九章》，戰國則有魏劉徽撰《海島》，至漢甄鸞註《周髀》《五經》，唐李淳風校正諸家筭法。自昔歷代名賢，皆以此藝爲重。迄于我宋，設科取士，亦以《九章》爲筭經之首，輝所以尊尚此書，留意詳解。或者有云無啟蒙之術，約學病之。又以乘、除、加、減爲法，秤、斗、尺、田爲問，目之曰《日用筭法》。而學者粗知加減歸倍之法，而不知變通之用，遂易代乘、代除之術，增續新條，目曰《乘除通變本末》。及見中山劉先生益撰《議古根源演段鎖積》，有超古入神之妙，其可不爲發揚以裨後學？遂集爲《田畝筭法》，通前共刊四集，自謂斯願滿矣。一日，忽有劉碧澗、丘虚谷攜諸家筭法奇題及舊刊遺忘之文，求成爲集，願助工板刊行。遂添摭諸家奇題與夫繕本及可以續古法草，總爲一集，目之曰《續古摘奇筭法》，與好事者共之，觀者幸勿罪其僭。時德祐改元冬至壬辰日錢塘楊輝謹識。

夫筭之數，起於九九；制筭之法，出自乘除。法首從一者，則爲加爲減；題式無乙者，則乃折乃倍。以上加名九歸，以下損名下乘，並副乘除，羽翼筭家之妙。學者惟知有加減歸損之術，而不知伸引變通之用。《金科賦》曰「知非難而用爲難」，言不誣矣。今將諸術衍盤取用，標註圖草，目之曰《乘除筭寶》。雖未盡前賢之閫奧，亦可爲後學之梯階。故鋟梓以遠其傳。咸淳甲戌夏至錢塘楊輝序。

爲《田畝筭法》者，蓋萬物之體，變段終歸於田勢；諸題用術，變折皆歸於乘除。中山劉先生作《議古根源序》曰：「入則諸門，出則直田。」蓋此義也。撰成《直田演段百問》，信知田體變化無窮，引用帶從開方正員損益之法，前古之所未聞也。作術逾遠，罔究本源，非探賾索隱，而莫能知之。輝擇可作關鍵題問者，重爲詳悉著述，推廣劉君垂訓之意。《五曹筭法》題術有未竊當者，僭爲刪改，以便後學君子，目之曰《田畝比類乘除捷法》，庶少裨汲引之梯徑云爾。時歲在乙亥德祐改元小暑節錢塘楊輝謹序。

【案】此本今藏臺北「故宫博物院」，著録爲明宣德癸丑朝鮮慶州府刊洪武戊午古杭勤德堂本，二册（故觀 014105－014106）。

阿部隆一《中國訪書志一》中著録楊氏觀海堂舊藏有此本（第 95 頁），《「國立故宫博物院」善本舊籍總目》亦著録此種版本一部，當是同一版本（第 746 頁）。

《經籍訪古志》著録其中《續古摘奇算法》(第 153 頁)。

108 圖繪寶鑑五卷 日本舊鈔本

元夏文彦撰。此書《津逮》所刻合明欽天監玉泉韓昂續纂者并爲六卷，坊刻又分爲八卷。按元刻五卷，每葉二十二行，行二十字，道光間藏海寧吴氏。此本每葉二十行，行十八字，係日本人重刻，無年月，字體頗古雅，當是原于元刻。雖易其行款，而仍爲五卷之舊。首楊維楨序，次自序，首行題「圖繪寶鑑卷第一」，行下題「吴興夏文彦士良纂」。《補遺》附于五卷之後，其邊縫仍題「卷五」。《補遺》之後，又有《續補》一葉，凡七人；《續補》之後，又有《增補》一葉，凡八人。按，《拜經樓藏書》稱《津逮》本不可據，而所藏元刻亦多漫漶。此本雖經重寫，而無竄亂混淆之失，則亦可貴也。

109 書史會要九卷補遺一卷 明洪武九年刻本

是書《三續百川學海》刊本以明朱謀垔所作《續編》一卷爲卷十，而以《補遺》置《續編》後，使陶氏書中斷爲二，最爲謬妄。此爲洪武九年刊本，首宋濂序，次曹睿序，次孫作《南村先生傳》，次引用書目，次九成自序，次考詳，次目録。凡九卷，《補遺》一卷。末有鄭真跋。卷首題「書史會要卷之一」，次行題「南村處士陶宗儀九成著」。每卷之後題助刻人姓名四五人，合之共數十人。按，宋濳溪《序》云：「天台陶君九成新著《書史會要》成，翰墨之家，競欲觀之。以謄鈔之不易也，共鍥諸梓」云云。則知此書爲翰墨家合貲刊行者。第九卷末題「張氏以行存管刻此卷」，又云「《補遺》一卷，嗣後刊行」，則知《補遺》之刊又稍後於九卷。《提要》因孫作小傳爲九卷，遂疑原本以《書法》共爲一卷，而以重刊本之《補遺》别爲卷者，爲朱謀垔之子統鉷所分。不知原本《補遺》本各爲卷，孫作小傳所載未詳言之耳。

是書收能書人姓名最爲博贍，可與夏文彦之《圖繪寶鑑》相伯仲。惟前列引用書目，而每條之下則不著見何書。雖陶氏意在成一家言，然其中頗有隱僻之姓名，不出所出，終爲俗學。

110　靈棋經一卷　古鈔本

首有序引，末有上黨紫團山叟韓運休後序。首題「靈棋經」，次題「晉襄城道人法味傳晉駕郎中顔幼明注　御史中丞何承天箋注　琅邪王灌著卦名」。首卦題云「大通」，行下即繇辭，無「象曰」字，亦無「第一」「一上」「一中」「一下」「昇騰之象」「乾陽得令，乾天西此」等字〔二〕。而每卦之旁以硃筆題，亦曰「某某」二字，又注「天」「地」「人」「一」「二」「三」「四」等字樣。森立之所云「王灌著卦名」者也。顏、何二注，亦頗相近而稍詳，其異同之處尤多。按《隋書·經籍志》有《十二靈棋棋卜經》一卷，此書用「十二靈棋」，與所題合。晁氏《讀書志》始著爲二卷。近世所傳劉誠意《補解》本亦二卷，此爲一卷，尚是隋唐之遺。又按，《太平御覽》七百二十六引《異苑》云晉寧康初，襄城寺法味道人傳此書。則此本題爲法味所傳，亦近事實。森立之跋疑此書即法味所託，不爲無見。近本有唐李遠《序》，此本脱之，而此本之《首引》及《後序》亦爲近本所無，知其根源者古也。

漢留侯張良受此法于黄石公，初以占行軍用兵，萬無一失。至□時，大中大夫東方朔以覆射萬事，皆神中。□又以此卜法傳淮南王，自尒秘之，莫有傳。□晉大康中，襄城道人法味，云遇神叟著黄皮衣，以竹筒盛此經授法味，自此傳于世。其卜法用版子十二枚，長一寸，書「上」「中」「下」各四枚。卜時先須清浄焚香，安然後握棊子呵而咒之曰：「謹□四孟諸神，四季諸神，十二辰，上□天地父母，太上老君，左日右月，二十八宿，四時五行，六甲陰陽，天十二神，地十二時，某心有所疑，意有所惑，沉吟猶豫，請爲訣之。吉當言吉，凶則言凶，唯卦是從。」□即擲之，不可再擲，再擲則吉凶不定。宋朝王涓兄弟及何承天共論此卜法，但志□心虔，啟無不中。凡人不言其微妙，以爲無驗，故多慢之，知幾者思過半矣。出處殊途，取捨萬端，不得以句之美疑脱「惡」字。便爲是事皆定。至「東北喪朋，乃終有慶」「行人得半，邑人二字原本互倒。之災」「明夷務暗，豐尚光大」，不可同年而語。其卦有上、中、下三位，象《易》三才之義。展轉窮盡，都一百二十四卦，皆以奇偶爲吉凶。奇爲陽，偶爲陰，以理相推，吉凶可知。不觀其爻卦者專於是，則善愚分矣。或有詞理相會者，宜詳其趣焉。唯「巍巍赫赫，不求自獲」，當其捕亡、討逐之類則吉，占病、結婚則不吉。又如「歲當月昌，安如泰山」，卜其憂厄、求財則吉，卜覊遊、他望其速歸則未至。又知「君臣易位，方興大利」，君子得之吉，小人得之凶，皆以類推之。夫君子、小人者，舉其德行而已，不以尊官崇位而言也。向道者君子，背道者小人，智者推之可也。按此引不著撰人名，近本有卜法四條，即數衍此引之文。

〔一〕「乾陽得令，乾天西此」明正德間刻本《靈棋經》作「純陽得令，乾天西北」。湖北本已出校。

【案】《留真譜初編》收録該書書影（廣文本第 519—520 頁，北京本第 567—568 頁）。行款爲半葉六行，行十七字。

《經籍訪古志》著録此本（第 155 頁）。

按，此本今藏臺北「故宫博物院」，著録爲日本南北朝末年室町初期鈔本，一册（故觀008076）。

卷八

111　世説新語殘卷　古鈔卷子本

是卷書法精妙，雖無年月，以日本古寫佛經照之，其爲唐時人所書無疑。余從日下部東作借校之，其卷首尾殘缺，自《規箴篇》「孫休好射雉」起，至「張闓毀門」止，其正文異者數十字，其注異文尤多。所引《管輅别傳》多出七十餘字。竊謂此卷不過十一條，而差異若此。聞此書尚存二卷在西京，安得盡以較録以還臨川之舊？則宋本不足貴矣。

112　王子年拾遺記十卷　明翻北宋本

每半葉十行，行十八字，前有總目。本書首題「王子年拾遺記卷第一」，次行題「蕭綺序録」，「三行以下蕭綺序，序後「庖犧」「神農」「黄帝」「少昊」「高陽」「高辛」「唐堯」「虞舜」八子目，目後再題「春皇庖犧」條目。以下每卷皆先子目，後條目，蓋猶唐人卷軸本之式。篇中「殷」「讓」「弘」「禎」「轅」五字缺筆，字體端雅，蓋北宋精本也。《漢魏叢書》刻此本，删其每卷子目，而以蕭綺序置卷一之前，已大失古式，《祕書廿一種》亦然。邇來崇文書局又從《祕書》本翻刻，而訛謬尤甚，如「漢明帝陰貴人」，《叢書》本誤「陰」爲「因」，局本亦仍之；又如「始皇起雲明臺」，宋本自爲一條，《祕書》本亦同，《叢書》本因前條字抵行末，不便跳行，局本遂連上爲一條，而不顧文之不相續。吁！官刻局書草率乃爾，承學者將何取則焉。

又按，胡應麟《二酉綴遺》謂即蕭綺所作，託名「子年」，其語似是。然《隋》《唐》並有王子年《拾遺録》三卷，又有蕭綺《王子年拾遺記》十卷。據蕭綺序録稱，子年原書十九卷殘缺，綺搜拾爲一十卷。則隋、唐《志》所載之「三卷」，必仍是子年原書，而無蕭綺卷中「録論」之文，但又殘缺只存三卷耳。胡氏故爲高論，以矜其具眼，而不校隋、唐《志》「三卷」之録，失之目睫也。

又按，此本雖原于北宋，而以《太平廣記》所引校之，則此遠不逮焉。雖其中有兩通者，亦有《廣記》奪誤者，然細校其文字，則彼所據者，當是唐人所遺。如「周成王泥離國」條「視日月以知方國所向」，《廣記》引，上文有「或泛巨水」四字。「漢成帝飛燕」條「帝以翠纓結飛燕之裾」，《廣記》引此，下有「遊倦乃返，飛燕後漸見疎，常怨恚曰」云云，今本「裾」下即接「怨曰」，不可通矣。「魏明帝昆明國」條「宫人相嘲曰：不服辟寒金，那得君王心？」，《廣記》引此，下有「不服辟寒鈿，那得君王憐」二句。「蜀周羣」條「蜀人謂之後聖」，《廣記》引止此，其下「白猿」云云，自相駁詰，必後人識語。蕭綺所録，百無一真，其迂誕豈獨此條？又「晉武帝」條「何必木偶於心識乎？」文義難解，《廣記》引作「何必木之偶而無心識者乎？」，此皆明明脱誤，其他異同以數百計，「周靈王昆昭臺」一條脱百餘字。別詳札記。

又按，此書次第條目，多無義例，往往有數事合爲一條者。《廣記》分引之，是也。然不敢謂蕭氏原書必無不合，如「晉文焚林」不與「師曠」相儷，乃置「周靈王」之前，以「魯僖」標目。「劉向校書」不置「漢成」之後，乃擠於「郭況」「賈逵」間。「魏任城」明帝之朝，而載「建安三年」；「胥徒國獻沈明石鷄魏帝」，爲陳留王之歲，而云「太始四年頻斯國來朝」。皆時代乖迕，條理莫知，仍不能不以「斷爛」爲辭矣。

113 王子年拾遺記十卷 明嘉靖甲午仿宋本〔一〕

明顧氏重刊，目録二葉，目録之後有「顧氏世德堂刊」八分書木記。首行題「王子年拾遺記卷第一」，次行題「蕭綺序録」，以下重格序文。序後低三格分二行排寫「庖犧」「神農」「黄帝」「少昊」「高陽」「高辛」「唐堯」「虞舜」八目，再下一行低四字題「春皇庖犧」。每半葉十行，每行十八字，左右雙邊。卷中避「弘」「殷」「讓」「轄」「禎」等字，「楨」字或記以「御名」二字，蓋原于宋仁宗時刊本也。末有嘉靖四年顧春跋，接刊於後序之後。程榮《漢魏叢書》即取原此本，而移蕭綺之序録於目録之前，又每卷删其總目，大失古式，亦間有臆改處，安得好事以此本重刊而還宋本之舊乎？按顧氏嘗刻《荀》《莊》《列》《楊》《文中子》，世稱《世德堂六子》本是也。愚謂《六子》本雖善，然多改换原刻面目，不如此本之精雅也。此書日本有二部，一爲狩谷望之所藏，有明「錢穀」「叔寶」之印；余此本得之森立之，有「東石黄氏藏書籍」六字，立之甚寶愛，余屢求而後得之。

〔一〕「仿」原作「防」，據《海王邨》本、《書目題跋叢刊》本改。

【案】《留真譜初編》收録該書書影（廣文本第 561—564 頁，北京本第 613—616 頁）。

此本今藏臺北「故宫博物院」，著録爲明嘉靖十三年吴郡顧氏世德堂仿宋刊本，二册，光緒十九年楊守教手書題識（故觀 015490 – 015491）。

《經籍訪古志》著録此本（第 185 頁）。

又，阿部隆一《中國訪書志一》著録楊氏寫於此本之題記，其内容與《訪書志》同，所署時間爲光緒癸巳三月（第 120 頁）。

114 古鈔本冥報記三卷附冥報記輯本六卷冥報記拾遺輯本四卷

唐臨《冥報記》，《唐書》本《傳》及兩《唐志》并云「二卷」，唯日本藤原佐世《現在書目》作「十卷」，宋以下不著録，蓋亡佚久矣。余于日本得古鈔本三卷，首題「吏部尚書唐臨撰」，有臨自序。上卷十一條，中卷十一條，下卷十六條，相傳是三緣山寺保元間寫本，首缺四十三行，以高山寺藏本補之。上卷前七條皆僧尼事，當是日本釋子所節鈔，而又臆分爲三卷也。余因檢《法苑珠林》及《太平廣記》所引《冥報記》，溢出於此鈔本者甚多，而此鈔本亦有爲二書所無者。又有《冥報拾遺》，見於《珠林》《廣記》頗多，此鈔本「董雄」「釋僧徹」二條，亦《拾遺》之文，而著録家皆不及，亦不詳撰人名氏。據《唐書》本傳，臨，京兆人。官至兵部、度支、吏部三尚書。顯慶四年，坐事貶爲潮州刺史，卒官，年六十。然則古鈔本題「吏部尚書」者，在臨未貶之前。而《廣記》引《冥報記》「尼修行」一條，在龍朔元年，恐是《拾遺》之文，誤注《冥報記》也。《拾遺》所載，亦至龍朔而止。其「釋僧徹」一條明云：「臨嘗患腫，僧徹遺癩病人禁咒有驗。」是《拾遺》亦爲臨作無疑，又可知臨卒在龍朔後也。今合古鈔、《珠林》《廣記》所引，輯爲一書。計《冥報記》八十四條，釐爲六卷；《冥報拾遺》四十二條，釐爲四卷，以合《現在書目》之數。蓋此百餘條以唐卷子本計之，必非一卷所能容，知《見在書目》爲得其實。本傳、兩《唐志》所題皆誤也。又《珠林》《廣記》往往以《冥報記》誤作《冥祥記》，按《冥祥記》王琰撰，見《隋書·經籍志》及唐臨此書序。據《萬歲通天帖》，琰爲齊太子舍人。《隋志》有《宋春秋》二十卷，梁吴興令王琰撰。是琰乃齊、梁間人，安能下及隋、唐間事？今剗所引言唐事者爲《冥報記》，其《廣記》「梁元帝」條引《談對》，「嚴恭傳」引《獨異志》，「京兆獄卒」條引《古今五行記》，「傅奕」條引《地獄苦記》，蓋又因展轉傳録而未溯其源，今皆據古鈔及《珠林》訂正焉。

冥報記卷上

吏部尚書唐臨撰〔一〕

夫含氣有生，無不有識而有行〔二〕，隨行善惡而受其報，如農夫之播植，隨所植而收之，此蓋物之常理，固無所可疑也。上智達其本源，知而无見，下愚闇其蹤跡，迷而不返，皆絶言也。中品之人，未能自達，隨緣動見，遂見生疑，疑見多端，各懷異執，釋典論其分別，凡有六十二見，耶倒於是乎生者也〔三〕。臨在中人之後，幸而誤其萬一〔四〕。比見衆人不信因果者，説見雖多，因謂善惡無報。無報之説，略有三種：一者「自然」，故無因果，唯當任欲，待事而已。二者「滅盡」，言死而身滅，識無所住。身識却盡〔五〕，誰受苦樂。以無受故，知無因果。三者「無報」，言見今人有修道德，貧賤早死；或行凶惡，富貴靈長。以是事故，知無因果。臨竊謂儒書論善惡之報甚多，近者報於當時，中者報於累年之外，遠者報於子孫之後。當時報者，若楚子吞蛭〔六〕，痼疾皆愈；宋公不禱，妖星多退，諄齒凶逆，旋踵伏誅；趙高或俄而滅族之類是也〔七〕。累年報者，如巍顆嫁妾〔八〕，終以濟師；孫叔埋蛇，竟多福漢；幽鳩如意〔九〕，蒼苟成交〔一〇〕；齊煞彭生，立豕而祟之類是也。子孫報者，若弗父恭於王令〔一一〕，廣宣尼之道；鄧訓歲活千人，遺□憙之慶〔一二〕；陳平陰計，自知無後；欒黶忲侈，盈被其殃之類是也。若乃虞舜以孝行登位，周文以仁賢受命，桀紂以殘忍亡國，幽厲以婬縱禍終。三代功德，卜祚長久；秦皇驕暴，及子而滅。若斯之比，觸類寔繁。雖復大小有殊，亦皆善惡之驗。但事法王道，理關天命。常談之際，非所宜言。今之所録，蓋唯取其微□細驗〔一三〕，冀以發起同類，貽告子孫，徵於人鬼之間，若斯而已也。釋氏説教，元順因果〔一四〕。因即是作，果即是報。无一作而非因〔一五〕，無一因而不報。然其説報，亦有三種：一者「現報」，於此身中，作善惡業，即於此而受報者〔一六〕，皆名「現報」；二者「生報」，謂此身作業，不即受之，隨業善惡，生於諸道，皆名「生報」；三者「得報」〔一七〕，謂過去身作善惡業，能得果報，應多身受，是以現在作業，未便受報，或次得得生受〔一八〕，或五生十生方始受之，是皆名「得報」〔一九〕。於此三報，操一切法[二〇]，無所不盡，是今諸見，復然大悟[二一]。然今俗士，尚有或之，多習因而忘果，疑耳而信目。是以聞説得報[二二]，則若存若亡。見有□驗[二三]，則驚嗟信眼[二四]，習晉高士謝敷[二五]、宋尚書令傅亮、太子中書舍人張演[二六]、齊司徒從事中郎陸果[二七]，或一時令望，或當代名家，並録《觀世音應驗記》。及齊竟陵王蕭子良作《冥驗記》、王琰作《冥祥記》，皆所以徵明善惡，勸戒將來，實使聞者深心感悟[二八]。臨既慕其風旨，亦思以勸人，輒録所聞集爲此記，仍具陳所受及聞見緣由[二九]，言不飾文，事專揚確，庶人見者，能留意焉。古鈔。

《冥報記輯本》目録：

卷一

晉王範妾　《廣記》一百二十九。

宋沙門僧規　《珠林》八十三。

宋司馬文宣　《珠林》六。《廣記》三百二十五。

宋王胡　《珠林》六。《廣記》三百二十二。

宋李旦　《珠林》六。《廣記》三百八十二。

宋鄭鮮之　《珠林》六。

梁武帝　古鈔卷上。

梁元帝　古鈔卷中。《廣記》一百三十一。

後魏崔浩　古鈔卷下。

東魏鄴下人　古鈔卷上。

卷二

北齊冀州人　古鈔卷上。《珠林》六十四。《廣記》一百三十。

周武帝　古鈔卷下。《珠林》九十四。

陳嚴恭　古鈔卷中。《珠林》十八。《廣記》一百十八。引《獨異志》作「嚴泰」。

隋釋信行　古鈔卷上。

隋冀州小兒　古鈔卷下。《珠林》六十四。《廣記》一百三十一。

隋寶室寺　《珠林》十八。

隋釋慧雲　《珠林》九十七。

隋崔彦武　《珠林》二十六。

隋王將軍　古鈔卷下。《珠林》六十四。《廣記》一百三十二。

隋姜略　古鈔卷下。《珠林》六十四。《廣記》一百三十二。

卷三

隋皇甫兄弟　《珠林》七十四。

隋趙文若　《珠林》九十四。

隋大業客僧　《珠林》十八。《廣記》九十九。

隋蕭璟　古鈔卷中。

隋河南人婦　古鈔卷下。《珠林》四十九。《廣記》一百六十二。

隋京兆獄卒　古鈔卷下。《廣記》一百二十。作《廣古今五行記》。

隋洛陽人王　古鈔卷下。《珠林》五十七。

隋釋智苑　古鈔卷上。《珠林》十八。《廣記》九十一。

隋孫寶　古鈔卷中。

隋卞士瑜　古鈔卷下。《珠林》五十七。

隋庾抱　古鈔卷下。

隋李寬　古鈔卷下。

卷四

唐柳檢　《珠林》十八。

唐謝弘敞　《珠林》九十四。《廣記》三百八十六。

唐臨邛人韋　古鈔卷下。《珠林》七十五。《廣記》一百二十。

唐孔恪　《珠林》七十一。《廣記》三百八十一。

唐釋惠如　古鈔卷上。《珠林》五十二。

唐尼法信　古鈔卷上。《珠林》二十七。《廣記》一百九。

唐李山龍　《珠林》二十。《廣記》一百九。

唐畢仲珪　古鈔卷中。

唐蘇長　《珠林》十八。《廣記》一百九。

唐岑文本　古鈔卷中。《廣記》一百六十二。

唐李大安　古鈔卷中。《珠林》十四。《廣記》九十九。

唐趙文信　《珠林》十八。

唐劉弼　《珠林》十八。

唐柳智感　《珠林》七。《廣記》三百二十五。

唐李壽　《珠林》六十四。《廣記》一百三十二。

卷五

唐竇軌　《珠林》七十三。《廣記》一百二十六。

唐修州佛跡　《珠林》十四。

唐殷安仁　古鈔卷下。《珠林》七十三。

唐賈道羨　《珠林》十八。

唐張公瑾妾　《珠林》六十五。《廣記》一百二十五。

唐戴文胄　古鈔卷中。《珠林》六十四。

唐方山開　《珠林》六十四。《廣記》一百三十二。

唐張法義　《珠林》八十九。《廣記》一百十五。

唐元大寶　古鈔卷中。

唐孫迴璞　《珠林》九十四。《廣記》三百七十九。誤作《冥祥記》。

唐明相寺　《廣記》一百二十六。作《冥詳記》。按鳳州始置于唐，今訂。

唐豆盧寺　《珠林》十八。

唐釋道英　古鈔卷上。

唐尼修行　《廣記》一百三。

《冥報拾遺輯本》目録：

卷一

北齊仕人梁　古鈔卷下。《珠林》三十六。

隋耿伏生　《珠林》七十三。

隋賀悦　《珠林》七十三。《廣記》一百三十二。

唐任義方　《珠林》三十六。《廣記》三百八十二。

唐姜滕生　《珠林》七十九。《廣記》一百十六。作「勝生」。

唐王千石　《珠林》四十九。

唐張亮　古鈔卷中。《珠林》三十一。

唐邢文宗　《珠林》七十。《廣記》一百二十一。

唐杜通達　《珠林》七十。《廣記》一百二十一。

唐陸孝政　《珠林》七十三。《廣記》一百二十八。

唐董雄　古鈔卷中。《珠林》二十六。《廣記》一百十一。

唐咸陽婦人梁氏　《珠林》七十六。《廣記》三百八十六。

唐傅奕　《珠林》七十九。《廣記》一百十六。引作《地苦記》。

唐兗州人　《珠林》二十八。《廣記》二百九十七。

唐眭仁蒨　《珠林》六。《廣記》二百九十七。作「睦仁蒨」。

唐潘果　古鈔卷下。《珠林》七十三。

卷六

唐李知禮　《珠林》六十四。《廣記》一百三十二。

唐薛孤訓　《珠林》九十五。《廣記》一百十六。誤作《冥祥記》。

唐陸懷素　《珠林》十八。《廣記》一百三。

唐楊師操　《珠林》七十六。《廣記》三百八十二。誤作《冥祥記》。

唐頓丘李氏　《珠林》九十四。《廣記》一百九。

唐巂州令　《廣記》一百十六。誤作《冥祥記》。

唐韋慶植　《珠林》七十四。

唐王璹　《珠林》七十九。《廣記》三百八十。

唐徐王任　《珠林》六十五。

唐盧文厲　古鈔卷中。

唐鄭師辯　古鈔卷中。《珠林》九十四。《廣記》七十九。

唐僧義孚　《廣記》一百十六。

唐長安市里　古鈔卷下。《珠林》七十四。

唐李義琰　《珠林》七十三。《廣記》一百二十七。

卷二

唐清禪寺　《珠林》十四。

唐李思一　《珠林》九十一。

唐杜智楷　《珠林》四十六。《廣記》一百十一。

唐齊士望　《珠林》七十三。《廣記》三百八十二。

唐劉善經　《珠林》二十六。

唐盧元禮　《珠林》六十四。

唐僧玄高　《珠林》二十六。

唐裴則男　《珠林》九十七。《廣記》三百八十二。

唐石壁寺　《珠林》五十。《廣記》一百九。

唐陽武婦女朱　《珠林》五十七。

唐釋僧徹　古鈔卷上。《珠林》九十五。《廣記》一百九十二。

唐路伯達　《珠林》五十七。

唐韋知十　《珠林》九十四。《廣記》九十九。

唐王懷智　《珠林》三十三。

唐夏候均　《珠林》八十九。

唐王會師　《珠林》五十二。

卷三

唐劉摩兒　《珠林》六十四。《廣記》一百三十二。

唐館陶主簿周　《珠林》七十四。《廣記》一百二十七。

唐李虔觀　《珠林》十八。

唐信都元方　《珠林》七十二。

唐封元則　《珠林》七十三。

唐李信　《珠林》五十二。《廣記》一百三十四。

唐孫壽　《珠林》十八。《廣記》一百三。

唐童子寺　《珠林》十四。

唐任五娘　《珠林》九十四。《廣記》一百三。

唐姚明解　《珠林》七十九。

唐謝氏　《珠林》九十四。

唐濟陰縣　《珠林》十八。

唐漁陽縣　《珠林》十四。

唐倪氏妻皇甫氏　《珠林》六十二。

唐司馬喬卿　《珠林》十八。《廣記》一百三。

唐徹禪師　古鈔本卷上。《珠林》九十五。《廣記》一百九。

〔一〕方詩銘輯校本《冥報記》（中華書局 1992 年版），以日本博文堂影印高山寺藏古寫本爲底本，校以《日本訪書志》所收三緣山寺本的自序和目録，以及日本《大正藏》本校勘記中所引的知恩院本，同時也利用了《珠林》《弘贊法華傳》《法華傳記》《廣記》《三寶感應要略録》所引，據以校勘。以下簡稱「方本」。

〔二〕「無不有識而有行」方本作「無不有識，有識而有行」。

〔三〕「平」方本作「乎」。

〔四〕「誤」方本作「寤」。

〔五〕「却」方本作「都」。

〔六〕「蛵」方本作「蛭」。

〔七〕「或」方本字下有「亂」字。
〔八〕「巍」方本作「魏」。
〔九〕「竟多福漢；幽鳩如意」方本作「竟享多福；漢幽鳩如意」。
〔一〇〕「交」方本作「災」。
〔一一〕「王令」方本作「三命」。
〔一二〕□方本作「和」。
〔一三〕「唯」方本作「直」，無缺字，「微」「細」相連。
〔一四〕「元順」方本作「無非」。
〔一五〕「作」方本作「法」。
〔一六〕「此」方本字後有「身」字。
〔一七〕「得」方本作「後」。
〔一八〕「得得」方本作「後」。
〔一九〕「得」方本作「後」。
〔二〇〕「操」方本作「攝」。
〔二一〕「復」方本作「涣」。
〔二二〕「得」方本作「後」。
〔二三〕□方本作「受」。

〔二四〕「眼」方本作「服」。

〔二五〕「習」方本作「昔」。

〔二六〕「中書舍人」方本作「中舍人」。

〔二七〕「果」方本作「杲」。

〔二八〕「悟」方本作「寤」。

〔二九〕「緣由」方本作「由緣」。

【案】《留真譜初編》收録該書書影(廣文本第565—566頁,北京本第617—618頁)。《經籍訪古志》著録此本(第192頁)。

此本今藏臺北「故宫博物院」,著録爲日本江户末影寫三緣山藏平安鈔本,一册(故觀005024)。

115 大唐新語十三卷 明刊本

《新唐志》注云:「元和中,江都主簿劉肅撰。」此本爲馮夢禎序,潘元度刻。結銜題「登仕郎前守江州潯陽縣主簿」,疑《唐志》爲傳寫之誤。唯自唐以下諸家著録皆稱《大唐新語》。此本劉肅自序首題「唐世説新語序」,文中亦有「世説」二字,最爲謬妄。馮序又稱是弇州校定。竊意開之、元美皆一時之傑，未必至此，當是潘氏所爲〔一〕。卷首標「玉峯青霞館重摹宋板」。今以《稗海》本校之，則互有訛字，各爲正訂。其有二本並誤者，則據《廣記》等書校之。至「政能第八」標目，此本亦誤刻于第四卷《持法篇》「韋陟」條尾，而以第五卷《忠烈篇》爲第八，與《稗海》本同。唯卷首自序及卷末《總論》一篇爲《稗海》本所無，或是從宋本出耳。

自序

自庖犧畫卦，文字聿興。立記注之司，以存警誡之法。《傳》稱左史記言，《尚書》是也；右史記事，《春秋》是也。洎唐虞氏作，木火遞興，雖戢干戈，質文或異，而九丘八索，祖述莫殊。宣父刪落其繁蕪，丘明捃拾其疑闕；馬遷創變古體，班氏遂業前書。編集既多，省覽爲殆，則擬虞卿、陸賈之作，袁宏、荀氏之録，雖爲小學，抑亦可觀。邇來記注，不乏於代矣。聖唐御寓，載幾二百，聲明文物，至化玄風，卓爾於百王，輝映於前古。肅不揆庸淺，輒爲纂述。備書微婉，恐貽牀屋之尤；全採風謡，懼招流俗之説。今起自國初，迄于大曆，事關政教，言涉文詞，道可師模，志將存勸，成十三卷，題云《大唐世説新語》。聊以宣之開卷，豈敢傳諸奇人。旹元和丁亥歲有事于圜丘之月序。

總論

史册之興，其來尚矣。蒼頡代結繩之政，伯陽主藏室之書，晉之董狐，楚之猗相，皆簡牘椎輪也。仲尼因魯史成文，著爲《春秋》，尊君卑臣，去邪歸正。用夷禮者，無貴賤；名不達於王者，無賢愚；不由君命者，無大小。邪行正〔一〕，棄其人；人正國邪，全棄其國〔二〕。此《春秋》大旨也。故志曰：「仲尼成《春秋》而亂臣賊子懼。」又曰：「撥亂世反諸正，莫近於《春秋》。」《春秋》憑義以制法，垂文以行教，非徒皆以日繫月、編年叙事而已。後之作者無力，病諸司馬遷意在博文，綜覈疎略，後六經而先黄老，賤處士而寵奸雄。班固序廢興，則褒時而箴祖德；述政教，則左理本而右理典刑〔四〕。此遷、固之所蔽也。然遷辭直而事備，固文贍而事詳。若用其所長，蓋其所短，則昇堂而入室矣。范曄絀公才而採私論，捨典實而飾浮言。陳壽意不迨文，容身遠害，既乖直筆，空紊舊章。自兹以降，漸已陵替也。國家革隋之弊，文筆聿修。貞觀、開元述作爲盛，蓋光於前代矣。自微言既絶，異端斯起。莊、列以仁義爲芻狗，申、韓以禮樂爲癰疣，徒有著述之名，無裨政教之闕。聖人遺訓，幾乎息矣。昔荀爽紀漢事可爲鑒戒者以爲《漢語》，今之所記，庶嗣前修。不尚奇正之謀，重文德也；不褒縱横之書，賤狙詐也；刊浮靡之詞，歸正也；損術數之略，抑末也。理國者以人爲本，當厚生以順天；立身者以學爲先，必因文而輔教。纖微之善，罔不備書，百代之後，知斯言之可復也。

〔一〕「潘氏所爲」《海王邨》、《書目題跋叢刊》本本作「潘氏子所爲」。

〔二〕「邪」上國家圖書館所藏明萬曆間商浚刻本（索書號 02952，見於「中華古籍資源庫」）有「人」字。

〔三〕「全」字國圖本無。

〔四〕「右理典刑」國圖本無「理」字。

【案】阿部隆一《中國訪書志一》著録臺北「故宫博物院」藏有此本，書名爲《唐世説新語》，明萬曆三十一年潘玄度刊，二册，有楊氏題記（第 119 頁）；《故宫所藏觀海堂書目》著録「明刊本，原題《唐世説新語》，有光緒癸巳楊氏題識」；檢《「國立故宫博物院」善本舊籍》，未著録有明刊本。阿部氏所録楊氏題記與《訪書志》内容有略同。

116　酉陽雜組二十卷續集十卷 明刊本

《新唐志》及《崇文總目》并三十卷，《中興書目》則云《雜俎》二十卷，《續雜俎》十卷。見《玉海》。《郡齋讀書志》《書録解題》同。説者謂唐《志》《崇文》之三十卷，蓋合《續雜俎》計之。顧近代著録家有宋、元本《前集》，無舊本《續集》。胡應麟《少室山房筆叢》云《酉陽雜俎》世有二本，皆二十卷，無所謂續者；近於《太平廣記》中鈔出《續記》，不及十卷。而《前集》漏佚者甚多，悉鈔入《續記》中，爲十卷，俟好事者刻之。而《稗海》及《津逮秘書》皆只有《前集》，通行坊本有《續集》，不言是鈔綴而成，故《四庫提要》致疑於此。余辛巳於日本市上購得明萬曆戊申四川道監察御史内卿李雲鵠刻本，前有宋嘉定癸未武陽鄧復序云：「陳君江刊止《前集》二十卷，又缺其序。余以家藏《續集》十卷並《前集》之序畀之，遂爲全書。」然則《續集》在宋時已微，自鄧氏重刻以後，始有全書。又有明海虞趙琦美序，言得是書之原委，並增補《續集》之由。然則此書之《前集》根原於宋刻本，而《續集》則鄧氏所藏，亦宋本也，唯趙氏有所綴緝耳。趙氏以收藏鳴一代，所謂「清常老人」者是也，其語必不誣。《提要》疑《續集》從《太平廣記》鈔出，何以得其六篇之目，意胡應麟以意爲之。今閲此書，乃知本于李刻，非原于胡氏。

又《提要》云「段氏自序凡三十篇，爲二十卷。今自《忠志》至《肉攫部》凡二十九篇，尚闕其一」，遂疑《語資篇》後當有《破蝨録》一篇。今以此本校《稗海》本，第四卷《禍兆篇》下，此本有《物革》一篇，《津逮》本亦有之，目録則無。蓋《稗海》本《禍兆篇》共十條，此以前四條爲《禍兆》，而以後六條爲《物革》。觀後六條皆言物變，並無禍患。《提要》所録亦同《稗海》本，故有「破蝨」一疑。

又按，段氏序凡三十篇，今核之自《忠志》至《尸穸》凡二十七篇，加以《諾皐》上下、《廣動》、《植》四卷，實五類八篇，又加末卷《肉攫部》，實三十六篇。按《玉海》引《中興書目》云三十二篇，與自序不合。余疑段氏原書本三十卷，無所謂《續集》，經宋人删削爲二十卷，南渡後好事者又從他書鈔綴爲《續集》十卷，以合于《唐志》。其自序篇卷所云「二十卷」「三十篇」「三十二篇」者，當亦後人各就所有録之，故參錯不相應。今以《動》《植》四卷爲一篇，恐古無此式也。其《續集》六篇之目，亦鈔綴者意撰，唯非胡應麟創始耳。

酉陽雜俎序

段成式《酉陽雜俎》三十卷，《唐書・藝文志》載之於丙部子録小説家。今陳君所刊止《前集》二十卷，又缺其序，余以家藏《續集》十卷并前集之序畀之，遂爲全書。謹按，成式出於將相之胄，襲乎珪組之榮，而史氏稱其博學强記，且多奇篇秘籍。今考其所論譔著，有書生終身耳目之所不能及者，信乎其爲博矣。然是書也，世所罕睹，是以周使君訪之而無有，管博士得之而未全。余家聚書萬有餘卷，奥編隱帙居多，而此書偶在所録，陳君知而求之甚力，姑序所以，俾廣其傳。嘉定癸未六月既望武陽鄧復應甫題。

序

《文獻通考》載《酉陽雜俎·前集》二十卷、《續集》十卷，世僅行其《前集》。吴中廛市鬧處，輒有書籍列入簷蔀下，謂之「書攤子」。所鬻者悉小説、門事、唱本之類。所謂「門事」，皆閨中兒女子之所唱説也。或有一二遺編斷簡如玄珠落地，間爲罔象得之。美每從吴門過，必於書攤之上覓書一遍〔一〕。歲戊子偶一攤見《雜俎續集》十卷，宛然具存，乃以銖金易歸。奮然思校，恨無善本。美堂兄可庵案頭有校本《雜俎前集》，因詢其據何本校定。兄曰：「吾婦翁繆含齋可貞氏，平生好讀奇書，嘗見崑山俞質夫先生有宋刻《雜俎》，因讐是書，吾轉録此册耳。」美喜甚，便攜之歸。開窗拂几，較三、四過，其間錯誤，如數則合爲一則者，輒分之；脱者，輒補之；魚亥者，就正之。不可勝屈指矣。又爲搜《廣記》類書及雜説所引，隨類續補。歲乙巳，嘉禾項羣玉氏復以數條見示，又所未備也，復爲續之。乃知是書必經人删取，不然，何放逸之多乎？美每欲刻之，而患力不勝。丁未，官留臺，侍御内鄉李公有士安、元凱之僻，與美同好，自美案頭見之，欣然欲刻焉。美曰：「子不語怪，而《雜俎》所記多怪事，奈何先生廣「齊諧」也？」先生曰：「否！否！禹鑄九鼎而神奸别，周公序《山海經》而奇邪著，使人不逢不若焉。」噫！世有頗行涼德者，侍御既以章疏爲鼎、爲經以别之矣，乃茲刻又大著怪事而廣之。豈謂有若《尸穸》《諾皋》所記，存之於心，未見之於行事者，又章奏所不及攻而人所不及避也。藉此以誅其心，僇其意，使暗者、昧者皆趨朗日，不至煩白簡矣，是亦息人心奇瑰之一端云。迪功郎南京都察院照磨所照磨，海虞趙琦美撰。

〔一〕「書攤之上」國家圖書館藏明李雲鵠萬曆三十六年刻本（索書號 03691，見於「中華古籍資源庫」）作「書攤子」。

【案】《留真譜初編》收録該書書影（廣文本第 567—568 頁，北京本第 621—622 頁）。此本行款爲半葉十行，行二十字。

阿部隆一《中國訪書志一》著録臺北「故宫博物院」藏有此本，著録爲明萬曆戊申（萬曆三十六年）李雲鵠刊本，六册，有楊氏題識（第 123 頁）；《故宫所藏觀海堂書目》著録「明萬曆戊申李雲鵠刊本，有楊氏題識，六册」；檢《「國立故宫博物院」善本舊籍》，著録館藏李雲鵠刊本一部，當即此本（第 943 頁）。

阿部氏所録楊氏題識與《訪書志》差異較大，抄録如下：

《酉陽雜俎》二十卷《續集》十卷，《愛日精盧藏書志》尚有元刊本，《酉陽雜俎前集》至《續集》則無聞焉。胡應麟《二酉綴遺》稱《雜俎》於《太平廣記》鈔出，《續記》佚好事刻之。故《稗海》有《前集》無《續集》，而毛氏《津逮秘書》亦無《續集》。通行本有《續集》，然不云得之應麟。此本係明李雲鵠刊本，蓋從趙琦美本入雕，有琦美《序》一篇，言此書端末甚詳，蓋《前集》從宋本校録，《續集》亦從宋本增補。前有嘉定癸未鄧復《序》，蓋爲《續集》作，然則《續集》爲趙琦美所校定，非應麟手。琦美以收藏鑒定鳴一代，所謂「清常老人」者是也，其語必不誣。《提要》疑《續集》從《太平廣記》鈔出，何以得其六篇之目，意應麟以意爲。今閱此書，乃知《續集》本亦宋刻，但不免有脱佚，琦美亦有增補耳。又《提要》云段氏自序凡三十篇，爲二十卷。今自《忠孝》至《肉攫》部凡二十九篇，尚闕其一，遂疑《語資篇》後當有《破蝨録》一篇。今以此本校《稗海》本，第四卷「禍兆之下」，此本有《物革》一篇，蓋《稗海·禍兆篇》共十條，此以前四條爲《禍兆》而以後六條爲《物革》，觀後六條皆言物變，並無禍患，則此本標篇必非臆度。暇日當合《津逮》本并校之。光緒癸巳春三月宜都楊守敬記。

117 遊仙窟一卷

此書中土著録家皆未之及，首題「寧州襄樂縣尉張文成作」，日本人皆以爲張鷟，即著

《朝野僉載》者。按《唐書·張薦》附《張薦傳》。鷟字文成，登進士第，授岐王府參軍，調長安尉，遷鴻臚丞。證聖中，天官劉奇以鷟及司馬鍠爲御史，性躁下，儻蕩無撿，罕爲正人所遇。又云鷟屬文下筆，輙成浮豔，少理致。此書稱積石山有神仙窟，《水經注》：積石山有唐述窟。文成奉使河源，於仙窟遇崔十娘，與之倡酬夜合。男女姓氏并同《會真記》，而情事稍疏，以駢麗之辭，寫猥褻之狀，真所謂儻蕩無撿，文成浮豔者。較之謂「張君瑞」即元微之所託名，尤爲可信。其注不知誰作，其於地理諸注，皆以唐十道證之，則亦唐人也。注中引陸法言之說，是猶及見《切韻》原本。又引范泰《鸞鳥詩序》、孫康《鏡賦》、揚子雲《秦王賦》此當有誤。皆向所未聞者。又引何遜《擬班婕妤詩》，亦馮氏《詩紀》所不載。他如稱夫蒙曰「陳三」、曰「姓名」，皆奇，未詳爲何人。此書日本別有刻本，分爲五卷，其注中有引《稗雅》一條，則後人所羼入，原本未有也。

嵯峨天皇書卷之中，撰得《遊仙窟》，召紀傳儒者，欲傳受也。諸家皆無傳，學士伊時深愁歎。于時木島社頭林木鬱鬱之所燒木結草，有老翁閉兩眼常誦之。問，讀《遊仙窟》云云也。伊時聞及，潔齋七日，整理衣冠，慎引陪從，參詣翁所。「誰來？」答曰：「唯，唯。」跪申「爲得《遊仙窟》所參」云云。翁曰：「我幼少自吝受此書，年闌倦事，僅所學誦而已。」重申願教此書，「僕苟侯王家，居學士之職，少幼暗文無讀，垂哀矜。」翁諳讀之，伊時付假名讀一帙畢。還歸之後，送種種珍寶，庵跡異香郁郁，無其跡。其後感書，幾乎大明神爲化現耳。

文保三年四月十四日授申圓禪庵序畢。文章生英房。

【案】《留真譜初編》收録有《遊仙窟》書影一種（廣文本第571—572頁，北京本第623—624頁），廣文本著録爲「舊鈔本」。但由書影中可見書葉有版心、魚尾，結合今「江户初期無刊記刊本」，疑廣文本版本著録有誤，當爲刊本。

據李時人、詹續左《〈遊仙窟〉的日本古鈔本和古刊本》一文（《上海師範大學學報》[哲社版]2006.3），1983年日本和泉書院所影印之「江户初期無刊記刊本」有楊氏所録序文。則《訪書志》所著録之本或即此本。此本行款爲半葉八行，行十五字。

《經籍訪古志》著録此本（第187頁）。

118　太平廣記五百卷　明刊本

《太平廣記》世無宋槧本，明嘉靖丙寅談愷始得鈔本刻之，長洲許氏又據以重刻。又有活字本，亦原于鈔本。至國朝乾隆十八年天都黄氏縮爲巾箱本，邇來書坊又即黄本重刊。此本每卷題「明長洲許自昌玄祐甫校」。許氏喜刊書，余所得《李杜集》《次山集》《皮子文藪》皆有許氏刊本，疑是書估也。　據談氏自序，尚有闕文闕卷。　胡應麟《二酉綴遺》稱其闕《嗤鄙類》二卷、《無賴類》二卷、《輕薄類》一卷，《酷暴類》闕「胡淛」等五事，《婢女類》闕「李誕女」等七事。談謂遍閲諸藏書家悉然，疑宋世已亡。　又言《輕薄類》談已考補。　今以許本總目所注闕卷、闕條較之，頗與胡説合。　顧卷中則皆已考補，唯《輕薄類》「朝士使朔方」一條、「劇燕」一條、《酷暴類》「李紳」一條，仍闕而未補。黄、許二本皆同。《嗤鄙類》「王智興」一條、「韋氏子」一條、「崔育」一條、「宇文翃」一條、「道流」一條，仍斷爛不全。二本皆同。　又許本《嗤鄙類》「王播」一條、「姓嚴人」一條、「楊錚」一條、「輕薄士流」一條，皆有斷爛，黄本皆補填。其他字句爲黄本所補者不少。《婦人類》兩本皆補全。　黄本於此類前尚有記云：「此卷宋板原闕，余考家藏諸書，得十一人補之。　其餘闕文，尚俟他日。　十山談愷志。」然則黄氏既據許本補足，則不應載談氏説，而别無考補之語。　且許氏本所補，每條注出處，間有數條未注。　而黄本於前十一條皆不注，則又甚不可解也。　許氏此卷亦有記云：「此卷宋板原闕，舊刻復贅一卷。　今訂取其一，倘有謬盭，不妨更駁。」其語亦不甚明了。　竊意此數卷中，固有習見之條，亦有甚隱祕者，不知其從何書補入。　若以許氏重刊此書時得别本補之，而其中不應復有斷爛。　若以爲按目據他書補入，則用力亦自不少，何以許、黄二氏皆不自標？且何以又多不注出處？《提要》著録，但引胡氏之説，以爲仍是不完之本，而未即許、黄二本互勘。

余又未見談氏原刻，第就許、黄二本著其參錯如此。他日俟得談本再覈焉。

又按，胡應麟云《太平廣記》引用書凡三百四十餘種，此就《廣記》總目前所標引用書目數之也。今以全書逐條核之，其書所有而目録未標者，又五十二種。雖其中不無傳刻之誤，然爲前目所遺，正自不少。余別爲補目于後，俟再詳考焉。

《傳記》六十九。

《松川録》七十八。

《廣德神異記》七十九。

《傳異記》七十九。

《西京記》九十七。

《廣宫異記》一百十一。

《傳神録》一百十六。

《南楚新聞》一百二十三。

《祥異集驗》一百卌七、二百八十。

《幽冥録》一百六十。

《李膺家録》一百六十四。

《玉笥山録》三百七十五。
《史遺》三百八十七 或「逸」字誤。
《祥驗集》三百九十六。
《東甌後記》三百九十六。
《外國事》四百廿三。
《傳奇》四百三十、四百四十一、四百七十。
《鄱陽記》四百四十三。
《瑞應編》四百四十七。
《奇事記》四百五十五。
《建安記》四百六十二。
《感應經》四百七十三、四百七十八。
《神異録》四百八十、四百八十二。
《南海異事》四百八十三。
許堯佐《柳氏傳》四百八十五。
《東城老父傳》陳鴻 四百八十五。

陳鴻《長恨傳》四百八十六。

薛調《無雙傳》四百八十六。

蔣魴《霍小玉傳》四百八十七。

元稹《鶯鶯傳》四百八十八。

牛僧孺《周秦行記》四百八十八。

《東陽夜怪録》四百九十。

《謝小娥傳》李公佐　四百九十一。

房千里《楊倡傳》四百九十一。

皇甫枚《非煙傳》四百九十一。

《靈應傳》四百九十二。

《騰聽異志録》四百五十三。

【案】　此本今藏臺北「故宮博物院」，著録爲明長洲許自昌刊本，二十四册（故觀003473－003496）。本書行款爲半葉十二行，行二十四字。

119　湖海新聞夷堅續志前集十二卷後集七卷　元刊本

首題「新編湖海新聞夷堅續志綱目」，旁注「前集」二字，以下不題「新編」二字。分「人倫」「靈異」「符讖」「捨遺」「人事」「治道」「藝術」「警戒」「報應」九門，凡一百八十三條，無撰人刊刻名氏。《後集》題「重刊湖海新聞夷堅續志」，次行題「江陰薛詡汝節證刊」，分「神仙」「道教」「佛教」「文華」「神明」「怪異」「精怪」七門，凡二百五十八條。每半版十五行，行二十三字。前、後集款式皆同，其分門亦無複者，的爲一人所撰著。其刊刻亦一時所爲，不知何以《前集》不題「薛氏重刊」之名，而《後集》題之。按，李申耆《養一齋集》有此書《前集》跋，稱不分卷，分八門，凡二百二十一條。首題「重刊」二字，次題「江陰薛詡汝節刊」。其前一行末有一「編」字，而無人名，其第一條曰「大元昌運」。今按，此書《前集》亦以「大元昌運」爲首，而分門則羸，分條則絀，當是有分合删增者，未知誰爲祖禰也。至其《後集》，李氏亦未見其書，雖小説家亦不盡無稽，而較景廬原書，尤可資談助。蓋景廬就一人之所見聞，成書百餘卷，此搜兩宋遺聞，以逮元初，僅成此數册，故較簡而要也。

【案】《留真譜初編》收録該書書影（廣文本第569—570頁，北京本第625—626頁）。

又，今國家圖書館藏元碧山精舍刻本《前集》一部（卷1—6、9—12配日本鈔本，索書號7585、7586）二册，每半葉十二行，行廿二字，爲楊氏日本訪書所得，有「飛青閣藏書印」「激素飛青閣藏書印」，又有「海鹽張元濟經收」「涵芬樓」藏印。《涵芬樓燼餘書録》著録此本，抄録如下：

無撰人名氏，《前集》分「人倫」「靈異」「符讖」「拾遺」「人事」「治道」「藝術」「警戒」「報應」九門。刊本存卷七、卷八。半葉十二行，行二十二字。餘鈔補。《後集》書名增「重刊」二字，次行題「江陰薛詡汝節證刊」，分「神仙」「道教」「佛教」「文華」「神明」「怪異」「精怪」七門。半葉十五行，行二十三字，板刻比《前集》爲晚。歸安陸氏、錢塘丁氏均有鈔本。前、後集各二卷，與此不同。丁氏《藏書志》詳載門類，亦互有出入。是本爲宜都楊氏得之海外。《前集》一百八十則，《後集》二百五十八則，均少於丁本。《前集》爲東人補鈔，或有遺漏；《後集》原目具存，並無短闕。豈此爲原刻，丁本爲他人增補歟？

藏印：宜都楊氏藏書記、飛青閣藏書記。

卷九

120　楊上善黄帝内經太素廿三卷　又零殘一卷　影古鈔卷子改摺本

按，李濂《醫史》、徐春甫《醫統》並云楊上善隋大業中爲太醫侍御，述《内經》爲《太素》。顧《隋志》無其書，新、舊《唐志》始著楊上善《黄帝内經太素》三十卷、《黄帝内經明堂類成》十卷。《崇文總目》《郡齋讀書志》《書録解題》皆不著録，知此書宋代已佚，故高保衡、林億等不及見。《宋志》楊上善注《黄帝内經》三卷，未足據也。日本藤原佐世《見在書目》有此書，蓋唐代所傳本。文政間，醫官小島尚質聞尾張藩士淺井正翼就仁和寺書庫鈔得二十餘卷，亟使書手杉本望雲就録之以歸，自後乃有傳鈔本。此本每卷有小島尚質印，楣上又據諸書校訂，亦學古親筆，蓋初影本也。是書合《靈樞》《素問》纂爲一書，故其篇目次第與二書皆不合，而上足以證皇甫謐，下足以訂王冰，詢醫家鴻寶也[一]。但楊上善爵里、時代，古書無徵。據其每卷首題「通直郎守太子文學臣楊上善奉勅撰注」，按《唐六典》，魏置太子文學，自晉之後不置。至後周建德三年，置太子文學十人，後廢，皇朝顯慶中始置。是隋代並無太子文學之官，則上善爲唐顯慶以後人。又按此書殘卷中「丙主左手之陽明」，注云「景丁屬陽明者，景爲五月」云云，唐人避太祖諱「丙」爲「景」，則上善爲唐人審矣。《醫史》《醫統》之説未足據也。

今本《漢書·地理志》「蜀郡湔氐道」注：「江水過郡七，行二千六百六十里。」識者知其誤。趙一清得見宋本，云是「過郡九，行七千六百六十里」。《説文繫傳》引《漢志》亦與宋本合。而又雜引近代人之説，以後世計里强合漢代，謂宋本亦未合。今按此書第五卷「手陽明，外合於江水，内屬於大腸。」注：「江水出蜀岷山郡升遷縣東南，流入海，過郡九，行七千六百六十里也。」亦與宋本《漢志》合，是宋本是而今本非，無可疑者。附記于此。

又按，宋高保衡、林億等《重廣補注黄帝内經序》云：「隋楊上善纂而爲《太素》時，則有全元起者始爲之訓解。」是《醫史》《醫統》致誤亦由高保衡等。又按，《南史·王僧儒傳》有「侍郎全元起欲注《素問》，訪以砭石」語〔二〕，汲古本誤「全」爲「金」。則全元起亦非隋人，坿訂於此。

余又得影鈔本十部，仍裝爲卷子，有錦小路印。按，錦小路爲日本舊諸侯，藏書最富，在小島學古之前，是此書影鈔不自學古始。

〔二〕「詢」《訪書志》諸刻本皆如此，湖北本、遼寧本均改作「洵」。

〔二〕「王僧儒」誤，當作「王僧孺」，湖北本已出校。

【案】《留真譜初編》收録該書書影（廣文本第 635—636 頁，北京本第 691—692 頁）。

《經籍訪古志補遺》著録此本（第 269 頁）。

今臺北「國家圖書館」藏有《黄帝内經太素》一部，《「國立中央圖書館」善本題跋真跡》收録是書首卷卷端，與《留真譜初編》書影一致，可知即爲同本。著録爲日本影鈔古寫本，存二十三卷，二十四册，清光緒間楊守敬手書題記（索書號 05880）。

楊氏題記與《訪書志》内容不同，《「國立中央圖書館」善本題跋真跡》書録楊氏題記書影（第 1143 頁），《標點善本題跋集録》收録題跋原文（第 252 頁），與《訪書志》稍異：「《宋志》楊上善《黄帝内經》三卷，未足據也」後有小字注「《宋志》多不可據」；「亟使書手杉本望雲録之以歸」至「據其每卷首題『通直郎守太子文學臣楊上善奉敕撰注』」作「亟使書杉本望雲就録之原爲卷子本，今改爲蝴蝶裝。以歸，自後乃有傳鈔本。皆影鈔本。按《黄帝素問》，王冰所注次第與全元起本不同，説者謂全本是原書真面，今以楊本校之，亦與全本不合，則知全之八卷、揚之卅卷、王之廿四卷，各尊所聞，均與《漢志》九卷之數不合，蓋術家之書，代有增損移易，不可究詰也。但楊上善爵里時代，古書無徵，據其每卷首題『通直郎守太子文學臣楊上善奉勅撰注』，與《醫史》所云太醫侍御已不同」；段末題「光緒癸未十二月宜都楊守敬記」：「今按此書第五卷」至「附記于此」作「汪小米《漢志》校本又稱説《説文繫傳》引《漢志》，與趙氏所見宋本合，則宋本已足據矣。今按此書第五卷『陽明外合於江水，内屬於大腸』，注『江水出蜀岷山郡升遷縣，東南流入海，過郡九行，七千六百六十里』，亦與宋本《漢志》合，又足破趙氏之疑，附證於此」。

依據原書書影，可知此本除楊氏藏印外，尚有周懋琦「福海長春署齋」「鴻寶署齋」「子玉校勘之學」「韓侯」「周印懋琦」「子瑜」以及「國立中央圖書館收藏」等印記。

121　黄帝明堂一卷　卷子本

首題「通直郎守太子文學臣楊上善奉敕撰注」，前有自序，云：「是以十二經脈各爲一卷，奇經八脈復爲一卷，合爲十三卷。」今僅存第一卷耳。按《舊唐志》有楊上善《黄帝内經明堂類成》十三卷，此無「類成」二字，然必一書也。森立之《訪古志》云此書寶素堂藏，余所得即小島學古本，用油素雙鈎，字體精整，想見原本猶是唐人手筆。卷末有永仁中丹波長高題識五條，亦與《訪古志》合〔一〕。森氏稱：「其體手《太陰》一經，自肺藏形象以至經行腧穴，纖悉具載。更有注文解腧穴名義及主治病症，極爲精審，實係《千金》《外臺》所不有。」森氏精醫術，博極羣書，所言當不誣。原本篇幅過高，不便爲摺本，乃仿宋刻字體版以餉世。其中訛字悉仍其舊，精斯術者，自能辨别。至楊上善相傳爲隋人，余考《唐六典》，魏置太子文學，晉廢，後周復置，又廢，唐顯慶中始置。然則上善本唐人，故《隋志》不著録。詳見余《内經太素》跋文。

〔一〕「訪古志」《日本訪書志》諸刻本此處皆作「訪書志」，當指《經籍訪古志》，今改作「訪古志」。

【案】《經籍訪古志》著録此本（第 286 頁）。

今國家圖書館藏有《黄帝内經明堂注》一部，影鈔本（索書號 12082），存 23 卷：1—3、5、6、8—15、17、19、23—30，見於「中華古籍資源庫」。核對内容，可知此本實際包含兩種書，一種爲《黄帝内經明堂注》，一種爲《黄帝内經太素》，因兩種書均爲近人澀雄舊藏，澀氏將二書合在一處，故今兩種書被合爲一部。二書中皆有森立之藏印及題跋，可知曾爲森氏所藏。其中《黄帝内經明堂注》今存一卷，卷末有森氏題跋：

此本實素小島君舊藏，欄外朱墨小記，實素君手書也。後入三松堂架中，故嘗有元堅茝庭印記。今爲寺田望南藏，余懇求望南，遂爲余藏云。

明治十二戊寅十二月八九翁源立之。

此本當即《訪書志》所提到的卷子本的影寫本。此本有日本藏書家藏印，如寺田盛業（號望南）「讀杜草堂」「天下無雙」「寺田盛業」「薩摩國鹿兒島郡寺田盛業藏書」「日本薩摩寺田氏暴書記」，亦有丹波元堅「臣元堅印」。後爲近人馮雄所得，有「馮雄之印」「南通馮氏景岫樓藏書」印記。

122　千金翼方三十卷 校元本

日本文政己酉從元槧摹刻本〔一〕。其原本係多紀氏聿修堂物，今未知所在。此本係小島尚質以初印本硃校于界欄上，蓋據宋本、元本、明王肯堂校刊本及《新修本草》諸書合校者，自丁亥訖己亥，首尾十二年始成，其精核可想。

又按，森立之云《翼方》初擬附《考異》一卷而未成，當即以小島校本爲之也。

〔一〕按，日本文政十二年爲己丑年，《訪書志》言己酉，誤。湖北本已出校。

【案】此本今藏臺北「故宮博物院」，著録爲日本文政十二年覆刊元大德梅溪書院本，十二册，日本小島質手校並題記（故觀 010743－010755）。《經籍訪古志》著録此本（第 314 頁）。

123　千金方一卷 日本刊本

日本天保三年摹刻，蓋據舊鈔本入木，書法亦古雅。首題「千金方第一并序」，下題「處士孫思邈撰」，序後一卷子目及本文俱接書，蓋據卷子本體式。卷末有正和四年和氣嗣成題識，以下其家數世均有跋語，下至觀應、文和、延文、貞治、應安、永和、康曆、永德、至德、嘉慶、康應、明德、應永、正長、永享、嘉吉、文安、寶德、享德、康正、長祿、寬正、文正、應仁、文明、長享、延德、明應、文龜、永正、大永、享祿、天文、弘治、永祿、元龜、天正三年止。據丹波元堅序稱爲遣唐使人所齎回，定爲真人原本，未經林億校定者，惜只此一卷。按，黄氏士禮居有此書殘本，存第一至第五、第十一至十五、第二十一至三十，共存二十卷，其餘以明刻補之，仍缺第二十卷。據其所跋，亦是真人原本，未經林億改纂者。蓋孫氏原書名《千金方》，林億等校本名《千金備急要方》，固自不同也。

【案】《留真譜初編》收録該書書影(廣文本第 655—658 頁，北京本第 709—712 頁)。

此本今藏臺北「故宫博物院」，著録爲日本天保三年松本幸彦摹刻古鈔本，一册(故觀010697)。

楊氏所指黄氏士禮居藏本今藏日本静嘉堂文庫，著録爲宋刻本(宋刻存卷一至五、十一至十五、二十一至三十，卷六至十、卷十六至十九配元刻本，卷二十配明慎獨齋影元刻本)，二十四册，十四行，二十四至二十六字，小字雙行同(元刻本十二行，二十二字，小字雙行同)。黄丕烈嘉慶己未年(1799)、丁丑年(1817)跋并題詩,黄美鎬録千金唱和册,慎獨生同治丁卯年(1867)跋。《皕宋樓藏書志》(第488頁)、《蕘圃藏書題識》收録有黄丕烈題跋(第266頁)。

124　神農本草經三卷　漢學堂黄奭輯本[一]

案此本與孫氏《問經堂叢書》本全同,唯卷末多《補遺》二十二條。考孫氏自序,於此書源流甚晰,不應是竊人之書。黄氏輯佚書至二百八十條,亦不應攘人之作以充數。而卷末二十二條,非平時用力此學亦不能得也。疑黄氏輯書時,但就孫本校核,及書成,又得二十二條於孫本之外,故附刻其末,然不應没孫氏名而直署己作。又《本草》目録明載李時珍《本草綱目》第二卷,孫氏失採,而黄氏亦不遵之,至金山顧氏始爲拈出。《補遺》二十二條,大半是《證類》黑字,唯引《續博物志》一條,疑是序列佚文。

〔一〕此篇解題底本無,據《海王邨》本、《書目題跋叢刊》本補録於此。詳見前《整理説明》。

125　神農本草經五卷　日本森立之輯本

森氏爲日本醫官,又精考證,此所輯《本草經》三卷、《考異》一卷,據其自序及《考異》,

引證之博，決擇之精，遠出孫、顧二本上。唯所録上品一百二十五種，中品一百一十四種，下品一百一十八種，蓋不信李時珍《綱目》所載目録，而別據《千金方》《醫心方》《新修本草》《和名本草》等書，以爲根源之古，然顯與本《經》三百六十五種之數不合，森氏亦不言其所以然。又孫氏所輯《藥對佐使》之類，固爲龐雜，而所輯佚文十二條。顧氏又多四條，森氏未見。當是序例中語，森氏概不之采，恐亦未必隱居之舊也。

126 經史證類大觀本草三十一卷 元刊本

元大德壬寅刊本，不附寇宗奭《本草衍義》，避孝宗嫌名，蓋原于宋刻，爲慎微原書[一]。按此書有兩本：一名《大觀本草》，三十一卷，艾晟所序，刻于大觀二年者，即此本也；一名《政和本草》，三十一卷，以第三十一卷移於三十卷之前，合爲一卷，而刪其所引十六家《本草義例》，最謬。政和六年曹孝忠奉敕校刊者。二本皆不附入寇氏《衍義》。至元初，平陽張存惠重刻政和本，始增入《衍義》及藥有異名者，注于目録之下。首有木記，稱「泰和甲子下己酉冬南至晦明軒記」[二]，錢竹汀考爲元定宗后稱制之年，其說至確。《提要》以爲金泰和刻本，誤。余別有詳考，載入成化刻《政和本草》之首。至明萬曆丁丑，宣城王大獻始以成化重刻政和之本，依其家所藏宗文書院《大觀》本之篇題，合二本爲一書，卷末有王大獻後序，自記甚明。並去政和本諸序跋，獨留大觀艾晟序及「宗文書院」木記，按其名則「大觀」，考其書則「政和」，無知妄作，莫此爲甚。又有萬曆庚子巡按兩淮鹽課御史彭端吾據王本重刊，並去艾晟序、宗文木記。《提要》所稱大德本及錢竹汀所録皆是此種。《提要》見此本亦增入《衍義》，遂謂元代重刊，又從金本録入，而不知大德原本並無《衍義》也。又有朝鮮國翻刻本，一依宗文本，不增改一字，較明人爲謹飭焉。此書集《本草》之大成，最足依據。至李時珍《本草綱目》頗傷龐雜，不爲典要。顧《大觀》《政和》兩本糅雜不清，前人未見古本，多不能分別，故爲之詳疏如此。

〔一〕「慎微」原作「慎徽」。按唐慎微，北宋藥學家。

〔二〕今存元本《重修政和經史證類備用本草》（收入《中華再造善本》）有此牌記，作「泰和甲子下己酉冬日南至晦明軒謹記」，較上文所記牌記多一「日」字。湖北本據《皕宋樓藏書志》《經籍訪古志》亦已指出這一缺失。

【案】《留真譜二編》收録該書書影（廣文本第269—270頁，北京本第1619—1620頁）。

此本今藏臺北「故宫博物院」，著録爲明覆刻元大德六年宗文書院刊本，二十册，楊守敬手書題記（故觀000656－000675）。

此本與王重民《訪書志補》所録爲同一本（見後264號）。《鄰蘇觀海——院藏楊守敬圖書特展》一書有關於楊氏此本的介紹，選取與版本相關的内容抄録如下（第164頁）：

楊守敬於東瀛訪獲多部《大觀本草》，輒附親筆題識於篇首，或考版本，或疏源流，可見其珍重之意與研讀之勤。唯其曰宋槧者，實乃元宗文書院本，今藏「國家圖書館」。其定爲元本者，現由本院典守，固然有「大德壬寅孟春宗文書院刊行」印記，審其版刻點畫，實係明前期覆刊，然原刻漫漶，若干難以識讀之文字逕以墨釘取代，且多見修補痕跡，新鍥字體明顯可辨。此帙目録及每卷末俱鈐一「天水」白文長方小印，不難想見舊時主人嘗以宋本寶之。楊守敬得之於小島家……首有光緒十一年（1885）題記一篇，頗著力梳理《證類本草》翻刻梗概與得失，至文末稱「余得宋宣和刻本衍義」，實亦元覆刊宋本。此宋代藥學家寇宗奭（生卒年不詳）之《本草衍義》，現藏「國家圖書館」。

127　本草衍義二十卷目録一卷　宋刊本

首載政和六年十二月廿八日付寇宗奭劄子，又題「宣和元年　月本宅鏤板印造宣教郎知解州解縣丞寇約校勘」。《目録》及第一卷之首，題「通直郎添差充收藥材所辨驗藥材寇宗奭編撰」。趙希弁《讀書後志》作《本草廣義》[一]，與其序例不相應，當誤也。自序稱

《重定本草》及《圖經》有執用已私，失於商較，并考諸家之説，參之事實，覈其情理，證其誤脱，以爲此書。蓋爲掌禹錫等《補注神農本草》、蘇頌等《本草圖經》而作也。余按，大觀二年，唐愼微之《本草》已刻于漕司[二]。至政和六年，曹孝忠又奉命校刊愼微之書，何以寇氏一不議及？余意大觀、政和年歲相近，漕司之本或流傳未廣，至曹氏校《證類》，而宗奭之書已成。嘗以質之森立之，立之云此書通編藥名次第，全與唐蘇敬《新修本草》相符。日本現存蘇敬《本草》十卷，余已得其影鈔本。然則掌氏、蘇氏之書與《新修本草》義例相同。寇氏蓋以《證類本草》分門增藥爲非是，因就《新修》而作《衍義》也。又云寇氏辨正藥品，凡四百七十二種，發明良多，蓋翻「性味」之説而立「氣味」之論，東垣、丹溪之徒多尊信之。《本草》之學，自此一變。然則寇氏本非爲微之書而作《衍義》，張存惠刊《證類本草》以寇氏書入之，已失其旨，有明一代遂無刊本，而《四庫》不得著録，此當急爲流布者也。

〔一〕「草」字原作空闌，據楊守敬原書題跋及《郡齋讀書志》補。又，《本草廣義》在衢本、袁本《郡齋讀書志》中皆爲晁氏所撰（屬於「前志」），不見於趙希弁所撰《讀書後志》中。楊氏此説有誤。

〔二〕「微」原作「徵」，以下徑改。

【案】《留真譜初編》收録該書書影（廣文本第 681—682 頁，北京本第 743—744 頁）。本書行款爲半葉十二行，行二十一字。

此本今藏臺北「國家圖書館」，著録爲元翻刻宋宣和元年本，五册，清光緒十三年楊守敬題識(06211)。

《「國立中央圖書館」善本題跋真跡》收録楊氏題識書影(第 1209 頁)，《標點善本題跋集録》收録楊氏題跋原文(第 263 頁)，與《訪書志》大略相同，末題「光緒丁亥三月宜都楊守敬記」。

128　傷寒論十卷　影北宋本

《傷寒》一書，後人多所更亂，而所據者大抵以成無己註本爲集矢，不知成氏本亦非叔和所編真面目。蓋叔和於每證治法相同者，不嫌複載；成氏則但載其初見者，以後則云「見某證中」，以省煩。然醫道至密，古人不憚反覆叮嚀，意自有在。今省去之，反開學苟簡之弊。然自成氏註解後，林億校進本遂微，著録家亦皆以成氏本爲叔和原書，冤矣。余在日本，初得其國寬文刊本，見其與成氏注解本不同，而刻手草率，誤字甚多。厥後得其翻刻明趙清常《仲景全書》本，而後知成氏本果非叔和原書。然開篇題名下即著「明趙開美校刻沈琳仝校」字樣，是已非宋本舊式。最後於書肆得此影寫本，每半葉十行，行十九字。首題「傷寒論卷第一」，次行題「漢張仲景述晉王叔和撰次」，再下行低三格「辨脈法第一平脈法第二」，又下行低二格「辨脈第一」，再下頂格「問曰」云云。乃知趙氏本根源於宋刻，但爲題校刊姓名，遂移其行第。清常收藏名家，亦爲流俗所染。此本影寫精緻，儼然北宋舊刻。唯第五一卷，第六上半卷，第八、九、十三卷，摹寫稍弱，紙質亦新，當又是後來補寫也。竊怪日本著録家皆以趙開美本爲最古，而此本尚存其國，未見甄異。余乃無意得之，歸後屢勸人重刻，竟無應者。念此書爲醫家本經，日本翻刻趙本其板已毁，恐他日仍歸湮滅，故特録其經進官階於左，以審世之存心濟世者。

傷寒論序。

國子監

准　尚書禮部元祐三年八月八日符：元祐三年八月七日酉時，准　都省送下。

當月六日

勑中書省勘會，下項醫書册數重大，紙墨價高，民間難以買置。八月一日奉

聖旨，令國子監别作小字雕印。内有浙路小字本者，令所屬官司校對，别無差錯，即摹印雕版，並候了日，廣行印造。只收官紙工墨本價，許民間請買，仍送諸路出賣。奉

勑如右，牒到奉行。 前批八月七日未時付禮部施行。 續准禮部符，元祐三年九
月二十日准
都省送下，當月十七日
勑中書省、尚書省送到國子監狀，據書庫狀，准
朝旨雕印小字《傷寒論》等醫書出賣，契勘工錢，約支用五千餘貫，未委於是何官
錢支給應副使用。 本監比欲依雕《四子》等體例，於書庫賣書錢内借支。 又緣
所降
朝旨，候雕造了，令只收官紙工墨本價，即別不收息，慮日後難以撥還。 欲乞
朝廷特賜應副上件錢數支使。 候指揮。 尚書省勘當，欲用本監見在賣書錢，候
將來成書出賣，每部只收息壹分，餘依元降指揮，奉
聖旨，依國子監，主者一依
勑命指揮施行。
治平二年二月四日
進呈，奉
聖旨鏤版施行。

朝奉郎守太子右贊善大夫同校正醫書飛騎尉賜緋魚袋臣高保衡
宣德郎守尚書都官員外郎同校正醫書騎都尉臣孫奇
朝奉郎守尚書司封郎中充祕閣校理判登聞檢院護軍賜緋魚袋臣林億
翰林學士朝散大夫給事中知制誥充史館修撰宗正寺修玉牒官兼判太常寺兼禮儀事兼判祕閣祕書省同提舉集禧觀公事兼提舉校正醫書所輕車都尉汝南郡開國侯食邑一千三百户賜紫金魚袋臣范鎮
推忠協謀佐理功臣金紫光禄大夫行尚書吏部侍郎參知政事柱國天水郡開國公食邑三千户食實封八百户臣趙槩
推忠協謀佐理功臣金紫光禄大夫行尚書吏部侍郎參知政事柱國樂安郡開國公食邑二千八百户食實封八百户臣歐陽修
推忠協謀同德佐理功臣特進行中書侍郎兼户部尚書同中書門下平章事集賢殿大學士上柱國廬陵郡開國公食邑七千一百户食實封二千二百户臣曾公亮
推忠協謀同德守正佐理功臣開府儀同三司行尚書右僕射兼門下侍郎同中書門下平章事昭文館大學士監修國史兼譯經潤文使上柱國衛國公食邑一

萬七百户食實封三十八百户臣韓琦

知兗州録事參軍監國子監書庫臣郭直卿

奉議郎國子監主簿雲騎尉臣孫準

朝奉郎行國子監丞上騎都尉賜緋魚袋臣何宗元

朝奉郎守國子司業輕車都尉賜緋魚袋臣豐稷

朝請郎守國子司業上輕車都尉賜緋魚袋臣盛僑

朝請大夫試國子祭酒直集賢院兼徐王府翊善護軍臣鄭穆

中大夫守尚書右丞上輕車都尉保定縣開國男食邑三百户賜紫金魚袋臣胡宗愈

中大夫守尚書左丞上護軍太原郡開國侯食邑一千八百户食實封二百户賜紫金魚袋臣王存

中大夫守中書侍郎護軍彭城郡開國侯食邑一千一百户食實封二百户賜紫金魚袋臣劉摯

正議大夫守門下侍郎上柱國樂安郡開國公食邑四千户食實封九百户臣孫固

太中大夫守尚書右僕射兼中書侍郎上柱國高平郡開國侯食邑一千六百户食實封五百户臣范純仁

太中大夫守尚書左僕射兼門下侍郎上柱國汲郡開國公食邑二千九百户食實封六百户臣吕大防

【案】《留真譜初編》收録該書書影（廣文本第 643—644 頁，北京本第 703—704 頁）。

今臺北「國家圖書館」藏有《傷寒論》一部，著録爲日本鈔本，四册，有楊守敬手書題記（05895）。《「國立中央圖書館」善本題跋真跡》收録楊氏題記書影（第 1150 頁），《標點善本題跋集録》書録楊氏題記原文（第 253 頁），抄録如下：

此影北宋本《傷寒論》，篇中多互見之文，以人命至重，古人不殫反覆叮嚀，意至深遠，《漢書・藝文志》是其前規，自金成無己作注解，將其重複者概删之，以後世遂無仲景完本。余乃於日本得此影鈔，滿擬歸而刻之，奈其知者少，荏苒歲月，乃未遂苦心搜羅之願。癸丑端午，鄰蘇老人題。

「國家圖書館」之「古籍與特藏文獻資」源庫收録該書電子版，書中除楊氏藏印外，尚有「吴興張氏適園收藏圖書」「莚圃收藏」鈐印，《適園藏書志》《莚圃善本書目》皆著録此本。

129　脈經十卷　宋嘉定何氏本

王叔和《脈經》十卷，《隋志》已著録，《新唐志》同，而《舊唐志》僅有二卷之本，此宋林億等所謂好事之家僅有存者，故五代高陽生《脈訣》得而託之。然自熙寧頒布以後，《脈訣》仍自盛行，直至元戴啟宗爲《刊誤》，始昭然知《脈訣》非叔和書。顧《脈經》雖一刊於熙寧，再刊於紹聖，三刊於廣西漕司，四刊於濠梁何氏，元泰定間，又刊於龍興儒學，而傳習者終稀。據諸家敘録可見。良以經旨淵奥，非貫穿《素》《靈》、扁、佗者未易領取。明代畢玉、袁表、沈際飛諸本，皆從泰定出，而奪誤尤甚。唯吴勉學《醫統正脈》所收取源于何氏，至今尚有存者。而《四庫提要》乃未收此書，殊不可解。嘉慶間，阮文達公始得影鈔何氏本，著于《未收書目》中，惜未翻雕傳世。金山錢氏又從袁刻録入，亦未爲善本。坊間所行更無論矣。余從日本得宋刻何氏原本，又兼得元明以來諸本，乃盡發古醫經書與之互相比勘，凡有關經旨者，悉標於簡端，非唯可據諸經證此書，亦可據此書訂諸經。別詳札記。吾宗葆初壽昌大令，存心濟世若不遑及，見而亟墨諸版。嗟乎！人命至重，二十四脈判於豪髮，俗醫沈伏、遲緩之不分，妄逞臆見，率爾下藥，殺人不須白刃，夭折付之天命，而蒼生之禍極矣。此書出，吾願天下之業斯術者，未能洞徹此旨，愼勿漫揔刀圭。光緒十有九年夏四月記于鄰蘇園。

【案】《留真譜二編》收録該書書影（廣文本第 245—246 頁，北京本第 1595—1596 頁）。

據《中華再造善本總目提要·金元編》，《脈經》的傳世刊本主要有兩大系統，一爲嘉定元年陳孔碩借醫局建本，用閣本參考互訂，刻於廣西漕司，即廣西漕司刻本，今存者有明成化十年畢玉據泰定四年龍興道儒學重刻本；另一爲嘉定十年何大任依家藏紹聖小字監本刊本，即何大任刻本，國家圖書館藏一部明刻王氏《脈經》，是本應爲現存最接近宋版原貌之本（第 1068 頁）。可知《脈經》一書既無宋本亦無元本存世。此本行款爲半葉十二行，行二十字。

《經籍訪古志》著録此本（第 292 頁）。

今臺北「故宮博物院」藏有《脈經》一部，著録爲明覆刊宋嘉定間何大任本，二册（故善

001385－001386），無楊守敬題跋和藏印，來源亦非觀海堂，當非《訪書志》著録之本。

130　脈經十卷　影鈔元刊本

元泰定四年，龍興路醫學教諭謝縉翁刊本，前有東陽柳贇序，又有謝縉翁自序，並載移文一首。據縉翁後序稱，以官本及廣西漕司本，又得鄉人黄南牖家本合校。柳贇序云：「其卷帙篇第，一用陳氏廣西之舊，故陳孔碩一序亦賴之以存。」今以校何大任本，互有異同，而不如何本之勝。唯劃條提行，此本又較勝之。後來袁表、沈際飛等，皆從此本出也。又有成化十年畢玉重刊此本，則訛謬尤多。云此本爲日本醫學提舉多紀氏所藏，即著聿修堂各醫書之家也。

柳贇《序》。

謝縉翁《序》。

宋校定《脉經序》。

熙寧元年劄子。

紹聖三年劄子。

泰定四年劄子。

以上袁表本皆載之，今不録。唯此劄子後有謝縉翁《重識》一段，袁本不載，今附於左：

泰定四年六月初四日

中奉大夫江西湖東道肅政廉訪使朶列禿、

書吏劉伯貞

《脉經》皆依宋監本及廣西校定刻布，其中疑處，並係元本，不可輒改，序中已言之矣。今再取二本元刻本末及今憲司准申指揮并刻之，庶讀者知其原云。

盧陵謝縉翁重識。

【案】《留真譜二編》收録該書書影（廣文本第 247—250 頁，北京本第 1597—1600 頁）。此本行款爲半葉十四行，行二十字。

《經籍訪古志》著録此本（第 292 頁）。

今臺北「故宫博物院」藏有《脈經》一部，著録爲日本影鈔明成化十年淮陽畢玉刊本，二册（故觀 003444－003445），爲觀海堂舊藏，或即此本。

131　脈經十卷 明刊本

明袁表重刊《脉經》，蓋以泰定四年本爲原而間有校改，並有印行後挖改者。據徐中行札，知所據本中多糢糊，屬袁氏校正，故不免臆補之處。自袁氏以前，此書唯有成化中淮陽刊本及趙府居敬堂本，皆流傳不多。自袁氏本出，此後重刊皆據其本，不可謂之無功。此書余得之小島，朱、藍、墨筆校記，其硃筆者嘉定何大任本，藍筆者明淮陽刊本，墨筆者則據《素》《靈》《難經》《傷寒》《甲乙》等書，可稱精詳。每卷後有學古校讀年月，并記與其友人同諸姓名，蓋不啻三四覆校。然叔和所引書今不盡見，其源多載《千金方》。小島未以《千金》校之，且至六卷以後，亦第以宋本互校，未及旁引他書，甚爲漏略，故余復以硃筆勘之。凡見於諸醫經者，異同悉著之，不嫌其煩瑣也。

【案】《留真譜二編》收録該書書影(廣文本第 251—252 頁，北京本無此本)。此本行款爲半葉九行，行十八字。

《經籍訪古志》著録此本(第 294 頁)。

今臺北「故宫博物院」藏有《脈經》一部，著録爲明童文舉翻刊袁表本，七册，小島質手書題識(故觀 004137－004143)，爲觀海堂舊藏，或即此本。

132　蕭世基脈粹一卷　永正五年鈔本

此書晁氏《讀書後志》著于録，言治平中姚誼序之，《書録解題》《宋志》皆不載。此日本永正五年鈔本[一]，首有治平三年姚誼序，與晁氏説合；次有嘉定癸未李撰跋，蓋又南渡後崇川王進甫重刻，并附王叔和《脈賦》。此僞書。今只存《脈粹》一書，係小島學古舊藏，森立之《訪古志》亦不載。據姚、李二序，知世基字處厚，吉州龍泉人。

世爲神農學者，大要以察脈論病爲急。然醫經方書祖述浩博，罕際其會，非性識穎鋭，通貫文藝者，曷究其藴？河南蕭君處厚世基。簪紱名家，少業儒術，屢應鄉薦，士大夫賢而愛之。處厚嘗因伯父及母氏數不妄節，醫家者流率多庸淺，固留意於醫[二]，輒詣淵奥。鄉曲間有少疵癘，必就之取愈。處厚不以貧富，待之如一，賢不肖以此尤重之。嘗閲《内經》及歷代書訣，患其隱昧難曉，撮取衆善，類成一編，名曰《脈粹》。雖根本聖賢，而指括徑捷，視醫道如指掌，誠書訣之喉衾也。不忍管擢其善，且欲傳之於人，庶札瘥者無鄙犬之患[三]，稚子耋翁胥格仁壽，實大君子用心矣。與夫得一要義，重囊深櫝，惟恐人見聞者，萬萬相遠。予承乏邑事，既熟處厚之爲人，復嘉其存意，故舉其大略冠于篇。

治平三年五月既望，太常博士知吉州龍泉縣事姚誼序。

是書乃吉州龍泉上劦隱君子世基。處厚作也〔四〕，應名《脈粹》。太常博士姚公誼出宰龍泉時序云詳矣。處厚伯氏吏部銀世京青公〔五〕。崇寧間嘗以授大丞相韓公忠彦，韓公授董大丞汲。大丞得之，獻試輒效，活人甚衆，名振京師，寶愛不啻珠玉，一時業醫者俯伏其門，顓求恐後。中更南渡，往往散失不全。崇川王君進甫迄獲善本，重加校正刻梓，與天下共就，以叔和《脈賦》附于卷右，總之曰《診脈要捷》。濟人利物之量，可謂廣矣。獨惜其未詳是書流傳之本末，蕭君儀甫又能録而遺之，尤可嘉尚。儀甫名來儀，好古博雅，乃處厚孫姪云。

嘉定癸未上巳日，修職郎連州録事參軍李撰謹書。

〔一〕「永正五年」，按今臺北「故宫博物院」藏有楊氏觀海堂舊藏此書兩部，皆著録爲永正十五年鈔本。又，《臺北故宫珍藏版中醫手抄孤本叢書》收録楊氏此本，亦著録爲永正十五年，並且指出《訪書志》所記永正五年當屬筆誤。

〔二〕「同」《臺北故宫珍藏版中醫手抄孤本叢書》本作「固」，「於」作「予」。

〔三〕「鄙犬」《日本訪書志》諸刻本《臺北故宫珍藏版中醫手抄孤本叢書》皆如此，湖北、遼寧二整理本皆改爲「鄙夫」，然未言緣由。姑存疑。

〔四〕「劦」字《臺北故宫珍藏版中醫手抄孤本叢書》本無。

〔五〕「吏部銀」下《臺北故宫珍藏版中醫手抄孤本叢書》本有「青」字。

【案】此本書名《脈粹》，作者爲蕭世基。今臺北「故宫博物院」藏有此種版本兩部，均爲一册，皆爲觀海堂舊藏，其中一部爲日本永正十五年鈔本，有楊氏手書題識（故觀003446）。《臺北故宫珍藏版中醫手抄孤本叢書》有楊氏題識，與《訪書志》大略相同。

133 鍼灸甲乙經十二卷

序例後有「正統丁巳重刊」本記〔一〕，每半葉九行，行廿四字。按，近世所行《甲乙經》唯《醫統正脈》刊本，而脱誤宏多，更有以林億等校注作正文者，如第一卷「心怵惕」條下引楊上善之説，上善隋唐間人士，安何得引之？此本不載楊上善説，凡林億等校語俱不載，亦無林億等序，知所原在未校正之前。其他亦多與《千金》《外臺》所引合，遠勝《醫統》本，惜有殘缺。據張金吾《藏書志》有明初鈔本，後有熙寧二年鏤板牒，後列富弼、趙抃等銜名。又陸氏《藏書志》亦有正統刊本，則此書善本尚未絶於中土，敬告留心醫籍者當急爲刻之〔二〕。

〔一〕此本雖未見，但《經籍訪古志》著録此書零本一部，稱「序後有正統丁巳重刊匡子」，既言「匡子」，當指牌記，可知《訪書志》此句「本記」當是「木記」之訛。

〔二〕檢陸心源《皕宋樓藏書志》，僅著録明抄本《黄帝三部鍼灸甲乙經》二部，其中一部後有「正統十六年十有五日琴川俞氏永惠堂家藏」一行。可知《訪書志》此處著録書目信息有誤。

【案】《經籍訪古志》著録此本一部，著録爲鈔明正統丁巳重刊本，解題内容與《訪書志》有相同之處，或即一本（第285頁）。

134　葛仙翁肘後備急方八卷

明萬曆二年李栻刊本〔一〕。按李栻刊有《通鑑紀事本末》，亦好事者。但此書既經中統楊用道附廣，已非隱居之舊。至元丙子又刊於烏氏，至栻爲之再刻，又非皇統本之舊。森立之《訪古志》云，據朝鮮《醫方類聚》所引，亦是用道附廣本。而今本所無者十四門，《醫心方》所引亦時多差互，然則此爲烏氏所删歟？抑李栻所删歟？今皇統本不可見，至元本亦不聞有藏者，甚可惜也。

又，此書有萬曆三年胡孟晉重刊本，日本延享丙寅浪華沼晉又據以翻刻〔二〕，以《外臺》《千金》《證類本草》所引校刊于界欄上，頗爲不苟。唯沼晉不見《醫方類聚》及《醫心方》，猶未爲盡善也。小島春沂有補輯本，考訂極精。程永培六醴齋所刊，直據萬曆本，無甚異同。

〔一〕「李栻」原作「李拭」，據國家圖書館所藏同版本刻書序改。湖北本已出校。

〔二〕「又」原作「文」。湖北本已出校。浪華沼晉爲日本人名。

【案】《經籍訪古志》著録此本(第308頁)。《訪書志》此篇解題與《經籍訪古志》多有相同之處。

135　諸病源候論五十卷目録一卷　影南宋本

影南宋本《巣氏諸病源候論》五十卷,首題「諸病源候論卷一」,不冠以「巣氏」二字,次題「大業六年太醫博士巣元方等奉勅撰」,次題「風諸病」。原本舊爲懷山閣所藏〔一〕,缺第四十、四十一、四十二、四十三凡四卷,以酌源堂所藏宋殘本補摹之。首有「金澤文庫」印,日本古時官庫藏書之所也。此本爲小島學古從宋本影摹者。按《隋書・經籍志》有《諸病源候論》五卷,《目》一卷,吴景賢撰。《舊唐志》則作五十卷,吴景撰,皆不言巣氏書。新、舊《唐志》則二書並載。《提要》疑「當時本屬官書,元方與景,一爲監修,一爲編撰,故或題景名,或題元方名,實止一書。《隋志》『吴景』作『吴景賢』,『賢』或『監』之誤。其作五卷,亦當脱一『十』字。如止五卷,不應《目録》有一卷。」按《提要》所云《隋志》五卷,「五」下脱「十」字,至確。又稱吴與巣同撰此書,今以宋本照之,題爲「元方等撰」,與晁公武《讀書志》所稱合,足見此書非元方一人之力。准吴景賢之名已見《隋書・麥鐵杖傳》〔二〕,《提要》疑「賢」爲「監」之誤,未免失之。此書有明方鑛、汪濟川、吴勉學等刊本,近亦不多見。

通行者，嘉慶間胡益謙刊本。以此本校之，胡本之誤不下數千字，且有十數條脱漏者。即如篇首標題增「巢氏」二字，「論」上加「總」字，次删「大業六年」「等奉勅」七字〔三〕，每類「諸病」改爲「病諸」，下又增「候」字，其爲庸妄，已可概見。余謂王燾《外臺祕要》、王懷隱《太平聖惠方》，每部皆取元方之論冠其首。宋制，醫以《巢氏論》與《千金翼》目爲小經，知此書爲證治之津梁，自《素問》《傷寒》以下，未堪比數。顧邇來操岐黄者，多未寓目，即胡益謙本亦視同祕笈，可慨也夫。光緒壬午春三月記。

近日崇文書局刻此書，不言從何本出。柯慎庵云是據袁壽階舊鈔傳録，差勝胡本。以視此宋本，則天淵矣。甲申六月記。

光緒辛卯，池州周氏又刊此書，自稱以舊本付梓，實即胡益謙本也。丁酉六月記。

又，歸安陸氏得元刊本，較勝胡、周諸本。然據其所校出刊入《羣書校補》中者，僅寥寥數翻，亦遠不及此本之善也。丁酉八月記。

〔一〕「懷山閣」湖北本指出誤，當作「懷仙閣」，日本曲直瀨氏藏書室名。

〔二〕「准」湖北、遼寧二整理本皆已改作「惟」。

〔三〕「七字」原作「上字」，據楊氏題記真跡改。

【案】《留真譜初編》收録該書書影（廣文本第 653—654 頁，北京本第 707—708

頁)。此本行款爲半葉十四行,行二十三字。

按,此本今藏臺北「故宫博物院」,著録爲日本影宋鈔本,八册,有楊守敬題記(故觀000324－000331)。《鄰蘇觀海——院藏楊守敬圖書特展》收録此書書影和兩則楊氏題記原文的書影,與《訪書志》大略相同。

又,《鄰蘇觀海——院藏楊守敬圖書特展》還記録了楊氏所藏《巢氏諸病源候論》各版本的情况,抄録如下(第92頁):

楊氏觀海堂藏書中,《巢氏諸病源候論》一書即有四部: 一是日本小島尚質據懷仙閣及酌源堂所藏南宋鈔本影寫者,凡五十卷; 其次是日本無名氏據南宋刊本所鈔者,現存六卷; 三是嘉慶十三年(1808)吴門胡益謙精義齋刊本,共五十卷; 最後爲清光緒十七年(1891)池陽周學海氏刊本,亦五十卷。

上圖所藏初印本最後一段,「群書校補」作「群書拾補」,此處有楊寶鏞題浮簽:

末行「《群書校補》中」,寶鏞按,「拾補」當是「校補」之誤,蓋續陸氏心源所著耳。

136 諸病源候論五十卷目録一卷 小島學古校本

日本醫官小島學古據宋本、元本、日本國刊本、聿修堂鈔本，又以《外臺祕要》《醫心方》日本人所撰。所引，合校於胡益謙刊本上。凡訂正不下數千事，最爲精審，似無遺恨。顧余嘗校《三因一極方》宋本，有云《巢氏病源》其列一千八百餘件，蓋爲示病名也。今各本唯有一千七百二十六論，又校元張從正《儒門事親》足本，引「婦人雜病帶下候」曰巢氏《内篇》四十四卷云云，是此書並有内、外篇之目。今各本此條皆在三十七卷中，頗疑此書有殘缺。因取《外臺祕要》重校之，引有「傷寒十日至十二日候」，各本皆無之。又「傷寒毒攻眼候」，其文大異。又有「重下候」，各本亦無。更取《太平聖惠方》校之，引有「食癎候」，《醫心方》引有「小兒鬼舐頭候」，皆各本所無。然則今本果非巢氏之舊？意其脱佚，當在宋綬校刊以前，顧不解陳言、張從正所言何以有異同；抑天聖刊本至南宋已有脱佚，書賈重刊，妄移卷第，仍標足本。得知者如「癭瘤門」有「多忘候」「嗜眠候」「鼾眠候」「體臭候」「狐臭候」「漏掖候」，並與「癭瘤」不相涉，當是别篇錯文爲書賈所亂。不然，宋綬奉勅校定此書，不應疏忽至此。惜乎！學古尚未疑及此也。

【案】今臺北「故宫博物院」藏有《晁氏諸病源候總論》一種，著録爲清嘉慶十三年吴門胡氏經義齋刊本，六册(故觀 015295－015300)，或即此本。

此本與王重民《訪書志補》所録爲同一本(見後 263 號)，二者題跋亦幾乎一致，末題「光緒癸未四月，宜都楊守敬記」。該本爲清嘉慶十四年己巳胡益謙經義齋活字本，楊氏上篇認爲光緒辛卯池州周氏本「實即胡益謙本」。另據學者研究，周氏本每卷首題「晁氏諸病源候總論」(見喬文彪、孫理軍《〈諸病源候論〉版本流傳考》，《時珍國醫國藥》，2007.18[11])。

137　千金寶要八卷　明刊本

明嘉靖丁酉刊本，首郭思自序，次武定侯郭勛序，次陸深序。每半葉十行，行二十字。卷首第二行題「前徽猷閣直學士通奉大夫致仕河陽郭思纂」，第三行題「陝西西安府華州知州古盂劉整補校重鐫石」，第四行題「救急方」，第五行「婦人第一」。按郭氏原刻世久失傳，其重鐫者爲華州知州劉整所編。正統八年刊石。厥後楊勝賢刊木于華州，景泰六年郭勛刻木于粤東，張翰刻木于蜀中，此即蜀中本也。又有隆慶六年秦王守中刊石耀州者，又併爲六卷。嘉慶十二年孫淵如刻於《平津館叢書》中者，即隆慶本也。此本有小島學古硃校，文字頗多訛謬，不及隆慶本之佳，然其次序，似當仍郭氏之舊。隆慶本則多所移易，又脱郭氏原序，又删其「救急」次第原目。惜乎！淵如刊此書時不及見此本也。

《千金寶要》序，序曰[一]：

孫真人《千金方》，一部，三十卷，二百一十八門[二]，門中各有論，下各有方[三]，論以論説人所以得病之由，君子小人皆宜熟知。方以治人之已病，而人有未嘗得見此集者，并藥有物多而難合者，貧下細民因此不獲治療，枉壞軀命者，可勝言哉。況一州一縣，幾家能有《千金方》？而有者亦難於日日示人。因此孫君之仁術仁心，格而不行處有之，鬱而不廣處有之。孫君此書[四]，上本黄帝、岐伯，次祖扁鵲、華陀、張仲景、陳延之、衛汜[五]、王叔和、《小品》《肘後》《龍宫海上》，而下及當時之名公方論、藥術，并自撰經試者。世皆知此書爲醫經之寶，余亦概嘗閲諸家方書，内唯《千金》一集號爲完書，有源有證，有説有方，有古有今，有取有捨，關百聖而不慚，貫萬精而不忒。以儒書擬之，其醫師之集大成者與。唐之盧照隣謂思邈高談正一，則古之蒙莊；深入不二，則今之摩詰，斯言得其深致矣。思久欲闡揚此書，以廣之海内，而在公牽迫，終不克遂。今休閑矣，遂取《千金方》中諸論，逐件條而出之以告人，使人知防之於未然之前。又將《千金方》中諸單方，逐件列而出之以示人，使人知治之於已病之後。其思家與知識家經用神驗者之附之其中[六]，按，今檢本郭氏附方不復識别，當是劉氏重鐫時混合爲一。今《千金方》宋槧復見，學者當就其書識出之。各别稱説，買巨石刊之，以廣其傳。以救急者爲先，以稍可待者爲次，以尋常大病爲三，以尋常次病爲四。孫君之書，以婦人小兒爲首，以男子婦人雜病爲後，思今皆依之，而特取諸病目前交急者爲首，此思急於救人，推行孫君之妙法本意也。謹敢以《千金寶要》命篇，誓施萬本，長者仁人，當共濟斯善〔七〕。

宣和六年四月初一日，徽猷閣直學士通奉大夫致仕河陽郭思謹序。

武定侯郭勛《序》。正德十一年。

上海陸源《序》〔八〕。嘉靖丁酉

四明張楷《跋》。正統甲子。

西野張翰《跋》。嘉靖十六年。

〔一〕人民衛生出版社 1986 年整理本《千金寶要》，以明隆慶六年耀縣藥王山《千金寶要》碑拓片爲底本，以清嘉慶十二年平津館孫星衍刊本爲校本，道光四年孫氏校勘本、1944 年耀縣美利印刷館石印本爲參校本，人民衛生出版社 1955 年影印日本江户醫學影宋本《備急千金要方》爲旁校本。以下簡稱「人民衛生出版社本」，據以與《訪書志》著録序文校勘。

〔二〕人民衛生出版社本作「三百一十八門」。

〔三〕人民衛生出版社本此句作「論下各有方」。

〔四〕「此書」人民衛生出版社本作「之書」。

〔五〕「衛汜」人民衛生出版社本作「衛汛」，當從。衛汛，東漢醫家，張仲景弟子，著有《四逆三部厥經》等醫書。

〔六〕「之附之其中」人民衛生出版社本作「亦附之其中」。

〔七〕「濟」字人民衛生出版社本無。

〔八〕此處「陸源」當作「陸深」，本篇解題開頭已見「陸深序」。又，陸深爲上海人，生於 1477 年，卒於 1544 年，嘉靖丁酉爲 1537 年，其尚在世。

卷十

138　外臺秘要方四十卷目録一卷　影北宋本

原本藏日本紀藩竹田氏，森立之《訪古志》曰：「此本嘉永己酉，官下命郵致，使於醫學影鈔，凡二通，一納楓山官庫，一藏醫學。蓋宋槧醫籍存于日本者頗多，然多南渡以後物，其北宋本如《千金方》，猶有補刻，特此本真爲林億等經進之原刊，而首尾完具，豪無缺失，豈可不謂天下之至寶乎！」立之又言當新寫此書。時立之方爲醫學校官，以五人分書之，越三年乃成，其費不貲。余因立之言，先購得小島學古校本，乃知明程衍道刊本奪誤凡千萬言。因訪之杉本仲温，據言，紀藩之宋本不可見，楓山庫之新本亦不可得，維醫學之一部，明治初散出，未知存于誰何之手。余乃囑仲温物色之，久之，以此本來，缺其末一卌，蓋以末卌有題識，恐爲其官所覺也。索價殊昂，余以爲此書宋槧中土久絶，程本僞謬不可據，乃忍痛得之。每卷首有林億等上進名銜，卷末有裴宗元校正及趙子孟校勘名銜，或有右迪功郎張寔校勘字，影摹之精，下真宋刻一等。無怪立之言以五人之力三年乃成也。末一册託書記官巖谷修從楓山庫本補之，仍爲完璧。此書爲古方淵藪，晉、唐逸籍，賴是以存。當吾世不乏壽世仁民之君子，當覆之以傳也。

《唐書・王燾傳》附《王珪傳》。有「視絮湯劑」語，《提要》謂「視絮」二字未詳。按《曲禮》「毋絮羹」，鄭注：「絮，猶調也。」《釋文》：「絮，敕慮反，謂加以鹽梅也。」則「視絮」即「調劑」之義，非誤字。又《提要》稱燾作是書成於守鄴時，故曰「外臺」，引《高元裕傳》爲證。余按，《玉海》引《中興書目》云：以其出守于外，故號曰「外臺」。與《提要》説合。然《高元裕傳》：「故事，三司監院官帶御史者，號外臺。」王燾自序結銜不帶「御史」，則謂出守于外即稱「外臺」者，未確。據《魏志・王肅傳》注：薛夏曰：「蘭臺爲外臺，祕閣爲内閣」云云。燾自序云：「兩拜東掖，便繁臺閣二十餘歲，久知弘文館圖籍方書等，由是覩奥升堂，皆探其祕要。」據此，則取《魏志》「蘭臺爲外臺」甚明，非出守于外之謂也。

光緒丁酉於上海書肆得歸安陸氏《羣書校補》，乃知此書宋本吾中土尚有存者，唯陸氏所校，第據明程氏刊本，著其異同，亦多有脱漏處，不及小島會粹羣籍精審無遺也。

【案】《留真譜初編》收録該書書影（廣文本第 667—670 頁，北京本第 721—723 頁）。此本行款爲半葉十三行，行二十三或二十四字不等。《經籍訪古志》著録此本（第 315 頁）。

今臺北「故宫博物院」藏有《外臺秘要方》一部，著録爲日本嘉永癸丑影鈔南宋紹興兩浙東路茶鹽司刻本，四十一册，楊守敬手書題識（故000283－000323），或即此本。楊氏題識未見前人著録（《日本訪書志補》著録者爲明本）。

139 醫心方三十卷 摸刊古卷子本

日本永觀二年，丹波宿稱康賴撰進[一]，當中土宋雍熙元年也。其原書爲卷子本，安政元年官府命醫學摹刊以行。其書體例仿王燾《外臺秘要》，所引方書，有但見於《隋志》者；有不見於隋、唐、宋《志》，但見於其國《見在書目》者；亦有獨見於此書所引，不見於著録家者，即爲常見之書，而所見之本大異者。如廿七卷中引嵇康《養生論》，多溢出於今本之外，則知《文選》所載，爲昭明刪削；康賴選録，當是《叔夜集》中原本。至其標記旁注，是後人校此書者所爲，而其所見亦多古逸書。如引陸法言之《切韻》，與孫愐之《唐韻》不相混合。引郭知玄、麻果、釋宏演之《切韻》，武玄之《韻詮》，亦唯見於《見在書目》，而唐、宋《志》無聞焉。全陸善經《字林》更無考，良由彼國富藏古籍，據《見在書目》所載，幾與隋、唐《志》相勒。康賴爲鍼博士，又得近見其秘府所藏，故能博贍乃爾。丹波元堅等校刊此書，稱其校《外臺秘要》有過之無不及，良非溢美。至其書體秀逸，古香可挹，亦誠如元堅等所説。今原書第二十二卷尚存稻垣真郎家，余曾借得比校刊本，篇幅字體稍縮，而如鑑取影，不爽毫髮。其影寫手渡邊㽜亦一時之絶技，而刊刻之精，校訂之密，當爲日本摹刻古書第一。其所載校刊職名中，如森立之、淺田惟常，今巋然猶存，皆博覽羣書，爲中土方今醫家所未有也。

刻醫心方序

《醫心方》，卅卷，每卷首題「從五位下行鍼博士兼丹波介丹波宿稱康賴撰」〔二〕。謹按，臣等遠祖康賴撰進是書，實爲圓融帝永觀二年十一月廿八日，家牒所記與本書延慶舊抄册子本後記合，可徵也。後在正親町帝時嘗出以賜典藥頭。半井氏云：「豈即遠祖所進之本歟，抑别有鈔本也？」意者，祕府所藏，人間莫得而窺焉。加之保、平以還，兵燹相踵，是書在若存若亡之間者，蓋數百有餘年矣。寬政初載，先大君父恭公方表章遺文，命臣等曾祖臣元悳，使以仁和王府所藏抄本謄寫，儲之醫學，當時稱爲希覯。顧其爲書，殘脱居半，學者仍憾不得窺其全豹焉。恭惟今大君仁洽寰宇，孝存繼述，最深軫念醫藥，訪知今典藥頭半井氏有斯書全帙，乃命執政傳旨其家，俾送致之醫學，使臣等得繙閲之。既而又命臣等使遵依原本摹刻，以布之海内。臣等不堪感躍，謹審撿細勘之。其舊裝爲卷子〔三〕，嚴存隋、唐舊帙體式，爲卷凡卅，與《仁和寺書目》所載合。其間字樣非一，紙質亦殊，有結體奇古，與金石遺文相印契者；有筆畫遒勁，直逼晉、唐法書者；有如樸質無文，而古香可挹者。蓋非其親筆，則其子弟爲之。據第八卷天養二年記，殆從當日前後稿及各家傳録本排纂綴緝以成，一部完帙歟。間有係後人補鈔者，亦不失爲數百年前物。每卷各爲一類，下分子目。其所引證，上根據之農、黄、扁、張之經，下貫穿之唐以上各家之著。其所論列，起治病大體，訖食物，每門上載證候，下列其方，遇有可注明者，附以按語。其第二卷論鍼灸，則更有序以開其端，豈身爲鍼博士最所深致意歟？竊詳之，其書體例，蓋準擬之王燾《外臺祕要方》，而其引據之博，與立論之精且確，則有過無不及也。原夫醫之道，幽以微矣，必也稽之往聖昔賢，徵之百家之格言，協之於古今之異與風土之宜，參伍而錯綜之，然後其道乃始完，可以摸楷後學矣。求之前人之著，能具斯道者，其唯王氏之書足以當之；而是書則直駕而上之，豈不更偉乎？況其所徵引逸書遺典，史家所未及載者數十部，皆得依是書以覩其概略。又況古書存於今日者，一歷宋人校改，往往失當日本色，得據此書以糾正其譌謬，亦復不一而足。他欄外及行間所注字書，如《玉篇》《切韻》《唐韻》之類，雖所採不多，而亦足以窺唐以上訓詁音韻之微，則是書在天壤間，凡以禆補後學有匪細故者，不僅爲醫家鴻寶也。臣等竊幸今日文明之化，弛及吾醫〔四〕，是書數百年鬱而未顯者，一朝發其幽光，極知宛委、瑯環之祕，亦必應昌期而出，非偶然也。爰課醫官諸彦及男元昳、男元佶與及門之士，審加檢閲，更倩佳手摸寫以授梓人，亦庶幾仰上副大府所以愛養斯民之至意最深，有感於尤物顯晦之故焉。謹次其顛末以爲之序。安政元年十二月朔，侍醫尚藥醫學教諭法印臣多紀元堅、侍醫醫學教諭兼督務法眼臣多紀元昕頓首拜識。

是書校刊未全，不幸會臣琰先人謝世，未幾，臣佶先人亦復相繼見背，不肖等慟哭之餘，竊恐是刻之遷延不果，無以報二先人於地下。既而不肖等承乏忝襲先職，乃孤陋不自揣，敢任校讐之責，而二三子亦皆密勿從事，始能畢功。其札記則小島尚真、高島久貫、澁江全善、森立之、佐藤菉等最與有力焉。既而尚真、全善先没，而久貫、立之等專任其責。唯是此書之成，距今九百年所，其所援引各書，並係唐人舊帙，在今日大率散逸不傳。或者其所依之本，派別不一〔五〕，或者今本經後人删改，猝難證明。矧乃其間字畫僻異，不易辨識者有之；文義晦澁，不易讀定者有之；簡斷墨闇，不可復問者有之。今不敢苟且遷就，妄爲之説。半井氏所藏，別有延慶舊鈔册子本，其第廿五、廿六、廿卷係延享四年和氣成庸所補鈔〔六〕。校以是本，亦互相出入，則爰從而疏記之。其第卅卷末記是書撰進歲月，及其卒歲月日，亦足以補史記之缺〔七〕，則併附刻，以資考鏡。他仁和王府所藏，凡十六卷，舊藏零本凡四卷，亦時有異同，今皆一一條舉之。若夫「微」作「𢼸」、「率」作「䢦」、「暑」作「署」、「覆」作「覆」、「棗」作「来」、「狗」作「猗」，及偏旁之「木」「手」並通，艸頭、竹頭之互用，凡皆文字異搆，非關指義，則均不敢辭費。其背記數條，一從原帙影摸以附後。至於背紙有用當時牒狀者，有用具注曆本者，諸古記遺文，散出各處，固多考古者所不廢。意者，此類與本書不相涉，一概濫載，極爲不倫，則今皆從略。嗚呼！自二先人有斯舉，蓋屢易裘葛，其間存没之感，有不堪愍然者。臣琰、臣佶，自顧聞見黯陋，曾不足窺先業萬一，獨是數百年欲見而不得之珎，一朝發光，醫方之傳，可沿溯以得其津涯，則庶幾乎醫道之日以益明，蓋不唯見二先人所以拳拳校刻是書之功之偉，抑亦昭代休明之運，舉一世而躋之於仁壽，其所沾被者遠矣。萬延紀元歲次上章涒灘且月既望，侍醫醫學教諭法眼臣多紀元琰、侍醫醫學教諭兼督務法眼臣多紀元佶拜手同識。

嵇康《養生論》云養生有五難：名利不去，一難也；喜怒不除，二難也；聲色不去，三難也；滋味不絶，四難也；神慮精散，五難也。五者必存，雖心希難老，口誦至言，咀嚼英華，呼吸大陽，不能不曲其操，不夭其年也。五者無於胸中，則信順日濟，玄德日全，不祈憙而有福，不求壽而自延，此亦養生之大經也。然或有服膺仁義，無甚泰之累者，抑亦其亞也。

又云嗜欲雖出於人情，而非道德之正，猶木之有蝎，雖木所生，而非木所宜。故蝎盛則木朽，欲勝則身枯，然則欲與生不並立，名與身不俱存，略可知矣。

〔一〕檢國家圖書館藏《醫心方》鈔本（日本安政元年至萬延元年，索書號 09807，見於「中華古籍資源庫」），書中「彌」字作「称」，與「祢」相近，或是傳寫形近而誤。湖北本已指出此處人名有誤，當爲丹波宿彌康賴。

〔二〕「稱」當作「彌」，同上。

〔三〕「舊」國圖藏本作「書」。

〔四〕「弛」字國圖藏本左旁進似「方」，當作「施」，於義爲勝。

〔五〕「所依之本」下之字國圖藏本似「流」字之草字，或當作「流別」。

〔六〕「廿卷」國圖藏本作「廿八卷」，此卷位於「廿五」「廿六」之後，當是。

〔七〕「史記」國圖藏本作「史氏」。

【案】《留真譜初編》收録該書書影（廣文本第 671—672 頁，北京本第 725—726 頁）。

今臺北「故宫博物院」藏有《醫心方》一部，著録爲日本安政己未影刊舊本鈔本，三十册（故觀 004281－004310），或即此本。

140 太平聖惠方一百卷目録一卷 舊鈔本

宋王懷隱等奉敕撰。按《宋史·懷隱傳》：「宋州睢陽人。初爲道士，住京城建隆觀，善醫診。太宗尹京，懷隱以湯劑祗事。太平興國初，詔歸俗，命爲尚藥奉御。」「太宗在藩邸，暇日多留意醫術，藏名方千餘首，皆嘗有驗者。至是，詔翰林醫官院各具家傳經驗方以獻，及萬餘首〔一〕，命懷隱與副使王祐鄭奇，《讀書後志》作『彦』。醫官陳昭遇參對編類。每部以隋太醫令巢元方《病源候論》冠其首，而方藥次之，成一百卷。太宗御製序，賜名曰《太平聖惠方》。仍令鏤版頒行天下，諸州各置醫博士掌之。」《玉海》稱此書自太平興國三年陳振孫云七年。詔撰集，至淳化三年始成。按，森立之《訪古志》稱尾張藩庫藏宋本原刊，存五十卷，以宋本補鈔。每半葉高六寸五分，廣五寸，十三行，行二十五六字〔二〕。此本行款悉與之合。每卷首中縫下書「相州或作『陽』，或作『之』。圓覺寺或無『寺』字。第二位周音或有『首座』二字。書寫」，蓋僧徒之筆，無鈔寫年月。相其紙質筆蹟，當在數百年以前，書法亦簡勁峭直。據自稱「首座」，必非俗僧，惜當時在日本未曾訪之緇流也。第二卷末有「上總國市原郡海保村中道長津神護押」，則藏書人之記也。每卷又有「敵迪院」録印記。按，日本有翠竹庵一溪與道三撰《敵迪集醫書》八卷，自序稱「天正甲戌」，當中國明萬曆二年，是書當經其所藏與？《訪古志》又云宋本有「福建路轉運司今將國子監《太平聖惠方》一部百卷，二十六册，計三千五百三十九板對證，内有用藥分兩及脱漏差誤，共有萬餘字〔三〕，各已修改開板，並無訛舛，於本司公庫印行。紹興十七年四月」。次有邵寧宋藻、陳畢、黄訪、范寅秩、馬□官銜六行。此本無之。按此書第九十九、第一百兩卷，爲《針經》，鈔手雖古，稍嫌草率，亦無啟迪院印記。其中本有圖像，皆空位未摹，當是周音鈔本缺末二卷，後人又再爲補鈔也。此書自《書録解題》著録後，遂不著于世，唯《愛日精廬藏書志》載有「眼」「齒」兩類二卷，此本「眼」「齒」兩類，在第三十二、三十三、三十四。其他無聞焉。此本首尾完具，真希世祕笈。計其所采方書，增于《外臺祕要》數倍，唯每方不著所出原書，不如《外臺》之例之善。然是書經諸名醫編類，首尾十三年，頒諸天下，以之課士，知其非苟而已也。

〔一〕「及萬餘首」《宋史・方技傳上・王懷隱傳》作「又萬餘首」。又，作者名字亦有不同，《宋史》本傳作王懷隱，《宋史・藝文志》作王懷德。

〔二〕《經籍訪古志》著録本爲《大宋新修太平聖惠方》，著録尺寸爲高七寸五分，幅五寸，十三行，行二十五六字。與《訪書志》著録不同(第 317 頁)。

〔三〕「共」字原作「爽」，據《經籍訪古志》改。

【案】《留真譜初編》收録該書書影(廣文本第 673—674 頁，北京本第 727—728 頁)。

此本今藏臺北「故宫博物院」，著録爲日本室町末期傳鈔宋本，五十册，光緒甲申（十年）楊守敬手書題識（故觀 011477－011526）。楊氏題識未見前人著録。

上圖所藏初印本此處有楊寶鏞題浮簽：

末行「不出所出」，「不出」當是「不著」之訛，卷十第十四葉有「每方不著所出」語可證也。

楊氏所指出的錯誤已經在初刻本之後的版本得以改正，作「不著」。

141 普濟本事方十卷 舊鈔本

宋許叔微撰〔一〕。小島尚質舊藏，後有「以江武官庫御本寫之」九字，存第四至第十，末有淳熙乙巳孝忠跋。不著其姓，待考。又有辛亥左昌時跋。每葉十行，行二十字。每卷之第二行即接所分類，無「宋許叔微撰」等字，知其根源爲古。按，此書乾隆中王陳梁有刊本，多所删節，不足爲據。日本享保中刊本亦多訛字，皆不及此本之佳。又按，《經籍訪古志》有宋槧本，序後題「寶祐癸丑良月夏淵全氏刊於明經堂」，目録後有「建安余唐卿宅刻梓」八字，每半葉十三行，行二十一字。此本格式亦與之不同，然則此豈即淳熙辛亥之本與？〔二〕則尤可寶也。

《四庫》著録者元余氏勤有堂刊本，未知其款式與此合否。

〔一〕「許叔微」原作「許叔徵」，湖北本已出校。下同。

〔二〕按，淳熙無辛亥，湖北本以爲「淳熙」或是「紹熙」之誤。

【案】此本今藏臺北「故宫博物院」，著録爲日本傳鈔江武官庫本，缺卷一、卷二、卷三，二册（故觀 010796－010797）。

142 新刊續添是齋百一選方二十卷 元刻本

宋山陰王璆孟玉撰。首有慶元丙辰天台章楫序。目録首有筐子云載劉承父咨。每半葉十行，行二十二字。按，此書《四庫》不著録，《宋志》二十八卷，《書録解題》三十卷，《曝書亭集》稱所藏元本僅二十卷，遂疑爲後人所選擇。然按劉承父所咨，則此爲是齋全本，《解題》《宋志》皆誤也。

是齋百一選方序

方書傳於世衆矣，其斷斷能已疾者蓋寡。古人方書，一藥對一病，非苟云爾也。後世醫家者流，不深明夫百藥和齊之所宜，猥曰醫特意爾。往往出己見，嘗試爲之，以故用輒不効。甚者適以益其疾，而殺其軀者有之。毋怪乎饋藥者以未達而不敢嘗，有病者以不治爲得中醫也。嗟呼！醫方所以除疾疢而保性命，其何至是？得匪其擇之不精，處之不審故歟？是齋王史君璆，博雅君子也。生長名家，蓄良方甚富，皆其耳目所聞見，已試而必驗者。每嘆人有可療之疾，藥不相值，卒於不可療。思濟斯人，詎忍秘而不示？屬守古沔，公餘裒集始就，迺鋟諸郡齋，目之《百一選方》，其精擇審處蓋如此。然則公之用心仁矣，是書之衍其傳也，宜哉！慶元丙辰孟冬初吉，郡文學天台章楫序〔一〕。

此集已盛行於世，近得是齋全本，其爲方也一千有餘，分門析類，列之于目，井井可觀，皆係經驗不傳之秘。凡丈夫、婦人、小兒諸證纖悉委曲，靡所不備，鼎新刻梓，三復校正，並無訛舛，凡我尊生君子，伏幸詳鑒。歲在癸未端陽前一日，建安劉承父謹咨。

〔一〕「楫」上海科學技術出版社 2003 年出版《是齋百一選方》整理本（以日本寬正十一年刊本爲底本，以寬正七年校訂本爲主校本，以據寬正刊本的清鈔本爲參校本）作「揖」。

【案】《留真譜初編》收録該書書影（廣文本第 713—714 頁，北京本第 773—774 頁）。

143　楊氏家藏方二十卷　影宋鈔本

宋楊倓撰。首有自序，又有「殿木氏藏書」印記，末有延壟跋，又有小島尚質硃筆點校。每半葉十一行，行十九字，左右雙邊。按此書《四庫》不著録，本朝諸家目録亦無之。宋槧本今藏楓山官庫，此蓋自彼影鈔云。據《訪古志》，又有元板，序後有「阮仲猷刊于種德堂」木記，余未之見。據延壟跋，此與《洪氏集驗方》《顧氏經驗方》同刻〔一〕，今洪、胡二書亦無著録者。

楊氏家藏方序〔二〕

夫醫之爲藝，探天地清濁之源，察陰陽消息之機，順四時之宜，藉百藥之功，以治人之病者也〔三〕。粤自神農著金石草木之書，黄帝、岐伯譔《内經素問》〔四〕，其學盛行而不廢。名世之士，若扁鵲、和、緩，藝成而名立，蓋班班可考。然皆心得其微，取諸左右，砭艾湯熨，變化不測，實未嘗爲方以語後之人也〔五〕。惟伊尹論湯液，漢長沙太守張仲景引而申之，始有可傳之方，蓋已末矣。夫疾病之變無窮，而吾之爲方有限，欲以有限之方，通無窮之變，其不附會臆度，繆以豪釐者鮮矣〔六〕。是以有經絡形證之辨，有增減參伍之法，神而明之，存乎其人〔七〕。嗚呼！豈以後人若扁鵲、和、緩者，不可覬一得於千百年之間？而人之有疾，蓋死生於呼吸之際，不得已而有是也歟！由是言之，後之醫以方爲書者，凡有一得之效，舉不可廢也。余家藏方甚多，皆先和武恭王及余經用，與耳目所聞見嘗驗者也。朅來當塗，郡事多暇，日發篋出之〔八〕，以類編次。凡用藥相似而責功不同者〔九〕，皆備列之，得一千一百一十有一道。蓋今之爲醫者，皆有嘗試之方，深藏篋中〔一〇〕，不輕以語人，僥倖一旦之售，以神其術。今余之所得，良醫之深藏而不語人者也〔一一〕。方將使人家有是書，集天下良醫之所長，以待倉卒之用，不亦慈父孝子之心乎？於是鋟木郡齋，以廣其傳云。淳熙五年三月乙未朔代郡楊倓序。

樞密洪、楊二公，給事胡公，前後守當塗，各有方書鋟木于郡中，亦遺愛之一端也。其名曰《洪氏集驗》《楊氏家藏》《胡氏經驗》〔一二〕。今江淮間士大夫與醫家多用此三書〔一三〕，對證以治疾，無不取効。閩中相去差遠，猶未之有。今刊諸憲司，將以惠衆，抑亦副三公欲廣其傳之意云。淳熙乙巳夏四月望日，東密延璽書。

〔一〕 今國家圖書館藏有《楊氏家藏方》一部，抄本，小島尚質跋（索書號 03107，亦見於「中華古籍資源庫」）。書後亦有東密延熙跋，據以核對。此本有楊守敬藏書印記，爲楊氏舊藏。以下簡稱「國圖本」。「顧氏經驗方」誤，當是「胡氏經效方」。

〔二〕「人民衛生出版社 1988 年出版《楊氏家藏方》整理本，以宋鈔本爲底本，以日本永安本爲主校本，以寫刻本爲參校本，以《普濟方》爲旁校本。以下簡稱「人民衛生出版社本」。

〔三〕「病」人民衛生出版社本作「疾」。國圖本同。

〔四〕「岐伯」人民衛生出版社本作「歧伯」，國圖本同。

〔五〕「以語後之人」人民衛生出版社本作「以詔後之人」，國圖本同。

〔六〕「豪」人民衛生出版社本作「毫」，國圖本同。

〔七〕「存乎」人民衛生出版社本作「祈乎」，國圖本同。

〔八〕「筐」人民衛生出版社本作「篋」。

〔九〕「責功」人民衛生出版社本作「責效」。

〔一〇〕「筐」人民衛生出版社本作「篋」。

〔一一〕「良」前人民衛生出版社本有「多」字，國圖本同。

〔一二〕國圖本書名作《胡氏經效》。

〔一三〕「江淮間」國圖本作「江淮浙間」。

【案】國家圖書館所藏爲鈔本，觀其抄寫形式，非影寫本，與《訪書志》所著録者不同。

《經籍訪古志》著録此書之宋刊本及元刊本（第 330 頁）。

144　婦人大全良方二十四卷　舊鈔本

影鈔朝鮮活字刊本。首題「新編婦人大全良方卷之一」，次行題「醫學臨川陳自明良甫編註」。每半板十二行，行十九字。案，朝鮮活字原本日本有二通，皆缺自序，此有自序，或是從熊氏《補遺》本補鈔也。卷末有跋云：「右《婦人大全良方》，陳氏真本也。從聿修堂所藏朝鮮活字鈔而借寫，起於文化庚午冬十一月十日，終于十二月初五下晡。松章煥之識。」

余又得一鈔本，體式與前本同，無陳自明自序，而卷首多《辨識修製藥法度》凡八葉，目録亦有此八字，居卷之一前，未知何以與前本互異，當再詳之。

【案】《留真譜二編》收録該書書影（廣文本第295—296頁，北京本第1451—1452頁）。

國家圖書館藏有楊守敬舊藏鈔本《新編婦人大全良方》一部，行款與《訪書志》著録相同，卷末亦有松章煥之跋，當即《訪書志》所著録之第一種（善本書號03109，見於「中華古籍資源庫」）。此本除有楊氏小像、楊氏藏印以及松坡圖書館藏書印外，另有「龍崔松下氏藏」朱文印一方，當是日本藏書家之印。

又，臺北「故宫博物院」亦藏有楊氏舊藏此書其他鈔本，著録爲日本傳鈔朝鮮活字本，九册，日本文化乙亥小島尚質，文政辛巳邱田章朱筆手校，清宣統庚戌楊守敬手書題識（故觀 000721－000729）。此本與《訪書志補》著録爲同一本，二者解題不同，見後 268 號。

上圖所藏初印本此處有楊寶鏞題浮簽：

余有明本薛己注《婦人良方》廿四卷，無陳自明序，有嘉靖戊申王庭序。每半葉十行，行二十八字，白棉紙，中縫書額上紀字數，横線下有「章」「何」等字，蓋刊工姓氏也。

145 御藥院方十一卷 朝鮮刊本

朝鮮國活字本，不題撰人名氏。首有高鳴序。據序，稱太醫提點榮禄許公所撰集，日本多紀櫟窗考爲元許國楨，當得其實。首題「癸巳新刊御藥院方卷之第一」，目録末有鐘形木記曰「頤真堂記」；又有琴形木記曰「平陽府司家印」。此本有日本寬政戊午醫官千賀芳久活字印行。

又按，此書有元至元刊本，有二十四卷，舊爲張月霄所藏，今在歸安陸氏。據《愛日精廬藏書志》跋，稱卷五「檳榔圓」下注「泰和五年」云云；卷七「半夏利膈九」〔二〕下注「崇慶元年」云云;卷九「兩炒圓」下注「大安三年」云云;卷十「酸棗仁煎」下注興定五年云云。今檢此書皆無之,而「半夏利膈九」在第五卷,未知此爲後來删本與?抑彼爲增入與?俟再詳考。

〔一〕「半夏利膈九」,《訪書志》諸刻本皆如此,湖北、遼寧二整理本改「九」作「丸」;《愛日精廬藏書志》作「半夏利膈圓」,下同。

146 醫方考六卷 明刊本

明吴崐撰。首萬曆乙酉汪道昆序,次《自序》,稱取古昔之良方七百餘首,揆之於經,酌以心見,訂之於證,發其微義,匪徒苟然誌方而已。今觀其所著,皆疏明古方之所以然,非有心得者不及此,信爲醫家巨擘,而傳世甚少,何耶?按,崐,歙人,以醫名一時。所著有《脉語》《十三科證治》《參黄編》《砭焫考》《藥纂》《針灸六集》《素問語》等書。

【案】《留真譜二編》收録該書書影(廣文本第327—328頁,北京本第1485—1486頁)。此本行款半葉十行,行二十字。

《醫方考》一書在明代刻本非一種,王重民先生在《中國善本書提要》中共著録了六卷本、八卷本以及十二卷本三種明刻本。其中六卷本只有吴氏《自序》,作於萬曆十二年;

八卷本只有汪道昆序，作於萬曆十三年；十二卷本有汪道昆序和吴氏《自序》，前者作於萬曆十三年，後者作於萬曆十二年。據此，王重民先生認爲，此書由六卷變爲八卷，是經過了吴氏的修訂（第 265 頁）。《訪書志》所著録之本有汪道昆序，作於萬曆乙酉（十三年），又有吴氏《自序》，六卷，與《中國善本書提要》著録之第一本分卷相同，序文與第三種（十二卷本）同。

又，日本早稻田大學藏有日本慶安四年秋田屋平左衛門刻本《醫方考》，六卷，書前有牌記：歙邑新刻名醫方考金陵周弘宇梓。書前有《醫方考引》（汪道昆撰）、《醫方考序》（江東之撰）、《醫方考序》（方時化撰）、吴氏《自序》（電子版見於早稻田大學圖書館網站），當是據《醫方考》的一種明刻本翻刻，與以上諸版本亦不同。

以上諸刻本中，作者姓名作「吴崑」或「吴崐」，與《訪書志》著録之「吴焜」不同。

今臺北「故宫博物院」藏有《醫方考》一部，著録爲明萬曆乙酉歙縣汪躍德等刊配補清代增刊本（末二卷爲清代增刊本），七册（故觀 001361 – 001367），或即此本。

147　錢氏小兒藥證直訣三卷　宋本

按趙希弁《讀書後志》〔二〕，《錢氏小兒方》八卷，《閻孝忠方》附於後。《宋志》亦云八卷。陳振孫《書録解題》則云三卷，太醫丞東平錢乙仲陽撰，宣教郎大梁閻孝忠集。上卷言證，中卷敘嘗所治病，下卷爲方，孝忠亦頗附以己說，且以劉斯立所作《仲陽傳》附于末，宣和元年也。今按，此書一一與《解題》合，且閻氏序明言三卷，則《讀書志》所云八卷當是傳寫之誤，《宋志》又沿其誤也。是書世罕流傳，唯明熊宗立注本及康熙間陳世傑刊本，薛已本則多所改竄，非錢氏原書。今以此宋本校之，上卷尚無甚出入，中卷陳本缺「駙馬子病目」一條，《醫方類聚》、熊本、薛本《證治準繩》並有此條，則爲誤脱無疑。而多出「睦親宮中十大王」一條。按，此條熊宗立注本無之，《幼幼新書》及《醫方類聚》亦不援引。此條前半即前第十條「一九王病瘡疹篇」文而小異耳。後半即上卷「瘡疹候篇」文，其爲誤衍無疑。緣此書目録中卷記嘗所治病二十三證，陳本既缺「王駙馬子」一條，遂雜鈔本書之文凑合成篇，以充原數。下卷則甚多差異，如「瀉黄散」後有閻孝忠附語數百字，「羌活膏」後有閻附一百七十七字，「蟬蜕散」有閻附語六十八字，熊宗立本亦有之。陳本皆脱。又如「導赤散」宋本只「治小兒心熱」五字，陳本有「視其睡」云云三行，全録上卷「心熱證治」之文。「瀉心湯」宋本只「實熱宜服」四字，陳本「小兒心氣」云云，亦全録上卷文。「生犀磨汁」宋本「治消毒氣，解内熱」，又有「磨汁之法」，陳本則云「治瘡疹不快，吐血、衄血」，而製法、用法全脱。又宋本有「木芃丸」，陳本無之。按，本書上卷「生下吐證治」，明有「木芃丸方」，則爲陳本誤脱無疑。又，宋本有「兩大黄丸方」，一兩味，治鼻塞顋開，一兩味〔二〕，治風熱云云，陳氏無「治風熱」一方。考朝鮮國《類聚》有此方。其他方名雖同，而證治、製法、藥味多寡之異，難以枚舉。宋劉昉《幼幼新書》引此書幾十之七八，醫方《類聚》則全部載入。今以此本校之，一一相合，則此爲宣和本無疑。又閻氏附方五十五條本在錢氏之後，宋本及陳本皆劃然分明，而宋元以下方書，引閻説並方，皆混稱錢氏。余意宋時必有以閻氏附方併入錢氏方中之本，故諸家不能别出。然則錢氏書在宋時傳本既多，已有異同，陳氏所得，又是傳鈔本，故不免有奪爛。陳本目録後有《無爲軍新刊錢氏方後序》目，下卷却無此序，此奪爛之明徵。其以上卷文録入中、下卷，蓋苟以充數，決非宋本所有。其他或有與熊宗立、薛已、□□、王宇泰諸人所引同者，當是别本如是，未必盡陳氏臆造。精斯術者，自能決擇之。余年來累失孫男女數人，今細讀此書，乃知短折非命，悔痛何及。迺盡發宋、元以下嬰兒方書，一一互校，當謀精槧以傳之，庶天札者少瘳云〔三〕。

〔一〕此書在《郡齋讀書志》衢本、袁本皆見於晁公武所撰部分中，非趙希弁所撰，可知楊守敬所言有誤。

〔二〕「兩」原作「四」，湖北本已改。

〔三〕「天札」原作「天札」，湖北本已改。天札，指人遭疫病而死。

【案】《留真譜二編》收録該書書影（廣文本第 297—298 頁，北京本第 1453—1454

頁)。此本行款半葉八行,行十六字。

148 嬰童百問十卷

明嘉靖十八年吏部尚書許讚疏進,行首有嘉靖壬寅嚴嵩序,次許讚表。行首「嬰童百問卷之一」,下題「魯伯嗣學」,次行「第一問初誕」,下題「麗泉堂刊」。按,許讚《疏》第云「相傳爲在昔名人著述」,不云是魯伯嗣作,此或係刊板校訂之人謬題與?按其書論辨詳審,誠小兒證治之善本也,流傳頗少,故録之。

嚴嵩《序》。嘉靖壬寅。

進《嬰童百問》疏

太子太保吏部尚書臣許讚謹奏,爲進書事。臣係河南靈寶縣人,正德十二年〔一〕,臣爲翰林院編修之時,收得醫書二本,名曰《嬰童百問》,相傳爲在昔名人著述,乃以嬰童各證設爲百問,每問必究其受證之原,每證必詳其治療之方,觀形審勢,因病投藥,極爲詳備,誠保護嬰兒之全書也〔二〕。此書原刻于陝西藍田縣,今乃少見。伏惟皇上至仁如天,老老幼幼,舉一世而生成之。此書若行,未必不爲幼科之助〔三〕。臣謹將原本裝潢進呈,望皇上勅付所司〔四〕,再加詳校,刻爲善本。或以廣醫家之見聞，或以備　內府之參用，傳衍流行〔五〕，則　皇上仁慈所被者無窮，而效之所及者廣矣。嘉靖十八年二月　日奉　聖旨：卿進方書，朕覽已，著禮部校正刊行。欽此。

〔一〕「正德十二年」，國家圖書館藏有明嘉靖刻本《嬰童百問》（索書號 13795，見於「中華古籍資源庫」）作「正德二年」。據《明史》卷一八六《許進列傳附子讚列傳》，許讚「正德元年改編修。劉瑾逐進，讚亦出爲臨淄知縣」（中華書局，第 4928 頁），此後再未任編修。劉瑾於正德五年被處死，則許讚任編修之年應在正德五年之前，可知嘉靖本中「正德二年」是。《訪書志》刻本記録有誤。

〔二〕「嬰兒」明嘉靖刻本作「嬰幼」。

〔三〕「幼科」下明嘉靖刻本「醫藥」二字。

〔四〕「望」明嘉靖刻本作「伏望」。

〔五〕「傳」字原作空圍，據《書目題跋叢刊》本補。

【案】此本今藏臺北「故宫博物院」，著録爲明麗泉堂刊本，五册（故觀 001456－001460）。

卷十一

149 初學記三十卷 明宗文堂刊本

今世行《初學記》以安國本爲最舊，其書刊于明嘉靖辛卯。其本亦有二：其一，邊口書「九洲書屋」者，安氏原刻，即《天禄琳瑯》所載本；其一，邊口書「安桂坡館」者，覆安氏本也。其書中墨丁，一依安氏而較多，則刻梓人之爲。書首秦金序，挖去「郭禾」二字。嘉靖十三年甲午晉藩又以安本重刻，墨丁一仍其舊，而少劉本一序，有晉藩《刻書引》。又至萬曆丁亥，太學徐守銘又以安本覆刻，有茅鹿門序，書中墨丁皆補刊，有以所引原書校補者，有憑臆填者。又有陳大科刊本，亦安本之枝流也。又有萬曆丙午虎林沈宗培所刊巾箱本，前亦録鹿門序，而截去「近代錫山」云云以下，蓋借名以行世也。其書分爲三十二卷，每類詩賦有據《藝文類聚》《太平御覽》增入者，顧誤字差少，蓋沈氏以他書校改也。古香齋本似以安國之卷第，而據沈氏爲底本，然以嚴鐵橋所舉宋本，無不違異者。唯明嘉靖丁酉書林宗文堂刊本劉本序後有木記云：「近將監本是正訛謬，重寫雕鏤，校讎精細，並無荒錯，買書君子，幸希詳鑒。」其三十卷後有跋云：「《初學記》三十卷，宋後刻于麻沙，今歲書林鄭逸叟再購以板其書。上天下地，明陽幽陰，貴人賤物，無不核也。經典史册，方言小説，長賦短詩，無不取也。門分類綴，大且勤矣。以鈔本而贗字殘簡爲多，獻覿於予，予謭隘弗敢讎也。敢求正于識奇字、記雜書如揚子雲、鄭康成君子云。時嘉靖丙申冬，壺雲子後跋。」其書題「新刊初學記」，首卷有總目，每卷無總目，而於每類下題目，録出附首卷。其「徐堅奉敕」下有「撰」字。劉本序，「形名」不作「刑名」，與鐵橋説相應。書中訛文奪字，觸目皆是，知其未以安本植改者[二]。按，鐵橋言，第二十五卷至三十卷，有二十餘翻與安本大異，而未言在何類。今略校之，則第二十五卷「火類」一葉半；廿六卷「弁類」半葉，廿八卷「李類」「柰類」「桃類」「櫻桃類」共八葉，廿九卷「狗類」一葉半，三十卷「雞類」後半葉、「鷹類」前半葉、「蟬」「蝶」「螢」三類共六葉。鐵橋謂安氏所得係殘本，而其館客郭禾輯補之。今按，安氏本非殘缺，乃漫漶不可辨，郭君以其不能辨者，以他文補之，其能辨者，仍夾置其中，然已大非東海之舊。若非得宋本發其覆，如此本刊刻之草率，縱有異同，亦將土苴視之。今宋本未知尚在人間否，嚴氏稿本亦未墨諸板，則此本當什襲藏之。至其誤處，宋本已然，此更加劇，非裒集羣書不能憮也。癸未十月。據森立之《訪古志》稱，其楓山官庫有北宋本，余本擬借出一校，因歸期在邇，故不及。附記于此，俟後之留心古籍者。

丁酉赴上海，得歸安陸氏《羣書校補》，乃知嚴鐵橋校本尚有傳鈔者，惜近日川中重刻本未據其校文改訂也。

〔一〕「植改」湖北本校作「校改」。

【案】《留真譜初編》收録該書書影（廣文本第 579—580 頁，北京本第 629—630 頁）。此本行款爲半葉十行，行二十字。

《經籍訪古志》著録是本（第 172 頁）。

此本今藏臺北「故宫博物院」，著録爲明嘉靖十五年鄭氏宗文堂覆元至正十七年刊本，十册，楊守敬手書題識（故觀 015358－015367）。

阿部隆一《中國訪書志一》著録楊氏跋文，與《訪書志》有異，抄録如下（第 106 頁）：

嚴可均《鐵橋漫稿》稱以孫淵如宋本《初學集》校明徐守銘重刊安國本，自廿五至三十卷，凡二十二葉，與徐本大異，因知國所得有闕葉，其館客郭禾補足者。余所得九洲書屋本即安國原刻。又有安桂坡館本、晉藩本、徐守銘本、陳大科本，板式皆與安本同，别有許［沈］宗培本則有所竄入，（按，許宗培誤，當作沈宗培。阿部氏標出改正。）然以校廿五卷以下之二十二葉，無不相合，知諸本縱有據他書校改而皆祖安本者也，惟此本則與安國絶不相合。今按，二十五卷「火類」一葉半、廿六卷「弁類」半葉、廿八卷「李類」「柰類」「桃類」「櫻桃類」共八葉、廿九卷「狗類」一葉半、三十卷「雞類」後半葉、「鷹類」前半葉、「蟬類」「蝶」「螢」三類共六葉，與安本大異，知嚴氏所指即此也。嚴氏謂安氏所得係殘本，今按，非殘本，乃漫漶太甚，故以他文補之，其中可弁者仍夾置其中，然已大失徐東海之舊。若非得宋本發其覆，如此本之刊刻草率，縱有異同，亦土苴視之矣。今宋本未知尚在人間否，嚴氏校本亦未墨諸版，則此本當球圖視之，至其誤處，宋本已然，此更加劇，非裒集群書不能校也，以俟年，略記於此。

150　初學記三十卷　明刊本

明嘉靖甲午錫山安國刊本。首有秦金序，稱其與塾賓郭禾相與校讐釐正，遂成完書。以後晉府刊本、徐守銘寧壽堂本、陳大科諸本皆源于此。古香齋刊本亦源此，而略有校訂。國朝嘉慶間，嚴鐵橋從孫淵如借得宋刊本，以安本對校，乃知其末數卷與宋本大異。鐵橋謂安國得不全本，倩郭禾補之。以秦金序證之，其語似不爲誣。又證以余所得明宗文堂刊本益信嚴説之確。去年從上海得歸安陸氏所刊鐵橋所校《初學記札記》，一一過録于此本上。

嚴所校據徐守銘本，陸氏所刊氏本過録，間有安本不誤，而徐又從陳大科陳兩本誤者。乃知非特嚴氏所舉之數卷，而全書中删節不爲少。大抵「事對」中，宋本所引稍煩。標題相應而止，或已見上文，安本則但録其與本則以見者，宋本多複舉，安上文括之。竊怪郭氏所補諸類，亦頗能采《藝文》《御覽》諸古書，又其所删字句皆照標題裁斷，亦非漫然脱漏；而亦有宋本與標題不照，而安本合者。如「皇部」「編珠」「連貝」、宋本「尚書」中佚二十三字〔一〕。何以明明可考補之字，不爲之翻檢原書，乃留如許墨丁？據鐵橋言，宋本勝處固多，誤亦無算。乙亥夏，始以浄徐疑若謁謬灼然者，置不復載。本録取其長，仍其陸氏刻本，蓋傳録其浄本也。余所藏宗文堂本，其所長一一與嚴校相應，而其誤處反數倍于安本。想嚴氏所云「宋本」者，亦相去不遠。據陸氏所言，嚴氏本實是元本，非宋本。余意安國所據之本，必非嚴氏所見之本，不然何以能校如許誤字，而反留習見之墨丁乎？或者其所據爲宋大字善本，其與元本大異之處，則由向來所傳如此。惜未得日本楓山官庫所藏宋本一校録，以決斯疑耳。

〔一〕《訪書志》諸刻本「二十三字」前一字模糊，湖北本、遼寧本均釋爲「侯」字，但文義不通。或作「佚」字，契合文義。

【案】《留真譜初編》收録該書書影（廣文本第581—582頁，北京本第631—632頁）。此本行款爲半葉十行，行二十字。

此本今藏臺北「故宫博物院」，著録爲明嘉靖間晉陵楊瀧九州書屋覆錫山安國桂坡館刊本，十二册，楊守敬手書題識（故觀 015368－015379）。阿部隆一《中國訪書志一》著録楊氏跋文，與《訪書志》有異，與上一條楊氏解題相近，抄録如下（第 104 頁）：

今世行《初學記》以安國本爲最舊，其書刊於明嘉靖辛卯，其本亦有二：其一邊口書「九洲書屋」者安氏原刻，即《天禄琳瑯》所載本；其一邊口書「安桂坡館」者覆安氏本也，其書中墨釘一依安氏而較多，間或挖去，則刻梓人之爲書，首秦金序，挖去「郭禾」二字。嘉靖十三年甲午，晉藩又以安本重刊，墨釘一仍其舊而少劉本一序，有晉藩《刻書引》。又至萬曆丁亥，太學徐守銘又以安本覆刻，有茅鹿門序，書中墨丁皆補刊。有以所引原書校補者，有憑臆填者，又有陳大科刊本，亦安本之枝流也。又有萬曆丙午虎林沈宗培所刊巾箱本，前亦録鹿門序而截去「近代錫山」云云以下，蓋借名以行世也。其書分爲三十二卷，每類詩賦有據《藝文類聚》《太平御覽》增入者，顧誤字差少，蓋沈氏以他書校改也。古香齋本似以安國之卷第而據沈氏爲底本，然以嚴鐵橋所舉宋本，無不違異者。唯明嘉靖丁酉書林宗文堂所刊本，劉本序後有木記云：「近將監本是正訛謬，重寫雕鏤，校讎精細，並無荒錯，買書君子幸希詳鑒。」其三十卷後有跋，云：「《初學記》三十卷，宋後刻於麻沙。今歲書林鄭逸叟再購以板，其書上天下地，明陽幽陰，貴人賤物，無不賅也。經典史册、方言小説，長賦短詩，無不取也。門分類綴，大且勤矣。以鈔本而贋字殘簡爲多，獻觀於余，余譾陋弗敢讎也，敢求正於識奇字、記雜書如揚子雲、鄭康成君子云。時嘉靖丙申冬壺雲子後跋。」其書題「新刊初學記」，首卷有總目，每卷無總目，而於每類下題目，録出附首卷。其「徐堅奉敕」下有「撰」字。劉本序，「形名」不作「刑名」，與鐵橋説相應，書中訛文奪字觸目皆是，知其未以安本校改者。按，鐵橋言，第二十五卷至三十卷，有二十餘翻與安本大異，而未言在何類。今略校之，則第二十五「火類」一葉半、廿六卷「弁類」半葉、廿八卷「李類」「柰類」「桃類」「櫻桃類」共八葉、廿九卷「狗類」一葉半、三十卷「雞類」後半葉、「鷹類」前半葉、「蝶」「蟬」「螢」三類共六葉，鐵橋謂安氏所得係殘本，而其館客郭禾輯補之。今按，安氏本非殘欠，乃漫漶不可辨，郭君因其不能辨，以他書補之，其能辨者仍夾置其中，然已大非東海之舊。若非得宋本，安能發其覆，如此本刊刻之草率，縱有異同，亦土苴視之矣。今宋未知尚在人間否，嚴氏校本亦未墨諸版，則球圖視之。至其誤處，宋本已然，此更加劇，非裒集群書不能校也。癸未十月楊守敬記。

上圖所藏初印本此處有楊寶鏞題浮簽：

「初學記」八行上，前云安氏本非殊缺，此又篤信嚴説，何邪？

151 幼學指南鈔三十卷 殘本

日本古鈔本，兩面鈔寫，爲蝴蝶裝，四邊外向。日本卷子以下，此式爲最古，蓋北宋刊本裝式亦如此也。今存第三、第四、第九、第十三、第十四、第十七、第十八、第三十。又三册殘本，不知卷數，一「寶貨部下」，一「衣服部」，一「音樂部」，第三十卷爲「鱗介蟲豸類」，故知書止三十卷也。書法甚古，以日本書體紙質衡之，當是八九百年間物。每條有題所引古書，至六朝而止。細核之，蓋從徐堅《初學記》鈔出，而其文字則遠勝今本，蓋此從卷子本出也。

【案】此本今藏臺北「故宫博物院」，著録爲日本平安末年鈔本，十册，存卷三、四、九、十三、十四、十七、十八、三十，「衣服」「音樂」「寶貨」（故觀 012530－012539）。

152 古鈔蒙求一卷 卷子改裝本

李瀚《蒙求》，《唐志》不著録，《崇文總目》始載之。按，《唐志》有王範《續蒙求》三卷，則知必有李瀚書，傳刻者脱之。日本所傳本有二種：一爲舊注本，即李瀚自注；一爲徐子光補注本。自補注本行，而舊注本遂微。寬政十二年有龜田興者，覺舊注本雖不出書名，而所引多逸聞逸事，知其必有根據，因復據傳鈔數本校刊之。謂「范張雞黍」出于謝承書，「賀循儒宗」出何法盛《晉中興書》，「劉寵一錢」出司馬彪，「李充四部」出臧榮緒，而舊注未舉書名。徐子光不推究其根源，唯據范蔚宗書。唐修《晉史》，私用芟祚，擅自增損云云，所詆頗中其失。獨怪李瀚作《蒙求》而自注之，當必原委粲然。如吳淑之自注《事類賦》，豈有不注所出，開學者飣餖之門，唐人無是也。余乃得此古鈔本一卷，其原係用墨絲欄作卷子本，後乃裁斷改摺本，字體古雅，墨色沈厚，絶似古鈔《玉篇·放部》及卷子本《左傳》，相其筆跡，當在唐宋間。有「禰家藏書」印，亦不知爲何人。首李良《表》，《表》後題「天寶五年八月一日饒州刺史李良上《表》」，良令國子司業陸善經爲《表》，《表》未行而良授贊，事疑當是『受替』，『事』字下屬。因寢」。次李華序，而不出華名，但題「蒙求本序」。下題「安平李瀚撰并注」。其序文又截「《周易》曰」以上不録。按李良《表》明稱有李華序，此本截去之，當是鈔者省略。首題「蒙求上卷」，自「王戎簡要」起，至「蔡邕倒屣」止，蓋通爲上、下二卷。各本並作三卷。篇中每注皆出書名，間有未出者，大抵皆習見事。今略舉其大者：序文王子淵《洞簫賦》及「馬融銅柱」注，「淵」字并作「泉」，此足爲唐鈔之證。「楊震關西」引《東觀漢記》。「博望尋河」引《漢書》，無「遂得支機石歸」六字。「支機石」事出《集林》。「梁習治最」引《魏志》。舊注作「梁集」，誤。「賈誼忌鵩」引《史記》，無「字士休」三字。舊注本有此三字，按《魏書》賈思作字仕休〔二〕，當是不學者所增入。「時苗留犢」引《魏略》。「大叔辨給」引《世説》。舊注作「辨洽」，誤。「王忳繡被」引《益部耆舊傳》。「孟軻養素」，注「浩然之氣」，「浩」作「皓」，下有項岱曰：「皓，素白也，如天之氣皓然也。」「南郡猶憐」引《妬記》。「崔烈銅臭」引《九州春秋》「烈字休明」。《范書》不載烈字。「齊后破環」引《春秋後語》。「胡威推縑」引《晉陽秋》。「江淹夢筆」引《宋略》。舊注引《南史》，與所引「授筆」事不符。「蔣詡三經」引《三輔決録》。「西施捧心」引《莊子》。舊注引《列女傳》，亦非。「孫壽折腰」引華嶠《後漢書》。「靈輒扶輪」引《類林》。舊注引《左傳》，無扶輪事。《崇文總目》：《類林》十卷，于立政撰。按，立政唐初人。「逸少傾寫」引《衞玠别傳》。「澹臺毀壁」引《搜神記》。「江逌爇雞」引《晉中興書》。「交甫解佩」引《韓詩内傳》。「任座直言」，不作「翟璜」。注中翟璜與任座皆互易，足訂今本《新序》之誤，徐氏反據今本改題，大謬。「蘇韶鬼靈」引王隱《晉書》。舊注引《三十國春秋》，當誤。「柳下直道」引《列士傳》。舊注誤作《列女傳》。《隋志》：《列士傳》二卷，劉向撰。「井春五經」引嵇康《高士傳》。「顧愷丹青」引《續晉陽秋》。「丁固生松」引《會稽録》。「甯戚扣角」引《三齊略記》，無「中有鯉魚長尺有半」八字。「龐統展驥」引《襄陽耆舊傳》。「仇覽棲鸞」引《陳留耆舊傳》。篇中引《東觀漢記》及《世説》尤多。凡所引，與舊注詳略大異，不可縷舉。余意此書在唐時必多童蒙誦習，鄉俗鈔寫，憚其煩文，遂多删節。其後並所引書名略之。至宋徐子光不見有書名之本，但見其文與事與見存書多異，又未能博考類書、傳記，遂就見存書史换之，故往往有與標題不符。龜田興雖覺其有異，然其學亦未博贍，不能一一注其所出。得此本始恍然李氏原書，卓然大雅，惜僅存上卷，不得爲完璧耳。

又按，森立之《訪古志》所載舊注《蒙求》凡三通，大抵皆删節之本，不足與此本取證。唯藤原貞幹《好古日録》載《蒙求》二通，第一通云，《蒙求》全一卷；第二通云，手跡紙色七百年以上之物。此二本其注與諸本不合，未知是卷子否，當與此本同記之，以俟後人訪之。此亦足當逸書之一種也。

薦蒙求表

臣良言：臣聞建官擇賢，其來有素；抗表薦士，義或可稱。爰自宗周，逮兹炎漢，競徵茂異，咸重儒術。竊見臣境内寄住客前信州司各本下有「馬」字，非。倉參軍李瀚，學藝淹通，理識精究。撰古人狀跡，編成音韻，屬對類事，無非典實，名曰《蒙求》，約三千言。注下轉相敷演，向萬餘事。瀚家兒童三數歲者，皆善諷讀。談古策事，無減鴻儒。不素諳知，謂疑神遇。司封員外郎李華，當代文宗，名望夙著，與作序云：「不出卷而知天下，各本有「豈」字，與後李華序不相應。其蒙求哉！」漢朝王子泉製《洞簫賦》，漢帝美其文，令宫人誦習。近代周興嗣撰《千字文》，亦頒行天下，豈若《蒙求》哉？錯綜經史，隨便訓釋，童子則固多弘益，老成亦頗覽起予。臣屬忝宗枝，職備藩捍，每廣聽遠視，採異訪奇，未嘗遺一才，蔽片善，有可甄録，不敢不具狀聞奏。陛下察臣丹誠，廣達聰之義；令瀚志學，開獎善之門。伏願量授一職，微示勸誡。臣良誠惶誠恐，頓首頓首，謹言。

天寶五年八月一日饒州刺史李良上表，令國子司業陸善經爲表，表未行，而良授晉，事因寢。

蒙求序

安平李瀚著《蒙求》一篇，列古人言行美惡，參之聲律，以授幼童，隨而釋之，比其終始，則經史百家之要，十得其四五矣。推而引之，源而流之，易於諷習，形於章句，不出卷而知天下，其《蒙求》哉！以上卷子本無，以刻本補。《周易》有「童蒙求我」之義，李公子以其文碎，不敢輕傳，達識者所務訓蒙而已。故以《蒙求》爲名題其首。每行注兩句，人名外傳中有別事可記，亦此附之。雖不配上文，所資廣博。從《切韻》東字起，每韻四字〔二〕。

〔一〕　按「賈思作」，檢《魏書·卷七十二》有《賈思伯傳》，賈思伯，字仕林。

〔二〕　此句後國家圖書館藏楊守敬批校本（詳後案語）有「凡五百九十六句云爾」。

【案】　此本今藏臺北「故宫博物院」，著録爲日本平安末期寫本，一册（故觀004564）。

今國家圖書館藏《舊注蒙求》一部，江户書林若林清兵衛寬政十二年（1800）刻本（索書號03117，見於中華古籍資源庫），有楊守敬藏書印，與《訪書志》此篇著録之《表》《序》核對，可知即爲楊氏所據校本，上、中兩卷有楊氏批校。

153　附音增廣古注蒙求三卷 古鈔本

此本缺李良《表》、李華《序》。首題「附音增廣古注蒙求卷上」，下題「安平李澣撰注」。以「滕公佳城」爲中卷，「陳遵豪爽」爲下卷。與徐子光本不同。烏絲欄格，每半葉十三行，行二十字。又有層欄補釋注中名物。相其紙質、筆跡，當爲五、六百年間物。末有粘條云：「于時天文廿三年乙卯初穐下澣，一日大貫興福禪寺於南窗下書畢矣[一]。□□年五十。」按，天文乙卯當明嘉靖三十四年，此條紙色甚新，字體亦不類，必後來校者之筆。余得此書於向山榮，有「向黄村珍藏」印。其注多不著書名，蓋亦舊注本經後人節删者。篇中亦間引《補注》。以享和元年日本所刻朝鮮本照之，雖不盡同，大致同出一源，蓋又在竄田興所祖本之後。然其所據，終多李澣原注，故亦往往有異聞勝于徐子光《補注》本。今就中、下二卷校之，上卷已見卷子本。「董永自賣」注文出《搜神後記》。徐氏不知所出，引《後注》删「後」字〔二〕。「翟湯隱操」注文出《晉中興書》。見《世説》注，徐氏改引《晉書》，與標題不合。「相如題柱」注文出《華陽國志》。徐氏不知所出。「老萊班衣」引《高士傳》，徐云舊注引《列女傳》無「班衣」事，知所見爲誤本。《列女傳》安得有此事。「不占殞車」注引《韓詩外傳》，今但見《新序》，《外傳》不載，然不得謂舊注爲誤。大抵李氏所注，皆根據于故書雅記。龜田興所云，李瀚注《蒙求》時，如謝承、華嶠等之《後漢書》，王隱、虞預等之《晉書》尚存，不得以范蔚宗之《後漢書》、唐太宗之《晉書》校之。其語誠是。特以鈔者省其書名，徐氏以其與所見之書不合，遂謂傳記無見，皆以見存書易之，往往有與標題不合者。

日本元化中〔三〕，天瀑山人以活字收入《佚存叢書》，即此種也。然「吕望非熊」注引《六韜》，已改作「非虎」。按，古鈔舊注本皆作「非龍」「非彪」「非虎」「非熊」「非羆」，天瀑本亦據鈔本，而與今本《六韜》同，又引《補注》以正之，抑天瀑所爲耶？

按，王觀國《學林》云，《後漢・黄香傳》不載扇枕事。陶淵明作《士孝傳贊》曰黄香九歲失母，事父竭力，以致孝養，暑月則扇牀枕。李瀚《蒙求注》引《東觀漢記》：「黄香事母至孝，暑月扇枕。」今按，《士孝傳贊》出淵明本集。《御覽》四百一十二引《東觀漢記》云：「黄香字文疆，父況。舉孝廉〔四〕。貧無奴僕，香躬勤苦，盡心供養。冬無被袴，而親極滋味。暑即扇枕，寒即以身温席。」據王觀國所見《蒙求》，是引此文。觀國稱《漢記》香字文孺，又謂事母，與《御覽》亦不合。蓋觀國所見《蒙求注》亦有誤。而此《蒙求》舊注不書名，其所引乃淵明《士孝傳贊》之文，可知南宋之初，觀國所見尚是李瀚原注。至徐子光所見舊注，已經後人改易。徐子光既知舊注爲陶淵明之説，又復漫引《後漢書》本傳。林天瀑、龜鵬齋并稱舊注皆李瀚原文，亦未審。

〔一〕「𣅜」字《訪書志》諸刻本同，疑是二字合作一字之誤。

〔二〕「後注」當爲「後記」，指《搜神後記》。湖北本已出校。

〔三〕日本無「元化」年號，湖北本以爲或是「文化」年號。

〔四〕《訪書志》諸刻本皆如此，檢《太平御覽》，原文作「父兄舉孝廉」，「況」乃「兄」之誤。

【案】此本今藏臺北「故宫博物院」，著録爲日本室町寫本，三册，朱墨藍三色校注（故觀 004561－004563）。

154　又一通　舊鈔本

首有《薦蒙求表》，次行題「光禄大夫行右散騎常侍臣徐賢等奉勑撰」，再下頂格「臣良言」云云。表後有《蒙求序》而不題李華名。烏絲界欄上亦有層欄，無鈔寫年月，紙質、筆跡當又在前本之後。篇中亦間引《補注》文字，亦略與前本同。三卷共裝爲一册。首有「迷庵」印，又有「林下一人」印。按，迷庵，市野光彦字也。又有「福山岡西氏藏書記」楷書印。市野、岡西皆日本好古士。按，此本篇首題徐賢名，不可曉。據龜田興刊本言，三春朝鮮本倶有徐賢名。森立之《訪古志》所稱容安書院本、寶素堂本亦有之，而享和所刊朝鮮本則無之。龜田興疑徐賢爲朝鮮人，所云附音增注即出于其人。又疑徐賢即徐子光之名，皆未詳也。

155　蒙求補注三卷　舊鈔本

首李華《蒙求序》，次《薦蒙求表》，下題徐賢官銜如舊注本，又次「臣良言」云云，又次子光序。篇首標題「徐狀元補注蒙求卷上」，下書「安平李澣古鈔本「瀚」「澣」錯出。撰并注，徐子光補注」。按，徐子光未詳其人。《書録解題》始著録，稱爲八卷。《四庫》著録，稱《集注》二卷，不題徐子光名，蓋又後人所省略也。此本三卷，以「史丹青蒲」爲中卷，「相如題柱」爲下卷。與舊注本不同。每半葉十一行，行二十字。每卷首題「南豐元樟」等字，蓋即森立之《訪古志》所稱寶素堂藏本。每卷有「小島學古」疊篆印，又有「馬氏溯源堂圖書」八分書匾方印。《提要》於此書多誤，今爲辨之於下：李瀚爵里雖未詳，而首有李華一序，即李良之《表》亦明著天寶八年，此二篇《提要》本想缺佚。乃《提要》既引匡乂《資暇集》〔二〕，稱宗人瀚作

《蒙求》，知爲李勉之族；又引《五代史·桑維翰傳》有好飲酒之李瀚，定題爲晉人，是并李匡乂亦晉人矣，最爲矛盾。又云注雖「稍嫌冗漫，而頗爲精核，如『呂望非熊』句，以《六韜》原文無『非熊』字，則引崔駰《達旨》以明之」，不知《六韜》作「非虎非羆」者，此宋以下之本也。按，李善注「劉越石《贈盧諶詩》」引《六韜》正作「非熊非羆」。又云「『周嵩狼抗』以《晉書·嵩傳》作『抗直』，則引《世說》以明之」，不知舊注本引《世說》，此當時俗語，卷子本如此，舊注本不出書名。《晉書》改作「抗直」，已失當日「對母」之意。徐氏既知「狼抗」出《世說》，乃先引《晉書》，而以《世說》證之，正其好改舊文之失。又云：「『燕昭築臺』以《史記》乃『築宮』非『築臺』，則引孔融書以明之。」按，卷子本引《春秋後語》，本作「築臺」，舊注引《史記》作「築臺」。非《史記》也。又云「胡昭投簪」，以本傳無「投簪」字，則引摯虞所作《昭贊》以明之。按，卷子本及舊注本皆引《昭贊》，非徐氏所補也。又云：「『趙孟疵面』『子建八斗』『申屠斷鞅』『龍逢版出』『何謙焚祠』之類，皆疑以傳疑。」《補注》俱直引舊注，未得所出。今按「趙孟疵面」出王隱《晉書》。見《御覽》三百六十五。「子建八斗」出《南史·謝靈運傳》。此非僻書，何亦不能檢出？「龍逢版出」原注引《論語陰嬉讖》，此事稍隱，然亦見《文選·任彥昇〈百辟勸進牋〉》注文。又謂「『江革忠孝』事見《南史》，非後漢之江革，此說本《野客叢書》」。《瑯琊代醉篇》襲之。按卷子原注引《東觀漢記》：「江革字次翁，忠臣孝子之稱行天下」云云。是本有「忠孝」二字，不必以《後漢書》作「巨孝」爲疑。唯「申屠斷鞅」、疑出《東觀漢記》。按《初學記》十八引周斐《汝南先賢傳》曰：「建武八年，車駕西征隗囂，郭憲諫曰：『天下初定，車駕未可以動。』憲乃當車拔佩刀以斷車鞅」云云。《後漢書》作「斷靷」，疑本一事，而傳者分屬之。蔚宗采《先賢傳》入《郭憲傳》中，遂於《申屠剛傳》不載此事。「何謙焚祠」何謙附見《晉書・謝玄傳》，不言其「焚祠」事，當在十八家《晉書》中。未知其原耳。又云：「『顔叔秉燭』注，事出毛公《詩傳》，今《詩》傳實無此文。」按，今《詩・小雅・巷伯》傳實有此文。又云：「『劉恢傾釀』《補注》據《晉書》改作『劉惔』。按《世説》本作『恢』，《文選・任彦升〈王文憲集序〉》注引臧榮緒《晉書》亦作『恢』，今本《晉書》作『惔』，恐誤。誤讀《世説》以『傾家』之『傾』爲『傾酒』之『傾』。」此説亦本於《老學庵筆記》謂「欲傾竭家財以釀酒飲之」，引山谷詩「欲傾家以繼酌」爲證。不知「傾家釀」何等直捷醖藉，乃增成「傾家財以釀酒」，迂曲少味矣。山谷詩翦截爲句，亦非務觀之意。《提要》乃謂徐氏失於訂正，何耶？至於「毛實」「韓嬉」二事，原題亦未爲大失，不足爲李氏病。「紀瞻出妓」事見《世説》，徐氏云「今本不載」，《提要》非之，是已。按，此書「何晏神伏」「周鎮漏船」「許洵勝具」，舊注并引《世説》，徐氏皆云「今本無載」，其實三事今本《世説》皆有之。「淵明把菊」注引「白衣送酒」事，此出《續晉陽秋》。見《書鈔》一百五十五，《初學記》十一，《御覽》三十二、又九百十六，《事類賦》五。徐氏不能引，但以《南史》《晉書》無「白衣」字，遂於引《南史》後增「一云」一段，足知其陋。大抵徐注凡見於正史者，即以易舊注；其不見正史者，即不能博采傳記證明之。自序稱「旁求百家，窮本探源」，特大言欺人耳。《提要》以博贍推之，過矣。

《蒙求序》。

《薦蒙求表》。

子光《序》：

前言往行載經史，炳若丹青。然簡編浩博，未易研究，非真積力久，莫能撮其要。唐李瀚搜羅載籍，采古人行事，著爲《蒙求》。揣議聲韻，以類折偶，剪剔煩蕪，掊擷精英，事跡粲然，班班可考。其於屬辭備閲，不爲無補矣。然鮮究本根，類多舛訛，覽者病焉。豈瀚之所載然歟？抑亦後世傳襲之誤也？予嘗嘉其用意，而惜其未備，於是漁獵史傳，旁求百家，窮本探源，摭華食實，大抵傳記無見，而語淺謬妄者，就加是正。至於載籍之中，間有故實可以槩舉者，仍掇其一二大者附焉。庶幾照然若日星之麗天，焕然可覩，命曰《補注》。將以備遺忘，而助討論，不亦文範之捷徑歟？明己酉仲冬之月辛卯吉日〔二〕。子光序。別本「子光」上有「徐」字。

〔一〕 據余嘉錫《四庫提要辨證》，《資暇集》的作者名李匡文。

〔二〕 日本京都大學藏舊鈔本《蒙求》有此序，署名徐子光，「明」作「時」。湖北本已改作「時」。

【案】此本今藏臺北「故宫博物院」，著録爲日本鈔本，三册，墨校（故觀 004565－004567）。

《經籍訪古志》著録此本（第 175 頁）。

156　標題徐狀元補注蒙求三卷　活字本

此活字本無集印年月，相其字體，當是慶長年間之版。每半葉十四行，行二十字。每卷有總目。古鈔本均無總目。首李良《表》，次李華《序》，次徐子光《序》。按，徐子光不詳其人，龜田興稱：「活字本有宋度宗咸淳戊辰宋秉孫《序》曰：『君其問諸徐君，以爲然乎否？』似是當時現存之人。徐氏《補注》成于己酉，下距戊辰僅二十年。然則徐子光爲理宗、度宗兩朝間人。」其説當爲有據。顧余所見活字本，均無宋秉孫《序》，當是龜田所見又一時集印之本也。《訪書志》所藏有永禄活字本〔一〕。此本欄外上、下，均有日本人補釋注中字義典故。

又一通。字體格式全與上本同，而紙色稍新，當又出此本之後。又有寬永乙亥孟夏中野市右衛門刊行本，則翻雕活字本也。

〔一〕《經籍訪古志》著録有文禄丙申活字刊本《蒙求》，即此處註文所言者（第 176 頁）。可知「《訪書志》」當作「《訪古志》」；「永禄」當作「文禄」。

【案】此本今藏臺北「故宫博物院」，著録爲日本元和寬永間活字本，三册，朱墨校（故觀 004568－004570）。

157 太平御覽一千卷 影宋鈔本

《御覽》一書，明刊本多誤。我朝嘉慶間揚州鮑氏據舊鈔本訂正重刻，始略可讀。顧其所據鈔本亦非影宋精本，不免有以近刻校改之弊。而世傳宋刻僅有殘本，今在嘉興陸氏，然不及三之一，固未足以訂全書也。日本文久間，喜多村直寬據其國楓山官庫藏宋本用活字版印行。自卷一至卷五百六十二卷屬田口文之以所引各書勘正，著有《舉謁》。五百六十三卷以後，則直寬即據鮑本校改，世遂以此本爲《御覽》善本。余來日本，既得活字印本，又得柴學士此影宋本，迺知田口文之多臆改，未足憑也。即如第一卷「天部上」，《舉謁》云：「《晉書》『爲天下主』，『主』清本作『貞』，是也。既上板，不及改，故此出焉。」似田口所據宋本作「主」無疑矣。今觀此本仍作「貞」，則是作「主」者，田口上板時臆改也。又「天部下」，《舉謁》云：「《曾子》曰『單居離』，清本『君』作『居』。」今此本仍作「居」，則作「君」者亦非原本如是。是則此五百六十三卷爲田口所亂不少矣。余以爲此書本於北齊《修文殿御覽》及唐代《藝文類聚》《文思博要》等書，而尤以《修文》爲藍本。目録前所列書目，多有唐、宋《藝文志》所不載者，皆《修文》之舊也。且無論逸文祕册，他無證驗，不能易一字；即見存之書，以各本對勘，亦如隔雲霧。蓋《修文御覽》尤在宋以上近千年也。惜此書卷帙浩博，非大有力者不能精刻，又非好學深思心知其意者不能校訂。書此以俟，庶幾日暮遇之。

【案】《留真譜初編》收録該書書影（廣文本第 611—614 頁，北京本第 665—668 頁）。此本行款爲半葉十三行，行二十二字。此本今藏臺北「故宫博物院」，著録爲日本享和三年影寫宋慶元間刊本，一百册，清光緒癸未（九年）楊守敬手書題識（索書號故觀 015380—015479）。

阿部隆一《中國訪書志一》著録楊氏跋文，與《訪書志》稍異，前有「此《太平御覽》鈔本，日本柴邦彦舊藏，邦彦爲日本學士，最有名譽序聞。行款悉如楓山官庫宋槧之舊，楓山官庫者，日本内府藏書處。蓋影鈔也」一句；末題「光緒癸未秋八月宜都楊守敬記。」

158　事類賦三十卷　宋槧本

每半葉十一行，行二十字。首題「事類賦卷之一」，次行題「宋博士渤海吴淑撰注」。

前有紹興丙寅邊惇德序，序後有邊惇德、陳綬、李端民校勘官銜，次有吴淑《進注〈事類賦〉狀》。所引書名下皆有「曰」字。明嘉靖壬辰無錫華麟祥重刊本即據此本。惟於校刊之後增「無錫縣學生倪奉、施漸、浦錦、陸子明、苗子寔、秦采、俞寰、華復初」等名，前增華雲一序。卷首於「吴淑撰」下一行題「皇明都事錫山華麟祥校刊」。又有翻刻華本者，改題「明後學無錫華麟祥校刊」，然於吴氏原文仍無所改。又有明嘉靖甲午刻于開封郡齋，前有李濂序。每半葉十一行，行亦二十字，而文字則一仍宋本之舊，不知何時以華本改爲十一行，而盡删去書名下「曰」字，并删節注文，仍題「華麟祥校刊」。此後劍光閣刊本因之。近日輯逸書者亦多據其本。如開篇「天部」「地居下而陰濁」，注引徐整《三五歷記》，近本竟全删之。又「溟涬濛鴻」，注引《帝系譜》并引注文，近本則删注文。「雪霜降而風雨施，無非教也」，注引《禮》曰：「天有四時風雨雪霜，無非教也。」近本只注一「禮」字。其他不可縷舉。觀其所節，意在去繁就簡，似亦略通文義者，非書估所能爲。不知吴氏所引書今大半亡佚，一字之存，當同一珠，乃復妄施斧削，使人人習讀之書，竟不得真面目，其可恨十倍於陳禹謨。今《事類賦》單行之本更微，坊間刻有《五種事類賦》，謬誤尤不可讀，安得好事者以宋本重刊之。

邊惇德序。近本有，不録，録其題銜。

宋紹興丙寅右迪功郎特差監潭州南嶽廟邊惇德

左儒林郎紹興府觀察推官主管文字陳綬

右從政郎充浙東提舉茶鹽司幹辦公事李端民校勘。

進注《事類賦》狀

右臣先進所著《一字題賦》百首，退惟蕪累，方積兢憂。遽奉訓辭，俾加注釋。伏以類書之作，相沿頗多，蓋無綱條，率難記誦。今綜而成賦，則焕焉可觀。然而所徵既繁，必資箋注。仰

聖謨之所及，在陋學以何稱？今並於逐句之下以事解釋，隨所稱引本於何書，庶令學者知其所自。又集類之體，要在易知，聊存解釋，不復備舉。必不可去，亦具存之。凡讖緯之書及謝承《後漢書》、張璠《漢記》《續漢書》《帝系譜》、徐整《長歷》《玄中記》《物理論》之類，皆今所遺逸；而著述之家，相承爲用，不忍弃去，亦復存之。前所進二十卷，加以注解，卷秩差大，今廣爲三十卷。目之曰《事類賦》。乏張華之博物，叨預升聞；謝陸賈之著書，敢期稱善。徒傾鄙思，曷副宸心。伏乞

皇帝陛下，俯録微能，特紆睿覽。苟斧扆，兢惶

乾坤之施，不遺芻狗之微；則鉛槧之勤，庶耀縑緗之末。冒黷載深。

閻百詩校《困學紀聞》稱傅青主言明永樂間揚州有刊本謝承《後漢書》者，不知謝書自《崇文總目》以下皆不著録，此已可決其爲讕言。而或猶以青主不妄言爲解，今觀此書進狀，知北宋之初博洽如淑者，已云「遺逸」，想百詩亦未見此狀也。

【案】《留真譜初編》收録該書書影（廣文本第605—610頁，北京本第659—664頁）。

此本今藏臺北「故宫博物院」，著録爲明嘉靖壬辰無錫崇正書院覆宋刊本，八册（故觀003705－003712）。

159 姓解三卷 北宋槧本，刻入《古逸叢書》

宋邵思撰。陳振孫《書録解題》尚著于録，以後遂無及之者。原本爲向山黄村舊藏，雕鏤之精，罕有倫匹，蓋即景祐原刊本也。今按，其書詳略失當，有經史著姓而遺之者，有不見經史第就《姓苑》録出者。其北虜複姓，則臚列不厭其繁。姓下所引名人，往往朝代凌亂，書中望族皆隨手亂填，觸目皆是，父子乖錯，如以嵇康爲嵇紹子，徐摛爲徐陵子之類，今訂。分一人爲二，如以士會、士季，邢邵、邢子才皆分爲二人之類。以複爲單，如以申屠嘉爲姓申之類。以虜爲漢，如云「仇尼」，漢複姓」之類。甚至「郤」「郗」不分，如以郗鑒、郗超爲郤姓之類。「咸」「威」不辨，如以「咸丘蒙」爲「威丘蒙」之類。又好雜採謬説，如云周武王以萬人服天下，故有萬氏之類。幾於目不覩書傳者之所爲，訂之不勝訂。非第不可與《元和姓纂》等書絜長較短也。惟其中所引有逸書，又引《風俗通·姓氏篇》之文甚多，或亦好古者之所樂觀乎。〔一〕

〔一〕此篇後底本連續重複著録，今删除。

【案】《留真譜初編》收録該書書影（廣文本第 615—616 頁，北京本第 669—670 頁）。本書行款爲半葉十行，小字雙行，每行二十六字。現藏日本國立國會圖書館，著録作北宋景祐間刻本。

此本收入《古逸叢書》第十七種之「影北宋本姓解」。《經籍訪古志》著録此本（第 178 頁）。

上圖本有楊寶鏞題浮簽：

《姓解》三卷，此與前跋複出，可删。

160　書敘指南二十卷　明萬曆刊本

前有嘉靖六年巡按山西監察御史吴興沈松序，次有萬曆丙申知鎮江、襄陽兩府事永嘉王繼明序。蓋嘉靖間刻於河東，萬曆間又重刻于襄陽者也。目録分元、亨、利、貞爲四集，每集分五卷，合爲二十卷。題「浚水任廣德儉甫編次，猗頓後學喬應甲重校」。《提要》載此書與此合，唯所據雍正三年金匯刻本稱自靖康板燬以來，五六百年若隱若顯，不言明代有嘉靖、萬曆二刻，則此本流傳不廣。金氏未之見，《提要》亦未之見也。今金氏本亦罕見，唯三原李錫齡《惜陰軒叢書》有刻本。

【案】 羅寧《〈書敘指南〉作者及版本考述》（《西南交通大學學報（社會科學版）》2019.1），指出《訪書志》所提及的明萬曆刻本爲明二十四年刻本，此本今已不傳，楊守敬並未見到真正的萬曆本，而是日本翻刻本。

161 類篇群書畫一元龜丁部殘本 鈔本

存丁部，二十一至二十三皆《樂門》，二十四《歌舞門》，共四卷。體例略同《太平御覽》，而所分子目尤繁碎，其全書當不在千卷下。所采大抵六經、子、史、《文選》，不采讖緯說部，然間亦有逸書。所引經、史皆標經、史字樣於上，而注書名于下。自《爾雅》及漢以後典禮之書皆標圖記之目，又所引書至唐而止。首有「金澤文庫」印，又有「樂亭文庫」印，及「乘名」「白河」二圖印。此書日本《訪古志》亦不載。

【案】 此本今藏臺北「故宫博物院」，著録爲日本江户間傳寫宋建安余仁仲萬卷堂刊本，存丁部卷二十一至二十四，一册（故觀 009131）。本書行款爲半葉八行，行十六字。《留真譜初編》收録該書同名書影，著録爲宋刻殘本，書影顯示爲乙部（廣文本第 619 頁，北京本第 673—674 頁）。書影後又有楊氏題記：

右宋槧《畫一元龜》殘本，舊爲狩谷望之所藏。自乙部卷八十六至卷九十，共爲一册。其書以經、史、子、文集、圖記分類撮録，止於唐代，當爲宋人所撰，各家皆不著録，唯明《文淵閣書目》有之，亦殘闕之本。余又得丁部卷二十一至二十四，鈔本一册，有金澤文庫印記。

此宋刊殘本亦藏臺北「故宫博物院」，題名爲「類編秘府圖書畫一元龜 存五卷」（故觀 012645），乙部卷八十六至九十，版本著録爲南宋建安余仁仲萬卷堂刊本。半葉十五行，行二十五字，小字雙行同。

由此可知，楊氏共藏有該書刻本、鈔本殘卷兩種，一種《日本訪書志》著録，一種《留真譜》收録，但所撰解題相近。

162　錦繡萬花谷前集四十卷 後集四十卷 續集四十卷別集三十卷 宋槧明印本

每半板十二行，行二十一字，明刊本同，蓋即以此翻雕者。是書著録家皆只有前、後、續三集，唯《千頃堂書目》載有《別集》。《提要》據序中「編爲三集，每集析爲四十卷」之語，定前三集爲原書，《別集》爲後人所續。今案，《別集》前後無序跋，唯前三集書名多注每段之末，《別集》則書名皆出於其首。《提要》據序文稱淳熙十五年編爲三集，而「紀年類」「誕節類」並稱理宗爲「今上」，定爲書肆所附益。今細核之，殊不然。若果淳熙中其書即成三集，則每集每類必無重複，何以《前集》所分之類，《後集》《續集》《別集》亦大半同之？比勘之，實是《前集》有不盡者復載于《後集》《續集》《別集》皆然。余意其人初成此書只《前集》四十卷，厥後屢增屢續，遂有四集。《初集》之成在淳熙，至續、別《集》之成，已至端平之代。其《前集》紀年有理宗之號，當時或補刊或挖板，皆不可知。余意此書特書賈之稍通文理者所爲，故時代已移，但改序文數語，不知與年世不照也。

【案】　此本今藏臺北「故宫博物院」，著録爲明覆刊嘉靖十五年秦汴繡石書堂本，十四册(故觀 006137－006150)。

163　事物紀原二十卷

余所見《紀原》有二通：一爲正統十三年南昌閻敬所刊；一爲胡文煥本，即從閻本出也。皆十卷，分五十五門。此本爲正統九年所刊，首列漢陽教諭南平趙弼序，次漢陽府推官建安陳華序。據序中言，陳華得此本於國子祭酒江西胡頣庵後，以倩趙弼校訂。趙又爲之删削增益，乃使其子繕寫付刊。今核其書分五十門，校簡本頗有省併，其中徵引之文，亦稍有裁削，且有併全條删削者，大非高氏之舊矣。然其分卷仍作二十，與《書録解題》合。每條題目皆作陰文，下即緊接書之，不别居一格，似仍宋刻之舊，且書中稱《國朝會要》，尚是高氏原本。簡本盡改作《宋朝會要》，良由不知書爲宋高氏所作，故盡改之。又如伍希明《太乙金鏡》，簡本作「王希明」之類，皆以此本爲是。

又此本目録後稱《歷代考注事物紀原》書傳諸儒姓氏壹百八十四種，似亦高氏原書所有，但其中删削原文，妄爲竄易，實不一處。明人删改古書，莫此爲甚，不待萬曆以後也。

164　事文類聚翰墨全書殘本　元槧巾箱本

元劉應李撰。《四庫提要存目》題爲宋人，誤也。首有大德十一年熊禾序，行書，當是熊氏手寫。稱應李與之講學武夷洪源山中十有二年，然則應李爲閩人。書分前、后二《集》，此本今存《前集》甲集十二卷，乙集九卷，丁集全缺，丙集十一卷，戊集十三卷，己集七卷，庚集二十四卷，辛集十卷，壬集十二卷，癸集十一卷；《后集》存乙集上、中、下三卷，丙集十二卷，戊集九卷，餘俱缺。卷中凡「事實」每半葉十二行，凡「文類」每半葉十行。按，此爲劉氏原書，惜缺數集，未知原本總若干卷，大約一百三十卷以上。此後坊本所刻多竄亂，又併合卷數。有稱爲《啟制天章》者，改題爲《翰墨大全》者不可究結。余別藏明嘉靖丁巳清白堂楊氏歸仁齋刊本，則通前、後爲一百十七卷，《后集》至戊集而止。據此，則原書《后集》似僅至戊集。其分卷與此不同者，《前》丙集併爲五卷，戊集亦併爲五卷，《后》丙集併爲六卷，首題爲「李古沖古本」，其實亦改竄之本也。而《四庫存目》題爲一百二十五卷，則所據亦一本矣。此書對聯、套語入録，誠爲穢瑣。然搜採經傳，宋元人遺文，獨存於此册者不少，當援祝穆《事文類聚》之例存録之。又按《后》乙集《聖朝混一方輿勝覽》上、中、下三卷，仿祝穆《方輿勝覽》，詳於古跡，而略於因革。然《元一統志》既不傳，《元史·地理志》又多脱誤，則此册尤考元地理者所不廢也。《潛研堂文集》及《拜經樓藏書題跋》皆載此書，而不知爲劉氏書中之一種，且吴氏所載每葉二十四行，行二十字，一一與此本相應，則所見非有別本矣。

文公嘗言「制誥是君諛其臣，表牋是臣諛其君」。然則近世士大夫以啟、劄相尚，無乃交相諛者乎？書坊之書，徧行天下，凡平日交際應用之書，概以啟〔一〕、劄名，其亦文體之變乎？省軒劉君應李爲此編，命曰《翰墨全書》，明刻本改爲《大全》。凡儒者操翰行墨之文〔二〕，大約變俗歸雅，返澆從厚，去浮華從質實〔三〕，多是先哲大家數，而時賢之作，亦在所不遺，斯亦可謂之《全書》矣。明刻改爲《大全》。蓋嘗因是而論之，文之體莫善於《書》《詩》。君之於臣，誥、命而已，即後世詔令之體也。臣之於君，謨、訓而已，即後世書疏之體也。紀述之體如《堯典》《禹貢》等作，後世紀志、碑記、敘事之文始於此。問答之體如《微子》《君奭》等篇，後世論辨往復之文始於是〔四〕。若後世詩、詞一類，則自「虞夏賡歌」而下，備見於《三百篇》之《風》《雅》《頌》。舍是之外，亦未見有能易是者。至制、誥、牋〔五〕、表、啟、劄，胥爲駢儷，而後文始盡變矣。甚者紀事實録之史，亦爲四六之體，吟詠性情〔六〕，且尚對偶之工。至末流連篇累牘〔七〕，雖百千萬言而辭不足，果何日而可復返於雅厚、質實之歸乎？且劉君此篇〔八〕，自冠昏以至喪祭，近自人倫日用，遠而至於天地、萬物，凡可以寓之文者，莫不畢備，其亦異乎世之所謂啟、劄者矣。其間俚俗之言，異怪之説，雖不能悉去，亦必爲之訂其謬誤，而究其指歸。劉君之用志，亦可尚已。劉君力學善文，與余講學武夷洪源山中者十有二年，所造甚深，此特其遊藝之末耳。平磵伯氏爲刊是書，君之可傳於世者，固明刊訛「因」。不止於是也。輒書編端，以驗覽者。歲在丁未正月元日，是爲大德之十有一年，前進士考亭熊禾去非父序。此序明嘉靖本亦載之，但改誤數字耳。《提要》誤應李爲宋人，必其所見本脫此一序，故録之。

〔一〕「概」元巾箱本《四庫存目標注》著録臺北「國家圖書館」藏有此書元大德十一年刊巾箱本。臺北「國家圖書館」網站「古籍與特藏文獻資源庫」收録有此本電子版全書，曾爲汪士鐘舊藏，七十九册，一百九十四卷，半葉十二或十四行，行二十四字，注文小字雙行同［索書號 309 07933］）也作「率」。

〔二〕元巾箱本此句後有「皆具，非但啟、劄而已也，其所選之文」。文中「之文」兩見，或是抄録致誤。

〔三〕「從」元巾箱本作「尚」。

〔四〕「是」元巾箱本作「此」。

〔五〕「牋」字元巾箱本旁有兩點，當是删除符號。

〔六〕「性情」元巾箱本作「情性」。

〔七〕「至」後元巾箱本有「於」字。

〔八〕「篇」元巾箱本作「編」。

【案】此本今藏臺北「故宫博物院」，著録爲元刊配補明正統元年善敬書堂及正統十一年翠岩精舍刊本，十二册，甲集卷一至卷四、丙集、後丙集、戊集爲元刊本。甲集卷五至卷十二、乙集、戊集、己集、庚集、辛集、癸集、後乙集、後戊集爲明正統元年善敬書堂刊本。壬集爲明正統十一年翠巖精舍刊本。庚集存卷十九至二十四(故觀 001214 – 001233)。

165　新編排韻增事類氏族大全十卷　日本五山版本

不著撰人名氏，無序、跋。書中所引事，迨宋末元人所編，與《四庫》著録本體例皆同。惟彼以十干分集，每一集爲二卷，末二卷爲覆姓，合二十二卷。此亦以十干分集，而每干爲一卷，覆姓一卷爲癸集，不别出，未知誰爲原書。每半版十六行，行二十八字，鐫刻精好，的是從元本出。相傳日本應永年間所刻，謂之五山版。「五山」者，佛寺所建之地名也。

【案】　此書書名當作《新編排韻增廣事類氏族大全》，楊氏《留真譜初編》收録有《新編排韻增廣事類氏族大全》一書書影(玉融書堂刻本)，有首卷卷端題名可證(廣文本第630頁，北京本第682頁)。

此本今藏臺北「故宫博物院」，著録爲明刊黑口本，四册(索書號 012565 – 012568，見於《「國立故宫博物院」善本舊籍總目》第869頁)，阿部隆一《中國訪書志一》認爲此本爲日本南北朝刊本，即《訪書志》所著録之本。

166　新編群書類要事林廣記九十四卷　日本元禄十二年刊本

元西潁元靚編。凡分十集，甲集十二卷，乙集四卷，丙集五卷，丁至壬各十卷，癸集十三卷。元靚著有《歲時廣記》，《提要》因有朱鑑一序，定爲宋人。今此書乙集録元初州郡，壬集録至元雜令，則元靚逮元代猶存也。其書體例彷彿《居家必用》，而搜採較博，雖少遠大雅，而實有便於日用。其中所采《蒙古篆百家姓》及《地理禮儀》，猶足考元代之制度。「時令」一門，與所撰《歲時廣記》不相複，彼爲考古，此爲便俗故也。書首尾無序跋，唯甲集目録後有木記云：「此書因印匠漏失版面，已致有誤君子，今再命工修補外，新增添六十餘面，以廣其傳，收書君子幸垂鑒焉。泰定乙丑仲冬增補。」此書著録罕載，雖爲日人重翻，尚不失元刊之舊，可喜也。

【案】今《和刻本類書集成》第一輯影印收録《訪書志》所著録之本（上海古籍出版社，1990年）。其中《訪書志》所著録之甲集目録後牌記內容，與影印本同。

又，《和刻本類書集成》第一輯有翻譯後的長澤規矩也關於本書解題，敘述了該書在日本的刊刻及版本情況；陳廣恩《和刻本〈事林廣記〉札記二則》（《元史及邊疆民族研究集刊》2018年第35輯）對此書版本情况亦有相關研究。

167　秘府略殘本二卷　鈔本

此書日本天長八年奉敕撰，凡一千卷。今存八百六十四「百穀部」一卷，八百六十八「布帛部」一卷。末有紀宗直、源胤相二跋。其體例全同《太平御覽》，所引書多亡佚之本，即現存者亦多異同，余别有札記。惜所存僅二卷耳。

《文德實録》云：第四。滋野貞主天長八年敕與諸儒撰集古今文書，以類相從，凡有一千卷，名《秘府略》云云。又，《仁和寺書籍目録》亦云《秘府略》千卷云云〔一〕。予三十年好古書集之〔二〕，聞有此書，未見此書。又引書等一向所見無之，深恨之。適於或家得此二册，卷第八百六十四、卷第八百六十八。則書寫之，希代爲珍，記勿令外見。元文五歷十二月十三日御廚子所預從五位上紀宗直。

寶曆七年丁丑四月以御廚子所預高橋若狹守宗直家藏之本書寫，自加校合畢。張藩源胤相。

〔一〕「仁和寺書籍目録」羅振玉影印本作「仁和寺書籍目六（亦）」。

〔二〕「三十」羅振玉影印本爲一字，字形似「卅」；「年」後有「來」字。

【案】《留真譜初編》收録該書書影（廣文本第603—604頁，北京本第657—658頁）。本書行款爲半葉七行，行十七字。

羅振玉《吉石庵叢書三集》影印《日本訪書志》所著録之本，卷八百六十八後另有宿祢長熙跋：

明和七年庚寅秋九月，以神村先生之藏本書寫一校畢。

天部宿彌長熙。

影印本後有羅振玉跋，抄録如下：

《秘府略》第八百六十四、八百六十八，二卷，日本滋野貞主天長八年敕諸儒撰集，凡千卷，此其殘卷千之二而已。天長八年當我唐文宗之大和四年，殆依據《修文御覽》等諸書爲之，在《太平御覽》之前，故卷中徵引佚書甚多。《修文御覽》久佚，今惟法京藏敦煌唐寫本殘卷。此書雖僅存千百之一二，而多存古書，當與《玉燭寶典》諸書同爲藝林秘笈。吾友内藤湖南博士言此書在東邦，亦但存此二卷，其原本分藏東京德富蘇峰翁及某貴爵家，此爲舊鈔本，後有元文、寶曆、明和三題，當我乾隆時。明和題記下署「天部宿彌長熙」名，書中校語多稱「長熙案」云云。每依今本比勘，雖未得校書之法，亦勤學之士也。予欲假原本，不可得，乃先假博士所藏鈔本影印行世。蘇峰翁篤志傳古，異日若慨然以原本見假，當再印之。丁巳十月上虞羅振玉書於海東寓居之雲窗。

卷十二

168　楚辭章句十七卷　明隆慶辛未刊本

首王世貞序，次目録，次本傳，次班固序，次劉勰《辨騷》，目録後題「隆慶辛未歲豫章夫容館宋版重雕」。一卷後題「姑蘇錢世傑寫章芝刻」。按，此本與明無名氏翻宋本體式相合，唯彼缺宋諱，此不缺諱。又四周雙邊，當爲重寫，並非影摹。然字體方正而清爽，猶與宋刻爲近。首行題「楚辭卷之一」，次行題「漢劉向編集」，三行題「王逸章句」。然則明刻別本題「校書郎王逸章句」者，特據《隋志》改題，未必舊本如此也。又按，晁公武《讀書志》稱王逸續爲《九思》，取班固二序附之，今此本班序不入卷中。又，公武始以《本傳》冠首，則知此本編次出于公武之後。然《楚辭》莫古於是本。嘉慶間大雅堂雖重刻是本，而草率殊甚。近日武昌書局重刻洪氏《補注》及朱子《集注》，而此本傳世頗罕，亦缺事也。

【案】《留真譜初編》收録該書書影（廣文本第771—772頁，北京本第837—838頁）。此本行款爲半葉八行，行十七字。

《經籍訪古志》著録此本(第 210 頁)。

169　古鈔文選一卷 卷子本

此即日本森立之《訪古志》所載温故堂藏本也。後爲立之所得，余復從立之得之。《訪古志》云：「現存第一卷一軸。首有顯慶三年李善《上文選注表》，今善本、六臣本皆以昭明太子序居首，李善及五臣《表》次之，皆非也。次梁昭明太子撰《文選序》。《序》後接本文，題『文選卷第一賦甲』，次行『京師上，班孟堅《兩都賦》二首并序，張平子《西京賦》一首』。界長七寸五分，幅一寸，每行十三字。卷末隔一行題『文選卷第二』。《西京賦》即接《東京賦》之後，不別爲卷。不記書寫年月，卷中朱墨點校頗密。標記、旁注及背記所引有陸善經、善本、五臣本、《音決鈔》《集注》諸書及『今按』云云。考其字體墨光，當是五百許年前鈔本，此本無注文，而首冠李善序，蓋即就李本單録出者。」守敬按，此一一與森説合，然謂其就李本單録出者，則非也。今細按之，此本若就李本所出，李本已分《西京》爲二卷，則録之者必亦二卷。今合三《賦》爲一卷，仍昭明之舊，未必鈔胥者講求古式如此。《東都賦》「子徒習秦阿房之造天」標記云：「善本『秦阿』無『房』字，五臣本『秦阿房』，或本又有『房』字。」今以善本、五臣本合校此本，此不從善本出之切證也。又篇中文字固多與善本相合，然亦有絶不與善本合者。善之學識精博，迥非五臣所及，五臣又後于善注，更經傳鈔，宜其多謬也。《西都賦》無「泉流之隈，汧涌其西」八字，與《後漢書》合，與陳少章説合。「度宏規而大起」，王懷祖謂善本作「慶」，今善本作「度」者，以五臣亂之，其説是也。此本作「度」，與《後漢書》合，亦見其非從善本出也。「平原赤土，勇士奮厲」標記云：「此二字陸有之，又鹿本有之，師説無『土』『奮』字，五臣無此二字。」按，今善本亦無此二字。《東都賦》「乃動大路」不作「大輅」，與兩本皆不合。「其詩曰」下即接「於昭明堂」云云。其《明堂詩》《辟雍詩》《靈臺詩》《寶鼎詩》《白雉詩》各題，皆在各詩之後，與《三百篇》古式同。今各本題皆在詩前，非也。各本有「嘉祥阜兮集皇都」，此本無此句，與《後漢書》合。《西京賦》「繚亙綿聯」，標注云：「本注『潦亙，猶可也』。臣善曰：『亙』當爲『垣』。」然則薛注本作「繚亙」，善注本始爲「繚垣」，此本作「亙」，又足見其本在善未注之前也。「衍地絡」，標記云：「『掮』，陸曰：『臣善，以善反。申布也』。」又記云：「『衍』，五臣作『之舒布也』。」按《集韻》：「掮」，申布也。則善本作「掮」，五臣作「衍」，此與五臣合。今善本作「衍」，非也。「獨儉嗇以偓促」，今各本作「齷齪」，皆不相符。蓋日本鈔古書，往往載後來之箋注、序文，如《孝經》本是明皇初注本，而載元行冲《孝經疏序》。其他經書經注本，又往往載孔穎達之疏於欄格上，蓋爲便於講讀也。鈔此本者固原于未注本，而善注本已通行，故亦以冠之也。

【案】 臺北「國立故宫博物院」藏有《文選》一部，存一卷（卷一），一册，清宜都楊守敬摹寫鎌倉舊鈔本（索書號：故觀 009335）

《經籍訪古志》著録此本（第 246 頁）。

170 古鈔文選殘本二十卷

古鈔無注《文選》三十卷，缺一、二、三、四、十一、十二、十三、十四、十七、十八十卷，存二十卷。《文選》本三十卷，李善注分爲六十卷，五臣注仍三十卷。自後蜀毌昭裔刻《五臣注》三十卷，北宋刻善注合於五臣，其卷則從善注。兩本所據之本多不相合，雖略注異同，亦時多漏誤。逮尤延之刻善注，又從五臣本抽出。故兩本互亂之處，遂不能理，其詳已見鄱陽胡氏之《考異》。此無注三十卷本，蓋從古鈔卷子本出，并非從五臣、善注本略出。何以知其然？若從善注出，必仍六十卷；若從五臣出，其中文字必與五臣合。今細校之，乃同善注者十之七八，同五臣十之二三，亦有絶不與二本相同，而爲王懷祖、顧千里諸人所揣測者。又有絶佳之處，爲治《選》學者共未覺，而一經考證，曠若發矇者。蓋日本所得中土古籍，自《五經》外，即以《文選》爲首重。故其國唐代曾立《文選》博士，見其國《類聚國史》。今古鈔卷子殘卷，往往存收藏家。余亦得二卷。此本頗有蟲蝕，相其紙質、字體，當在元明間，旁注倭文，又校其異同。其作「扌」者，謂摺疊本，即「摺」字之半，指宋刻本也。其作「亻」者，即「作」字之半，皆校者之省文，與卷子本《左傳》同其款式。則首行題「文選卷第五」，旁注「賦戊」，下題「梁昭明太子撰」。以下一卷子目與善本合。五臣本每卷不列子目，而以總目居前，非古式也。每半葉八行，行十七字，字大如錢，必從古卷抽出也。今中土單行善注原本已不可得，尚何論崇賢以前。其中，土俗字不堪縷舉，然正惟其如此，可以深信其爲六朝之遺。今爲出其異同，別詳。世有深識之士，爲之疏證，當又爲治選學者重增一公案也。

【案】《留真譜初編》收録該書書影（廣文本第 775—776 頁，北京本第 841—842 頁）。此本行款爲半葉八行，行十七字。

臺北「國立故宫博物院」藏有《文選》一部，存二十卷（缺卷一至四、十一至十四、十七、十八），十册，日本室町初年鈔本（故觀 009336－009345）。當即此本。

171 李善注文選六十卷 宋槧本

宋尤延之校刊本，缺第一至第十二卷，即鄱陽胡刻祖本也。唐代《文選》李善注及五臣注並各自單行，故所據蕭《選》正本亦有異同。至五代孟蜀毋昭裔始以《文選》刊板。

《傳》記雖未言以何本上木，然可知爲五臣本。按，今行袁刻六臣本於李善《表》後有國子監准敕節文，云：「《五臣注文選》傳行已久，竊見李善《文選》援引賅贍，典故分明，若許雕印，必大段流布〔一〕。欲乞差國子監説書官員校定浄本後鈔寫板本〔二〕，更切對讀，後上板就三館雕造」云云。據此可見善注初無刊本。此云「校定浄本後鈔寫板本」，是浄寫善注，又鈔寫五臣板本合刊之證。唯不著年月，故自來著録家有北宋六臣《文選》，即袁氏所原之裴本是也。北宋五臣《文選》，即錢遵王所收之三十卷本是也，見《讀書敏求記》。而絶無有北宋善注《文選》者。良由善注自合五臣本後，人間鈔寫卷軸本盡亡，故四明、贛上雖有刊本，當在南宋之初。皆從六臣本抽出《善注》。故尤氏病其有裁節語句之弊。然以五臣混善注之弊，亦未能盡除。詳見胡刻《文選考異》。元時張伯顏刊善注，則更多增入五臣注本。明代弘治間，唐藩刊本、嘉靖間汪諒刊本、崇禎間毛氏汲古閣刊本，又皆以張本爲原，而遞多謬誤。各本余皆有之。國朝嘉慶間，吴中黄蕘圃始得尤氏宋本聞于世，鄱陽胡氏倩元和顧澗蘋影摹重刻，論者謂與原本豪髮不爽。余從日本訪得尤氏原本照之，乃知原書筆力峻拔，胡刻雖佳，未能似之也。此本後有尤延之、袁説友、計衡三跋，胡刻本只有尤跋，袁跋則從陸敕先校本載于《考異》後，然亦損末二十餘字。此則袁跋全存，計跋稍有缺爛，猶爲可讀。余嘗擬以胡刻本通校一過，顧卒卒未暇。會章君碩卿酷愛此書，欲見推讓，乃隨手抽第十三卷對勘。如

《風賦》「激颺熛怒」，「熛」誤作「漂」；又「啗齰嗽獲」注「中風口動之貌」，胡本「口」上擠一「人」字，《考異》亦以爲誤，此本並無「人」字，不知胡本何以誤增。以斯而例，則胡本亦未可盡據。又原本俗字，胡本多改刊。原本中縫下有刻工人姓名，胡氏本則盡刊削，是皆足資考證者。余在日本時，見楓山官庫藏宋贛州刊本，又見足利所藏宋本，又得日本慶長活字重刊紹興本及朝鮮活字本，皆六臣本。余以諸本校胡氏本，彼此互節善注，即四明、贛上所由出，乃知延之當日刻此書，兼收衆本之長；各本皆誤，始以書傳校改。胡氏尠尤本，僅據袁本、茶陵本凡二本，與尤本不同者，皆以爲尤氏校改，此亦臆度之辭。如《西都賦》「除太常掌故」，袁本、茶陵本並作「固」，尤作「故」；《考異》謂尤氏校改，不知紹興本、朝鮮本及翻刻茶陵本並作「故」，非尤氏憑臆也。

〔一〕「叚」原作「段」，據國家圖書館所藏明袁氏嘉趣堂本《六家文選》（索書號 06560，見於「中華古籍資源庫」）改。

〔二〕「員」原作「負」，據明嘉趣堂本《六家文選》改。

【案】《留真譜初編》收録該書書影（廣文本第 777—780 頁，北京本第 843—846 頁）。今藏北京大學圖書館，著録作南宋淳熙八年（1181）池陽郡齋刻遞修本（索書號 SB81），存四十八卷（十三至六十）。又王文進《文禄堂訪書記》著録此本。

172　文選六十卷　宋槧，楓山官庫本

六臣《文選》，楓山官庫藏。首李善《文選注表》，《表》後無國子監牒文，次呂延祚《表》，次昭明太子《序》。有目録一卷，首題「文選卷第一」，次行題「梁昭明太子撰」，第三行題「唐李善注」，第四行、五行題「唐五臣呂延濟劉良張銑呂向李周翰注」，第六行「賦甲」下有善注。每半板九行，行十五字，注行二十字。大板大字。無刊刻年月，中缺「弘」「竟」「讓」「徵」「敬」「貞」「玄」「桓」「殷」「構」等字，蓋南宋刻本。板心有刻工人姓名。第一卷末記「州學司書蕭鵬校對，鄉貢進士李大成校勘，左從政郎充贛州州學教授張之綱覆校」。第十八卷末記「州學齋長吴極校對，左迪功郎新昭州平樂縣尉兼主簿嚴興文校勘，左迪功郎贛州石城縣尉主管學事權左司理蕭倬」。第二十六卷末記「左迪功郎新永州零陸縣主簿李汝明覆校」。各卷所記互異。又有劉格非、陳裂鄰、郭禮等名；而題「張之綱、蕭鵬校正」者居多，蓋贛州州學本也。書中善注居前，五臣居後。今以袁褧本校之，凡五臣所引書與善注複者則删之；其不複而義意淺者亦多删之。其善注往往較袁本爲備。蓋袁本以五臣爲主，故於善注多削其繁文。此以善注爲主，故於五臣多删其枝葉也。又其中凡善注之發凡、起例者，皆作陰文白字，如《兩都賦序》「福應尤盛」下，善注「然文雖出

彼」以下十九字作陰文；又「以備制度」下，善注「諸釋義」至「類此」二十字亦作陰文，此當有所承。按，善注單行之本久佚，余疑袁氏刊本即從此本録出。若元茶陵陳仁子刊六臣本及明吴勉學刊六臣本，雖亦善注居前，而又多所删節改竄，更不足據。顧澗濱爲鄱陽胡氏重刊袁本，僅據茶陵本勘對，而未得見此本也。

【案】《留真譜初編》收録該書書影（廣文本第 781—788 頁，北京本第 855—859 頁）。此本今藏日本宫内廳書陵部，著録作南宋贛州州學刊、宋元遞修本。《經籍訪古志》著録此本（第 248 頁）。

又，上圖所藏初印本此處有楊寶鏞題浮簽：

此卷脱第十葉，其中縫作「十六」之葉，當是「第十一」，訛「一」爲「六」耳。

初印本此處對應即《訪書志》中楓山官庫所藏《文選》，今《續修四庫全書》本亦保留此編號錯誤之痕跡，第十葉後接第十六葉，其餘版本均改爲正常編號，即第十葉、第十一葉。

173　文館詞林十四卷　刻入《古逸叢書》

先是日本文化中林述齋刻《逸存叢書》，收《文館詞林》四卷，中土驚爲祕笈。及余東來，見森立之《訪古志》所載，又有溢出此四卷之外者六卷。因據以蹤跡之，則又溢出於《訪古志》之外者九卷。除林氏已刻之四卷及第三百四十八之馬融《廣成頌》，餘十四卷今星使黎公盡以付之梓人。其大字疏行者，係小島尚質從原本摹出；其小字密行者，則傳鈔本也。中間不無奪文壞字，覽者當自得之。阮文達據《唐會要》，垂拱二年于《文館詞林》内采其詞涉規誡者，勒成五十卷，賜新羅國王。因謂當時頒賜屬國之本，原非足册。今考藤原佐世《見在書目》有《文館詞林》一千卷，又源順《倭名類聚鈔序》云《文館詞林》一百袟。則彼國所得，實爲足本。今校其所存各卷，門類繁多，不盡規誡之辭，且第六百六十五卷後有「儀鳳二年書手李神福寫」字樣，是更在垂拱以前，其非删節之本無疑。余按，宋太平興國中輯《文苑英華》，收羅至博，而此書不見采録，故《崇文總目》僅載《文館詞林彈事》四卷，《宋史·藝文志》僅載《文館詞林詩》一卷，是皆零殘之遺。若其全書，則已爲北宋人所不見。《通志略》載《文館詞林》一千卷，僅據《唐志》入録，實未見原書。此十四卷中，雖略有見於史書、《文選》及本集者，而其不傳者十居八九，可不謂希世珍乎？刻成後，柏木政矩復貽目録一纸，據稱是嘉永間小林辰所訪，通計其國尚存三十卷。至今有存於淺草文庫者，有存於西京大覺寺者，皆不易傳録。故今附刻其目，以俟後之人焉。

小林辰所得元禄間鈔本《文館詞林》目録：

卷一百五十二西京大覺寺影鈔本，又淺草文庫縮寫本。

卷一百五十六西京大覺寺影鈔本，又淺草文庫縮寫本。

卷一百五十七西京大覺寺影鈔本，又木村觀齋所藏元禄縮寫本。

卷一百五十八卷首原本柏木探古藏，卷尾鈴木真年所藏影鈔本。

卷一百六十西京大覺寺影鈔本。

卷三百三十八未詳所在。

卷三百四十六西京大覺寺影鈔本，又木村觀齋元禄縮寫本。

卷三百四十七西京大覺寺影鈔本。

卷三百四十八卷首西京大覺寺影鈔本，卷尾原本攝津國勝福寺所藏。馬融《廣成頌》一首，見本傳。

卷四百一十四西京大覺寺影鈔本，又木村觀齋所藏元禄縮寫本。

卷四百五十二鈴木真年所藏影鈔本，又木村觀齋所藏元禄縮寫本。

卷四百五十三西京大覺寺影鈔本，又淺草文庫縮寫本。

卷四百五十五未詳所在。

卷四百五十七西京大覺寺影鈔本，又木村觀齋所藏元禄縮寫本。

卷四百五十九卷首鈴木真年所藏影鈔本，卷尾小島所藏影鈔本，合此兩本爲完卷。又西京大覺寺影鈔本，又木村觀齋所藏元禄縮寫本。

卷五百七原本柏木探古所藏。存「璽書」廿七行，殘缺甚。

卷六百五十五未詳所在。

卷六百六十二原本柏木探古所藏，已見《佚存叢書》。

卷六百六十四原本柏木探古所藏，已見《佚存叢書》。

卷六百六十五木村觀齋所藏元禄縮寫本，又西京大覺寺摸刻數葉。

卷六百六十六原本藏高野山古寺，罹火。

卷六百六十七原本未詳所在。

卷六百六十八原本柏木探古所藏，已見《佚存叢書》。

卷六百六十九西京大覺寺影鈔本，又木村觀齋所藏元録縮寫本。

卷六百七十西京大覺寺影鈔本，又淺草文庫縮寫本。

卷六百九十一西京大覺寺影鈔本，又鈴木真年影鈔本，又淺草文庫縮寫本。

卷六百九十三未詳所在。

卷六百九十五原本攝津國勝福寺所藏。又木村觀齋所藏元禄縮寫本，已見《佚存叢書》。

卷六百九十九西京大覺寺影鈔本，又鈴木真年影鈔本，又木村觀齋所藏元禄縮寫本。

卷名未詳殘簡 西京大覺寺影鈔本，此卷現存自後梁蕭欣《讓侍中表》至後梁沈君攸《爲安成王讓加侍中表》，凡三首。

【案】《經籍訪古志》著録此本中的部分版本（第 253 頁）。

張景栻、張昊《楊守敬舊藏日本卷子本目録》：

文館詞林第四百五十九

影寫本，長約 1 442 釐米。卷前有「惺吾海外訪得秘笈」「楊守敬印」。

文館詞林第六百九十五

影寫本，長約 1 478 釐米。卷前有「惺吾海外訪得秘笈」「楊守敬印」。

文館詞林第五百七十

影摹本，長約 90.5 釐米。卷前有「文教館圖書印」朱文長方印、「桑名文庫」楷書朱文長方印、「惺吾海外訪得秘笈」「楊守敬印」。以上《文館詞林》三卷，楊守敬《日本訪書志》著録。

此本收入《古逸叢書》第十五種之「影舊鈔卷子本文館詞林」。

又，《日藏弘仁本文館詞林校正》中《前言》對中國學者對日藏《文館詞林》在中國的刊刻、影印有簡要的概述，其中提及楊守敬在《古逸叢書》刊刻之後，回國之後又據日人町田久成提供的資料，在1893年將《古逸叢書》未收的部分《文館詞林》加以刊刻(中華書局，羅國威整理，2001年)。

174　文館詞林六卷　鈔本，成都楊氏重刊

日本文化中刻《佚存叢書》中有《文館詞林》四卷。及守敬東渡，又訪得十四卷，刻于《古逸叢書》，並得柏木政矩目録一紙，稱是嘉永間小林辰所訪，通計其國尚存三十卷。有存於淺草文庫者，有存於西京大覺寺者，皆不易傳録，守敬並刻此目以待搜訪。及《古逸叢書》已成，余差滿將歸，晤博物館書記官町田久成，言淺草文庫所藏彼曾見之。余託傳鈔，乃得三百五十二、三百四十六、四百一十四、六百六十五、此卷原刻不全，此足本。六百六十九，共計五卷。其第三百四十六卷後有「校書殿寫，弘仁十四年歲次癸卯二月爲冷然院書」。考冷然院爲日本古藏書官庫，藤原佐世《見在書目》即據冷然院所藏編載。弘仁爲彼國嵯峨天皇年號，其十四年當中國唐穆宗長慶三年，足知其根源之古。又有「寶永元年甲申四月十五日寫」，則又其傳鈔之年月也，當我朝康熙四十三年。其書屢經傳鈔，譌誤頗多，乃攜之歸。凡見於史傳、《太平御覽》《藝文類聚》《初學記》等書所引者，悉爲比勘，其無可參證者闕焉。吾宗葆初大令見而愛之，並爲是正文字，精寫而刻之。合之《佚存》

《古逸》所載，共得二十有三卷。其三百四十八之馬融《廣成頌》以已見融本傳，及柏木政矩所藏五百七卷，只存目錄，故皆不復彙入。又有卷名未詳殘簡在西京大覺寺。其餘三百三十八、四百五十五、六百五十五、六百九十三凡四卷，柏木政矩《目錄》已云未詳所在，附記於此，以俟後之人續訪焉。

【案】《留真譜初編》收錄該書書影（廣文本第 801—808 頁，北京本第 880—884 頁）。此本行款爲九行十六字。

175　河嶽英靈集三卷 元刊本[一]

首自序，題「河嶽英靈集」，下題「唐丹陽進士殷璠」，序後別有《集論》一篇。目錄前有木記云：「切見詩之流傳于世多矣，若唐之《河嶽英靈》《中興間氣》，則世所罕見焉。本堂今得此本，編次既當，批摘又精[二]，真詩中無價寶也。敬錄諸梓，與朋友共之。四遠詩壇，幸垂藻鑑。謹啟。」蓋麻沙坊本也。按，此書唐、宋《志》并二卷，《崇文總目》一卷，《書錄解題》二卷，此本序文亦只二卷，而書實分上、中、下三卷，與毛氏汲古閣刊本同，當是後人所分。汲古本多有「以本集《國秀集》校刊」語，此本無之。按日本僧空海《文鏡祕府論》引此序作二十五人，二百七十五首。《文苑英華》所載序文亦云二十五人，一百七十首。「一」當「二」字誤。

至陳振孫《書録解題》稱二十四人，二百三十四首。此本序及毛本序皆同，而實數之只二百二十八首，當是北宋已有佚脱，故《崇文總目》只一卷。今雖分三卷，而人數、詩數皆減，又非陳振孫所見本也。至其序文之首《文鏡祕府論》《文苑英華》皆多一百零四字，此本與毛本皆缺。《集論》一篇，毛本不載，《文鏡祕府論》亦有之，今并録于左。

或曰：梁昭明太子撰《文選》，後相効著述者十有餘家，咸自盡善。高聽之士，或未全許，且大同至于天寶，把筆者近千人，除勢要及賄賂，中間灼然可上者，五分無二，豈得逢詩輙纂，往往盈帙？蓋身后立節，當無詭隨，其應銓簡不精，玉石相混，致令衆口謗鑠，爲知音所痛。下接「夫文有」云云。〔三〕

集論

昔伶倫造律，蓋爲文章之本也。是以氣因律而生，節假律而明，才得律而清焉。寧預於詞場，不可不知音律焉。孔聖删《詩》，非代議所及。自漢魏至于晉宋，高唱者千餘人〔四〕，然觀其樂府，猶時有小失〔五〕。齊、梁、陳、隋，下品實繁。專事拘忌，彌損厥道。夫能文者，匪謂四聲盡要流美，「八病」咸須避之，縱不拈綴，未爲深缺。即「羅衣何飄飄，長裾隨風還」，雅調仍在，況其他句乎？故詞有剛柔，調有高下；但令詞與調合，首末相稱，中間不敗，便是知音。而沈生雖怪曹王曾無先覺，隱侯去之更遠[六]。璠今所集，頗異諸家。既閑新聲，復曉古體。文質半取，風騷兩挾。言氣骨則建安爲儔[七]，論宫商則太康不逮。將來秀士，無致深惑[八]。

〔一〕存世《河岳英靈集》無元刊本，據楊守敬此篇解題所描述版本特征，當屬明刻本。今國家圖書館藏明刻本（索書號 07765 見於中華古籍資源庫），即屬此種版本。

〔二〕「精」字原缺，據國圖明本補。

〔三〕楊氏據《文鏡秘府論》所補之文，不見於今存宋本（國家圖書館藏［索書號 08736］，《中華再造善本》影印）、明本《河嶽英靈集》中。王利器先生認爲此篇序文乃是《日本國見在書目》所著録之《古今詩人秀句》之序（詳該書第 355 頁，中國社會科學出版社，1983 年版）。又，《文苑英華》與《文鏡秘府論》所引序文内容亦有不同。

〔四〕「千餘人」國圖藏宋本、明本皆作「十有餘人」。

〔五〕「時」字國圖藏宋本、明本無。

〔六〕「去之」國圖藏宋本、明本皆作「言之」。

〔七〕「儔」國圖藏宋本、明本皆作「傳」。

〔八〕「惑」國圖藏宋本、明本作「憾」。

176　唐詩極玄集二卷　元刊本

首題「唐詩極玄集　唐諫議大夫姚合纂　宋白石先生姜夔點」，目録後有姚武功自題云：「此皆詩家射鵰手也，合於衆集中，更選其極玄者，庶免後來之非。凡廿一人，共百首。」夾注：今校諸本皆闕一首〔一〕。又有姜堯章云：「唐人詩措辭妥帖，用意精切，或譏其卑下，非也。當以唐人觀之。」又云：「吾所不加點者，亦非後世所能到。」再後建陽蔣易序云云。蔣易有《皇元風雅》詩選。卷内詩多用密點，與吕東萊《古文關鍵》、樓鑰《崇古文訣》體裁又不同。其以本集《中興集》互校，與汲古閣刊本同，而字句則往往勝之。如祖詠《夕次圃田店》「中夜渡京水」，毛本作「涇水」。按，圃田安得有涇水？閻百詩已議之。錢起《送彈琴李長史赴洪州》「皆添白髮聲」，毛本作「白雪」。何義門校《中興間氣集》云《極玄》善本作「白髮」，若作「白雪」，則與上「復」字不相應。大抵不學者因彈琴而妄改之。《送元盛歸潛山》注云《中興集》作「送元晟」云云。毛本題與注并作「元晟」，謬矣。其他皆與《唐詩紀事》所引合。據毛氏跋，亦稱有武功自題，而所刻本乃删之，何耶？又稱向傳姜白石點本最善，竟不行於世，近刊掛空名于簡端。是毛氏所見本只有白石名而無點；若有點，安得謂之空名？況其所點，皆矜慎不苟，絶非坊賈所能。若以爲無評品語而疑之，則淺之乎視白石矣。《愛日精廬藏書志》所載秦西巖手鈔本，即從此出也。日本文政八年有翻刻本。

〔一〕楊氏所録版本特征與今國家圖書館所藏一明刻本一致（索書號 08589，見「中華古籍資源庫」），疑《訪書志》所著録之本即是明本，非元本。説詳案語。

【案】 今上海博物館藏有毛晉影宋本，收入《中華再造善本·明代編》。今國家圖書館所藏明刻本一部（索書號 08589），遞經莫友芝、袁克文、周叔弢收藏，以上三人均認爲此本爲元刊本。另外此本卷末有楊守敬觀款：「壬子四月鄰蘇老人觀於滬上。」

此本所具有之版本特征，與楊氏在《日本訪書志》所記一致，特别是這一版本同樣有建陽蔣寅作於至元五年的序，國圖明本上有楊氏觀款，由此可推測，楊氏或因此亦認爲《訪書志》所記録之本爲「元本」。

177　中興間氣集二卷　何義門校本

何義門校舊鈔本，不知何時流入日本，此日本人以汲古閣本過録者。所選詩凡二十六人，共一百三十二首。以毛本校之，或次第異，「張南史」毛本在末，此本在「姚倫」前。或多寡異，戴叔倫二首，毛本八首。章八元二首，毛本一首。朱灣八首，毛本七首。或題同而詩異，錢起《送温逸人》。或詩與題皆異，李嘉祐《送從弟録事參軍》，毛本則爲《和苗員外秋夜省置》。至於字句之異，尤不勝舉。又毛本闕張衆甫、章八元、戴叔倫、孟雲卿、劉灣五人評語，此本皆在焉。唐人總集傳世本少，又爲後人所亂，今日並毛本不易得，則此本尤當急爲傳布者。十年前聞章碩卿言，義門校本近有刻者，乃至今仍未得見，因復録義門諸題識于後。

此集所録詩格卑淺，殊未饜心，殆出一時傳詠，不見全集故耳。若云全昧別裁，則如「古調獨推孟雲卿爲著」，《格律異門論》及《譜》三篇，此中亦有深工。後之憒憒者，烏足語此〔一〕！

康熙戊戌十月望，以事往南海淀，借宿蔣西谷寓舍，架上有抄本《唐中興間氣集》《極玄集》一册，視其行數、字數，似從宋雕影寫。問之，乃述古堂故書也。因借歸呵凍是正，遂成善本，餘兒他日其珍惜之〔二〕。或更倩善書者重録，尤不負老子一再勘以貽爾曹之意也。焯記。

《中興間氣集》仲友長史曾云，家有元人舊刻。他時見仲友訪求精校之。丁丑皋月承匡塾中雨牕書。焯。

是册蓋義門評校祕本。壬寅夏，余弟亮直自京師歸，余得其本渡此。亡何，而先生兇問至矣。讀書種子已絶，豈不哀哉！

〔一〕「烏」國圖藏何焯批校原本作「惡」。

〔二〕「珍惜」國圖藏何焯批校原本作「愛惜」。

【案】今國家圖書館藏有明汲古閣刻本一部（索書號 03621，見「中華古籍資源庫」），爲稽瑞樓、鐵琴銅劍樓舊藏，其中亦有何焯批校，《鐵琴銅劍樓藏書目録》著録此本爲校宋本。此本跋文亦與《訪書志》所記相同，有何氏鈐印。

《訪書志》著録何氏題跋順序與國圖本有異。

國圖藏何焯批校本中大頭多有何氏批注，但《訪書志》所録其餘跋文未見於國圖藏何焯批校本中，不知二本是何關係。

178 才調集十卷 舊鈔本

首題「才調集叙」，「蜀監御史韋縠集」，次目録，每人幾首，不録詩題。每卷首題「古、律、雜、歌、詩一百首」。以汲古閣刻本照之，汲古本每卷首目録有詩題，每卷首無「古、律、雜、歌一百首」總題，卷中字句往往不同；而詩題尤多參差。大抵汲古閣題下注，或刻作某者，即此本也。如白居易《三月三日祓禊洛濱》，汲古本序二百五十三字，注云序與舊刻不同。而此本則題爲《祓禊日遊於斗門亭》，夾注只二十二字。《四庫提要》著録本有劉禹錫《別蕩子詩》。今按，汲古本及此本此首皆在劉長卿詩内。王之渙《惆悵詞》本王渙詩。今按，汲古本作「王之渙」，此本實作「王渙」，不誤。賈島《贈劍客詩》「誰有不平事」，《提要》本作「誰爲」。今按，汲古本、此本並作「誰有」，是《提要》著録非此二本。據毛氏跋稱，其刻此書有二種，《四庫》著録或其前一種與？至此本筆誤，亦時有之，其款式則視汲古爲舊矣。日本文政八年有官刊本，即從此出。

179 篋中集一卷 舊鈔本

是書有汲古閣刊本，多譌誤。如開篇序云「元結作《篋中集》成，或問曰」，毛本脱「或」字，《文苑英華》脱「成」字。「若令方直之士」，毛本「令」誤「今」。尤謬者，「乾元三年」，「元」作「之」。豈毛氏刻成，竟未寓目耶？至於卷中亦多不合，如沈千運「豈非林園主」，毛本作「豈知」。「前路漸欲少」，毛本「前」作「別」。「人生各有命，在余胡不淑」，毛本「命」作「志」，「淑」作「激」。「草草門巷喧」，毛本作「草草」。孟雲卿「心憂轉顛倒」，毛本「轉」作「夢」。元季川「丹砂發清藻」，毛本作「渠」。「人無第舍期」，毛本「第」作「茅」。皆以此本爲勝。按，王荆公《百家詩選》六卷全收此集。以此本校之多合，知其原于北宋本也。《提要》稱沈千運《寄祕書十四兄》一首，較《河岳英靈集》所載爲勝。按，此詩是王季友《寄韋子春》，毛本亦同。《河嶽集》題雖稱「祕書十四兄」，而亦爲王季友詩，何不細檢，乃以屬沈千運也？

卷十三

180　文鏡秘府論六卷　古鈔本

首題「金剛峰寺禪念沙門遍照金剛撰」。遍照金剛即空海也。空海爲日本高僧，嘗入唐求法，能書能文，著有《性靈集》。今日本所用假字，即空海創造。此書蓋爲詩文聲病而作，彙集沈隱侯、劉善、劉滔、僧皎然、元兢及王氏、崔氏之説，今傳世唯皎然之書，餘皆泯滅。按，《宋書》雖有「平頭」「上尾」「蜂腰」「鶴膝」諸説，近代已不得其詳。此篇中所列二十八種病，皆一一引詩，證佐分明。又論「有韻謂之文，無韻謂之筆，不可相混」。雖其中或涉膚淺，然指陳利病，不可謂非操觚之準繩。至其所引六朝詩文，如顧長康《山崩詩》，王彪之《登治城樓詩》，謝朓《爲鄱陽王讓表》，魏定州刺史甄思伯《難沈約四聲論》，沈約《答甄公論》，常景《四聲贊》，温子昇《廣陽王碑》、魏收《赤雀頌》《文宣謚議》，邢子才《高季式碑》，劉孝綽《謝散騎表》，任孝恭《書》，何遜《傷徐主簿詩》三首，徐陵《横吹曲》《勸善表》《定襄侯表》。其所引唐人詩尤多祕篇，不可勝舉。又引齊太子舍人李節《音韻决疑》，亦

《隋書·經籍志》所不載，尤考古者所樂觀也。

文鏡祕府論序

夫大仙利物，名教爲基；君子濟時，文章是本也。故能空中塵中，開本有之字；龜上龍上，演自然之文。至如觀時變於三曜，察化成於九州，金玉笙簧，爛其文而撫黔首；郁乎焕乎，燦其章以馭蒼生。然則一爲名始，文則教源，以名教爲宗則，文章爲紀綱之要也。世間出世誰能遺此乎？故經説阿毗跋致菩薩，必須先解文章。孔宣有言，小子何莫學夫《詩》？《詩》可以興，可以觀，邇之事父，遠之事君。人而不爲《周南》《邵南》，其猶正牆面而立也。是知文章之義大哉！遠哉！文以五音，不奪五彩。名得所立名，章因事理。俱明文義，不昧樹號。因文詮名，唱名得義。名義已顯，以覺未悟。三教於是分鑣，五乘於是並轍。於焉釋經，妙而難入。李篇玄而寡和，桑藉近而争唱〔一〕。游、夏得聞之日，屈、宋作賦之時。兩漢辭宗，三國文伯，體韻心傳，音律口授〔二〕。沈侯、劉善之後，王、晈、崔、元之前，盛談四聲，争吐病犯，黄卷溢篋，緗帙滿車。貧而樂道者望絶訪寫，童而好學者取決無由。貧道幼就表舅，頗學藻麗。長入西秦，粗聽餘論。雖然志篤禪默，不屑此事。爰有一多後生，扣閑寂於文囿，撞詞花乎詩圃。音響難默，披卷函丈。即閱諸家格式等，勘彼同異。卷軸雖多，要樞則少。名異義同，繁穢尤甚。余癖難療，即事刀筆。削其重複，存其單號。總有一十五種類，謂《聲譜》《調聲》《八種韻》《四聲論》《十七勢》《十四例》《六義》《十體》《八階》《六志》《二十九種對》《文三十種病累》《十種疾》《論大意》《論對屬》等是也〔三〕。配卷軸於六合，懸不朽於兩曜，名曰《文鏡祕府論》。庶緇素好事之，山野文會之士，不尋千里，蛇珠自得；不煩旁搜，雕龍可期。

〔一〕「桑藉」《文鏡秘府論校注》（以下簡稱「校注本」）作「桑籍」，指佛教典籍。

〔二〕「音津」校注本作「音律」。

〔三〕「論大意」校注本作「論文意」。

【案】《留真譜初編》收録該書書影（廣文本第947—948頁，北京本第1041—1042頁）。

此本今藏臺北「故宮博物院」，著録爲日本鎌倉鈔本，一册，存《論對》《論病》二卷（故觀010421）。

阿部隆一《中國訪書志一》著録此本扉頁有題識（第170頁）：

《文鏡秘府論》，古鈔零本二卷。此亦狩古望之所藏，有棭齋印記。

文鏡秘府論二卷　古鈔本[一]

日本僧遍照金剛撰，即空海也。空海求法於唐，兼善文翰，故以所聞文章利病著爲此書。上卷論對，凡廿九種；下卷論病，凡二十五種。中多引元氏、劉氏、洗氏、崔氏之説，而不著其名。元氏當是微之，餘三人今不可考。其論雖若淺易，實可考見唐人作詩賦律法。較之趙秋谷《聲調譜》以後人追尋其義例者，尤爲有據也。按，弘法大師傳此書本六卷，此其殘本也。

〔一〕《文鏡秘府論》在《續修四庫全書》本《日本訪書志》中兩見，一爲卷十三首篇，著録六卷本；一爲卷十五末篇，著録二卷本。二者解題内容不同，一詳一略。此爲簡略者，原爲卷十五末篇，現移附於此。又參見前《整理説明》。

181　皇朝文鑑一百五十卷　明天順刊本[一]

《文鑑》宋刻世不可見，惟愛日精廬藏明葉文莊影鈔宋本，序、跋完好，惜未重刻。其次則明天順嚴州刊本爲佳，又其次則胡公韶補刊嚴州本，至慎獨齊、晉藩本，則訛謬不可讀矣。此爲天順八年嚴州府以宋本重刊。前有商輅序，稱提督浙學憲副張和偶得是書以示嚴郡太守張永，欣然命工重鋟，其間題識仍舊，款目無改，則以摹本書刻〔二〕，弗别繕寫，懼謬誤也云云。據此則是以宋本上木。今按其款式、字體，精緻絶倫，的是翻刻宋本。每半葉十三行，行二十一字。首商輅序，次周必大序，次《繳進文鑑劄子》，次《謝賜銀絹除直秘閣表》。首卷題「文鑑卷第一」，上空二字，蓋原「皇朝」二字也。每卷尾亦然。次行低二字題「朝奉郎行秘省著作佐郎兼國史院編修官兼權禮部郎官臣吕祖謙奉聖旨詮次」。三行與「朝」字齊。又次「賦總目」；又次「五鳳樓賦」。卷二以下則無官銜。唯吕喬年以下諸跋此本不載，幸皆存《愛日精廬藏書志》中。余意若以此本重刻，而以張氏所載諸跋補之，亦庶幾成公之舊。

又按，據成公《繳進劄》，名《聖宋文海》，至周益公奉旨作序，始稱《皇朝文鑑》，此本惟商輅序題《新刊宋文鑑》及成公《劄子》前改「皇」字爲「宋」字。其他每卷題「文鑑卷第幾」，皆上空二字，不補以「宋朝」二字。晉藩以下刻本，始直題爲「宋文鑑」。

〔一〕此篇前底本有《才調集》書志一篇，與卷十二所收重複，今删。見前《整理説明》。

〔二〕《宋集珍本叢刊》收録商輅序文影印版（第 91 册），題爲《新刊宋文鑑序》，據以核對《訪書志》所録之文。「書刻」《宋集珍本叢刊》本作「翻刻」。

【案】《留真譜初編》收録該書書影（廣文本第 819—820 頁，北京本第 899—

900 頁)。

此本今藏臺北「故宫博物院」，著録爲明天順八年嚴州府翻刊宋慶元庚申太平府學本，五十二册，書名《新雕宋朝文鑑》(故觀 000352－000403)。

182 唐荆川批點文章正宗二十五卷 明刊本

此本不記刊行年月，望其字體，蓋即在嘉、隆間，亦無荆川序跋。每卷第二行題「荆川唐順之批點」，中縫亦題「唐荆川批點文章正宗」。目録每篇上或作「○」、或作「、」、或作直豎、或并「○」「、」無之。書中每篇題上或著一、二字，如第一卷第一篇批「轉折」二字〔一〕，第二篇批一「轉」字，第三、四篇批一「直」字。欄外眉上間批數字。文中著圈點處甚少，皆批却導窾，要言不煩。明代書估好假託名人批評以射利，閔齊汲所刊朱墨本大抵多僞託。此則的出荆川手筆，故閻百詩《潛邱劄記》極稱之。邇來學文者喜讀古文家緒論，紛紛刻《歸方評點史記》，獨此書流傳甚少，雖明刻，固當珍惜之矣。所圈點至二十二卷止，其二十三卷後詩歌，則無一字之評。荆川本以古文名世，故只論文筆，而韻語非所長，遂不置一辭。然則視今人之强不知以爲己知者天淵矣。

〔一〕「第一卷第一篇」原作「第一卷第二篇」，據王重民《日本訪書志補》、阿部隆一《中國訪書志一》

所錄改。

【案】 此本今藏臺北「故宫博物院」，著録爲明嘉隆間刊本，八册，近人楊守敬手書題識(故觀 011637－011644)。

據阿部隆一《中國訪書志一》，此本書名爲《西山先生真文忠公文章正宗》，明唐順之批點(第 155 頁)。此本行款爲半葉十行，行二十一字，小字雙行。阿部氏所録楊氏跋文與《訪書志》有一處異文，而與《日本訪書志補》(見後 274 號)相同(見校記)。

183 文章軌範七卷 朝鮮國刊本

首無目録。本書款式略同前本[一]，圈抹處亦悉合，唯篇幅較大。每半葉九行，行二十二字，批注皆雙行。其書校讎精審，相傳爲疊山原本。按此書每卷既無子目，則應有總目。若以爲原于王淵濟本，則不應删其總目。且其中勝于王者，不可勝數，諒非坊賈所能爲。豈此本原有目録，歷久而脱之與？日本文政元年其國學嘗據此本重刊，板毁于火，故傳本亦漸希云。

按，日本甚重此書，坊間翻刻，或意改，或重加批評，不可勝數。唯此二本，猶存舊式，而購求之者頗少。原謝氏本爲初學而作，已覺多費言詮，今又從而增益之，論説愈多，而學文之根柢愈淺。中外皆然，可勝浩歎。

〔二〕 按由「前本」，可推測此條解題應在下條後，而非現今在前的位置。

【案】《留真譜初編》收録該書書影（廣文本第 825—826 頁，北京本第 911—914 頁），卷端書名爲《疊山先生批點文章軌範》。

184　文章軌範七卷　翻元刊本

首有目録。本書首行題「疊山先生批點文章軌範卷之一」，行下陰文題「侯字集」。次行題「廣信疊山先生謝枋得君直編次」。第三行墨蓋下大書「放膽文」三字。每半葉十行，行二十二字。四周雙邊。批注字居行右，惟首篇「請自隗始」，左引「史記」作雙行。目録《歸去來辭》後云：「古此集惟《送孟東野序》《前赤壁賦》係先生親筆批點〔一〕，其他篇僅有圈點，而無批注。若夫《歸去來辭》，則與『種』字集《出師表》一同，併圈亦無之，蓋漢丞相、晋處士之大義清節，乃先生之所深致意者也。今不敢妄自增益，姑闕之以俟來者。門人王淵濟謹識。」又柳子厚《箕子廟碑陰》首俱記云：「此篇係節文，今一依元本刊行如左〔二〕。」然則此本爲疊山門人王淵濟據謝氏手定之本入木，當爲最初刻本。《四庫提要》所載亦略與此同。唯彼前有王守仁序，蓋已爲明代重刻之本矣。但此書雕鏤雖精，脱謬頗多，日本嘉永壬子松崎純儉以此本重刊，據朝鮮本及戴本多所訂正，庶幾善本云。

〔一〕今國家圖書館藏有此書元刻本（索書號 07771），收入《中華再造善本·金元編》，據以校勘。此句「古」爲「右」。

〔二〕國圖藏元本無「一」字。

【案】《留真譜初編》收録日本刊本書影（廣文本第 827—828 頁，北京本第 911—918 頁），卷端書名爲《疊山先生批點文章軌範》。《故宫所藏觀海堂書目》卷四著録有《文章軌範》七卷，日本嘉永六年刊本，三册。觀《訪書志》此篇解題，所謂翻元本當即指日本刊本。

185 瀛奎律髓四十九卷

朝鮮重刊明成化本。首方回自序，序後有「成化三年仲春吉日紫陽書院刊行」木記。有圓點，注文雙行。末有皆居士跋〔一〕。據其印章，知爲龍遵叙。末又有成化十一年朝鮮府尹尹孝孫跋，蓋即據成化本翻雕者也。據龍叙，知虚谷此書以前未有刊本。此雖非成化三年原本，而款式毫無改换，較吴之振本之移龍叙于卷首者，亦有間焉。

〔一〕日本内閣文庫藏有此種版本，著録爲朝鮮刻本（明成化三年，索書號 358－0032），此書有電子版據以核對。此句中「皆居士」，朝鮮刻本作「皆春居士」。

186　皇元朝野詩集前五卷後集五卷　元刊本

傅習采集，孫存吾編類，虞集校選，有虞集、謝升孫二序，與《皇元風雅》同。顧彼前、後集并六卷，此並五卷，而標題則或爲《皇元詩集》，或爲《皇元治音朝野詩集》，當是書坊展轉翻刻，故有斯違異也。

【案】《留真譜二編》收録該書書影（廣文本第347—348頁，北京本第1516—1518頁）。此本行款爲半葉十一行，行二十一字。

187　古樂府十卷　明嘉靖刊本

元左克明編。《四庫提要》載此書，稱郭茂倩《樂府》刊板時，僅在克明成書前六年，克明未必見郭書；而其題下夾注多摭《樂府詩集》之文。《紫玉歌》條下，並明標《樂府詩集》字，又《臨高臺》條下，引劉履《風雅翼》之説，尚與克明相去不遠，至《紫騮馬》條下，引馮惟訥《詩記》之説，則嘉靖中書，元人何自視之？其由明人重刻，臆爲竄入明矣。又馮舒校《玉臺新詠》，於《焦仲卿妻詩》「守節情不移」句下註曰：「案，活本、楊本此句下有『賤妾留空房，相見常日稀』二句。檢郭、左二《樂府》並無之。」今考此本，乃已有此二句。知正文亦爲重刻所改，不止私增其解題矣。據《提要》所見本，必萬曆以後之本。此本爲明嘉靖時所刊，萬曆己卯徐中庵屬田藝衡重修板者也。卷首題「古樂府卷之一」，次行題「元豫章左克明編次」，三行題「大明新安王文元校刊」。今按，書中《紫玉歌》亦引《樂府詩集》，而《臨高臺》下不引《風雅翼》《紫騮馬》，下無馮惟訥之説；《焦仲卿詩》亦無「賤妾留空房」二句，則知《提要》所見非此本也。至《樂府詩集》刊本在克明成書之前，固未可以江西、濟南相距頗遠，遂謂克明不見郭書，且田藝衡序中雖有以「郭茂倩所集，綸同繹異」之語，然板爲王氏舊刻，田氏不過修板校刊字句而已，其不能增竄解題於各條明矣。至若王氏武人，刊校此書更未必有所增益。况嘉靖以前，竄亂古書籍之風尚未甚熾，則以此本當克明原書可矣。

自序。與《提要》合，不録。

重刻古樂府叙　　錢塘田藝蘅此在第二行。

《詩》三百，聖人之經也，如機縷之有縱也。王綱紊紐，聲律紇亡，而漢制氏猶傳其緒響，孝武乃立樂府之官以統之。自廷雅廟頌，以及巷詠涂謡，爲制不同，如今之所纂，其名亦「三百」焉。蓋商、周而下，此其紹之矣。遠振餘音，上追絶調，庶幾其緯乎？在昔左氏，肇采勳華，結於陳、隋，名之曰「古樂府」。管弦間作，淫哇未肴。組織粲然，自成杼柚，其見卓爾矣。太府中庵徐公好雅復古，欲章風教于四方，爰訪善本，屬蘅合郭茂倩舊所集，綸同繹異，而緝正之。于是傳得王將軍武庫舊鈑，殘闕者補，譌亂者刊，遂完藻璧，文事武備，貞伯故兼長也。它日鼓吹凱歌，千舞奏績，王將軍以之。若夫明良賡歌，太常錫樂，不佞又將于我徐公而考其成矣。渢渢乎豈不大明之音也哉。大明萬曆己卯立秋日。

【案】《留真譜二編》收録該書書影（廣文本第 347—348 頁，北京本第 1507—1508 頁）。

國家圖書館藏有此種版本，著録爲萬曆七年田藝蘅重修本（索書號 13555，見於「中華古籍資源庫」）。行款爲半葉九行，行十八字。據以核對，《訪書志》所記田氏重刻序與原書一致。

188 古樂苑五十二卷 鈔本。《衍録》四卷

明梅鼎祚撰。首有新都汪道昆序。凡例稱，據郭茂倩《樂府詩集》補其闕佚，正其僞舛。始自黄虞，訖于隋代，則倣左氏克明。其《衍録》四卷則諸家評論及作者姓氏附焉。

按其所收，倍于郭氏，十倍於左氏，凡僞託之書，一例收入，未免失之雜。然六代以前歌什，此爲淵海；且編纂有法，其訂正郭氏書者，亦復不少，固應著録之篇也。豈本未入刻，僅有傳鈔本，故收藏家不及之與？

【案】 此本今藏臺北「故宫博物院」，著録爲日本江户間鈔本，十册（故觀 009394 – 009403）。

189 中州集

日本五山板，永正年間刊。首元好問自序，次張德輝序。目録題「乙卯新刊中州集總目」，卷首題「中州甲集第一」。每卷有總目，總目後低二字分目，有黑蓋子。每半葉十五行，行二十八字。據張德輝序，此爲《中州集》之初刊本。小字密行，字體有北宋遺意。汲古刊本雖佳，然非其原式也，且脱張德輝序，今補録於左(二)。

百年以來，詩集行於世者且百家，焚蕩之餘，其所存蓋無幾矣。至一聯一詠，雖嘗膾炙人口，既無好事者記録之，故亦隨世磨滅。元遺山北渡後，綱羅遺逸，首以纂集爲事，歷二十寒暑，僅成卷帙。思欲廣爲流布，而力有所不足，第束置高閣而已。己酉秋，得真定提學龍山趙侯國寶資藉之，始鋟木以傳。予謂非裕之搜訪百至，則無以起辭人將墜之業；非趙候好古博雅，則無以慰士子願見之心。因贅數語其後云。作詩爲難，知詩爲尤難。唐僧皎然謂鍾嶸非詩家流，不應爲詩作評，其尤難可知已。半山老人作《唐百家詩選》，迄今家置一本，曾端伯《選宋詩》不可謂無功，而學者遂有二三之論。予謂裕之此集，今四出矣，評者將附之半山乎？曾端伯乎？季、孟之間乎？東坡有言，我雖不解書，曉書莫如我。是則又不知皎然師果爲真識否也？明年四月望日頤齋張德輝書[二]。

又按，莫子偲《宋元書目》載有此書元刊本，亦十五行，當即此本[三]。

〔一〕今國圖所藏明末汲古閣刻本（索書號 00905），有張氏序，名爲《中州集後序》，位於首卷目録前。日本五山版中此篇序文在卷十末（哈佛圖書館藏電子本，牌記爲延寶二年[1674]）。蓋楊氏所見汲古閣本無張序。

〔二〕「張德輝書」國圖藏汲古閣本、哈佛藏五山版作「張德輝耀卿書」。

〔三〕莫友芝《宋元舊本經眼録》中並未著録有《中州集》一書；《郘亭知見傳本書目》中著録有《中州集》，其中一種書志云「郘亭丙寅秋在滬肆見《中州集》至大刊本，半葉十五行，行二十八字，最精善」。

【案】《留真譜初編》收録該書書影（廣文本第 837—838 頁，北京本第 905—

906 頁)。

據張静《〈中州集〉版本及流傳考述》(《江蘇大學學報(社會科學版)》2013.11)、《中州集》最早的版本是蒙古憲宗五年新刊本與元至大平水曹氏進德齋遞修本。該書元刻的重印本有兩種存世,一種是日本翻刻本,藏書陵部;另一種至大平水曹氏進德齋遞修本,今藏國家圖書館。前者被收録於《日本宮内廳書陵部藏宋元版漢籍叢刊》中(第 151 册),後者被收録於《中華再造善本·金元編》中。後者曾被傅增湘收藏,其《藏園群書題記》《藏園群書經眼録》亦著録至大平水曹氏進德齋遞修本。檢《中華再造善本》,無張序。

190 唐詩鼓吹十卷 朝鮮活字本

不記刊行年月,前有「養安院」圖記,蓋亦明時所印行也。按通行本有趙孟頫序,此本佚之。而此本有姚燧一序,則又通行本之所無。據都印《三餘贅筆》,此書至大戊申江浙儒司刊本,舊有姚燧、武乙昌二序〔二〕。此本亦無武一昌序,想重印時删之。然其原于至大本固無疑也。每半葉九行,行十七字,注雙行,載于每句之下。卷首題「唐詩鼓吹卷第一」,次行題「資善大夫中書左丞郝天挺註」。

註唐詩鼓吹序

鼓吹，軍樂也。大駕前後設之，數百人。其器惟鉦、鼓、長鳴、中鳴、觱栗，皆金、革、竹，無絲，惟取便於騎。作大朝會，則置案於宮懸間，雜而奏之，最聲之宏壯而震厲者也。或以旌武功，而殺其數。取以名書，則由高宗退居德壽，嘗纂唐宗遺事〔二〕，爲《幽間鼓吹》，故遺山本之。選唐近體六百餘篇，亦以是名，豈永歌之其聲，亦可匹是宏壯震厲者乎？嘗從遺山論詩，於「西崑」有「無人作鄭箋」之恨，漫不知何說，心切易之。後聞高吏部談遺山誦義山《錦瑟》中四偶句，以爲寓意於適怨清和，始知謂「鄭箋」志殆是事也〔三〕。遺山代人，參政郝公新齋視爲鄉先生，自童子時嘗親几杖，得其去取之指歸，恐其遺忘，以易數寒之勤，既輯所聞，與奇文隱事之雜見它書者，悉附章下。則公可當元門忠臣，其又「鄭箋」之「孔疏」與？公，將種也，父兄再世人數皆長萬夫〔四〕，於鼓吹之陪爆稍之導繡幰者，似已飫聞。晚乃同文人詞士，以是選爲後部，寂寂而自隨，無已大希聲乎？其亦宏壯而震厲者，有時乎爲用也。《兵志》有之：「不恃敵之不我攻。」走聞江南詩學，壘有元戎，壇有精騎，假有詩敵，挑戰而前，公以元戎，握機於中，無有精騎，孰與出禦？走頗知詩，或少數年，使得備精騎之一曲，橫槊於筆陳間，必能劘壘得焦而還〔五〕。惜今白首，不得從公一振凱也。公由陝西憲長以宣撫奉使河淮之南，欲序，故燧書此。

按，序稱以「鼓吹」命名，本於宋高宗之《幽間鼓吹》，《提要》駁之，謂本於《世説》「三都、二京、五經鼓吹」之語，其説良是。獨怪姚氏既嘗與遺山論詩，何以有此附會語？至郝天挺之爲遺山門人，以材武世家，由陜西憲長宣撫河南，則燧序中明明言之。而陸敕先補注此書，乃以爲遺山師之郝天挺當之，反嗤趙松雪之誤，可謂疏矣。又未詳考《元史》，且元有兩「郝天挺」，明陳霆《兩山墨談》已辨之，敕先以藏書名一時，而補註此書曾未見姚氏此序，宜其所補注無足取也。

〔一〕「武乙昌」原作「武一昌」。湖北本已改。
〔二〕「宗」静嘉堂文庫所藏元刻本作「宋」。
〔三〕「志」静嘉堂文庫所藏元刻本作「者」。
〔四〕「人數」静嘉堂文庫所藏元刻本作「數人」。
〔五〕「焦」静嘉堂文庫所藏元刻本作「雋」。

【案】《留真譜初編》收録該書書影（廣文本第 833—834 頁，北京本第 921—924 頁），據書影中卷端題名，當作《註唐詩鼓吹》。

此本今藏臺北「故宫博物院」，著録爲朝鮮活字本，四册（故觀 008546 - 008549）。

上圖所藏初印本此處有楊寶鏞題浮簽：

四行，「遺岀人」，當是「遺山代人」，誤「山」「代」二字爲「岀」。

楊氏所見初印本此處錯誤，《續修四庫全書》本、《海王邨》本、《日本藏漢籍善本書志書目集成》本皆有之。

陸心源舊藏有此書元本，其《皕宋樓藏書志》收録有趙孟頫、武乙昌、姚燧序，此本今藏日本静嘉堂文庫。將元本中武氏、姚氏序與《訪書志》抄録之姚氏序相比較，可知《訪書志》所録之序乃是糅合武氏、姚氏二序而成，非姚氏原序。此前已有學者言之（陳開林《四庫本〈牧庵集〉所收〈唐詩鼓吹注序〉辨誤》，《中國典籍與文化》2016 年第 4 期）。

191　精選唐宋千家聯珠詩格二十卷　朝鮮刻本

元于濟、蔡正孫同篇。濟與正孫事迹，無所考見。顧嗣立《元詩選》亦無其人。王淵濟爲謝疊山門人，曾刻《文章軌範》。據序，于濟初編僅三卷，正孫乃增爲二十卷，凡三百類，千有餘篇，附以評釋。按，其書皆選七言絶句，唯前三卷爲「絶句要格」，以下皆拈詩中一二虚字以相比校，頗嫌繁碎，稍遠大雅。然其中逸篇秘句，爲諸家全集及選本之所不見者，往往而在。是固當與《瀛奎律髓》共珍也。其注，據後序，爲明成化間朝鮮達城徐居正所撰，後朝鮮國王又命其臣安琛及成俔、蔡壽、權健、申從濩就徐注重加補削，亦頗詳贍。於宋詩則多載逸聞逸事，尤有資於考證。而日本之重刻是書者，皆失載後跋，遂不知增注爲何人。此本爲弘治壬戌朝鮮刊本，前有「弘前醫官澁江氏藏書」印，又有森氏「開萬册府之印」。按，澀江氏、森氏《經籍訪古志》不載此書，當以得此在成書之後也。

【案】《留真譜初編》收録該書書影（廣文本第 829—830 頁，北京本第 907—908 頁）。

此本今藏臺北「故宫博物院」，著録爲明弘治十五年朝鮮刊本，十册（故觀 012212－012221）。

192　萬首絶句刊定四十卷　明萬曆刊本

洪容齋《唐人萬首絶句》，前人議其多謬誤，此本爲明趙宧光與黄習遠重訂，凡去其謬且複者二百十九首，補入六百五十九首，總得一萬四百七十七首。詩以人彙，人以代次，較原書實爲精整。蓋凡夫富藏古籍，見聞廣博，與他人竄亂古書掩爲已有者有間。書刻于萬曆丙午丁未間，而《四庫》不著録，《存目》亦無之，想當時未見其本也。

193 增註唐賢絶句三體詩法三卷 元刊本

元刊本。首裴庾序，次方回序，次綱目，次唐十道圖，次凡例，次諸家世系紀年。首題「增註唐賢絶句三體詩法卷之一」，次行題「汶陽周弼伯弜選」，三行題「高安釋圓至天隱註」，四行題「東嘉裴庾季昌增註」。

【案】《留真譜初編》收録該書書影（廣文本第 831—832 頁，北京本第 909—910 頁）。此本行款爲半葉十行，行二十二字。

阿部隆一《中國訪書志一》著録臺北「故宫博物院」藏有兩部日本刊本，未見有元刊本。分别著録爲日本室町末刊本，三册（故觀 008558 – 008560）；日本室町末期覆阿佐井野本，三册（故觀 015289 – 015291）。不知是否即是《訪書志》著録之本。

194 唐詩始音一卷正音六卷遺響七卷 明初刊本

首虞集序，楊氏自序，題「唐詩始音卷之一」，次行題「襄城楊士弘伯謙編次」，三行題「新塗張虞文亮輯註」。註文弇陋，《提要》疑爲明人。今觀其注中有「河南布政司」語，則爲明人無疑。顧其所據之本，當是楊氏原書。後來嘉靖間顧璘刻本，則《始音》一卷，《正音》十三卷，《遺響》一卷，通爲十五卷，多有删除。《遺響》中並削長孫佑輔、令狐楚、元微之三人之詩，與首所録姓氏不相應，則此本猶可貴也。

【案】《留真譜初編》收録該書書影（廣文本第 835—836 頁，北京本第 925—926 頁）。此本行款爲半葉十行，行十八字。

此本今藏臺北「故宫博物院」，分爲兩部分，一部分著録爲日明初覆元刊本，存《始音》一卷、《正音》一卷，二册（故觀 001151－001152）；另一部分著録爲明刊白口十行本，爲《遺響》部分，一册（故觀 002265）。

195　明詩選十三卷　明崇禎刊本

明陳子龍、李雯、宋徵輿同輯。前有三人自序，各一首。自明初迄萬曆、天啟，分體彙選，各以時代相次。書成于崇禎癸未，去明社之亡只一年矣。每人各有小傳，各有總評，其出於子龍者，稱「卧子曰」；出於雯者，稱「舒章曰」；出於徵輿者，稱「轅文曰」。然則三人雖合選，其所見尚不相亂。明啟、禎間，公安、竟陵之燄甚熾，卧子出，始極力闢之，而風氣又一變，宗旨具於此選中。大抵演太倉、歷下之説，於前、後七子所録爲多〔一〕。然卧子本自工詩，亦具有别裁。其《凡例》稱閲文集四百一十六部，名家詩選三十七部，而所録僅十三卷，雖未必一一皆精，然蕪穢者少矣。此書入國朝甚有名，而《四庫》不存其目，不應其時亡佚，想偶失之耳。

〔一〕「後七子」原作「後七字」。

卷十四

196　陳思王集四卷　明刊本

僅存賦及詩四卷，雜文以下無之，無目録、後跋，與《江文通集》合爲一函。賦四十一篇，詩六十三篇。按《思王集》原書三十卷，久佚，後人從類書、選本中鈔出爲此集。《提要》所稱嘉定癸酉宋刊本，賦四十四篇，詩七十四篇。自張燮、汪士賢以下漸有增入，無復減少者。此本賦四十一篇，所原似更在嘉定本之前，故所載反略。其中往往有缺字，又如《矯志》詩題下注：「『作孚』之下脱二句。」《三家集》則僅於字下注一「闕」字，陳朝輔本則並不注闕脱。其餘異同，更難悉數，大抵皆出後來臆改，則此本可貴也。每半頁十行，行十八字，左右雙邊，中縫在横線下題「陳集」，其刊當在嘉靖間，其款式實源宋本。按，明朱之蕃有《唐百家集》，其版式字體略與此同，而所載唐人集亦唯存詩、賦，此本或亦朱氏所刊與？

【案】　此本今藏臺北「故宫博物院」，著録爲明嘉靖間刊《六朝詩集》本，二册（故觀

011100－011101)。

197　蔡中郎集十卷 明刊本〔一〕

明萬曆元年東陽王乾章刊本，凡十卷。首《故太尉喬公碑》，與別本異。元和顧澗蘋以黄筆校蘭雪堂活字本，以硃筆校舊鈔本，以墨筆校《後漢書》《文選》及各本，精審之至，聊城楊氏重刻《蔡集》，即此本也。

此本原初陳仲魚徵君舊藏，目録前有魚圖像印，又有「得此書，費辛苦，後之人，其鑒我」方印。後爲唐端甫仁壽所得，有「唐仁壽讀記」印。端甫多藏古本，余得其手校《晉書》，其宋板《晉書》爲李木齋所得，并附記之。

〔一〕此篇原爲卷十六首篇，《海王邨》本、《書目題跋叢刊》本置於此，且版心下標葉數爲「又一」，可知爲補入，今據以調整於此。

【案】《留真譜初編》收録該書書影（廣文本第843—844頁，北京本第931—932頁）。此本行款爲半葉九行，行二十一字。

上圖所藏初印本此處有楊寶鏞題浮簽：

《蔡中郎集》，七行「前有魚圖像」，「魚」上脱「仲」字。又案，此書應入第七册集部而誤列於此，乃編刊之誤也。

楊寶鏞所指爲陳鱣藏印，陳鱣字仲魚，其有一方圖像印較爲著名，爲陳鱣半身像印，稱爲「仲魚圖像」或「陳鱣圖像」，但未見有稱爲「魚圖像」者，遼寧本、湖北本皆作「魚圖像」，脱漏陳鱣姓名。又，早期初刻本將此篇置於卷十六釋家類，後來在修訂過程中才將其置於集部。

198 孟浩然詩集三卷 元禄庚午刻本

前有元禄庚午可昌序稱：「得《襄陽集》三集，不問字畫善否、篇什多寡，遽命剞劂氏以刻諸板，其所訛缺，姑仍舊本，以俟智者校焉。」書分上、中、下三卷，凡《遊覽》五十七首，《贈答》三十一首，《旅行》三十首，《送別》四十首，《宴樂》十七首，《懷思》十五首，《田園》十九首，其二百九首。首題「孟浩然詩集卷上」，次行題「須谿先生批閲」，三行題「吉安元鼎校正」，當是日本人。中縫題「襄陽集」。按，《四庫》著録爲明人刊本，有王士源[一]、韋滔二序，此本皆脱。余所見須谿批點名家詩集，多不載舊序，是其陋也。或坊賈删之。又士源序稱，集其詩二百一十七首，分爲四卷。此本卷數皆不合，知非唐人綴輯之舊。須谿評語類傷佻儇，亦無所發明。唯據《衆妙集》云：「《除夜有懷》一首爲崔塗詩。」頗見考證。校之明本分體編詩，以近體爲古詩，又竄入他人之詩者，相去天淵矣。

案，明閔齊伋及汲古閣刊本作三卷，行篋無此二書，未識與此本異同若何。惟有明朱警所刊《唐百家詩》本亦作三卷〔二〕，亦分類編詩；而《贈答》類《宿廬江寄廣陵舊遊》之下，《荊門上張丞相》之上，多出詩十二首。又下卷《田園》類之後有《美人》類七首，《時節》類三首，《拾遺》三首，此本亦無之。然《遊覽》類既有《春晚詩》，不應《初秋九日》等詩又別出《時節》一類，《美人》類之詩亦大半可入《懷思》類中。余疑朱本爲後人綴拾浩然佚詩，而妄立名目以附於後。至《清鏡嘆》《涼州詞》《庭橘》三首，又分三類，故題爲《補遺》。其實宋本至《田園》類而止，別無《美人》《時序》二類爲此本所佚也。

《提要》又引《容齋隨筆》疑其《示孟郊詩》時代不能相及，此本及朱本皆有之。又謂《長安早春》一首《文苑英華》作張子蓉〔三〕，而《同張將軍薊門看鐙》一首亦非浩然遊跡之所。唯朱本有《長安早春》一首在《時節》類，此本則二首皆無之。然則此本於孟詩雖有所佚，尚無宋以後人竄入之弊，固校孟詩者之標準也。至朱本與此本字句異同互有長短，則當參校而得之。

余歸後，聞黄蕘圃所藏宋本尚存吴中，則此本未足奇也。

〔一〕「王士源」原作「王大源」。下文中有「士源」，不誤。湖北本已辨之。王士源爲唐開元間處士。

〔二〕「朱警」原作「朱磬」。朱警，明代華亭人，編有《唐百家詩》。湖北本已辨之。

〔三〕檢《四庫全書總目》集部《孟浩然集》提要，「張子蓉」作「張子容」。湖北本依據明活字本，亦認爲此處當作「張子容」。

【案】《留真譜二編》收録該書書影（廣文本第369—370頁，北京本第1531—1532頁）。此本行款爲半葉九行，行十八字。

《訪書志》提到的黄蕘圃所藏宋本《孟浩然詩集》今藏國家圖書館，著録爲南宋中葉四川眉山地區刻唐六十家集本，二册，十二行二十一字，黄丕烈嘉慶辛酉年（1801）跋（索書號08705），曾經金德輿、黄丕烈、汪士鐘、文登于氏、海源閣楊氏、李盛鐸、楊壽柟、周叔弢、潘宗周等人遞藏。上海古籍出版社《宋蜀刻本唐人文集叢刊》收録有。

199 須溪先生校本韋蘇州集十卷 元刊本

首有王欽臣序〔一〕，次目録。首行題「須溪先生韋蘇州集卷第一」，次行題「蘇州刺史韋應物」。每半葉九行，行十七字。卷中多校録異同之字，間有評語。末有何湛之兩跋〔二〕，須溪此本多據何本補入者。其第一卷《呈崔郎中》之上補入二編〔三〕，《雪夜下朝》之下補入四編。第五《答裴處士》下補入十八首。第七《秋景詣瑯琊精舍》之下補入三首〔四〕。第八末補入一首。共補入二十九首，皆低一格。《拾遺》八首，則云：「熙寧丙辰校本添四首，紹興壬子校本添三首，乾道辛卯校本添一首。」則是《韋集》自嘉祐本以至何湛之本凡六本矣。原序五百七十一首，按目録除補遺外，只五百五十五首；以何本補入二十九首，則當爲五百八十四首，其數皆不相應，未知其故。昔人云「獨憐幽草澗邊生」，宋板作「澗邊行」，以「生」爲誤。此詩在第八卷，「幽」下注云：一作「芳」；「生」下注云：一作「行」。則知作「生」、作「行」皆宋板所有矣。今世行者，康熙中項絪以北宋本翻雕〔五〕，稱即王欽臣本。又毛晉所刻王、孟、韋、柳四家本，行篋中無此二書，未知何如。然須溪據六本以校定此本，則所得多矣。

後　序

韋應物居官自愧，閔閔有恤人之心。其詩如深山採藥，飲泉坐石，日晏忘歸。孟浩然如訪梅問柳〔六〕，徧入幽寺〔七〕。二人趣意相似，然入處不同。韋詩潤者如石，孟詩如雪，雖淡無采色〔八〕，不有輕盈之意〔九〕。德祐初秋看二集并記〔一〇〕。此不著人名，當即須溪總評也。

又按，《提要》云：「項本分十四類，原篇云分類十五，殊不可解。」此本亦十四類，而序亦作「十五」，則非誤也。然則此與項本分類皆非欽臣之舊。

陶韋合刻跋

按，此則何湛之並有《陶集》刻本，此在須溪跋後〔一一〕。

《詩》三百十一篇，所爲美刺，要皆抒於性情，止于理義，無所爲而爲，不求工而工也。後之爲詩者〔一二〕，以爲一藝而競趨之。至于唐，且以爲制科之羔雁已。嗟乎！以詩而博名高取世資〔一三〕，必且爲快目艷心之語，驚魂動魄之談，適人之適而非自適，其適安在〔一四〕？其抒性情而止理義，説者謂詩盛於唐，予謂至唐而漓也。晉處士植節于板蕩之秋，游心于名利之外，其詩沖夷清曠，不染塵俗，無爲而爲，故語皆實際〔一五〕，信《三百篇》之後一人也。唐刺史作，不虧情理，少涉濃郁，未必與處士鴈行。乃效陶潛諸作〔一六〕，可稱逼肖〔一七〕，蓋似者，其模倣之工；不盡似者，則時尚所移也。雖然，曠代希聲，寥寥寡和，若刺史者，亦處士之後一人也。倘祢尼立而並衿二祖〔一八〕，則陶幾入室〔一九〕，韋漸升堂，意味風流，千秋並賞。予因合刻之，聊以存古人三百十一篇之遺意云。疎園居士何湛之書。按此序不著年月，當再考。

〔一〕「王欽臣」原作「王欽」。王欽臣，北宋學者，其他版本《韋蘇州集》皆作「王欽臣」。下文即作「王欽臣」。

〔二〕「何湛之」原作「何堪之」。何湛之(1551—1612)字公露，明南京留守左衛人，天啓間曾刻過《陶靖節集》《韋蘇州集》。

〔三〕「編」明刻本《韋蘇州集》目録作「篇」，下「四編」同。

〔四〕「詣」原作「指」，據明刻本《韋蘇州集》改。

〔五〕「項絅」原作「頂絧」。項絅，字書存，歙縣人，有玉淵堂、群玉山房，平生喜藏書、刻書，其所刻《韋蘇州集》即項氏玉淵堂本。

〔六〕國家圖書館藏明成化間刻本《韋蘇州集》（索書號 A01588）亦有此文，在卷末，據以核對，「間」作「問」。（以下簡稱「國圖本」）。

〔七〕「偏」國圖本作「徧」。

〔八〕「采」國圖本作「彩」。

〔九〕「不有」國圖本作「不免有」。

〔一〇〕國圖本此句作：德祐初初秋看二集，謹用校點并記之。須溪劉會孟辰翁。

〔一一〕以下所用校對文本爲《韋應物集校注》（陶敏、王友勝校注，上海古籍出版社，1998 年）本中附録三所録日本寶永三年刻《須溪先生校本韋蘇州集》之何湛之《陶韋合刻跋》。以下簡稱「和刻本」。

〔一二〕「者」字和刻本無。

〔一三〕「名高」和刻本作「高名」。

〔一四〕「其適安在」，和刻本無「其適」，「安在」下屬，爲句首。

〔一五〕「語」字和刻本無。

〔一六〕「瀰」字和刻本無。

〔一七〕「逼」和刻本作「速」。

〔一八〕「尼立」和刻本作「尼丘」;「衿」作「袷」。

〔一九〕「則」和刻本作「而」。

【案】 阿部隆一《中國訪書志一》判斷《訪書志》所著録版本爲日本寶永三年刊本，且另有《拾遺》一卷（第136頁）。今臺北「故宮博物院」著録此種一部，日本寶永三年刊本，朱校，二册（故觀007595－007596），或即此本。

范景中《紙尾草（二）》（《藏書家》第13輯）云楊守敬在此處所著録之本「實萬曆間何氏刊陶韋合刻本，楊氏誤以須溪此本據何本增補，遽斷爲元板」。

200 分類補注李太白詩三十卷 明郭雲鵬本〔一〕

此本《詩集》，首先標楊齊賢、蕭士贇名，次標「吳會郭雲鵬校刻」。《文集》首卷則標「郭雲鵬編次」〔二〕，不列齊賢、士贇名，蓋以《文集》無兩家注故也。其目録後有「嘉靖癸卯春元日寶善堂梓行」篆書木記。

《天禄琳琅》亦載此本，以郭氏不自爲序跋，疑雲鵬爲書估。今按，此本於楊、蕭二注刪削過半，又增以徐禎卿之説，當非書估所能爲。然楊、齊二注正以詳贍爲貴，雲鵬意取簡約，而學識不足以定去取，適形其陋。特以撫刻差精，爲《天禄》所收耳。

〔一〕此篇底本無，據《海王邨》本、《書目題跋叢刊》本、《集成》本補録於此。見前《整理説明》。
〔二〕「郭雲鵬」原作「郭鵬」，湖北、遼寧本已改。

【案】此本今藏臺北「故宫博物院」，著録爲明嘉靖二十二年吴會郭雲鵬寶善堂刊本，詩二十五卷、文五卷，館藏此種版本兩部，一爲五册，存卷一、二（故善 012267－012271）；一爲六册（故觀 011590－011595）。王氏《訪書志補》另外輯録楊氏關於此種版本跋文一篇，與此内容不同，詳後 280 號。

201　集千家注杜詩二十卷文集二卷 元槧元印本

首有元大德癸卯劉將孫序，次目録，前題「須溪先生劉會孟評點」，次附録各家序跋及須溪《總論》，次年譜。以下唯卷一題「會孟評點」，《文集》卷一亦有此題。餘卷并無之。據將孫序，將孫係會孟之子。知此本爲高楚芳所編，蓋楚芳刪次各家之注，而附以會孟評點也。其詩亦分類編次，而與魯訔、黄鶴本皆不甚合。明代白陽山人〔一〕、金鸞、許自昌等所刻，皆從之出；而并遺劉將孫序，遂不知編此本者爲何人。朱竹垞竟謂出之蔡夢弼，尤失考矣。《四庫》著録本但稱前載王洙、王安石、胡宗愈、蔡夢弼四序，知其所見亦明刊本。蓋此四序原在《附録》中，明刊本删存此四序，並劉會孟《總評》十一則盡删之，篇中評語竟不題「會孟」名，其爲庸妄何可勝言！《提要》引宋犖謂杜詩評點自劉辰翁始，劉本無注。元大德間有高楚芳者，删存諸注及劉評附之，此本疑楚芳所編也。是則國朝唯宋牧仲得見此本。《天禄琳琊》所收亦白陽山人本。今又二百餘年，余始從日本得之，以印證牧仲之説，亦一快也。《提要》稱篇中所集諸家之注，真贋錯雜，蓋指僞東坡注而言；不知此編絶不載東坡注，劉將孫□已明言之〔二〕。《提要》未見劉序，又未暇細核全書，故意此千家注中必有東坡注，遂漫爲此説也。

余又藏一本，每半葉十二行，行亦二十三字。序文每行減一字，版幅亦略縮小，亦爲元刊，而摹印在後，且塗抹滿紙，遠遜是本，附記於此。

〔一〕 湖北本認爲「白陽山人」是「明易山人」。張學芬《四庫本〈集千家注杜工部詩集〉底本考辨——兼論玉几本與明易本之關係》認爲「明易山人」即明人金鸞（《古籍研究》，2021 年第 2 期）。又，明人陳道復號「白陽山人」，陳氏爲文征明弟子，善書畫，多藏書，士禮居、皕宋樓均有其藏書。

〔二〕　此處缺字湖北本出校認爲原當是「序」字。

【案】　《留真譜初編》收録該書書影（廣文本第 857—860 頁，北京本第 947—950 頁）。由書影可知此書書名《集千家註批點杜工部詩集》《集千家註批點杜工部文集》，行款爲半葉十二行，行二十三字。

此本今藏「臺北故宫博物院」，著録爲元刊本，《詩集》二十卷、《文集》二卷、《附録》一卷，二十三册，清光緒九年楊守敬手書題識（故觀 001104 - 001126）。

阿部隆一《中國訪書志一》著録楊氏題識，與《訪書志》大致相同，末題「光緒癸未秋七月，宜都楊守敬記於東京使館」。

202　增廣註釋音辯唐柳先生集二十卷附別集、外集、附録　南宋刊本

每半葉十三行，行二十六字。首乾道三年陸之淵序，次劉禹錫《柳先生文集序》，又次諸賢姓氏，曰：「中山劉禹錫編，河南穆修敘，眉山蘇軾評論，胥山沈晦辯，南城童宗説音注，新安張敦頤音辯，新安汪藻記，張唐英論，雲間潘緯音義。」其書分類編次與穆修本合，惟彼以《非國語》爲四十四、四十五兩卷，此則合併詩文爲二十卷，而以《非國語》爲《別集》。其《外集》則採自沈晦本，《附録》下逮紹興，當爲潘緯所定。考《柳集》有四十五卷

者，爲劉禹錫所編，禹錫本附《墓志》《祭文》於第一卷，穆修本則不附之，卷數與禹錫本同。有三十三卷者，爲元符間京師開行。又有曾丞相晏元獻二本，而無二十卷之本。據陸之淵序，似潘緯所據本亦三十二通，則此二十卷爲坊賈所合無疑。《四庫》著録麻沙本，係四十三卷，是又據穆修本分之。余亦藏有此本，每半葉亦十三行，行二十三字。然分合雖殊，實無盈缺，唯其卷一下題「南城先生童宗説注釋、新安先生張敦頤音辯、雲間先生潘緯音義」，故《提要》據以爲説，其實此宋本無此題也。《提要》稱書中所注，各以「童云」「張云」「潘云」别之，不似潘緯自撰之體例，疑本各自爲書，而書賈合之，其説誠是。蓋五百家注本有張敦頤《柳先生歷官記》，此本無之，則知其於張説有删削矣。又此本注中多詳音訓，而略於事實，唯童宗説頗徵史傳，而與韓氏詁訓本多同。其不著姓名之注，則又與五百家注相出入，疑其互有攘取也。編中所載「一本」與五百家悉合，疑魏仲舉即以此爲藍本也。今穆修四十五卷之原刊既不傳，麻沙四十三本亦爲難覯，明代翻刻，訛謬宏多，然則以此當《柳集》之祖本可矣。

或疑此本不缺宋諱，又四周雙邊而黑口，當是元以下本，未必爲宋刻。余謂不然。余所見麻沙宋本不避宋諱者甚多，小字《唐文粹》其一也。四周雙邊及黑口亦起於南宋，而元人承之，詳見余《古刻源流考》及《留真譜》中。且元人刻書，字體皆趨圓潤，即如《千家注杜詩》是也。

此刻字體則純是南宋格。余仁仲《穀梁傳》是其證。又紙質堅而薄，是宋閩地所産，元、明人無之，況此書元麻沙本已改其款式，《提要》所據本是也。

【案】《留真譜》兩編收録此書書影兩種，一種《留真譜初編》收録（廣文本第871—872頁，北京本第961—962頁）；一種《留真譜二編》收録（廣文本第375—376頁，北京本第1537—1538頁）。比較《留真譜》兩編書影與數據庫書影，《留真譜初編》當爲《訪書志》所著録者。

又，阿部隆一《中國訪書志一》判斷見於《留真譜》中者爲明刊本（第137頁）。此明刊本今藏臺北「故宫博物院」，著録爲明坊刊黑口十三行本，五册（故觀002247－002251）。

203 孫可之集十卷 明刊本

明崇禎中，閩中黄熚然、黄也剛與《劉蜕集》合刊本，有「小野節」「小島學古」印記。首載正德丁丑王鏊序，知其從王本傳刻者。王刻世尚有之，又有宋本，舊在顧之逵家，顧澗薲曾爲校訂，云：「《龍多山録》『樵起辛而遊，洎甲而休』，刻《武侯碑陰》獨謂『武侯治于燕爽』，見宋刻而知正德本之謬。」今此本亦沿其誤，似未足珍。然樵自序前不標「孫可之文集序」六字，樵自題銜在序後，猶是古式，勝於汲古本遠矣。近日南海馮氏重刊《可之集》，自言得見澗蘋兩校本，又見黄蕘圃校本。顧氏且云：「有《唐文粹辨證》之役，遍搜唐集勘正。」知必於《文粹》所載可之文，一一校録。馮氏參校重刊，宜乎折衷一是。今以馮氏本對勘，不唯《文粹》佳處不能從，《開元雜報》，《文粹》作「帛其縵，志其末」，謂以帛覆藏之也。《廣雅》：「幔」，覆也。《説文》無「幔」字。蓋「縵」與「幔」通。今本作「帛，而漫志其末」，「帛」字遂無著。即此本是處，亦多改刊，如書《何易于》「城嘉陵江南」，蓋謂益昌縣城在嘉陵江南耳。按，唐益昌縣，今四川保寧府昭化縣。縣城適在嘉陵江南，唐屬利州刺史。利州，今廣元縣，在昭化縣北。下云刺史崔朴自上游泛江東下，即謂利州刺史也。故易于自云「爲屬令」，若非本州刺史，安得稱屬令乎？馮木從俗本作「河南刺史」，而以「城嘉陵」斷句，爲不辭矣。其他顯然謬誤，馮氏略不能訂正，且有各本不誤而馮本獨誤者，此由重寫失於覆勘之故。別詳札記。吾不知「多見校本」謂何，甚矣！傳刻古書之難也。

【案】此本書名爲《孫可之文集》。《留真譜二編》收録該書書影（廣文本第 381—382 頁，北京本第 1543—1544 頁）。此本行款爲半葉七行，行十六字，與《劉蛻集》合刻。

此本今藏臺北「故宫博物院」，著録爲明崇禎十六年黄燁然閩中刊本，日本小島尚質及小島瞻淇各手書題識，近人楊守敬手校並跋，一册（故觀 011597）。

《經籍訪古志》著録此本（第 231 頁）。

此本即王重民先生《日本訪書志補》中「《孫樵集》十卷　明刊本」（後 282 號），所輯録内容即楊氏記録於此書上的題記。阿部隆一《中國訪書志一》亦輯録楊氏題記(第141頁),但二人所録有異文。

204 劉蜕集六卷 明刊本

明崇禎癸未,閩中黄燁然刊本。與《孫可之集》合刻,亦小島藏本,森立之《訪古志》載之。其自序蓋以天啓甲子吴緋所輯六卷本重加補綴者〔一〕。吴緋序則云:「舊稿本之桑悦,悦故振奇士,即僞造伊世珍《瑯嬛記》者也。」按此本所載蜕文,不見於《文苑》《文粹》兩書者尚多,或疑有僞作。然《文泉子》原書十卷,《書録解題》尚著録,則亡佚不久;或桑悦故有傳鈔本,未可以《瑯嬛記》一概例之。唯此本以《文粹》所載對勘,亦多脱誤。如《諭江陵耆老書》,誤「諭」爲「論」。《贏秦論》「而先立與」,脱「而先絶其術欲有立」八字。《獻南海崔尚書書》「今閣下」下,脱「則踰垣塞牖而已雖然當閣下」十二字。其他字句差違,尤難枚舉。良由展轉鈔刻之故。《四庫》著録有崇禎庚辰閩人韓錫所編《文泉子》一卷,先於此刻四年。又有閔齊伋刻本,稱《拾遺集》。余俱未得,不知與此本詳略異同若何。然原集既不存,恐皆以吴緋爲藍本,亦未有以遠過之者也。

〔一〕「吴緋」國家圖書館藏有明天啓四年刻本《唐劉蜕集》(索書號16321,「中華古籍資源庫」收録)

作「吴翀」。

【案】《留真譜二編》收録該書書影（廣文本第 383—384 頁，北京本第 1545—1546 頁）。此本行款爲半葉七行，行十六字，與《孫可之文集》合刻。

此本今藏臺北「故宫博物院」，著録爲明崇禎十六年黄燁然閩中刊本，一册（故觀 011596）。

《經籍訪古志》著録此本（第 230 頁）。

此本即王重民先生《日本訪書志補》中「《劉蜕集》六卷 明刊本」（後 283 號），所輯録内容即楊氏記録於此書上的題記。阿部隆一《中國訪書志一》亦輯録楊氏題記（第 141 頁），但二人所録有異文。

205 樊川文集夾注殘本二卷 朝鮮刊本

存一、二兩卷，無序文及刊行歲月，亦不知注者爲何人。審其字體、紙質，的爲朝鮮人刻板。卷首題「樊川文集卷一」，下記「夾注」二字，次行題「中書舍人杜牧」，旁注「牧之」二字。每半葉八行，行十七字，注亦十七字，注頗詳贍。卷末又附添注，注中引北宋人詩話、説部，又引《唐十道志》《春秋後語》《廣志》等書甚多，知其得見原書，非從販鬻而出，當爲南宋人也。自來著録家無道及者，豈即朝鮮人所撰與？惜所存僅二卷，不得詳證之耳。森立之《訪古志》稱爲寶素堂舊藏，顧無小島印記，當是偶未鈐押耳。

【案】《留真譜初編》收録該書書影（廣文本第 879—880 頁，北京本第 965—966 頁）。

此本今藏臺北「故宫博物院」，著録爲朝鮮刊本，二册（故觀 007710 - 007711）。《經籍訪古志》著録此本（第 229 頁）。

206　表制集六卷

唐沙門不空撰。不空，西域人，唐代宗時贈司空。所翻經律甚多，亦兼通外典。此《表制集》皆其當肅、代兩朝所上表啟及答制也。末附徐浩所撰《不空碑文》一首。此集南、北《藏》皆不載，蓋已佚矣。首題「司空大辨正廣智三藏和上表制集卷第一」，次行題「上都長安西明寺沙門釋圓照集」。圓照之序在第一卷内，目録附于卷後，古式也。此本行款爲半葉十八行，行十七字。

【案】《留真譜二編》收録該書書影（廣文本第 407—408 頁，北京本第 1573—1574 頁）。

此本今藏臺北「故宫博物院」，著録爲日本慶安三年中野小左衛門刊本，六册（故觀

007754－007759）。

207　李推官披沙集六卷　宋槧本

每半葉十行，行十八字。首有紹熙四年楊萬里序，序後有「臨安府棚北大街陳宅書籍鋪印行」，世謂之「府棚本」。蓋陳氏在臨安刊書最多而且精也。今觀此本，刻印雅潔，全書復完美無缺，信可寶也。《披沙集》，《四庫》未著録。據誠齋序，推挹甚至，當爲晚唐一作手。明朱警刻《百家唐詩》，稱皆以宋本裒刻，所收咸用詩，即據此本。行款亦同，唯删其卷首總目，其中間有墨丁、訛字。席氏《百唐詩集》又源于朱本，皆補填之，而誤字尤多。如《緋桃花歌》首句「上帝春宫思麗絶」，「宫」，席誤「官」；末句「争教比物芳心歇」，朱本「心」字墨丁，席本補「菲」字。《短歌行》「下在黄埃上須漸」，朱、席本「漸」誤「慚」。《小松歌》「短影日斜不滿尺」，朱、席本「日」作「月」。《劒喻》「誰是的提絜」，朱、席本「的」誤「㫬」，不成字。《放歌行》「至哉先聖情」，朱本「聖情」二字空，席本補「先哲」二字。《覽友生古風》「皴皵老松根」，席「皵」誤「散」。《題友生叢竹》「蒲箑今無種」，席「蒲」誤「晡」。《江南曲》「鄉夢欲成山鳥啼」，席本「鳥」誤「烏」。《寄修睦上人》「相憶由來一無事」，席本作「無一」；又「相似不似寄數字」，此本「相」字空缺，朱本同，席本補「相」字。《古意》「論交通財能幾何」，朱、席本「通」誤「過」。《昭君》「蠻夷莫敢侵」，席本「夷」作「彝」。《贈來進士鵬》「灘急五更風」，席本「灘」誤「難」。《酬鄭進士》「新居深似白雲間」，席本「白」誤「自」。《友生見訪》「共約氷銷日」，席本「約」誤「酌」。《春晴》「新詩吟未穩」，朱本「穩」字墨丁，席本補「就」字。《酬蘊微》「訪君還獨還」，朱、席本「君」字並空缺。《分題雪霽望爐峯》，朱、席本「霽」並誤「花」，席本「爐」上增「香」字。《雪十二韻》「陂椿吐白蓮」，朱、席本「椿」誤「椿」，「槎面江摇錫」，席本「樓面光摇錫」。《廬山》「稜收雪氣昏」，朱本同，席本「雪」空缺；「作賦偶無孫」，朱、席本「孫」誤「人」。《謝友生遺端溪硯瓦》「淺小金爲斗」，席本「淺」作「硋」，觀下句「泓澄玉作隄」，則作「淺」是也；「想樂與天齊」下缺一句，朱、席本皆同。《山中夜坐》「一牀山月竹」，朱本同，席本「山」作「秋」。《送韋主簿》「嚴風愛日淚闌干」，席本「嚴」作「巖」。《夏日别余秀才》「冲漠非吾事」，朱、席本「漠」誤「漢」。《寄題從兄坤載》「雨中寒樹愁鵾立」，席本「鵾」誤「鵶」。《題劉處士居》「月過修篁影旋疎」，席本「旋」作「漸」。《和友人喜相遇》「文賦歌詩略不專」，朱、席本「略」誤「路」，又「謝思甯許夢魂通」，席本「許」作「計」。《和修睦山居》「不論軒冕及漁樵」，席本「及」作「與」，與下句「性與情違漸漸遥」複。《觀山榴》「却應羞得强青青」，朱、席本「羞」誤「着」。然亦有宋本誤席本較正者，如《寄楚瓊上人》「静對五峯秋」，此本作「對静」。《雪十二韻》「童癡爲獸捏」，此本、朱本「捏」誤「沮」。《夏日别余秀才》「岳麓雲深麥雨秋」，此本「麥」誤「麦」。是則當分别讀之。《全唐詩》編爲三卷，校之，有兼從朱、席二本者，然未見此本，故猶有誤字。

【案】《留真譜初編》收録該書書影（廣文本第885—888頁，北京本第975—978頁）。

此本今藏臺北傅斯年圖書館，著録爲南宋臨安府陳宅書籍鋪刊本，曾爲鄧邦述舊藏，民國七年鄧邦述手書題記，民國十七年柳詒徵閲記，二册。

書中有鄧邦述題記，見於《群碧樓善本書録》（第60頁）、《傅斯年圖書館善本古籍題跋輯録》（《釋文》第182頁，《圖版》第590頁）著録，真跡與《書録》大致相同，抄録如下：

《李推官披沙集》六卷，亦臨安睦親坊陳氏刻本。世之好古書者言宋刊，或輕視棚本，其實陳氏在當日頗負時譽，如所編之《宋人小集》，藏家靡不重之，非若後來坊賈徒競於利之所爲也，況所刻唐賢集在今日已成古本耶。此書初爲東瀛所收，鄰蘇老人攜以歸國，老人歿後，張菊生前輩欲購藏涵芬樓中，適沅叔同年告余，宜爲「三李」之合，菊翁慨然允之，遂以歸余，惜蕘圃未之見。然「三李」之稱，自吾而創，已足突過前賢矣。既正《群》《碧》次第，《披沙》又在《群玉》之前，他日當刻一「披玉雲齋」

印，以紀此遇合之幸也。戊午三月，裝成并記。正闇。

又，上述鄧邦述所記此書遞藏經過與傅增湘所記不同。傅增湘《藏園群書題記》（第644頁）：

此《李推官集》六卷，楊惺吾先生據所藏南宋書棚本所摹寫者也，半葉十行，行十八字，前有紹熙四年誠齋野客楊萬里序，序後有「臨安府棚北大街陳宅書籍鋪刊行」一行，原本蓋陳思所刻。余壬子夏得之琉璃廠肆，因取席刻對勘一過，席刻版式行格與此悉同，知即從棚本覆木。然丹鉛既竟，訂正訛謬至五十餘字之多。姑舉前二卷言之，如卷一「蛾眉蜯首聊我仇」，「我」不作「成」；《長歌行》。「上帝春宮思麗絶」，「宮」不作「官」；「爭教此物芳心歇」，「心」不作「菲」；《緋桃歌》。「下在黄泉上須漸」，「漸」不作「慚」；《短歌行》。「短影日斜不滿尺」，「日」不作「月」；《小松歌》。「誰是的提挈」，「的」不作「晌」；《劍喻》。「至哉先聖情」，「聖情」不作「哲言」；《放歌行》。「白骨風霜切」，「風」不作「冰」；《隴頭吟》。「蒲篚今無種」，「蒲」不作「脯」；「安如植叢篁」，「如」不作「知」；《題叢竹》。「鄉夢欲成山鳥啼」，「欲」不作「不」；《江南曲》。「由來一無事」，不作「無一」；《寄脩睦上人》。「白紵眼細匀於研」，「紵」不作「苧」；《謝僧寄茶》。「通財能幾何」，「通」不作「過」，《古意論交》。其義皆以宋本爲長，可知一經傳刻，便多差失，校書所以貴原本也。

宋刊原本，余壬子春旅居申江，訪惺吾於虹口寓樓，曾出以相示，惺吾以余愛不忍釋，後乃割以見讓。洎余離申之日，以資斧不繼，遂轉以歸張君菊生，儲入涵芬樓。嗣返津沽，偶與同年鄧孝先太史話及，孝先夙有佞宋之癖，堅欲得之，浼余商之菊生，馳書往還，慨然相許。孝先舊藏李文山之《群玉集》，李中之《碧雲集》，皆臨安書棚本，常以「群碧樓」榜其居。及《披沙集》來歸，又改署爲「三李盦」，曾屬爲之題識。嗟夫！區區一書，一歲之中南北迴旋，徧歷三氏，而卒爲孝先所有。然自臨安開板以來，沿至今日，已七百餘年，三家之集一旦忽得合并，亦書林中一佳話也。余雖不得長有宋刊，而存此影本，書衣尚有鄭蘇老人手題，與宋本正一家眷屬。得見虎賁，如見中郎，差足以自慰矣。

書藏篋中已三十一年，前日搜篋見之，因妙選良工，補畫闌格，重付裝潢，頓覺神采焕發，宛然國初毛、錢之遺風。欣賞之餘，乃略誌校本異同，并補述宋刊流轉之原委，俾後之覽者得以考證焉。歲在壬午嘉平月，藏園老人識。

前跋録成，惘然若意有未盡者。憶初見惺吾於滬上，時年已七十矣。意氣相投，交誼遂篤，盡出秘藏相示。洎君既殁，其子不能守，余爲言於項城，以三萬五千金收歸國務院。其後故宫圖書館得其善本，編爲《學海堂書目》；宋元刊佛經四千餘册及普通群籍，則歸之松坡圖書館。此楊氏藏書聚散之大略也。孝先自官遼瀋，即鋭志收書，其後網羅益富，乃編刻《群碧樓書目》六卷，題詞雋美，盛行於時。洎晚歲屏居吴門，生事艱窘，舉其所藏書讓歸中央研究院。此《披沙》一集，亦隨《群玉》《碧雲》以俱去矣。已而檢其鬻存之書，更編爲《寒瘦山房善本書目》七卷。余丁丑春以探梅南游，訪君吴下，語及藏書決去，相對惋歎。洎己卯冬，聞君溘逝，諸孤幼稚，貧薄無依，由是寒瘦山房所餘典籍，爲上海估客捆載以去，其精秘者，友人葉葵初購存于合衆圖書館，此鄧氏藏書聚散之大略也。自壬子迄今，匆匆三十年，時事日非，風流殆歇。不獨二君溘先朝露，自顧亦頹然老翁，無復往時訪秘搜奇之逸興矣。彌天積劫，萬類摧殘，此戔戔天水遺編，猶迴旋胸臆而不能忘，得勿爲賢達所哂。然感事傷懷，固有不能自已者，當世同心之士或者諒其微尚乎。

《藏園老人手稿》（第二册）、《張元濟傅增湘論書尺牘》中亦記録此書之遞藏，與《藏園群書題記》所載相同。

上圖所藏初印本此處有楊寶鏞題浮簽：

二行「宫席誤官」，「席」下應加「本」字。

八行「席散誤散」，應作「『散』，席本誤『散』」，下俱仿此。

208 歐陽文忠公文集 三十六卷

此本爲日本寶曆十三年所刊，首有皆川愿序，稱以元時刻本重校上木。首載東坡序，題銜稱「門人翰林學士」云云。稱其通家子有島氏藏《歐集》二本〔一〕，其一爲元時刻本，因合校刻之。第一卷爲賦與雜文，蓋即據《居士集》而截去首卷之詩、賦與雜文爲第一卷，以下次第悉與《居士集》合。未知所據原本如此，抑皆川愿等删其詩？然每卷正文中，多列異同。其每卷末所載校刊人姓名，亦悉與前本合，則知即從前本出也。皆川愿所校異同則列於欄外，其中多稱「蘇本」「宣和本」，蓋其所見一本夾入注中之語，尤爲精善，故亟録之。

〔一〕「歐集」原作「政集」，「政」當爲「歐」字之訛。湖北、遼寧二本皆已校改。

209 王荊文公詩注五十卷〔一〕 朝鮮活字本

首有大德辛丑劉須溪之子劉將孫序，次大德丙午毋逢辰序，次《年譜》六葉，不題撰人名氏。首題「王荆文公詩卷第」[一]，二行題「雁湖李壁注」[二]，三行題「須溪劉辰翁評點」，蓋與明嘉、隆間海鹽張宗松刻本同出一原，張本删須溪評語耳。唯張本缺前劉、毋二序，又缺《年譜》。其第三十卷及第五十卷均缺尾葉，今並鈔於後。據將孫序，知須溪於雁湖注亦略有删節，故盧抱經所注長塘鮑氏宋槧十七卷殘本宋本存第一至三卷、十五至十八卷、二十三至二十九卷、四十五至四十七卷。尚有魏鶴山一序，注中每有多至數條者。然宋本亦無第三十卷、五十卷，則此二葉獨賴此本以存，殊足貴也。

〔一〕原作「王荊文云詩注」，據《海王邨》本、《書目題跋叢書》本、《集成》本改。

〔二〕《訪書志》諸刻本均作「王荊文公詩卷第」，湖北本出校，加「第一」。

〔三〕據《留真譜》所收書影，該書首卷卷端作「雁湖李壁箋注」。

【案】《留真譜初編》收録該書書影（廣文本第 893—894 頁，北京本第 983—984 頁）。據書影可知此書書名爲《王荊文公詩》，行款爲半葉十一行，行二十一字。

此本今藏臺北「故宫博物院」，著録爲朝鮮舊活字版翻刊元大德本，十册（故觀 001037－001046）。

《經籍訪古志》著録此本（第 236 頁）。

上圖所藏初印本、《續修四庫全書》本標題誤刻爲「王荊文云詩注」，上圖本此處有楊寶鏞題浮簽：

王荊文云詩注，「云」是「公」字之訛。

210　山谷詩注二十卷目録一卷年譜附外集詩注十七卷序目一卷年譜附别集二卷

右朝鮮活字版。首山谷子黄埒序，次許尹叙。據《敏求記》言，舊藏《山谷詩注》，目録首缺二版，此本有之，則知是從宋本出也。每半版十行，行十七字，注雙行，行十七字。有「養安院藏書」記。

【案】《留真譜初編》收録該書書影（廣文本第 905—916 頁，北京本第 997—1010 頁）。

此本今藏臺北「故宫博物院」，著録爲朝鮮舊活字本，十五册（故觀 007242－007256）。

211　后山詩注十二卷　明弘治刊本

首門人魏衍記，記後低一格爲政和丙申王雲題，末有弘治丁巳楊一清跋。據云：初刊于漢中，後又得定本於江東故家，遂再版焉。然此本日本元禄三年亦有翻刊，每半版八行，行十六字，體勢與宋板《山谷集》合，當從宋板翻雕者也。然則此本爲《后山詩注》之最善本矣。

212　淮海文粹十四卷 舊鈔本

相傳陳同甫所輯《六君子文粹》之一也。此本僅存十四卷。以《淮海集》校之，有一篇之中刊去首尾及繫文者，在他人則爲妄，在同甫則爲嚴，此自關乎學識也。

【案】此本書名爲《淮海先生文粹》，今藏臺北「故宫博物院」，著録爲日本傳鈔明崇禎六年新安胡仲修武林刊《蘇門六君子文粹》本，一册（故觀 007292－007293）。

213　竹友集十卷 宋槧本

此宋槧謝薖《竹友集》十卷，鐫刻精良，紙墨朗潤，宋槧之絶佳者。《四庫提要》云，今所行本只四卷，又有詩無文。其所著録之十卷本，乃明謝肇淛從内府鈔出，然傳鈔者仍希，故百年來著録家仍不見薖《集》。若宋槧原本，則自明内府外無著録者。然則此本爲天壤間孤本已數百年，無論今日也。初爲日本向山黄村所藏，余謂宜重刊以廣其傳，因借得用西法影撫之。未幾，余將歸，黄村好余之刀幣古泉數十事，乃議以此原本交易之。薖與兄逸，同列江西詩派中。據苗昌言跋，此《集》得之於其子敏行，即其所編次。又稱二謝交遊遍天下，既没之後，爲之傳、序、哀詞、祭文者甚衆，今未暇博詢而徧録也。特取呂舍人之所書，摹其真跡於後。夫以邁之文行，烜赫一世，生平酬應之作，當不下數十册。此《集》名爲十卷，其實詩不過二百六十二首，文不過二十五首，並其傳、序、哀詞、祭文不載。其編次之謹嚴，可謂不誣其先。則昌言稱敏行之詩律有典型者，亦爲實録。今人名不出里閈，身前刻集，卷耑題詞連篇累牘，轉瞬化爲煙雲。讀此《集》，知古人篤實，所以傳世愈遠也。

余歸後，得金山錢氏小萬卷樓所刊謝本，其誤脱不下數百事，良由謝氏以寒夜急録，不能精審；加以展轉傳譌，故不可讀。乃别爲札記，入《續羣書拾補》中。

【案】《留真譜初編》收録該書書影（廣文本第 925—928 頁，北京本第 1019—1022 頁）。此本行款爲半葉十行，行二十八字。

此本由楊守敬購自日本，歸國後轉歸潘祖蔭，潘氏《滂喜齋藏書記》著録。後商務印書館借潘氏藏本影印，收入《續古逸叢書》第四十二種，書名「宋本謝幼槃文集」。今藏上海博物館，著録爲宋刻本。書後有楊氏題跋，與《訪書志》第一段解題相同，末題「光緒甲申十一月二日宜都楊守敬記於鄂城通志局客次」。

214 和靖先生詩集二卷 日本貞享丙寅刻本

《集》分上、下二卷。首梅堯臣序，首題「和靖先生詩集序」，不冠以「林」字，次行題「太常博士宛陵梅堯臣撰」。明沈行輯本删除「宛陵」二字，以置于年月之後。又序文「寧海西湖」之上，沈本改「寧海」爲「錢唐」。序文於「和靖」皆提行，其根源於北宋本無疑。今就明沈行輯本校之，沈本多出《春日寄錢都使》一首、《和號略秀才》一首、《傷朱寺丞》一首、《林山人隱居》一首、《洞霄宫》一首、《宿洞霄宫》一首。又「草泥行郭索，雲水叫鉤輈」二句〔二〕。其重輯本不載、見於此本者，《秋懷》一首、《寄輂下莫降秀才》一首、《梅花》二首、《西湖小隱》一首、《東竹寄曹州任懶夫》一首。又《和病起》一首，此本在《和謝祕校西湖馬上》之下，沈本在《和安秀才次晉昌居士留題壁》之下。其他字句異同，更難枚舉，然則沈氏亦未見此本也。《宋志》載《林逋詩集》七卷，又二卷。《書録解題》云，《和靖集》三卷，《西湖紀逸》一卷。然本傳云「所傳三百餘篇」，此本篇數亦相合。則《志》所稱「七卷」「又二卷」，與《解題》所稱「三卷」者，不知爲誰誤。《淡生堂書目》載此書不著卷數，僅署「二册」，或是此本。至明正德丁丑沈行輯本則爲四卷。國朝康熙中，吴調元刊本因之。昔劉後村以《摘句圖》證和靖詩之多逸，爲之惋惜。今此本《秋懷》以下六首全篇宛在，竟爲沈行、吴調元刊本所脱，不尤可鄭重哉。

〔一〕「水」字，湖北本據《藏園群書經眼録》以爲當作「木」。

【案】 此本今藏臺北「故宫博物院」，著録爲日本貞享丙寅京茨木多左衛門刊本，一册（故觀 007780）。

215 宗忠簡集六卷

明崇禎庚辰進賢熊人霖校刊，蓋據萬曆張維樞刻本重雕者。目録後附《始末徵》。首樓昉原序，次萬曆乙巳張維樞所撰《忠簡傳》，又有附刻《雜録》，則建炎二年高宗所賜誥敕及宋濂、解縉以下題跋。按，國朝義烏縣王庭曾重編本爲八卷。據《提要》稱，增入《諫止割地》一疏，而以樓昉原序及明初方孝孺序弁於篇首。今此本無《諫止割地疏》及孝孺序，有樓昉、張維樞序，亦小有不相應者。惜篋中無王庭曾本，未能一一校對之耳。

【案】 此本書名《宋宗忠簡公文集》，阿部隆一《中國訪書志一》著録臺北「故宫博物院」藏日本鈔本一部，判斷此本即《訪書志》所著録之本（第 145 頁）。此本今藏臺北「故宫博物院」，著録爲日本江户間傳鈔明崇禎間熊氏校刊本，二册，半葉九行，行二十字（故觀 007294－007295）。

216 誠齋詩集四十二卷 影宋鈔本

首題「誠齋集卷第幾」，次行題「廬陵楊萬里廷秀」。計《江湖集》七卷，《荆溪集》五卷，《西歸集》二卷，《南海集》四卷，《朝天集》六卷，《江西道院集》二卷，《朝天續集》四卷，《江東集》五卷，《退休集》七卷，合爲四十二卷。按，《誠齋全集》本一百三十三卷，今著録家所傳朱竹垞影宋本，有劉煒叔序，每半葉十行，行十六字。每卷後有「嘉定元年春三月男長孺篇次，端平元年夏五月門人羅端良校正」。此本皆與之合，的係從宋本影鈔，唯前無劉煒叔序。又《文獻通考》載《江湖》《荆溪》《南海集》俱有自序，何義門所見宋賓王藏本，《江西道院》《朝天續集》亦有自序，此本皆無之。岳珂《桯史》稱《朝天續集・韓信廟詩》「淮陰未必減文成」句，麻沙刻本譌「文成」爲「宣成」，此本作「淮陰何必減宣成」，意者原于麻沙本。當時本僅刻《詩集》，非影鈔者之有所略也。

【案】《留真譜初編》收録該書書影（廣文本第935—936頁，北京本第1029—1030頁），據書影可知此書書名爲《誠齋集》，此本行款爲半葉十行，行十六字。

此本今藏臺北「故宫博物院」，著録爲日本江户間傳鈔宋本，存《江湖集》七卷、《荊溪集》五卷、《西歸集》二卷、《南海集》四卷、《朝天集》六卷、《江西道院集》二卷、《朝天續集》

四卷、《江東集》五卷、《退休集》七卷，十五冊（故觀 007311－007325）。

217 晦庵先生朱文公詩集十卷 朝鮮刻本

無序跋。首有「奚疑齋藏書圖記」，末有「嘉靖庚申至月慶州府尹龜巖李公剛而所贈，此書板在是府」，當亦朝鮮人所題。首行題「晦庵先生朱文公詩集卷第一」。每半葉十行，行十八字。字體古樸，當是明初所刻。每卷後附《考異》，知非苟付剞劂者。

【案】《留真譜二編》收録該書書影（廣文本第 391—392 頁，北京本第 1553—1554 頁）。

218 陳龍川文集三十卷 明萬曆刊本

萬曆丙辰黄州守王世德刊。據其自跋，從原本出，蓋猶葉水心所刊原書也。葉序後有瞿九思及郭士望序。《祭呂東萊文》六篇在第二十二卷，鄒本移於第二十三卷。明崇禎癸酉鄒質士刊本即從此本出，而頗多訛字。國朝康熙四十八年，其永康族裔重刊，所據此本有永康知縣姬肇燕序。獨怪同治戊辰永康胡氏重刊此書，而所據以辨僞考異者，僅崇禎鄒氏本及道光閒陳坡刊本，而萬曆黄州本、康熙永康本皆不得見焉。胡爲龍川鄉後進，而又爲楚中書局提調，未必此二本竟絶于世，毋亦搜訪之未周乎？

219 晞髮集十卷 明刊本

明萬曆戊午郭鳴琳刊本，徐𤊹所輯。前八卷爲皋羽本書，九、十兩卷爲《附録》。按《四庫》著録爲平湖陸大業本，則有《遺集》二卷，《遺集補》一卷，此本無之。意陸氏所據爲弘治間儲巏刊本，故以其所遺别爲兩書，此本已彙入八卷中。徐興公以博洽名一世，又與皋羽同郡，其所訂當不至大謬，惜篋中無陸本，不得一互校之也。

【案】阿部隆一《中國訪書志一》著録臺北「故宫博物院」藏日本鈔本一部，判斷此本即《訪書志》所著録之本（第146頁）；再檢《「國立故宫博物院」善本舊籍總目》著録十卷本僅一部，即阿部氏所著録之本。此本今藏臺北「故宫博物院」，著録爲日本江户間傳鈔明萬曆四十六年郭鳴琳刊本，四册（故觀011626—011629）。

又，阿部氏録此本書後楊氏手書題記，抄録如下：

右徐興公𤊹所輯謝翱《晞髮集》，萬曆戊午張蔚然刊本。按興公以博洽名一世，所著《筆精》至今爲士林寶重。此集蓋據萬曆繆氏刊本重訂者，卷中所載序跋有弘治間儲巏本、嘉靖間程煦本、萬曆間凌琯本，然則謝集在明代已四五刻矣。至國朝平湖陸大業刻此集，但據抄本及萬曆時歙人張氏刊本。此刊本有《外集》《新集》，稱爲謝公降亂之作，非蔚然本也。其卷端校語又有所謂坊本者，不知所指爲程、凌諸本否也。今以陸本校此本，則此本多出《智者寺》一首、《小華陽亭》一首、《過臨安故宫》一首、《雨中怨》一首，然見陸氏不見興公此本，今陸氏刊本亦不多見。世有好事者，合此本與陸本，重爲校刊，尤爲表章遺民之要事也。光緒乙酉七月四日楊守敬記。

220 静修先生文集三十卷丁亥集五卷附録三卷樵庵詞一卷遺文遺詩各六卷拾遺七卷續三卷

明弘治乙丑廬州府同知崔暠刊〔一〕，有後跋，稱從蜀本録出，而次第則從元本。蓋以蜀本將各集彙併，失静修本意，故仍從元本，以《丁亥集》爲首卷也。每集首行題下著「保定崔暠校正」。《附録》，房山賈彝編。《續集》題「後學楊俊氏裒録〔二〕」。崔跋又稱元本乃其門人真定安熙所訂，最爲謹切。

〔一〕「崔暠」原作「崔嵩」，據此本末卷卷尾題識改（國家圖書館藏有此本重修本，索書號 07101，「中華古籍資源庫」收録）。下同。

〔二〕「後學楊俊氏」國圖藏本作「楊俊民」。

【案】　楊氏在此處所提及劉因集的版本，今未見。其所列各集卷數爲三十一卷，非三十卷，與總數不合。

檢《中國古籍總目》，著録《劉文靖公文集》一部，二十八卷，包括：《静修先生丁亥集》五卷、《遺文》六卷、《遺詩》六卷、《詩文拾遺》七卷、《續集》三卷、《樵庵詞》一卷，另外有《附録》二卷，合計三十卷，此本有三種：(1)明成化十五年蜀藩刻本(國圖、復旦)；(2)明弘治十八年崔暠刻本(國圖、南京)；(3)明弘治十八年崔暠刻嘉靖十六年汪堅重修本(國圖、上海)。楊氏所指當爲第二種，汪堅重修本每集首行題下已無「保定崔暠校正」字樣。

221　吴淵穎集十二卷附録一卷

明嘉靖元年刊本。首有祝鑾序，蓋刊於杭州者。此在卓氏刊本之先，又係以宋璲寫本覆刻，殊爲精雅，而傳世頗少，因録之。

胡翰《序》。至正十二年。

劉基《序》。

胡助《序》。

男吴士諤《跋》。《跋》後題「金華後學宋璲謄寫」。

【案】 《留真譜二編》收録該書書影(廣文本第 403—404 頁，北京本第 1569—1570 頁)，據書影可知此書書名爲《淵穎吴先生集》，此本行款爲半葉十一行，行二十二字。

此本今藏臺北「故宫博物院」，著録爲明嘉靖元年祝鑾杭州刊本，四册(故觀 007384 - 007387)。

222 新芳薩天錫雜詩鈔選稿全集一册

日本明曆三年刊本。按，天錫《雁門集》本八卷，汲古刊本併爲三卷，《集外詩》一卷，有自序及干文傳序。此本無序，詩後附文七首，皆爲緇流所作。據《標目》稱爲「妙選稾」，則非「全集」也。然驗其板式，的爲從元槧重刊，惜篋中無《雁門集》，未得一校之。

223 犁眉公集五卷 明初刊本

明劉基撰。無序、跋、目録。按，基有《郁離子》《覆瓿集》、《寫情集》二卷、《春秋明經》二卷、《犁眉公集》五卷，各自爲書。成化中，戴鱀等始合爲《誠意伯文集》二十卷，而各集别行本遂微。此五卷，首雜文，次樂府，次詩，猶爲原刊。《提要》稱此集爲「二卷」者，亦誤也。世傳基《推碑圖》等書，神怪謬妄，不可窮詰。然觀此集第三篇《謝恩表》中有云，基一介愚庸，生長南裔，踈拙無知，其能識主於未發之先者，亦猶巢鵲之知太歲，園葵之企太陽。又云，至于仰觀乾象，言或有驗者云云。是甚本深明術數占驗之學，宜乎後之方技家多所依託也。

224　皇甫司勳集六十卷 明萬曆乙亥刊本

首有顧存仁、范惟一、劉鳳、黄文禄等序，並有自識《集原》一首。《司勳集》，《四庫》雖著録，而世罕傳本，此猶原刻初印本，著之。

225　朝鮮賦一卷 朝鮮刊本

明董越撰。弘治九年，越以右庶子兼翰林侍講使朝鮮，歸而爲此賦。初刻于江西泰和，此爲朝鮮大斗南重刻者。所載山川風土頗略，文辭亦質實有餘瓌麗不足。然越留其國僅浹月，宜其不能賅備。且采風問俗，意存徵實，固有資于考核，正不必以《三都》《兩京》相誇擬也。

【案】　此本今藏臺北「故宫博物院」，著録爲朝鮮嘉靖十年刊本，一册（故觀012171）。本書行款爲半葉八行，行十六字，小字雙行。

卷十五

226 大藏經五千七百四十卷 宋槧本

宋理宗嘉熙三年安吉州思溪法寶資福禪寺所刊。是《經》日本有兩部：一藏近江國菅山寺，一藏山城國天安寺，此即天安寺本也。自「天」字起至「最」字止，凡五千七百四十卷，間有鈔補，係元禄九年以菅山寺本照禄重修，不知何時又缺六百餘卷。余在日本，有書估爲言欲求售之狀，適黎星使方購佛書，即囑余與議之，價三千元，以七百元作定金立約，期三月付書。及逾期而書不至，星使不能待，以千元購定日本翻明本。久之書至，星使以過期不受，欲索還定金，書估不肯退書，難以口舌争。星使又不欲以購書事起公牘，囑余受之，而先支薪俸以償。余以此書宋刻，中土久無傳本，明刊南、北《藏》本兵燹後亦十不存一，况明本魯魚豕亥不可枚舉，得此以訂訛鉏謬，不可謂非鴻寶，乃忍痛受之。缺卷非無别本鈔補，以費繁而止。且此書之可貴，以宋刻故也。書至六七千卷，時至六七百年，安能保其毫無殘闕，此在真知篤好者，固不必狥俗人之見以不全爲恨也。

【案】《留真譜初編》收録該書書影(廣文本第954—960頁,北京本第1047—1054頁)。

據何梅《南宋〈圓覺藏〉〈資福藏〉探究》(載《世界宗教研究》,1997[04]),楊氏《訪書志》著録之本爲南宋刻《資福藏》大藏經,今藏國家圖書館。

又,今臺北「故宫博物院」藏有《安吉州思溪法寶資福禪寺大藏經目録》,二卷,清光緒九年楊守敬手書題記(索書號09009),當與國圖藏本爲同一部,皆爲楊氏舊藏。此本曾藏臺北「國家圖書館」,後移置臺北「故宫博物院」,《「國立中央圖書館」善本題跋真跡》收録楊氏題跋書影(第1804頁);《標點善本題跋集録》整理楊氏跋文(第419頁)。楊氏題跋與《訪書志》大致相同。

227　高麗刊本大藏經六千四百六十七卷

今藏日本東京三緣山增上寺。當宋至道間,高麗國王以其國前本、國後本、中本、丹本、東本、北本、舊宋本倣諸大德校正刊行。日本舊有二部:一建仁寺本,爲永嵩禪師由高麗齎歸,天保八年九月廿六日毀于火,今僅存四十九卷;一爲大和國忍辱山圓成寺所藏,係後土御門天皇文明年間寺主榮弘所請,慶長十四年大將軍德川家康移貯增上寺,償以食邑百五十石，即今本也。余嘗就三緣山寺中見之，字大如錢，紙堅白，摺疊式，校宋、元《藏》篇幅稍大，其中多宋、元、明《藏》所不載者。而希麟《續一切經音義》十卷，慧琳《一切經音義》百卷，尤爲特出至寶。黎星使嘗使人以西法照出擬刻，卒未就也。今列其爲宋、元、明《藏》所不載諸經目於左。

高麗《藏經》所有、宋元明《藏經》所無者：

《須摩提經》一卷，「服」函内。唐菩提流志譯。

《佛説般舟三昧經》一卷，「伐」函内。後漢支婁迦讖譯。

《阿彌陀佛説咒》一卷，「鞠」函内。失譯。

《佛説月燈三昧經》一卷，「鞠」函内。宋先公譯。

《佛説申日經》一卷，「敢」函内。西晉竺法護譯。

《佛説枯樹經》一卷，「若」函内。失譯。

《佛説舍衛國王十夢經》一卷，「若」函内。附西晉録。

《佛説受新歲經》一卷，「竟」函内。西晉竺法護譯。

《佛説金光王童子經》一卷，「户」函内。宋法賢譯。

《難儞計溼嚩囉天説支輪經》一卷，「兵」函内。宋法賢譯。

《普遍智藏般若波羅密多心經》一卷，「磻」函内。唐法月重譯。

《大集大虚空藏菩薩所問經》八卷，「曲」函内。唐不空譯。

《大聖文殊師利菩薩佛刹功德莊嚴經》三卷，「阜」函内。唐不空譯。

《金剛頂勝初瑜伽經中略出大樂金剛薩埵念誦儀軌》一卷，「微」函内。唐不空譯。

《金剛頂經一字頂輪王瑜伽一切時處念誦成佛儀軌》一卷，「旦」函内。唐不空譯。

《金剛頂降三世大儀軌法王教中觀自在菩薩心真言一切如來蓮華大曼荼羅品》一卷，「孰」函内。唐不空譯。

《修習般若波羅密菩薩觀行念誦儀軌》一卷，「營」函内。唐不空譯。

《觀自在大悲成就瑜伽蓮華部念誦法門》一卷，「營」函内。唐不空譯。

《大華嚴長者問佛那羅延力經》一卷，「桓」函内。唐般若共利言譯。

《般若波羅密多心經》，「桓」函内。唐般若共利言等譯。

《佛説迴向輪經》一卷，「合」函内。唐尸羅達摩譯。

《佛説十地經》九卷，「合」函内。唐尸羅達摩譯。

《佛説十力經》一卷，「合」函内。唐勿提提犀魚譯。

《根本説一切有部毘奈耶藥事》十八卷，「濟」「弱」函内。唐義净譯。

《根本説一切有部毘奈耶出家事》四卷,「綺」函内。唐義浄譯。

《根本説一切有部毘奈耶安居事》一卷,「綺」函内。唐義浄譯。

《根本説一切有部毘奈耶隨意事》一卷,「綺」函内。唐義浄譯。

《根本説一切有部毘奈耶皮革事》二卷,「綺」函内。唐義浄譯。

《根本説一切有部毘奈耶羯恥那衣事》一卷,「綺」函内。唐義浄譯。

《佛説佛名經》三十卷,「寧」「晉」「楚」函内。失譯。

《佛説勝義空經》一卷,「馳」函内。宋施護等譯。

《佛説隨勇尊者經》一卷,「馳」函内。宋施護等譯。

《佛説佛十力經》一卷,「馳」函内。宋施護等譯。

《佛説清浄心經》一卷,「馳」函内。宋施護等譯。

《金色童子因緣經》十二卷,「郡」函内。宋惟浄等譯。

《佛説開覺自性般若波羅密多經》四卷,「秦」函内。宋惟浄等譯。

《六趣輪迴經》一卷,「亭」函内。馬鳴菩薩集,宋日稱等譯。

《尼乾子問無我義經》一卷,「亭」函内。馬鳴菩薩集,宋日稱等譯。

《諸法集要經》十卷,「鴈」函内。觀無畏尊者集,宋日稱等譯。

《福蓋正行所集經》十二卷，「門」函内。　龍樹菩薩集，宋日稱等譯。

《父子合集經》二十卷，「紫」「塞」函内。　宋日稱等譯。

228　大藏經未收古經

余在日本所得古鈔佛經，不下六七百卷，其中有唐人書寫者，有日本人傳録者，工拙不一，而時有出于《高麗藏》《宋藏》、元、明《藏》之外。有島田蕃根者，篤好佛書，爲言此皆其國入唐求法僧所齎回者。會其國集股印《大藏經》，并借余所得本校補，因以知宋、元、明《大藏》不收之目，今列于左：

《受五戒八戒文》一卷，唐不空譯。

《菩提心義》一卷，唐不空譯。

《無畏三藏禪要》一卷，唐善無畏造。

《大毘盧遮那佛説要略念誦經》一卷，唐菩提金剛譯。

《供養儀式》一卷，唐菩提金剛譯。

《金剛頂經毘盧遮那一百八尊法身契印》一卷，唐善無畏、一行同譯。

《諸佛境界攝真實經》三卷，唐般若譯。

《金剛頂瑜伽略述三十七尊心要》一卷，唐不空譯。
《大日經持誦次第儀軌》一卷，唐金剛智譯。
《大毘盧遮那佛眼修行儀軌》一卷，唐金剛智譯。
《大聖妙吉祥菩薩説除災教令法輪》一卷，唐一行述。
《施八方天儀則》一卷，大興善寺翻經院阿闍梨述。
《堅牢地天儀軌》一卷，唐善無畏譯。
《新集浴像儀軌》一卷，唐慧琳述。
《佛説大輪金剛總持陀羅尼經》一卷，唐慧琳述。
《大輪金剛修行悉地成就及供養法》一卷，唐慧琳述。
《攝無礙大悲心大陀羅尼經計一法中出無量義南方滿願補陀落海會五部諸尊等弘誓力方位及威儀形色執持三摩耶幖幟曼荼羅儀軌》一卷，唐不空譯。
《青頸觀自在菩薩心陀羅尼經》一卷，唐不空譯。
《三種悉地破地獄轉業障出三界祕密陀羅尼法》一卷，唐善無畏譯。
《慈氏菩薩略修愈誐念誦法》二卷，唐善無畏譯。
《白傘蓋大佛頂王最勝無比大威德金剛無礙大道場陀羅尼念誦法要》一卷，唐善無畏譯。

《毘盧遮那五字真言修習儀軌》一卷，唐不空譯。

《地藏菩薩儀軌》一卷，唐輪婆迦羅譯。

《都表如意摩尼轉輪聖王次第念誦祕密最要略法》一卷，解説師子譯。

《底哩三昧耶不動尊聖者念誦祕密法》三卷，唐不空譯。

《佛説無量壽佛化身大忿迅俱摩羅金剛念誦瑜珈儀軌法》一卷，唐金剛智譯。

《説矩里迦龍王像法》一卷，唐金剛智譯。

《佛説金色迦那鉢底陀羅尼經》一卷，唐金剛智譯。

《摩利支菩薩略念誦法》一卷，唐不空譯。

《摩利支天一印法》一卷，唐不空譯。

《阿吒薄拘付囑咒》一卷，唐不空譯。

《焰羅王供行法次第》一卷，唐阿謨伽撰。

《何耶揭唎婆像法》一卷，唐阿謨伽撰。

《何耶揭唎婆觀世音菩薩受法壇》一卷，唐阿謨伽撰。

《馬鳴菩薩大神力無比驗法念誦儀軌》一卷，唐金剛智譯。

《降三世忿怒明王念誦儀軌》一卷，唐不空譯。

《佛説金毘羅童子威德經》一卷，唐不空譯。
《千手千眼觀世音菩薩治病合藥經》一卷，伽梵達摩譯。
《播般曩結使波金剛念誦儀》一卷，伽梵達摩譯。
《金剛藥叉瞋怒王息災大威神驗念誦儀軌》一卷，唐金剛智譯。
《金剛頂瑜珈青頸大悲王觀自在念誦儀軌》一卷，唐金剛智譯。
《大慈大悲救苦觀世音自在王菩薩廣大圓滿無礙自在青頸大悲心陀羅尼》一卷，唐不空譯。
《火吽軌別録》一卷，唐不空譯。
《北方毘沙門天王隨軍護法儀軌》一卷，唐不空譯。
《宿曜儀軌》一卷，唐一行撰。
《如意寶珠轉輪祕密現身成佛金輪咒王經》一卷，唐不空譯。
《寶悉地成佛陀羅尼經》一卷，唐不空譯。
《法華十羅刹法》一卷，唐不空譯。
《深沙大將儀軌》一卷，唐不空譯。
《摩醯首羅大自在天王神通化生伎藝天女念誦法》一卷，唐不空譯。

《供養十二大威德天報恩品》一卷，唐不空譯。

《寶藏天女陀羅尼法》一卷，唐不空譯。

《摩訶吠室囉末那野提婆喝囉闍陀羅尼儀軌》一卷，唐般若斫羯囉譯。

《冰揭羅天童子經》一卷，唐不空譯。

《使咒法經》一卷，菩提留支譯。

《施諸餓鬼飲食及水法并咒印》一卷，唐不空譯。

《梵天擇地法》一卷，唐不空譯。

《建立曼荼羅及揀擇地法》一卷，唐慧琳譯。

《釋迦牟尼佛成道在菩提樹降魔讚》一卷，唐不空譯。

《佛説造塔延命功德經》一卷，唐般若譯。

《悉曇字記》一卷，唐智廣撰。

《木槵經》一卷，唐不空譯。

《大聖妙吉祥菩薩祕密八字陀羅尼修行曼荼羅次第儀軌法》一卷，中天竺菩提嚩使譯。

《大隨求八印》一卷，宗叡傳。

《總釋陀羅尼義讚》一卷，唐不空解譯。
《十八契印》一卷，唐慧果譯。
《大妙金剛大甘露軍拏利焰鬘熾盛佛頂經》一卷，達磨栖那譯。
《尊勝佛頂修瑜珈法軌儀》二卷，唐善無畏譯。
《釋迦文尼佛金剛一乘修行儀軌法品》一卷，唐善無畏譯。
《藥師瑠璃光如來消災除難念誦儀軌》一卷，唐善無畏譯。
《藥師如來念誦儀軌》一卷，唐不空譯。
《觀自在菩薩心真言一印念誦法》一卷，唐不空譯。
《觀自在菩薩大悲智印周遍法界利益衆生薰真如法》一卷，唐不空譯。
《聖無動尊一字出生八大童子祕要法品》一卷，大興善寺翻經院述。
《建立曼荼羅護摩儀軌》一卷，大興善寺翻經院述。
《火絣供養儀軌》一卷，大興善寺翻經院述。
《北斗七星護摩祕要儀軌》一卷，翻經院阿闍梨述。
《北斗七星念誦儀軌》一卷，唐金剛智譯。
《文殊師利菩薩六字咒功能法經》一卷，唐金剛智譯。

《大隨求即得大陀羅尼明王懺悔法》一卷，唐金剛智譯。

《金剛壽命陀羅尼經》一卷，唐不空譯。

《九品往生阿彌陀三摩地集陀羅尼經》一卷，唐不空譯。

《七星如意輪祕密要經》一卷，唐不空譯。

《藥師如來觀行儀軌法》一卷，唐金剛智譯。

《藥師如來念誦儀軌》一卷，唐不空譯。

《大日如來劒印》一卷，唐不空譯。

《大日如來劒印》一卷，唐不空譯。

《阿闍梨大曼荼攞灌頂儀軌》一卷，唐不空譯。

《金剛頂經一字頂輪王儀軌音義》一卷，唐不空譯。

《佛頂尊勝心破地獄轉業障出三界祕密三身佛果三種悉地真言儀軌》一卷，唐善無畏譯。

《佛説俱利伽羅大龍勝外道伏陀羅尼經》一卷，唐金剛智譯。

《常曉和尚請來目録》三卷，唐金剛智譯。

《新書寫請來法門等目録》一卷，宗叡和尚。

《靈巖圓行和尚請來目録》一卷，宗叡和尚。
《惠運禪師請來教法目録》一卷，宗叡和尚。
《大使咒法經》一卷，唐菩提流支譯。
《聖賀野紇哩縛大威怒王立成大神驗供養念誦儀軌法品》二卷，唐不空譯。
《佛説不空羂索陀羅尼儀軌經》二卷，師子國阿目佉譯。
《佛心經品亦通大隨求陀羅尼》二卷，唐菩提流志譯。
《七佛俱胝佛母心大准提陀羅尼法》一卷，唐善無畏譯。
《七俱胝獨部法》一卷，唐善無畏譯。
《五大虛空藏菩薩速疾大神驗祕密式經》一卷，唐金剛智譯。
《金剛頂瑜伽三十七尊出生義》一卷，唐不空譯。
《蘇呬耶經》三卷，唐不空譯。
《佛説毘奈耶經》一卷，唐不空譯。
《大佛頂如來放光悉怛多鉢怛囉陀羅尼》一卷，唐不空譯。
《佛説出生無邊門陀羅尼儀軌》一卷，唐不空譯。
《華嚴經心陀羅尼》一卷，唐不空譯。

《轉法輪菩薩摧魔怨敵法》一卷，唐不空譯。

《日光菩薩月光菩薩陀羅尼》一卷，唐實叉難陀譯。

《如意輪菩薩觀門義注祕訣》一卷，唐不空譯。

《文殊滅婬慾我慢陀羅尼》一卷，唐不空譯。

《阿吒薄俱元帥大將上佛陀羅尼經修行儀軌》三卷，唐善無畏譯。

《伽馱金剛真言》一卷，失譯。

《佛頂尊勝心破地獄轉業障出三界祕密陀羅尼》一卷，唐善無畏譯。

《千手千眼觀世音菩薩大悲心陀羅尼》一卷，唐不空譯。

《千光眼觀自在菩薩祕密法經》一卷，三昧蘇嚩羅譯。

《千手觀音造次第法儀軌》一卷，唐善無畏譯。

《念誦結護法普通諸部》一卷，唐金剛智。

《青龍寺軌記》一卷，唐金剛智。

《勝軍不動明王四十八使者祕密成就儀軌》一卷，唐不空、天竺遍智集。

《聖無動尊安鎮家國等法》一卷，唐金剛智。

《北方毘沙門天王隨軍護法真言》一卷，唐不空譯。

《毘沙門儀軌》一卷，唐不空譯。
《賢劫十六尊》一卷，唐不空譯。
《大聖歡喜雙身大自在天毘那夜迦王歸依念誦供養法》一卷，唐善無畏譯。
《大聖歡喜雙身毘那夜迦天形像品儀軌》一卷，憬瑟撰。
《毘那夜迦誐那鉢底瑜伽悉地品祕要》一卷，含光記。
《大黑天神法》一卷，嘉祥寺神愷記。
《十二天供儀軌》一卷，嘉祥寺神愷記。
《般若守護十六善神王形體》一卷，唐金剛智譯。
《七曜攘災決》一卷，西天竺金俱吒撰。
《七曜星辰別行法》一卷，唐一行撰。
《北斗七星護摩法》一卷，唐一行撰。
《佛説北斗七星延命經》一卷，婆羅門僧。
《梵天火羅九曜》一卷，唐一行述。
《攝大毘盧遮那成佛神變加持經入蓮華胎藏海會悲生曼荼攞廣大念誦儀軌供養方便會》，唐輸婆迦羅譯。

《大毗盧遮那經廣大儀軌》三卷，唐輪婆迦羅譯。

《大毗盧遮那成佛神變加持經蓮華胎藏悲生曼荼羅廣大成就儀軌供養方便會》二卷，玄法寺法全集。

《大毗盧遮那成佛神變加持經蓮華胎藏菩提幢幖幟普通真言藏廣大成就瑜珈》三卷，青龍寺法全集。

《大毗盧遮那成佛經疏》二十卷，唐一行記。

附《不思議疏》二卷，唐不可思議撰。

229　貞元新定釋教目録三十卷　日本享保刊本

唐西京西明寺沙門圓照奉敕撰。其書體例，一同釋智昇《開元釋教録》，而下止於貞元十六年，凡加一百三十九部，三百四十二卷，亦多有訂定《開元録》者。此書宋、元、明南、北《藏》皆不載。此本爲日本享保十六年書坊所刊，卷後多署「『丙午』歲、或署『丁未』歲高麗國大藏都監奉敕雕造」。前有高野山釋妙端序，稱此本得之《高麗藏》，粤山釋迦文院又以其國《祕書》本及《開元録》《梁高僧傳》等書校之，題於書楣，而圈記其下。余按，此本訛謬滿紙，尚多未校者，或妙端校後又爲刻梓所誤，未暇重校與？余初以爲校書圈記始自阮文達之刊十行本《十三經》，今此本刊於享保十六年，當我中國雍正九年，而已有圈記，豈暗合與？抑別有前規與？記之以俟博雅。

原序

西京西明寺沙門　圓照　撰

謹按，《舊録》云：夫目録之興也，蓋所以別真僞、明是非，記人代之古今，標卷部之多少，摭拾遺漏，删夷駢贅，欲使正教合理，金疑「經」字。言有緒，提綱舉要，歷然可觀也。但以法門幽邃，化綱恢弘，前後翻傳，年移代謝，屢經散滅，卷軸參差。復有異人，時增僞妄，致令混雜，難究蹤由。是以先德儒賢，製斯條録，今其存者，殆六七家。然猶未極根源，尚多疎闕。昇以庸淺，久事披尋，參練異同，指陳臧否，成兹部袠，庶免乖違。幸諸哲人，俯共詳覽。今觀先覺所撰，冠絶羣英，伏從庚午以來，增七十祀，三藏繼踵，于今四朝。聖上欽明，翻譯相次。一百餘部《經》《律》，特明累降鴻私，許令修述。圓照等才智短淺，思不延文。祇奉皇恩，俛仰恭命。今所詳者，約以類分，隨三藏文相次附入。自惟以索繼組，以礫次金，疑則闕之，以俟來哲也〔一〕。

〔一〕此篇後原有「文鏡秘府論二卷　古鈔本」一篇，今移附前 180 號後。

卷十六〔一〕

〔一〕此卷首篇原爲明刊本「蔡中郎集十卷」，今據《海王邨》本、《書目題跋叢刊》本移至卷十四明刊本「陳思王集四卷」後。

230 續高僧傳四十卷 宋刊摺子本

唐釋道宣撰。始于梁初，終唐貞觀十九年。正傳三百三十一人，附見一百六十人，分爲十例。其書敘述典雅，幾于蕭子顯、李百藥之筆。按，《四庫書目》僅載釋賛寧《宋高僧傳》及《僧寶傳》。近時潘氏海山仙館刻釋慧皎《高僧傳》，而此書仍沈霾于《釋藏》中，未經表彰。此本亦宋嘉熙三年安吉州資福寺刊本，即南、北《藏》本所從出也。

續高僧傳序

唐釋道宣撰此在第二行

原夫至道絶言，非言何以範世；言惟引行，即行而乃極言。是以布五位以擢聖賢，表四依以承人法。龍圖成大《易》之漸，龜章啟彝倫之用。逮于素王繼轍，前修舉其四科，班生著詞，後進弘其九等。皆所謂化導之恒規，言行之權致者也。惟夫大覺之照臨也，化敷西壤，迹紹東川。踰中古而彌新，歷諸華而轉盛。雖復應移存没，法被澆淳；斯乃利見之康莊，缺有之弘略。故使體道欽風之士，激揚影響之賓，會正解而樹言，扣玄機而即號；并德充宇宙，神冠幽明。像設焕乎丹青，智則光乎緇素。固以詳諸經部，誠未纘其科條。竊以葱河界於剡洲，風俗分於唐梵。華胥撰列，非聖不據，其篇則二十四，依付法之傳是也。神州所紀，賢愚雜其題引，則六代所詳羣録是也。然則統斯大抵，精會所歸，莫不振發蒙心，網羅正理。俾夫駘足九達，遺蹤望而可尋；徇目四馳，高山委而仰止。昔梁沙門金陵釋寶唱撰《名僧傳》，會稽釋恵皎撰《高僧傳》，創發異部，品藻恒流，詳覈可觀，華質有據。而緝裒吴越，叙略魏燕，良以博觀未周，故得隨聞成彩。加以有梁之盛，明德云繁，薄傳三五，數非通敏。斯則同世相侮，事積由來。中原隱括，未傳簡録，時無雅贍，誰爲補之？致使歷代高風，颯焉終古。余青襟之歲，有顧斯文，祖習乃存，經綸攸闕。是用憑諸名器，竚對殺青。而情計栖遑，各師偏競，逖聽成简，載紀相尋，而物忌先鳴，藏舟遽往，徒懸積抱，終擲光陰。敢以不才，輒陳筆記，引疏聞見，即事編章，諒得列代因之，更爲冠冕。自漢明夢日之後，梁武光有以前，代别釋門，咸流傳史。考酌資其故實，删定節其先聞。遂得類續前驅，昌言大寶。季世情繁，量重聲華，至於鳩聚風猷，略無繼緒。惟隋初沙門魏郡釋靈裕儀表《綴述》，有意弘方，撰《十德記》一卷，偏叙昭玄師保，未粤廣嗣通宗。餘則孤起支文，薄言行狀，終未馳高觀，可爲長太息矣。故使霑預染毫之客，莫不望崖而戾止，固其然乎！今余所撰，恐墜接前緒，故不獲已而陳。或博諮先達，或取訊行人，或即目舒之，或討讎集傳；南北國史，附見徽音，郊郭碑碣，旌其懿德，皆撮其志行，舉其器略，言約繁簡，事通野素。足使紹胤前良，允師聽〔一〕。始岠梁之初運，終唐貞觀十有九年，一百四十四載，包括岳瀆，歷訪華夷。正傳三百三十一人，附見一百六十人。序而申之，大爲十例：一曰「譯經」、二曰「解義」、三曰「習禪」、四曰「明律」、五曰「護法」、六曰「感通」、七曰「遺身」、八曰「讀誦」、九曰「興福」、十曰「雜科」。凡此十條，世罕兼美，今就其尤最者，隨篇擬倫。自前傳所叙，通例已頒。迴互抑揚，寔遵弘撿〔二〕。且夫經導兩術，掩映於嘉苗；「護法」一科，綱維於正綱。必附諸傳述，知何續而非功，取其拔滯開元，固可標於等級。餘則隨善立目，不競時須。布教攝於物情，爲要解紛靜節，總歸于末第，區別世務者也。至於韜光崇岳，朝宗百靈，秀氣逸於山河，貞槩銷於林薄，致有聲諠玄谷，神凝紫烟，高謝於松喬，俯眄於窮轍，斯皆具諸別紀，抑可言乎！或復匿迹城闉，陸沈浮俗，盛業可列，而吹嘘罕遇。故集見勳風素，且樹十科，結成三衷，號曰《續高僧傳》。若夫搜擢源派，剖析憲章，粗識今詞，琢磨行業，則備于復論〔三〕，更議而引之，必事接恒篇，終成詞費，則削同前傳，猶恨逮于末法。世挺知名之僧，未覿嘉猷，有淪典藉，庶將來同好，又塵斯意焉。按，此序孫淵如《續古文苑》不載，則知孫亦未見此書。

〔一〕「師」下《全唐文》（嘉慶内府刊本）所録序文有「後」字。

〔二〕「撿」《全唐文》（嘉慶内府刊本）所録序文作「檢」。

〔三〕「復」《全唐文》（嘉慶内府刊本）所録序文作「後」。

231　釋氏要覽三卷　日本刊本

宋釋道誠撰。首崔育林序，次自序，即爲卷上之首，猶是古式。末有□隨後序。凡分二十七門，皆解釋經論名義，誠讀内典之寶筏也。較之《翻釋名義》尤爲揭要，顧彼教中亦罕著録。此本爲日本翻雕，末有「前川茂右衛門尉開板」字樣，相其字體，當是三百年前之物。

【案】《留真譜初編》收録該書書影（廣文本第 975—976 頁，北京本第 1071—1072 頁）。此本行款爲半葉十行，行二十字。

232 感山雲卧紀談上卷附雲卧庵主書一卷 日本貞和仿宋刻

宋釋曉瑩撰。首有自序，末附曉瑩與遯庵《無言書》一通，凡數千言。下卷末題「貞和丙戌三月吉日沙門明起捨財命工鏤梓流通，板留平岳自快庵中」云云。按，曉瑩有《羅湖野録》，《四庫》著録，余亦得其本，書成于紹興乙亥。此本自序不署年月，考其與遯庵《無言書》中「淳熙戊戌冬以徒弟隸名感山小寺而居焉」，則此本成於淳熙以後。其書體例與《羅湖野録》同，多載遺文遺事，有資於考證。蓋曉瑩固高僧，以詞翰著者，非如他人語録，第逞機鋒語也。

感山雲卧紀談

始余出自南閩，遠歸江表，分甘與草木俱腐，誅茆城山，以尚書孫公仲益所書「雲卧庵」字而揭焉。公又以詩見寄，有「身世兩相違，雲閑卧不飛」之句，蓋知予者也。山頂高寒，非老者所宜。八見青黄，病隨日生，繇是徙居曲江之感山。年運既往，與世日益疎闊，順時制宜，以待溘然。或逃可畏之暑於松塢，或暴可愛之日於茆簷。身閑無事，遇賓朋過訪，無藉口則以疇昔所見所聞，公卿宿衲遺言逸迹，舉而資乎物外談笑之樂。不謂二三子剽聞而耳亦熟矣。遂相與記諸，以《雲卧紀談》名之。然余所談，未必世之賢者以爲善，令會粹成編，無乃重予之過歟？若夫文字性空，言語道斷，以予終日談爲未嘗談，則庶幾焉。雲卧庵老僧自序。

233 人天寶鑑 并前後序文八十四葉，日本仿宋刻，無年月

宋釋曇秀撰。首有劉棐序，次自序，末有紹定庚寅釋師□、釋妙堪跋。其書褒載歷代高僧逸事遺言〔一〕，每條之下注引書名，頗爲博洽，其大旨具於自序中。

是集皆佛氏妙藥救世之書也，能令病者服之即愈；至有盲、聾、喑、跛之徒，亦得除瘥。四明道人秀公久歷湖海，此藥備嘗，無不應驗，宜乎刊行以壽後世，故余樂爲之序。紹定庚寅六月望日蘭廷劉棐。

〔一〕「褒載」《日本訪書志》諸刻本如此，然於義不通。湖北本、遼寧本皆作「裒載」，當是。

人天寶鑑序

竊聞先德有善不能昭昭於世者，後學之過也。如三教古德於佛法中，有一言一行，雖載之碑傳實録及諸遺編，而散在四方，不能周知徧覽，於是潛德或幾無聞。愚嘗出處叢林，或得之尊宿提倡，或訪求採摭，凡可以激發志氣，垂鑑於世者，輒隨而録

之，總數百段，目曰《人天寶鑑》。不復銓柬人品，條次先後，擬大慧《正法眼藏》之類。且昔之禪者，未始不以教律爲務；宗教律者，未始不以禪爲務。至於儒、老家學者，亦未始不相得而徹證之；非如今日專一門、擅一美，互相詆訾，如水火不相入。噫！古者之行非難行也，人自菲薄，以謂古人不可及爾。殊不知古人猶今之人也，能自奮志於其間，則與古人何別。今刊其書廣其説，欲示後世學者知有前輩典刑，咸至于道而已，高明毋誚焉。紹定三年結制日四明沙門曇秀序。

234　無文印二十卷

宋咸淳九年癸酉刊本 附《語録》一册 杉本仲温藏本

宋釋無文撰，凡詩二卷，文十八卷。首有李之極序。每半葉十一行，行二十字。雕刻精良。無文與當時名流相唱和，故其詩文皆無蔬筍氣。文尤簡質有法，在宋僧中固應樹一幟也。

「道以忘言爲妙，以有言爲贅」，其説似矣，而實未也。吾聖人六經，如杲日行空，萬古洞然〔一〕。使夫子盡遂其無言之欲，則民到於今，不胥爲夷狄禽獸者，伊誰之賜？浮屠之學雖不若是，然既曰「空諸所有」，又曰「不實諸所無」，則泥於「有」「無」之間者皆非也。東湖無文師方弱冠〔二〕，天資穎脱，出語輒驚人。坐白鹿講下，師事晦静湯先生，雅見賞異。一再戰藝不偶，即棄去，從竺乾氏遊。異時諸方叢席號大尊宿者，一見輒器之，必以翰墨相位置，無文自是始不能無文矣。歲滋久，知滋多，應酬滋兹夥〔三〕，中年病眩，猶信口命侍僧執筆以書，爲語皆刻厲警特，師不自知其爲工否也。辛未二月亦寂〔四〕。後其徒惟康梓《遺稿》二十卷，請于常所來往之有氣力得位者，助而刊之，囑予爲之序。予家番，與師遊最後而語最合。於康之請不復辭，又怪世之不知師者，疑其於言語文字爲詳，是殆見其善者機耳。故曰：言而足，則終日言而盡道；言而不足，則終日言而盡物。語默不論也，多寡不論也。師長於文，而自號「無文」，則世之疑之者淺之爲丈夫矣。癸酉長至日李之極序。

仲穎序。癸酉秋。此在《語録》册首。

普度跋。咸淳九年。此在《語録》後。

〔一〕「然」《宋集珍本叢刊》所收《無文印》作「照」。

〔二〕「弱冠」《宋集珍本叢刊》所收《無文印》下有「時」字。

〔三〕「滋兹」《宋集珍本叢刊》所收《無文印》作「滋益」。

〔四〕「亦」《宋集珍本叢刊》所收《無文印》作「示」。

【案】《無文印》宋刻國内僅遼寧圖書館藏一部，原書有鈔本配補，《宋集珍本叢刊》

第八十五册據以影印。

上圖所藏初印本此處有楊寶鏞題浮簽：

九行，「二月亦寂」，「亦」是「示」字之訛。

示寂，指佛、菩薩或高僧去世。

235　禪苑蒙求三卷　寬文九年刊本

金少林寺僧志明撰，仿李翰《蒙求》之體，以隸釋氏典故；燕京萬壽寺僧無諍、德諫爲之注。大抵出於《五燈會元》者十之七八，間有不知所出者。屬對雖未工，誠彼教中之記事珠也。

按《明藏》目録不載此書，當時或以爲初學所設不録，或以未見其本不録。此本鐫刻尚有古式，當原于金本，亦内典逸書之一種也。

原序　**燕京大萬壽寺　無諍　德諫　注　少林樂真子　志明撰**

嵩山少林錯庵志明禪師〔一〕，字伯昏，雅號樂真子。安州郝氏子。性忽繩墨〔二〕，外简朴而内精慤，始爲糠禪四祖作《貫花標月集》，有潔首座者激礪，乃薙髮，師香林净公受具。日夕咨参咨扣勝静普之室，後徹證於東林。嘗懸木槌拭手，謂之「槌巾」。拄一枴，去留自適，人莫能親跡之。東林遷超化，衆請補少林，師打籌自誓，長歌而去。歌曰：「五乳峯前餠店開，饅頭如斗餠如篩。洛陽城裏多檀信，墮珥遺簪競作齋。窮跛子，淡淵才，老來因甚舞三臺。拄節徑上嵩陽道，笑指青山皈去來。」挽留不可，諸方咸仰其高致。

雪堂和尚注《禪苑瑶林》引

吾萬松老師以無上機讀盡天下書，嘗謂余曰：「記事者必提其要，纂言者必鉤其玄。」韓子之云，良有以也。嗣子雪堂諫公和尚以玉溪老取樂真《禪苑瑶林》欲板行之，公爲之注釋焉，幾六万言。或者恠其繁，以師言告之。公喝云：「東風吹落杏花枝，箇裡紅香在何處？」乙卯年二月二日龍山居士鴈門吕伯鯤夫書。

《禪苑蒙求》，錯庵所製。錯庵者，即比丘中李瀚、王令也。此書貫串二千言，發明五百事，其言辨而載，其學淵而博，可以爲《禪門節事法海》聯題。使後學省十載之勞，成半《藏》之記，公慈悲足見以夫。錯庵謂：誰乃不搽紅紛拂袖於小林者也？正大乙酉臘前五日。友人幅巾男子樗軒居士題後。

禪苑蒙求引[三]

欒真禪師爲初機後學而設也。師以正法眼作文字禪，駢以對偶，諧以韻語，凡五百餘則，以使學者觀覽。予且讀且笑曰：「師把定要津，不通凡聖，何區區乎！此書無迺爲蛇畫足耶？」師曰：「子言誠是。雖然，童稚無識，未能參叩，使成誦在口，粗知問津，則吾此書不爲無助。譬猶教埒雷大使作舞。雖非本色，且要兒孫不墜素業耳。」於是咲謝而爲引。時正大三年正月廿六日閑居士書。

〔一〕「嵩」原作「高」，據國圖藏寬文九年刻本《禪苑蒙求》改。
〔二〕「忽」原作「怱」，據國圖藏本改。
〔三〕《禪苑蒙求引》整版原在下條《碧巖録》下，今調整。

【案】此書亦名《禪苑瑶林》《禪蒙求》《禪苑瑶琳注》《禪苑蒙求瑶琳》《雪堂和尚注釋禪苑瑶琳》，今藏國家圖書館，著録爲田原仁寬文九年（清康熙八年）刻本（索書號03177）。半葉十四行十九字，三册。上卷卷端有「飛青閣藏書印」（白文）方印，爲楊氏舊藏。

上圖所藏初印本《〈禪苑瑶林〉引》處有楊寶鏞題浮簽：

其序文標題或稱《禪苑瑶林》，有正大三年自序，其書徵引詳博，屬對亦工，誠彼教中之《紀事珠》也。

又上圖所藏初印本《〈禪苑蒙求〉引》處有楊寶鏞題浮簽：

《禪苑蒙求引》，此葉應在《碧巖録》之前，其中縫「十五」乃「十四」之訛。

236　碧巖録十卷　元刊本

卷首題「佛果圜悟禪師碧巖録卷第一」，每半葉十一行，行二十一字。書首有封面，記刊板緣起，邊格外標「杭州北橋北街東嵎中張氏書隱印行」。每卷後均有「張氏」木記，或詳或略，或篆隸或行草。

比丘普照序。建炎戊申。

方回序。大德四年。

三教老人序。大德甲辰。

周馳序。大德九年。〇以上四通在卷首。

關友後序。宣和乙巳。

比丘净日後序。大德壬寅。

比丘帝陵後序。延祐丁巳。○以上三通在卷末。又有一通存二頁，脱末一葉，不知何人所作。

237 須賴王經一卷 唐鈔卷子本

共十九紙，每紙二十七行，末一紙八行，共四百九十四行。末署「延曆十六年六月十一日右大臣藤原朝臣誓願」，首尾完具，書法端雅。日本古寫佛經雖多，如此卷者，實爲罕覯。按，延曆十六年當中國唐德宗貞元十三年，日本左、右大臣之職，如中國左、右僕射。藤原爲日本望族，朝臣又當時名相，詳見《日本國史》。此卷蓋其誓願捨經，故記姓名、年月於卷末，非必其所手書者也。或疑此書即非朝臣，當是日本人之筆。余謂不然，按《日本書記》紀其國入唐求法僧不絶於道，釋空海其最箸者。其齎唐人寫經度海，何止法顯、宋雲、玄奘千百輩。若天平十二年藤原皇后施舍《一切經》全部，至今卷子本往往見之，雖不題唐人年號，固可望而知之也。余所得經有題「乾寧元年」者。藤原朝臣位長百寮，力能布施，當時所捨，必不止此一卷，今但存此耳。經末題識筆勢究與本經不同，其相似者，則風氣使然，不獨此卷尾效之也。且書之工不工，何分彼我。而余堅持此説者，日本當唐代所產紙質皆白麻，理鬆而文皺，今其國存釋空海、小野道風、嵯峨天皇諸人書皆可證。此則黄麻堅韌，與中土所存《鬱單越經》、在中江李氏。《轉輪王經》在福山王氏。紙質無二，則知此爲唐人書無疑也。經生之筆，在當時不過傭書者流，未必與於書家品騭。至今日則有極天下之選，盡一生之聰明才力，尚不能追其格度，古今人之不相及，所以有世道升降之嘅也。

此本首有「法隆寺」印記，日本古名刹也。大抵日本古籍多出於法隆寺、高山寺、石山寺、金澤文庫。附記之。

238　佛説大孔雀咒王經三卷　唐鈔本

日本古鈔佛經雖多，然如此三卷首尾完具，實爲僅見。或疑此類皆日本人書，未必千載遺翰墨采如新。余按，其國史，遣唐之使不絶於道，其稱聖僧空海者，亦入唐求法，歸國所携，箸爲《齋來録》，手迹尚存。以余所見《文館詞林》有「神龍」之題；在柏本政矩家〔一〕。《華嚴義疏》載「光化」之號。爲余所得。更有北魏「元龜」、藏西京沙門徹定。大齊「天統」，藏黑田忠直。年世悠遠，尤駭聽聞。知數十鵠首何啻白馬千萬，況黄麻堅韌，舊唯唐製。今中土所存，若《鬱單》《轉輪》《兜沙》《靈飛》，皆硬黄卷軸，可對勘也。又時代稍降，格韻遂卑，宋之視唐，已分今古。余得日本宋大觀年間寫經，遂遠不及此。乃地隔海嶠，而謂指腕雖殊，神理不異，揆之於理，必不其然。今其書法與房山石刻運筆結體，不爽毫髮，則稱爲唐人之作，當非燕説。或又謂倭奴既購經於支那，則震旦之璧藏，當倍蓰於邪馬，何以其今日庋弃反多於中土[二]？此未知彼國兵争，例不毁佛寺，千年古刹，崔巍相望，若東大寺、石佛寺、法隆寺，不惟大、小乘《律》牙籤無恙，即九流四部，亦多出其中。且自達摩東邁，禪宗既盛，語録日增。《五燈》之書充楝[三]，「三藏」之籍束閣。日本緇徒，雖亦染其流風，而機鋒口舌，究爲有間；梵筴經典，猶競誦習。此又多亡少存之一端也。并志於此，以釋來者之惑。

〔一〕「本」湖北本、遼寧本均改作「木」。

〔二〕「弃」湖北本、遼寧本均改作「弆」。

〔三〕「楝」湖北本、遼寧本均改作「棟」。

【案】 上圖所藏初印本此處有楊寶鏞題浮簽：

余案，北魏紀元無「元龜」，此當是「神龜」或「元象」之訛。此魏、齊二跡是何經文，惜異聞未詳耳。

「倭奴」二字，猶之「英夷」在今日，著書然不適用矣。

卷十七

239　古鈔王子安文一卷　卷子本

古鈔《王子安文》一卷，三十篇，皆序文，日本影照本，書記官巖谷脩所贈。首尾無序、跋。森立之《訪古志》所不載，惜當時未細詢此本今藏何處。書法古雅，中間凡「天」「地」「日」「月」等字，皆從武后之制，相其格韻，亦的是武后時人之筆。此三十篇中不無殘缺，而今不傳者凡十三篇，其十七篇皆見於《文苑英華》。異同之字以千百計，大抵以此本爲優，且有題目不符者，真希世珍也。

目録：

《王勃於越州永興縣李明府宅送蕭三還齊州序》。《文苑英華》作「越州永興李明府宅送蕭三還齊州序」。

《山家興序》。《文苑英華》「家」作「亭」，誤。

《秋〇宴山庭序》《文苑英華》作「秋日宴季處士宅序」。

《三匝上巳祓禊序》。

《春〇序》。缺後半。

《秋〇送沈大虞三入洛詩序》。

《秋〇送王贊府兄弟赴任別序》。闕後半。

失題。缺前半。

《秋晚什邡西池宴餞九隴柳明府序》。

《上巳浮江讌序》。

《聖泉宴序》。

《江浦觀魚宴序》。缺後半。

《梓潼南江泛舟序》。

《餞宇文明府序》。《文苑英華》「餞」作「送」。

《仲氏宅宴序》。僅存末十字。

《夏〇仙居觀序》〔一〕。缺後半。

《秋〇登洪府滕王閣餞別序》。闕後半。

《送劼赴太學序》。缺前半。

《秋夜於綿州羣官席别薛昇華序》。

《宇文德陽宅秋夜山亭宴序》。

《晚秋遊武擔山寺序》。

《新都縣楊乾嘉池亭夜宴序》。《文苑英華》作「越州秋日宴山亭序」。按，序文有「揚子雲之故地」句，則非「越州」審矣，《英華》誤。

《至真觀夜宴序》。

《秋晚入洛於畢公宅别道王宴序》。缺首尾。

《秋〇楚州郝司户宅遇餞崔使君序》。缺前半。

《江寧縣白下驛吴少府見餞序》。《文苑英華》作「江寧吴少府宅餞宴序」。

《秋〇登冶城北樓望白下序》。

《冬〇送儲三宴序》。缺後半。

失題。僅存末五字。

《春日送吕三儲學士序》。缺後半。

此卷首尾無卷第，尾殘缺。其第一首題王勃名，以下則不題名，似當時選録之本。然以勃一人之作，採取如此之多，則其書當盈千卷。考唐人選集唯《文館詞林》一千卷，而編録在顯慶三年，非子安所及，抑唐人愛勃序文者鈔之耶？疑不能明，記之以俟知者。子安有《舟中纂序》五卷，然校此卷中文不盡舟中作，《滕王閣序》其一也。今以逸文十三篇抄録于左，其他文十七篇異同，則別詳札記。

春◯序

夫五城高暎，飛碧玉之仙居；三山洞開，秀黄金之神闕。斯則旁稽鳳册，聞禮制而空存；俯視至間〔二〕，竟寂寥而無覩。況乎華陽舊壞，井絡名都，城邑千仞，峯巒四絶。山開鴈塔，還如玉名之臺；水架螺宮，則似銅人之井。嚴君平之卜肆，里閈依然；揚子雲之書臺，烟霞猶在。雖英靈不嗣，何山川之壯麗焉。王明府氣挺龍津，名高鳳舉。文詞泉涌，秀而下之珪璋；儒雅風流，作人倫之師範。孟嘗君之愛客，珠履交晉；密子賤之調風〔三〕，絃歌在聽。則有蜀城僚佐，陪馳望於春郊〔四〕；青溪逸人，奉淹留於芳閣。明〻上宰〔五〕，肅〻英賢，還起潁川之駕，重集華陰之市。于時歲遊青道，景霽丹空。桃李明而野徑春，藤蘿暗而山門古。横琴對酒，陶潛彭澤之遊；美兒多才，潘岳河陽之令。下官寒鄉劒士，燕國書生。憐風匝之氣高，愛林泉之道長。下闕。

秋◯送沈大虞三入洛詩序

夫鳥散背飛，尚有悲鳴之思；獸分馳騖〔六〕，猶懷狂顧之心。況在於人，能無別恨者也？虞公、沈子，道合姻連，同濟巨川，俱欣利涉。𠂢門大道，子則䍶而入　帝鄉；坐泉下流，余乃漂泊而沈水圀。昇降之儀有異，去留之路不同。嗟控坐之微軀，仰冲𠂢之逸翮。相與隔千里，阻九關，後會不可期，倚伏安能測。是時也，赤熛云謝，白道爰開。潘子陳哀感之辰，宋生動悲傷之㊀。萬物迴薄[七]，四野蒼茫。雲異色而傷遠離，風雜響而飄別路。匝來㊀注，澄晚氣於幽巖；景浄𠂢高，引秋陰於爽籟。此時握手，共對離樽，將以釋慰於行前，用宴安於別後。命篇舉酌，咸可賦詩。一字用探，四韻成作。秋[八]。

秋㊀送王贊府兄弟赴任別序

夫別也者，咸軫思於去留；將行矣，夫有懷情於憂喜。王贊府伯兄、仲弟，如壎如箎[九]，匪二陸之可嘉，即三王之繼體。長衢駃足[一〇]，拔萃楊眉[一一]；道泰官高，成榮下闕[一二]。

失題[一三]

山陽。我北君西，分歧臨水。于時寒雲悽愴，更有心愁。咽溜清冷，翻增氣哽。聽孤鴻而動思，恖別恖兮傷去𠀑；聞唳鶴而驚魂，悲莫必愴離緒[一四]。風煙㝠寞，林薄蒼茫。舉目潸然[一五]，能無鬱悒。𠀑探一字，四韻成篇。

秋晚什邡西池宴餞九隴柳明府序

若夫春江千里，長減楚客之詞；秋水百川，獨肆馮夷之賞。亦有拔蘭花於溱洧，採蓮葉於湘湖。亭皋丹桂之津，源水紅桃之徑。斯則龍堂貝闕，興偶於琴罇；菌檝荷裳，事編於江漢。未有一同高選，神怡吏隱之間；三蜀良遊，道勝浮沈之際。歷秋風之極浦，下明亟之幽潭，别錦帆於迴汀，艤瓊橈於曲嶼。柳明府藉銅章之暇景，訪道隣郊；竇明府□錦化之餘閑，追驩妙境。司馬以陽池可作〔一六〕，具仙舟於南浦之前；下官以溍水難留，攀桂席於西津之曲。同聲相應，共駐絃歌；同氣相求，自欣蘭蕙。瓊卮列湛〔一七〕，玉俎騈芳。烟霞舉而原野晴，鴻鴈起而汀洲夕。蒼々葭菼，傷白露之遷時；淡々波瀾，喜青𠂔之在矚。既而雲生歧路，霧黯他鄉，空林暮景，連山寒色，轉離舟於複溆，嘶棖騎於巖坰〔一八〕。故人易失，幽期難再。乘查可興，與筆海而連濤；結綱非遥，共詞河而接浪。盍申文雅，式序良遊。人賦一言，同裁四韻。

聖泉宴序

玄武山趾有聖泉焉，浸滛滴瀝，數百𡏖矣。乘巖泌涌，接磴分流，砂堤石岸，成古人之遺跡也。若乃青蘋緑芰，紫苔蒼蘚，亦無乏焉。羣公九牘務閑，江湖思遠。寤寐寄託，淹留勝㘿。既而豈巒却峙，荒壑前縈；丹㟭萬尋，碧潭千仞。松風唱晚，竹霧曛空，蕭ㄑ乎人間之難遇也。方欲以林壑爲𠀑屬，以琴罇爲〇用。嗟乎！古今同遊，方深川上之悲；少長齊遊，且盡山陰之樂。盍題芳什，共寫高懷。

江浦觀魚宴序

若夫辨輕連䨓〔一九〕，澹洲爲獨往之賓；道寄虛舟，河洛有神仙之契。雖復勝遊長遊〔二〇〕，陵谷終移，而高範可追，波流未遠。羣公以十旬芳暇，候風景而延情；下官以千里薄遊，歷山川而綴賞。桃花引騎，還尋源水之蹊；桂葉浮舟，即在江潭之上。尒其崇瀾帶㘿，臣浸浮𠀑，綿玉甸而横流，指金臺而委輸。飛湍驟激，猶驚白鷺之濤；跛浪奔迴，若赴黄牛之峽。於是分桂檝，動蘭橈，嘯漁子於平溪，引鮫人於洞穴。沙林石磧，環臨翡翠之竿；瓊轄銀鉤，下暎茱萸之下闕〔二一〕。

夏〇仙居觀宴序

咸亨二𠦚四𡕀孟夏，龍集丹孔，兔躔朱陸，時屬陸沈，潤褰恒雨。九隴縣令河東柳易。式嵇彝典，歷禱名山。爰昇白鹿之峯，佇降玄虬之液。楊法師以烟霞勝集，諧遠契於詞場；下官以書札小能，叙高情於祭牘。羞蕙葉，奠蘭英，舞閡哥終，雲飛雨驟，靈機密邇〔二二〕，景下闕〔二三〕。

至真觀夜宴序

若夫玉臺金闕，玄都紫府，曠哉邈乎，非流俗所詣，而羣英在焉。迺相與造處之宮〔二四〕，遊□萍之野，弃置煩雜，栖遟道性，陶然不知宇宙之爲大也。豈直坐談風匝，行樂琴樽而已哉。仰觀千㲼，亦各一時。

秋㊀登治城北楼序〔二五〕

僕不才，懷古人之士也。峴山南望，恨元凱之塗窮；禹穴東尋，悲子長之興狹。俳佪野澤，散誕陂湖。思假俊翮而遊五都，願乘長風而眺万里。佳辰可遇，屬樓雉之中而；良願果諧，偶琴樽之暇㊀。携勝友，陟崇隅，白雲展面，青山在目。南馳漲海，北控淮潮，楚山紛列，吴江皓曠。川原何有，紫蓋黄旗之舊墟；城闕何乖，晉、宋、齊、梁之故跡。時非匪是，物在人亡。灌莽積而蒼烟平，風濤陰而翠霞晚。開山牢落〔二六〕，壯宇宙之時康；井邑蕭條，覺衣冠之氣盡。秋深望徹，景極情盤。俯万古於三休，窮九垓於一息。思欲校良遊於㊀下，貫逸氣於雲端，引江山使就目，驅烟霞以縱賞。生涯詎幾，此念何期。灑絶翰而臨清風，留芳罇而待明匝。俱題四韻，不亦可乎。人賦一言，其詞云尔。

冬〇送儲三宴序

儲學士東南之美，江漢之靈。凌翰圃而横飛，入詞場而獨步。風期暗合，即爲生死之交；道德懸符，唯恨相知之晚。下官《太玄》尚白，其心如丹。將忠信以待賓朋，用烟霞以付朝夕。自非琴書，好事文筆，深知口若雌黄，人同水鏡。亦未與談今古，盡胸懷，對山川之風〇，蕩羈旅之愁思。此君邂逅相遇，適我願耳。罇酒不空，吾無憂矣。方欣握手，遽慘分歧。覺歲寒之相催，悲聚散之無定。是時也，池亭積雪，草樹下闕〔二七〕。

失題

人皆成四韻。

春日送吕三儲學士序

宇宙之風月曠矣，川岳之烟雲多矣。其有徒開七竅，枉滯百年，棄光景若埃塵〔二八〕，賤琴書同糞土，言不及義，動非合禮。若使周、孔爲文章之法吏，比屋可以行誅；嵇、阮爲林壑之士師，破家不容其罪。至若神高方外，志大寰中，詩酒以洗滌胸襟，池亭以導揚耳目，超然自是，散若有餘。義合則交踈而吐誠，言忘則道存而目擊。二三君子，當仁不讓。并高情朗俊，逸調踈閑，杞梓森羅，琳瑯疊彩。崩雲垂露之健筆，吞蛟吐鳳之奇文。顔、謝可以執鞭，應、徐自然銜璧。下官栖遑失路，懷抱沈愁。蹔辭野鶴之羣，來厠真龍之友。不期而會，甘申羇旅之心；握手言離，更切依然之思。于時風雨如晦，花柳含春，雕梁看紫燕雙飛，喬木聽黄鸎雜囀。殷憂别思〔一九〕。

〔一〕據國家圖書館藏《王子安集佚文》稿本（索書號05285，有「有羅振玉校録」字樣，以下簡稱「國圖本」）作「夏日仙居觀宴序」。

〔二〕「至」，國圖本作「人」。

〔三〕「密」，國圖本作「宓」。

〔四〕「駛」，國圖本作「騁」。

〔五〕「〻」此爲重文符號，下同。

〔六〕「鶩」，國圖本作「鶩」。

〔七〕「逈」，國圖本作「迴」。

〔八〕「注」，國圖本作「往」。

〔九〕「作秋」，國圖本無「秋」字，《訪書志》此當係誤衍下文《秋日送王贊府兄弟赴任别序》題目首字「秋」。

〔一〇〕「如莞」，國圖本作「若莞」。

〔一一〕「駚」，國圖本作「聘」。

〔一一〕「芓」國圖本作「萃」。

〔一二〕國圖本此篇文字完整，有「(成榮)厚禄，一則顯光輝於楚甸，一則奮明略於趙郊」至「宜其奮藻，即事含毫，各贈一言，俱裁四韻」一段。

〔一三〕此篇國圖題作「冬日送閭丘序」，又有「夫鰲山巨壑，集百川而委輸天門大道」至「不謂同舟共濟，直指山陽」一段。

〔一四〕「悲莫必」國圖本作「悲莫悲兮」。

〔一五〕「潛然」國圖本作「潸然」。

〔一六〕「以」國圖本作「少以」。

〔一七〕「厄」國圖本作「卮」。

〔一八〕「樣」國圖本作「旅」。

〔一九〕「辦」國圖本作「辨」。

〔二〇〕「遊」國圖本作「逝」。

〔二一〕國圖本此篇文字完整，有「下暎茱萸之網，玄魴曷尾」至「人賦一言，四韻成作」一段。

〔二二〕「蜜」國圖本作「密」。

〔二三〕國圖本此篇文字完整，有「景況昭然，瞻列缺而迴鞭」至「人分一字，七韻成篇」一段。

〔二四〕「造處之宫」國圖本作「造處□之宫」，中闕一字。

〔二五〕國圖本此篇題目題作「秋日登治城北楼望白下序」。

〔二六〕「開」，國圖本作「關」。

〔二七〕國圖本此篇文字完整，有「草樹凝寒，見鴻雁之南飛，傖吴人之北走」至「盍各賦詩，俱裁四韻」一段。

〔二八〕「景」，國圖本作「陰」。

〔二九〕國圖本後有「畹晚年光，時不再來，須探一字」一句。

【案】　據高洪巖《近代中日學人與唐鈔本〈王勃集〉殘卷》(《域外漢學與漢籍》2009.4)，楊守敬在《日本訪書志》中所著録的古鈔影本，是明治十七年(1884)博物局石印本，其底本藏於奈良正倉院，並非全帙。

附録一

240　周易六卷　日本古鈔本

按《隋書·經籍志》稱《周易》十卷，王弼上、下《經》注六卷，韓康伯《繫辭》注三卷，又王弼《略例》一卷，合數爲十卷也。新、舊《唐志》云，王弼注七卷，則并《略例》數之也。《宋志》乃并上、下《經》注屬之韓康伯，則謬矣。日本古鈔《周易》多只王弼注六卷，彼國人稱爲六朝之遺。此本亦六卷，每半葉九行，行十七字，五、六兩卷半葉八行，行十六字，每卷後記經注字數第二、第三未記，欄外層格節抄《正義》、朱子《本義》，又《纂圖互注》，其體式與森立之《訪古志》所載永正間鈔本一一相符。顧未見抄寫年月，然前四卷與後二卷筆法迥不相同，其爲原補配本無疑，或抄寫年月原在書衣而重裝時去之也。《訪古志》又稱此本爲求古樓藏，而亦無狩谷掖齋印，此則由掖齋收藏絶富，往往有未鈐印者，立之蓋從求古樓架上親見之而著於録也。考此本文字，注末亦頗多虚字，其異同亦多與山井鼎所稱古本、足利本合，而亦間有與宋本合者。篇中凡遇「貞」字皆缺筆，《訪古志》稱係從北宋本鈔出，似爲可信，但不知其經文何以與唐石經多出入，其注文與岳刻本又多異。據岳氏言，校梓時甄集凡十餘通互勘，豈少北宋本。而此本遠岳本之處，何以多不從，此相臺之未滿人意者。今以岳本一一校對，朱筆圈記之，其異文不見於山井鼎《考文》者，如《小畜・象》注「何由知其未能爲雨」，岳本脱「其」字；《困・象》注「唯履正而能體大者也」，岳本無「唯」字；《震》注「故曰震來虩虩，恐致福也」，岳本脱「曰」字；《艮・九三》注「至中則列夤矣」，岳本脱「夤」字；《節・九五》注「所往有尚也」，岳本脱「所」字；《既濟・九三》注「故能貞也」，岳本「貞」作「興」。其餘無關宏旨，尤不勝紀，讀者當自得之。光緒壬辰秋七月宜都楊守敬記于鄰蘇園。

【案】《留真譜二編》收録該書書影（廣文本第 3—4 頁，北京本第 1185—1186 頁）。此本今藏臺北「國家圖書館」，著録爲影寫日本古鈔本，三册，清光緒壬辰楊守敬手書題記（索書號 0005）。

《「國立中央圖書館」善本題跋真跡》收録楊氏題跋書影（第 2 頁），《標點善本題跋集録》收録楊氏跋文（第 1 頁），此次即據該書迻録，與王重民《日本訪書志補》所録文字略異。

又，王氏所輯此篇題跋内容與《適園藏書志》僅有一字之差（「何以與唐石經多出入」，王氏《補》脫「多」字)。此本雖未有張氏藏印，却被《適園藏書志》著録，昔日當爲張氏收藏。可知此本於楊守敬生前即已售出。王重民先生任職國立北平圖書館時未見此本，而是抄録自《適園藏書志》。

241　尚書孔傳殘本五卷 日本古鈔本

【案】此本與 004 號爲同一本，二者解題略有異同。王氏《訪書志補》所輯楊守敬題跋中有「册尾有『大正第六戊寅六月吉秀圓』題記并花押，當明萬曆六年也」，「大正」誤，當作「天正」。「天正」(1573—1586、1586—1592)在時間上與明萬曆(1573—1620)有重合。

242　古文尚書十三卷 影日本舊鈔本

舊鈔本《古文尚書》十三卷，每半葉九行，行二十字，裝爲四册，每册首有「智福山法輪寺」印，册尾有以荷包印，界欄上節録孔疏，此本未摹。篇中古字、俗字甚多，與山井鼎《考文》所載古本合，而與薛季宣《古文訓》又多異。按《釋文・序録》云：「《尚書》之字本爲隸古，既是隸寫古文，則不全爲古字。今宋、齊舊本及徐、李等《音》，所有古字，蓋亦無幾，穿鑿之徒，務欲立異，依傍字部，改變經文，疑惑後生，不可寫用。」蓋指此等書也。陸氏之説，其果與否，尚待詳考，然因此可知此爲唐初舊籍。如「允釐百工」，注：「釐，理。」又「則能信理百官」，皆以「治」作，避唐高宗諱，其爲唐人之遺無疑。其中爲長興以下板本所奪誤者，藉以訂正不少。如山井鼎、物觀等所校出者是也。然亦有板本不誤，而《考文》所稱反誤者，今以此本覆校之，有應有不應，迺知山井鼎、物觀所見之二本，偶有傳録之差，非古本盡如是也。如《舜典》「詩言志」，注「謂詩言志以導之」，《考文》云「古本無『謂』字」，此本則有「謂」字；「陟方乃死」，注「三十徵庸」，《考文》云「古本『庸』作『用』」，此本仍作「庸」；「凡壽一百一十二歲也」，《考文》云「古本『歲』作『載』」，此本仍作「歲」。《咎繇謨》「降水儆予」，注「水性流下」，《考文》云「古本『性』作『惟』」，此本仍作「性」；「克勤于邦」，注「卑其宮室」，《考文》云「古本『宮』作『居』」，此本仍作「宮」。《益稷》「予思日孜孜」，注「奉承臣功而已」，《考文》云「古本『承』作『成』」，此仍作「承」；「惟慢遊是好」注，《考文》云「古本無『惟』字」，此本有「惟」字。全書此類甚多，別詳札記。又有山井鼎、物觀所漏校而甚有關於經義者，如《堯典》「宅朔方曰幽都」，注「北稱『朔』，亦稱『幽』」，宋以後皆誤「幽」爲「方」，遂以「方」有「北」訓，不可通；「父頑，母嚚，象傲」，注「心不測德義之經爲『頑』」，岳本此下有「口不道忠信之言爲『嚚』」九字，此本無之。按上文「嚚訟可乎」，注「言不忠信爲『嚚』」，既釋「嚚」字，故此處不再釋，岳本非也；《大禹謨》「萬邦咸寧」，注「則賢才在位，天下安寧也」，岳本脱「寧」字，非也；「奉詞伐皋」，注「『詞』謂不敬」，各本作「恭」，此因避宋諱改，《考文》失校。此類亦多，別詳札記。大抵日本古鈔本注文之末每多虚字，有不可通者，山井鼎一一校録，阮文達《校刊記》詆之，或者遂疑古本爲贗本不可信，不知皆非也。唐以前古書皆鈔寫本，此因鈔書者以注文雙行排寫，有時先未核算字數，至次行餘空太多，遂增虚字以整齊之，別無意義。故注文多虚字，而經文無有也。至宋代刊本盛行，此等皆刊落，然亦有沿襲舊鈔本，未剷除盡净者，如宋槧玄應《一切經音義》是也。此唯余藏宋槧有之，明南北《藏》本亦無，別詳札記。即如此書，《咎繇謨》「寬而栗」九句，七句注脚皆有「也」字，唯「柔而立，彊而誼」二句無「也」字。以此二句或六字或八字，皆兩行雙齊，不煩增字也。并記於此，以釋來者之惑。光緒壬辰春楊守敬記。

【案】《留真譜二編》收録該書書影（廣文本第 27—28 頁，北京本第 1209—1210 頁）。

此本今藏臺北「國家圖書館」，著録爲影寫日本古抄本，四册，清楊守敬手校並題識（索書號 00156）。

《「國立中央圖書館」善本題跋真跡》收録楊氏題跋書影（第 31 頁），《標點善本題跋集録》收録楊氏跋文（第 6 頁），此次即據該書迻録，與王氏《訪書志補》輯録跋文有異同。

又，王氏所輯此篇題跋内容與《適園藏書志》相同，而與楊氏題跋不同，此本雖未有張氏藏印，却被《適園藏書志》著録，昔日當爲張氏收藏，可知此本於楊守敬生前即已售出。王重民先生任職國立北平圖書館時未見此本，而是抄録自《適園藏書志》。

243　書集傳六卷　元刊本

元槧《蔡氏書集傳》六卷，首蔡氏自序，序後有木記云「梅隱書院鼎新繡梓」八字，下載《纂圖》一卷，又載《朱子説書綱領》。疑即蔡抗《表》所稱《朱子問答》一卷。又有木記稱：「兩坊舊刊《詩》《書集傳》俱無《音釋》，覽者有遺恨焉。本堂今將《書傳》附入鄱陽鄒氏《音釋》，《詩傳》金華許益之《名物鈔音釋》。各依名儒善本點校句讀，仍取《纂圖》寘之卷首，大字刊行，精加校正無差，庶幾讀者豁然無疑矣。與坊中舊本玉石判然，收書君子幸監。至正丙午孟冬梅隱精舍謹識。」據此知爲合刊《詩集傳》之記。又載蔡抗《進書傳表》。第二册首標題「朱子訂定蔡氏集傳」，所録孔安國序、《漢書・藝文志》、孔穎達之説，皆有注文。「今按」以下，則朱子之説，末有「今定此本」云云。知此書本朱子之志。下接《書序》，每條皆有注。與蔡抗《表》有小序一卷合。此如朱子之《詩集傳》，於《詩序》皆逐條辨駁也。再下爲本書，首行題「書卷第一，無「經」字。蔡氏集傳」。按：今本題「書經卷之一蔡沈集傳」，又删除其《書序辨説》、朱子《綱領》及蔡抗《進書表》，皆爲謬妄。其經文異者，如「洚水儆予」，不作「降」。據蔡氏注，稱作「降」者爲古文，則《集傳》本作「洚」可知。《益稷》「敖虐是作」，不作「傲」。《金縢》「惟朕小子其新逆」，不作「親迎」。據注，知「新」當作「親」，是蔡氏訂定之辭，其正文必仍作「新」；「逆」作「迎」者，則又後人臆改。《酒誥》「惟殷之迪諸臣，惟工」不作「百工」。《武成》一篇有注，今考定《武城》一篇低一格，無注。惟「垂拱而天下治」後夾注十餘行，與今本大異，且增多百餘字。觀此知蔡氏雖改定此篇，猶以舊文爲主。今本則兩篇并載，注文繁復，非注書體。又其注文如《禹貢》「九河既道」，注「齊威塞八流以自廣」，不作「齊桓」。蔡氏避宋諱，自應作「威」。皆當據以訂正以還蔡氏之舊。至其中亦間有訛字，則由坊刻不校之過，讀者當自得之。

又按，宋元之際所刊書籍，多有木記，稱某書院校刊。今日藏弆家直以爲當時官本，其實皆坊肆所託，如此本《綱領》後木記云云，决知非官刊之書。

又，此本木記既云「附入鄱陽鄒氏《音釋》」，而全書實無《音釋》，當是坊賈故作此語欺人。但今日則又深幸未附《音釋》，尚存蔡氏原本面目。

又此書前所載《纂圖》，不著作者姓名，後有「合沙先生」云云，按《經義考》，合沙漁父，鄭東卿自號。東卿有《尚書圖》一卷，此必其所作也。光緒庚寅夏四月宜都楊守敬記。

【案】《留真譜初編》收録該書書影（廣文本第47—48頁，北京本第53—54頁）。此本行款爲半葉十一行，行小字雙行二十一字。

《臨蘇觀海——院藏楊守敬圖書特展》著録此本，收録楊氏題跋書影（第69頁），此次即據該書迻録，與王氏《訪書志補》所録相同。

此本今藏臺北「故宫博物院」，著録爲元至正丙午梅隱精舍刊本，四册，清光緒庚寅楊守敬手書題記（故觀000756－000759）。

244 毛詩鄭箋二十卷 日本古寫本

古鈔本《毛詩鄭箋》二十卷，卷首題「毛詩卷第一」，次行「周南關雎詁訓傳第一」「毛詩國風鄭氏箋」，款式與山井鼎《考文》所載合。第十卷末有經注字數，第二十卷末有篇數、章數、句數、字數。每半葉九行，行二十字。界長六寸强，幅四寸六分。每紙有層格，格内抄《音義》及《正義》，此重寫，不摹層格。卷尾記「四國與州宇和之莊多田長壽寺宗訓書」。卷首有「龍□」「碧□」二印。此森立之《訪古志》所載，云是求古樓藏，今以此本照之，一一相合。每卷首有「掖齋」印，狩谷望之號也。掖齋藏書名「求古樓」，日本文政間學人之最，其藏書之富又過於官庫。讀森立之《訪古志》足見一班。按，山井鼎《考文》所載足利學所藏古本，皆稱是隋唐之遺，獨《毛詩》所據本多衍文誤字，顧千里遂謂其古本是宋《正義》《釋文》而作，而於其絶佳者亦多略之。此本則與山井鼎所記多不合，則知《考文》第據足利學所藏，非日本古本盡如斯也。第以《國風·周南》一篇校之，其不相應者已不下數十處。如《關雎》箋，云「古本作『后妃之德，無不和諧』」；「荇，接余也」，云「『余』下有『菜』字」；「樂必作也」，云「『作』上有『皆』字」。《葛覃》序「后妃在父母家」，云「古本『母』下有『之』字」；傳「濩，煮之也」，云「無『之』字」；「王后織玄紞」，「『織』上有『親』字」；「命婦成祭」，無「成」字；「未之將所適」，「將」下有「有」字；「乃能整治之」，云「無『之』字」；「我見教告」，上有「言」字；「告我以適人之道」，「適」上有「嫁」字。此尤非是。《卷耳》箋「必有醉而失禮者」，云「無『而』字」；傳「石山載土曰砠」，云「『山』下有『之』字」。《樛木》序「而無疾妒之心焉」，云「『焉』作『也』」；傳「本之下曲曰樛」，云「本枝下曲曰樛」。《螽斯》傳「振振，仁厚也」，云「『厚』下有『皃』字」。《桃夭》序「國無鰥民也」，云「『民』下有『焉』字」；「灼灼其華」，云「『華』下有『也』字」。此尤非。《兔罝》箋「皆以禦難也」，云「『皆』下有『所』字」；「有武力可任爲將帥之德」，云「無『可』字」；「罝兔之人」，云「下有『賢者』二字」。此亦非。《芣苢》「薄言襭之」，云「『襭』作『擷』」；傳「袺，執衽也」，云「『袺』下有『者』字」。《漢廣》箋「紂時淫風」，云「下有『大行』二字」；傳「喬，上竦也」，云「『喬』下有『木』字」；箋「將不至也」，云「『不』下有『敢』字」；「尤翹翹然者」，云「『尤』下有『長』字」。《汝墳》箋「棄我而死亡」，云「無『而』字」。《麟趾》箋「無以過也」，云「『過』下有『有』字」。尤非。凡此《考文》所記，此本皆不相應，而皆以此本爲長，惜山井鼎未之見也。然則日本古本自立山板本外，當以此本爲正，因使書手傳録一通，以原字既過小，又多草率，遂有原本不誤而書手傳寫誤者，今爲圈正之，善讀者當不以爲嫌也。光緒壬辰春楊守敬記。

【案】此本今藏臺北「國家圖書館」，著録爲清光緒壬辰宜都楊氏傳鈔日本古寫本，十册，清光緒間楊守敬手校並題記（索書號 00232）。

《「國立中央圖書館」善本題跋真跡》收録楊氏題跋書影（第 50 頁），《標點善本題跋集録》收録楊氏跋文（第 10 頁），此次即據該書迻録，與王氏《訪書志補》輯録跋文有異同。

王氏所輯此篇題跋内容與《適園藏書志》相同，而與楊氏題跋不同，此本除楊氏藏印外，尚有周懋琦「福海長春署齋」、張乃熊「菦圃收藏」藏印，見於《適園藏書志》《菦圃善本書目》，可知此本遞經楊守敬、周懋琦、張鈞衡、張乃熊收藏。王重民先生任職國立北平圖書館時未見此本，而是抄録自《適園藏書志》。

245　儀禮鄭注十七卷 明刊本

此本校顧亭林所云《儀禮》脱經文五處皆在，唯《鄉射》「士鹿中」下脱注文。經注不及宋嚴州本及明徐氏本、鍾仁傑本，而勝於閩、監、毛本。又按，陳氏既刻此本，不脱經文，何以其後刻注疏本并脱經注而不覺，遂使後來閩、監、毛皆沿其誤。

【案】《留真譜二編》收録該書書影（廣文本第43—44頁，北京本第1225—1226頁）。此本行款爲半葉十行，行二十字。《經籍訪古志》著録此本（第29頁）。

此本今藏臺北「故宫博物院」，阿部隆一《中國訪書志一》著録爲明陳鳳梧刊本，四册（第28頁）；《「國立故宫博物院」善本舊籍總目》著録作四册本，明正德十六年陳鳳梧汴中刊本（第66頁）。因未見原書題跋真跡和録文，現據王氏《訪書志補》録。此本與前009號爲同一本，見前。

246　儀禮注疏十七卷 明刊本

此本我朝校刊家皆不見，其板式文字皆與陳鳳梧《注疏》本合，未知誰爲後先。序下題「賈公彦撰」，删「等」字。疑此又在陳本後也。

【案】《留真譜二編》收録該書書影（廣文本第 49—50 頁，北京本第 1229—1230 頁）。此本行款爲半葉十行，行二十字。

《經籍訪古志》著録此本（第 30 頁）。

此本今藏臺北「故宫博物院」，著録爲明嘉靖間汪文盛福建刊本，八册（故觀 011752－011759）。因未見原書題跋真跡和録文，現據王氏《訪書志補》録。

247　禮記二十卷　影日本古鈔本

古鈔本《禮記》二十卷。日本古鈔經書，唯《禮記》與《左傳》爲最少，山井鼎《考文》所據只一通，森立之《訪古志》所載只二通，此其一也。余於日本竭力搜求古鈔本，《易》《書》《詩》皆有數通，《左傳》有卷子本，獨《禮記》除此本外，只有殘本二通，蓋彼土習此經者亦少也。每半葉八行，行十七、八、九、二十字不等。首題「曲禮上第一」，次題「禮記一」，再下「鄭氏注」。合於大題在下古式，而卷六、卷七、卷十三，此三卷獨大題在上，不知何故。卷一及卷十四末記經注字數。第一册首有「法雲寺」三字，蓋古刹之舊籍也。據森立之《訪古志》，此爲狩谷望之求古樓所藏，顧無掖齋印記。蓋求古樓藏多不鈐印，而皆有古銅色紙包裹之，是其證也。篇中文字與山井鼎《考文》合，而亦間有不合者。如《曲禮》「三賜不及車馬」，注「卿、大夫、士之子」，《考文》云「古本『之子』作『子之』」，非是。此仍作「之子」；「幼子常視勿誑」注，《考文》云「古本作『誑，毋誑欺也』」，亦非。此無上「誑」字。全書如此甚多。則知《考文》所據本偶有誤衍，非古本盡如此也。至若《曲禮》「三賜不及車馬」，注「受車馬而身所以尊者備矣」，各本脱「受」字；「則必賜之几杖」，注「亦明君尊賢」，各本「尊」誤「貪」；「執友稱其仁」，注「執友，執同志者也」，各本脱下「執」字；「年長一倍」，注「今四十則二十者有子道矣」，各本「則」誤「於」；「孝子不服闇」，注「禮，男女夜行以燭也」，各本脱「禮」字；「不許友以死」，注「死謂報仇讎也」，各本「謂」誤「爲」；「主人固辭」，注「再辭曰『固辭』也」，各本脱「辭也」二字；「尊客之前不叱狗」，注「不敢厭倦」，各本脱「厭」字；「二名不偏諱」，注「言徵不言在，言在不言徵」，各本下二「言」字皆作「稱」，與疏不合。凡此皆各本誤，而此獨是者。全書如此甚多，此第就《曲禮》一篇言之。而洪震煊爲阮文達重校此經，或從或駁或略之，未足見古本之長也。是當别爲校議以發明之。至其注脚虚字，每以「之」字當「也」字，此是鈔胥者省筆所爲，無關宏旨，存而不論可也。光緒癸巳春二月宜都楊守敬記。

【案】《留真譜初編》收録該書書影（廣文本第147頁，北京本第157頁）。書影旁有楊氏題記：

古鈔《禮記》單疏卷子本一卷，狩谷望之舊藏本。

此本今藏臺北「國家圖書館」，著録爲影寫日本古鈔本，十册，清光緒間楊守敬手書題記（索書號 00412）。

《經籍訪古志》著録此本（第 34 頁）。

《「國立中央圖書館」善本題跋真跡》收録楊氏題跋書影（第 100 頁），《標點善本題跋集録》收録楊氏跋文（第 19 頁），此次即據該書迻録，與王氏《訪書志補》輯録跋文有異同。王氏所輯此篇題跋内容與《適園藏書志》相同，而與楊氏題跋不同，此本亦見於張乃熊《菦圃善本書目》，説明確爲張氏舊藏。王重民先生任職國立北平圖書館時未見此本，抄録自《適園藏書志》。

248 春秋經傳集解三十卷 影日本古鈔卷子本

【案】此本與 011 號爲同一本，二者解題大致相同，見前。

249 春秋穀梁傳二十卷 傳鈔本

此《穀梁》注，蓋從宋監本《註疏》録出，唯序文并疏録之，餘只録《傳》文。第一至第六標題「春秋穀梁傳」，自第七至第二十并稱「監本春穀梁傳」。校其中文字雖有脱誤而不沿明閩、監、毛之誤，可喜也。

【案】 此本今藏臺北「故宫博物院」，著録爲日本永禄二年鈔本，三册，楊守敬手書題記（故觀 011764－011766）。阿部隆一《中國訪書志一》著録此本楊氏題跋（第 38 頁），此次即據該書迻録，與王氏《訪書志補》所録相同。

250 論語義疏十卷 日本舊鈔本

《論語》皇疏自日本根本遜志刊本流傳入中國，鮑氏刻之《知不足齋叢書》中，有深信爲古本者，有異議者。其信爲古本者，以其中佚事舊聞往往而在，如公冶長通鳥語之類，獨見於此書。其有異議者，則據《經典釋文》「子行三軍則誰與」云：「皇：音餘。」又「子温而厲」云：「皇本作『君子』。」今此書二條皆不相應。余謂以《釋文》勘皇《疏》，誠爲切證，但通讀皇《疏》，無爲經作音者。按《釋文・叙録》有徐邈《論語音》。又「不易得也」下，《釋文》云「孫音」，亦蓋指孫興公《論語集注》。然則此「音餘」之説，或是孫、徐之本傳寫者誤爲皇與？若《子温章》皇本云：「明孔子德也。亦有云『子曰』者。」是皇本明同今本，别無可解説。亦恐《釋文》有誤。大抵欲勘此書，當知此十三家之注，雖純駁不一，而義訓自古。又六朝人聲口與唐代不同，今以他經舊疏照之，其語言如合符契；如果日本人有此手眼，是與《孟子》孫奭僞疏何啻天淵！考日本自源氏以來，荒滅已甚。其崇尚經學，在德川氏中葉。而彼土今存此書鈔本，有在四五百年前者，則謂即根本僞作者，未核其實也。余獨怪根本所刊《義疏》體式全同閩、監、毛之邢《疏》本。按合注於疏始於南宋，今所見十行本《注疏》及黄唐本《尚書注疏》《周易注疏》《禮記注疏》及元元貞刊本《論語》邢疏皆注文雙行，安得皇《疏》舊本，一同明刊之式？此懷疑未釋者。及來日本得見皇《疏》古鈔本數通，乃知其體式迥異刊本，每章分段，以雙行先釋經文，提行處皆頂格，注文則別行低一格，大字居中。亦有不跳行者，則空數字，疑抄胥爲之。其有所疏者，亦以雙行釋之，提行處并低一格，俱不標起止，足知刊本之妄。且其文字爲根本以他本及邢本校改者，亦失多得少。此本無鈔書年月，相其紙質，亦二百年前之物。後有重刊此書者，當據此正之。

又按，六朝義疏既有此式，何以唐人《五經正義》皆不循此轍？余疑皇《疏》古原本亦必標起止，别爲單疏。今此式亦日本人合注於疏者之所爲，而删其所標起止與？惜日本所傳古鈔本皆不出元明之世，無從實證之耳。

光緒甲申余歸後，總理衙門致書日本公使，索皇氏此《疏》原本，使署中隨員姚君子良以根本刊本進，且稱其古鈔本多譌字，不足據，是真買櫝還珠矣。光緒乙酉夏楊守敬記于黄岡學舍。

【案】 此本今藏臺北「故宫博物院」，著録爲日本江户間鈔本，五册，清光緒乙酉楊守敬手書題識（故觀 011767－011771）。阿部隆一《中國訪書志一》著録此本楊氏題跋（第47頁），此次即據該書迻録，與王氏《訪書志補》所録相同。

251 覆正平本論語集解十卷 《古逸叢書》校本

此合日本諸古本及守敬所搜得諸舊抄本合校，擬并吉宧從校本録出，以附覆《正平本論語》後，卒未得如願，存之以俟後人。癸丑五月守敬誌。

【案】 據《訪書志》中020號正平本《論語集解》行款爲半葉六行，行十三字，知此覆刻本行款亦同。

《經籍訪古志》著録此本（第58頁）。

此本今藏臺北「故宫博物院」，著録爲日本室町初覆刊正平本，卷十第十一頁後缺，五册（故觀 002026－002030）。因未見原書題跋真跡和録文，現據王氏《訪書志補》録。

252　孟子章句殘本　日抄本

右《孟子趙注》殘本四卷，蓋從南宋《重言重意》本出也。光緒辛巳借之向山黄村〔一〕，校於足利活字板上。守敬記。

按，宋十行本及明閩本《注疏》無《題辭》，此本亦無之，乃知趙注之奪亂不自明代始也。附記之。

〔一〕「向山黄村」原作「問山黄村」。

【案】此本今藏臺北「故宫博物院」，著録爲日本室町間抄本，二册（故觀 011772－011773）。阿部隆一《中國訪書志一》著録此本存卷一至卷四，室町寫本，二册（第 49 頁）；《「國立故宫博物院」善本舊籍總目》亦著録此本，存卷一至卷四（第 133 頁）。因未見原書題跋真跡和録文，現據王氏《訪書志補》録。

253　爾雅注三卷　影寫北宋本

北宋刊本《爾雅》，日本東京高階氏所藏。卷末有「將仕郎守國子四門博士臣李鶚書」

一行。按，王明清《揮麈録》：「後唐平蜀，明宗命大學博士李鶚書《五經》，倣其製作，刊板于國子，監中印書之始。今則盛行於天下，蜀中爲最。明清家有鶚書《五經》印本存焉。後題『長興三年』也〔一〕。」據此，則此本當根源于長興本。今日海内所存宋槧，當以此爲第一，勿論《爾雅》刊本無與之爲比也。其中文字足以訂正他本，不勝指數。其尤妙者，《釋畜》「狗四尺爲獒」，注引「《書・孔傳》：犬高四尺曰『獒』」，即此義十一字，段茂堂據《單疏》謂此非郭注，後人所附益。此本不引《孔傳》，與段説合。

辛巳七月荊州楊守敬記。

〔一〕「長興三年」《揮麈録餘話》卷二作「長興二年」。

【案】此本與《日本訪書志》028 號版本相同。據阿部隆一《中國訪書志一》著録，此本今藏臺北「故宫博物院」，爲日本明治間影寫本，三册（第 50 頁）；《「國立故宫博物院」善本舊籍總目》亦著録此本，爲日本明治間影鈔南宋國子監本，三册，近人楊守敬手書題識（第 147 頁）。

又，《中國訪書志一》著録此本楊氏題跋（第 51 頁），此次即據該書迻録，較王氏《訪書志補》所録多落款「辛巳七月荊州楊守敬記」。楊守敬自題籍貫皆爲「宜都」，此處作「荊州」，未見原書題跋，不能判斷正誤，故於此處存疑。

254　釋名八卷　日刊本

此書有宋臨安府陳道人書籍鋪刊行本，舊藏張金吾處。又有明吕柟刊，即從陳道人本出，相傳爲此書善本。然按載表元《題好過庭書譜》後云：「往時杭州陳道人家印書，書之疑處，率以已意改令諧順。」然則陳道人本亦未可盡信。此本亦未知與陳道人本何如，記之以俟他日。守敬甲申正月。

戊子正月閲陸心源《儀顧堂集》，知吕柟野重刊陳道人本，《釋天・彗星》上脱「霧冒也，氣蒙亂覆冒物也。蒙，日光不明，蒙蒙然也」十九字，此本亦脱，則知此本原於吕本。而程榮、何鏜《漢魏叢書》本又沿此本之誤也。守敬再記。

【案】此本書名《新刻釋名》，今藏臺北「故宫博物院」，著録爲日本明曆二年京上村次郎衛門刊本，一册（故觀 011777）。

阿部隆一《中國訪書志一》著録此本之楊氏手書題記，與王氏《訪書志補》所録不同（第 51 頁），此次即據該書迻録。阿部氏所録本身亦有疑問之處（如作「載表元」似當作「戴表元」，「好過庭」似當作「孫過庭」）。

255　埤雅二十卷　明刊本

此本亦原于張存性本，故缺簡皆同。然間有誤字，又失張存性一序，不如顧域校刊本之精。唯每卷後有《釋音》，而顧本無之。按宋人刻書多附《釋音》。此所載雖不敢謂原出陸氏，然其爲宋時舊有必矣。原書今俗謂「虹」爲「虹」，字下有云「音絳」。此當是顧氏原音。然全書只此一條，蓋以俗音詮義，故特出之。

又卷首標題「新刊埤雅」，顧刊無「新刊」二字。當亦宋本之舊。據張存性序，此書自宣和刊本後，再刊于贛州，故有「新刊」之目，宋人重刊書多題如此。非畢氏增加也。胡文焕《格致叢書》亦沿此本，而刊落陸宰一序，又删「農師」官銜，則妄矣。戊子正月守敬記。

【案】　此本書名《新刊埤雅》，今藏臺北「故宫博物院」，著録爲明刊白口十一行本，四册，楊守敬手書題識（故觀 011778－011781）。此本行款爲半葉十一行，行二十二字。因未見原書題跋真跡和録文，現據王氏《訪書志補》録。

256　浄土三部經音義四卷　日抄本

（一）《淨土三部經音義》四卷，日本沙門信瑞纂，自序題「嘉禎三年」，當宋理宗端平三年也。卷一、卷二爲《無量壽觀經》，卷三爲《觀無量壽經》，卷四爲《阿彌陀經》。其引《廣韻》則陸法言、孫愐分著，引《玉篇》亦時見野王案語。是其所見古本與今殊異。又所引《東宫切韻》中載郭知玄、薛峋、麻果、韓知十、祝尚丘、武玄之、王仁煦等之説，皆唐以前小學書之散逸者。其見於新舊《唐志》者，不過數家。餘多見其國《現在書目》。雖卷帙無多，固當與玄應、慧琳《衆經音義》并珍也。光緒癸未春三月，宜都楊守敬記于東京使館。

（二）是書引《東宫切韻》，旁注云，是書之作，菅丞相之父也。菅名道真，爲彼國名臣，當中國唐之中葉，惜其書不傳也。此書彼國藏書家亦不知之，余從書肆得此本，守敬再記。

【案】　此本今藏臺北「國家圖書館」，著録爲日本抄本，三册，清光緒九年楊守敬手書題記（索書號 09025）。

《「國立中央圖書館」善本題跋真跡》收録楊氏題跋書影（第 1806 頁）；《標點善本題跋集録》收録楊氏跋文（第 419 頁），此次即據該書迻録。楊氏題跋有兩則，王氏《訪書志補》只收録了第一則。

王氏所輯此篇題跋内容與《適園藏書志》相同，皆未收録楊氏第二篇題跋，此本除楊氏藏印外，尚有周懋琦「福海長春署齋」、張乃熊「芷圃收藏」藏印，見於《適園藏書志》《芷圃善本書目》著録，可知此本遞經楊守敬、周懋琦、張鈞衡、張乃熊收藏。王重民先生任職國立北平圖書館時未見此本，而是抄録自《適園藏書志》。

257 史記河渠書一卷 日本古鈔本

右卷子本《河渠書》殘卷，自「山東西，歲百餘萬石」起，至卷末止。日本延喜二十年九月二十一日家牒所用。前一行署「右大臣藤原忠平公印」，又下題：「右一卷，師海屋氏所藏天保二年辛卯仲春上浣，爲紫山先生騰於三緘堂南牕，啼鳥睍睆、讀書咿唔之處。浪華邨井俊。」按延喜二十年當梁貞明六年，此初寫底本之年也。天保二年當道光十一年，此覆影寫之年也。藤原忠平後爲左大臣，又爲關白，卒於日本天曆三年，當中國漢乾祐二年。其生平事蹟詳《日本史》。此卷書法端整，猶有唐人風格。集中筆誤之字甚多俗體、別字，如「穿」作「穿」、「砥」作「底」、「穀」作「槃」不計外，「蒲坂」作「蒲反」，「而水湍石」，「水」下有「多」字；「故鹵地」作「故惡地」，與《溝洫志》合；「東至山嶺」，「領」不從「山」，與《古蘭亭叙》合；「延道」不作「正道」；「東郡閒」不衍「流」字，與《溝洫志》合；「盱盱」不作「洋洋」。今本「菑」「災」錯出，此本并作「灾」，皆足訂今本之誤。

【案】《留真譜初編》收録該書書影（廣文本第 361—362 頁，北京本第 391—392

頁)。此本行款爲半葉六行,行十九字。此本今藏臺北「故宫博物院」,著録爲日本舊鈔本,一册,楊守敬手書題記(故觀 011804)。

阿部隆一《中國訪書志一》著録此本之楊氏手書題記(第 70 頁),此次即據該書迻録。

書影旁有楊氏題記:

右古鈔卷子本《史記·河渠書》。

258 漢書食貨志一卷 日本影鈔本

右古寫卷子本《漢書·食貨志》上卷,末附《鄧通傳》殘字六行,日本醫官小嶋春沂所影摹者。今據以入木,結體用筆,望而知爲唐人手書,不第缺文皇、高宗兩諱也。卷中如「揉木爲耒」,各本作「煣」,宋子京云「煣」當爲「揉」。按《説文》:「煣,屈申木也。」「揉」字《説文》不收,則作「煣」爲正。但《易·繫辭》已作「揉」,别無作「煣」之本。若《漢書》本作「揉」,師古不應無注,疑顔氏所據之本,原作「揉」。所不解者,宋子京竟不見作「揉」之本耳。又引《詩》「興雨祈祈」,今本皆作「興雲」。按,顔之推《家訓》,疑「雲」當爲「雨」,引班固《靈臺詩》云「習習祥風,祈祈甘雨」爲證。據此,則六朝經文無作「興雨」者。若《漢書》本作「興雨」,何勞遠引《靈臺詩》。自陸氏《釋文》已有作「雨」之本,當是因《家訓》校改。師古作此書注，在陸氏之後，或遵其祖説。又據《釋文》一作之本改班《書》，亦情事所有。而後之鈔録者，仍遵舊本作「雲」，遂致此參差耶！凡此二義，均難裁定。其他異同奪誤，互有是非，别爲校札記附其後。光緒壬午四月，宜都楊守敬記於日本東京使館。

據何義門所校各本，又以宋劉之問本、元劉文聲本、朝鮮活字本、日本寛永活字本，互相比勘，凡此卷與諸本有一合者，皆不出，正、俗通用字習知者，亦不出。

【案】《留真譜初編》收録該書書影（廣文本第 375—376 頁，北京本第 405—406 頁）。此本行款爲半葉七行，行十三字。

此本收入《古逸叢書》第二十一種之「影唐寫本漢書食貨志」，書後有楊守敬題記，此次即據該書迻録，與王氏《訪書志補》所録内容一致。

《經籍訪古志》著録此本（第 99 頁）。

259　南齊書五十九卷 宋刊本

南監本、《七史》本、宋蜀大字本，字體方整。元代有重修之板，稍趨圓活。明嘉靖又經補刊，則更爲劣矣。此本首尾一律，定爲宋元間所印，絶無元修之迹。馮夢禎刊本即從此翻彫，可覆按也。或謂宋紙簿而紉，無如此之厚重者。然余所見元印鄭氏《通志》，即此等紙也。書之以質世之博涉者。壬子仲冬，宜都楊守敬記於上海寓廬，時年七十有四。

【案】此本非經楊氏收藏，因書中有楊氏題跋，故被王氏收入《訪書志補》中。此本今藏國家圖書館，著録爲宋刻宋元明初遞修本，繆荃孫、楊守敬、吴慈培、章鈺跋，沈增植題款，二十册（善本書號 05236）。

此本爲傅增湘舊藏，《藏園群書題記》著録此本及諸家題跋，據題跋可知傅氏得此書於穆彰阿（第 81 頁）。

「中華古籍資源庫」收此本電子本，楊氏題跋位於首卷書後，此次即據該書迻録，與王氏《訪書志補》所録相同。

260　歷代職源五十卷　日鈔本

《書録解題》：《職源》五十卷，大理司直金華王益之行甫撰。亦簡牘應用之書，而專以今日見行官制爲主。蓋中興以後，於舊制多所併省故也。然則原書每條之後必多臚列歷代典故，以備簡牘之用。此本首題「撮要」，蓋删其類典而存其總綱。考宋南渡官制者，當以此書爲詳實。惺吾記。

【案】《留真譜初编》收録該書書影（廣文本第 451—452 頁，北京本第 489—490

頁)。此本行款爲半葉九行,行二十字,書名《歷代職源撮要》,只一卷。

此本今藏臺北「故宮博物院」,著録爲日本明治三年度會縣校權教授松田混鈔本,一册(故觀 001014)。

阿部隆一《中國訪書志一》著録此本之楊氏手書題記(第 84 頁),此次即據該書迻録,與王氏《訪書志補》所録相同。

261 臣軌一卷 日本古鈔本

此書以寬文刻本根源爲最古,此本注中大有删削,然墨色如漆,審其筆勢,當爲日本六七百年前人所抄。其原本不與寬文本同,故卷首有「鄭州陽武縣臣王德纂注上」十一字,而寬文本無之。按此書别有天正間抄本,亦有「王德纂注」之文,則知寬文本脱也。光緒戊子四月宜都楊守敬記。

又按,寬文本卷末有「垂拱元年撰」五字,《佚存叢書》因之,阮文達遂有異議。此本無此五字,豈寬文本爲後人所竄入歟?守敬再記。

【案】《留真譜初編》收録該書書影(廣文本第 444 頁,北京本第 482 頁)。此本行款爲半葉五行,行十四字。

此本今藏臺北「故宫博物院」，著録爲日本鎌倉末期鈔本，二册（故觀 010496－010497）。

據阿部隆一《中國訪書志一》著録此本之楊氏手書題記（第 90 頁），此次即據該書迻録，與王氏《訪書志補》所録相同。

262　農書二十二卷　武英殿聚珍本

王禎《農書》，典雅詳實，《齊民要術》之亞也。惟武英殿聚珍本有之。杭州、福州重刊聚珍本，均不刻此本，可謂無識。余求之二十年未得，丙戌入都，始以重值購之。他年有力，必當重刻之。此書所引《齊民要術》，足訂《祕册彙函》本之謬。五月廿三日守敬記。

【案】此本今藏臺北「故宫博物院」，著録爲清乾隆間武英殿聚珍本，十册，近人楊守敬手書題記（故觀 006471－006480）。

阿部隆一《中國訪書志一》著録此本之楊氏手書題記（第 94 頁），此次即據該書迻録，王氏《訪書志補》所輯楊守敬題跋無「五月廿三日守敬記」。

263　巢氏諸病源候論五十卷　日人學古校本

【案】此本與《訪書志》136 號爲同一本，二者解題亦幾乎一致，見前。

264　經史證類大觀本草三十一卷　元刊本

【案】此本與《訪書志》126 號爲同一本，二者解題亦幾乎一致，見前。

265　重修政和經史證類備用本草三十卷　明刊本

明成化四年山東巡撫原傑重刊平陽張存惠本。按此書本名《備急本草》，凡三十一卷，見於元宗文書院刊本大觀二年艾晟序。此本改「備急」爲「備用」，又以第三十一卷移置三十卷之首，有政和六年曹孝忠序，蓋重校刊此書者。又有麻革序，稱平陽張魏卿得解人龐氏本，附以寇氏《衍義》，命工刻梓。復載劉祁跋，皆只稱「乙酉」，不著朝代年號。首有木記稱：「泰和甲子下乙酉冬日南至　晦明軒記。」《四庫提要》謂是「金大定乙酉」，蓋從「泰和」上逆數之誤也。錢竹汀考爲元定宗后稱制之年，距金亡已十有六載，當宋理宗淳祐九年。而存惠猶以「泰和」甲子下統之，隱寓不忘故國之思。此恐亦求之太深，蓋元初無年號。余謂金泰和凡八年，無「乙酉」，泰和四年爲「甲子」，稱「甲子」下「乙酉」，則明爲入蒙古時矣。錢氏説是也。又有宇文虚中皇統三年《書後》，此則更在泰和甲子前六十年，下距「乙酉」又四十六年，安得相接？是蓋存惠仰慕虚中之名，因其集中有《書後》一通，故載之，非存惠刻書時所作也。此書又有嘉靖間刊本，首有陳鳳梧序，即以此本爲源。又有明萬曆丁丑宣城王大獻以政和之本依其家藏宗文書院篇題合二本爲一書，而「大觀」「政和」兩本皆亂矣。張氏本既不傳，近來著録家皆據成化本以存政和之舊，因亟録而藏之。光緒癸未四月，宜都楊守敬記。

【案】《留真譜初編》收録該書書影（廣文本第275—278頁，北京本第1615—1618頁）。此本行款爲半葉十二行，行二十三字。

此本今藏臺北「故宫博物院」，著録爲明成化四年山東巡撫原傑重刊本，二十四册，光緒癸未（九年）楊守敬手書題識（故觀011410－011433）。

因未見原書題跋真跡和録文，現據王氏《訪書志補》録。

266　外臺秘要四十卷目録一卷　明刊本

此日本東京醫官小島尚質以紀藩竹田氏宋槧本校勘，又以《巢氏病源》、孫氏《千金方》，凡王燾所引書之尚存者，莫不對讀，可謂精審之極。小島三世以醫鳴于日本，余得古醫書祕本多出其家，凡醫經正本，罔不參互攷訂，一字無假。余嘗謂校訂之學，經書、小學而外，即當以醫籍爲最要，一字訛謬，充其量即可殺人。讀小島校訂諸書，不能不嘆異域之有人。而後知精斯術者，妙悟紬解，仍從一字一句做起。束書不觀，妄逞意見，藉口古方不能治今病，流失敗壞，等諸賤技，而蒼生之禍極矣。光緒壬午四月，宜都楊守敬記。

【案】　此本書名《重訂唐王燾先生外臺秘要方》，今藏臺北「故宫博物院」，著録爲明崇禎庚辰新安程氏經餘居刊本，三十二册，近人楊守敬手書題識，日本小島質朱墨手校（故觀 015301－015332）。

因未見原書題跋真跡和録文，現據王氏《訪書志補》録。

267　和劑局方十卷 元刊本

每半葉十五行，行廿四字，雙邊。目録分十四門，凡七百八十八方。據目録每門有陰識增入《紹興續添方》《寶慶新增方》《淳祐新添方》、吴直閣《增諸家名方》《續添諸局經驗祕方》。按《玉海》稱：「大觀中，陳師文校正《和劑局方》五卷[二]，二百九十七道，二十一門。」此本前有日本人補鈔師文上《表》，與《玉海》合，而與此本不符。陳振孫《書録解題》稱《和劑局方》其後時有增補，殆謂此與？然除紹興以後所增之方，實得二百九十六方，師文之舊，尚可尋檢。唯所分十四門，每門下又有附目，又得十門，共二十四門。是則增添合并，不可攷矣。宋制最重醫學局方，自北宋元豐中詔天下名醫以祕方下太醫試驗，至大觀、紹興，代有增益，故南、北宋間皆奉此本爲圭臬。自朱震亨《局方發揮》出，其風始稍殺。余謂操古方方治今病固不能盡合〔二〕，師心自用，隨意下藥，又豈有準平和緩。扁、陀，曠代一見，《千金》《外臺》古方奚止千萬，不有揀擇，何以示中材。末有《局方指南總論》上、中、下三卷，標題稱「敕授太醫助教前差充四川總領所檢察惠民局許洪編」。而《四庫題要》著録本不著「許洪」之名。按，許洪雖無可攷，據其官銜，亦必南宋人。其所論列，皆有斷制，非深明醫術者不能。《提要》稱其從《圖經本草》鈔録增入，亦淺之乎視洪矣。

光緒壬午二月楊守敬記。

余又得大德甲辰余志安刊于勤有堂本，體式頗異，文字全與此本同，而又缺目録，末亦無許洪《總論》。

又檢《曝書亭集》有建安高氏日新堂刊本，與此本悉合。

又得明崇禎丁丑朱葵刊本，紹興以下續添之方皆合，并不復識別，且多所增損。治婦人諸疾增添至一百五十九方〔三〕，不知所據何本，然望而知爲俗刻。

又檢《學津討原》刊本，標題「增廣太平惠民和劑局方」，後有《圖經本草藥性總論》三卷，無「指南」之名，其十四門除「產前、後」二法、「胎神遊方」「催生符」及後附《四香》不可謂之「方」外，止六百七十四方。據稱「從鈔本入木，未得古本訂正」，則亦未可據依。按「胎神」諸符，元本無之。《四香》一門，則元本所有。又案，《癸辛雜識》稱《局方》牛黄清心丸廿九味，前八味至蒲黄而止，自乾山藥以下廿一味，乃山芋丸所誤入。今此本牛黄清心丸藥味次第，蒲黄在第十三，而乾山藥在第廿六，余志安本亦同。與周氏所説不應；而與張海鵬刊本次第亦復不同，張刊次第與朱葵本同。知此書爲後人所亂不少。大觀之本既不得見，則此較勝于朱、張兩刻，有心世道者，亟宜重刊，爲業醫者示之，的爲惠民者廣其術焉。壬午九月廿二日燈下再記。

余又得日本丹波元胤《醫籍考》稿本，有許洪《太平惠民和劑局方注自序》，末題「嘉定改元歲在戊辰日南長至勅授太醫助教前差充四川總領所檢察惠民局許洪謹書」。迺知許洪有《局方注》，其《指南總論》冠其注本之首，後人刻《局方》去其《注》，而存其《總論》故附于書後。序文中又稱洪襲父祖業三世矣，按許叔微有《普濟本事方》十二卷，叔微維揚人，紹興三年進士，洪豈其孫與？存以俟考。癸未五月守敬再記。

太平惠民和劑局方序

昔神農嘗百草之味，以救萬民之疾；《周官》設疾醫之政，以掌萬民之病。著在簡編，爲萬世法。我宋勃興，神聖相授，咸以至仁厚德，涵養生類；且謂扎瘥薦臻〔四〕，四時代有，救恤之術，莫先方書。故自開寶以來，蚤勑近臣讎校《本草》，厥没纂次〔五〕，神醫普救，刊行《太平聖惠》，重定《鍼艾俞穴》，校正《千金》《外臺》，又作《慶曆善救》《簡要濟衆》等方，以惠天下。或範金揭石，或鏤板聯編，是雖神農之用心，成周之致治，無以過也。天錫神考，睿聖承統，其好生之德，不特見步方論而已〔六〕。主上天繼深仁〔七〕，孝述前烈〔八〕。爰自崇寧增置七局，揭以「和劑」「惠民」之名，俾夫修製給賣，各有攸司。又設收買藥材，所以革僞濫之弊。比詔會府咸置藥局，所以推廣祖考之德澤，可謂曲盡。然自剏局以來，所用之方〔九〕，或取於鬻藥之家，或得於陳獻之士，未經參訂，不無舛訛。雖嘗鏤板須以〔一〇〕，未免傳疑承誤。故有藥味脱漏，銖兩過差，製住多不依經祖襲〔一一〕，間有爲妄〔一二〕。至於貼牓，謬戾尤多，殆不可以一二舉也。頃因條具上達朝廷，繼而被命，遴選通醫，俾之刊正。於是請書監之祕文，採賢之書録〔一三〕，公私衆本，搜獵靡遺。事關所從，無不研核。或端本以正末，或沂流以尋源，訂其訛謬，折其淆亂。遺佚者補之，重複者削之。未閲歲而書成，校正凡柒伯捌處，增損總柒拾壹方，作看詳壹拾參卌，浄方伍卷，計貳伯玖拾柒道，分貳拾壹門〔一四〕。繕寫甫畢，謹獻于朝，將見和合者得十全之效，飲餌者無纖芥之疑。須此成書〔一五〕，惠及區宇。遂使熙豐惠民，民美意崇觀述事之洪規〔一六〕，本末巨細，無不畢陳。納斯民於壽康，召和氣於穹壤。億萬斯年，傳之無極，豈不韙歟？

將仕郎措置置藥局檢閲方書陳承〔一七〕

奉議郎太醫令兼措置藥局檢閲方書裴宗先〔一八〕

朝奉郎守尚書庫部郎中提轄措置藥局陳師文謹上

〔一〕「陳師文」原作「陳師友」，據下文及《玉海》改。

〔二〕此句疑衍一「方」字。

〔三〕朱葵本卷九《治婦人諸疾》（國家圖書館藏有朱葵袁元熙明崇禎十年刻本〔索書號 13794〕，「中華古籍資源庫」收録）共收八十七方，此句所言或有誤。「九」湖北本改作「丸」。

〔四〕「扎」國家圖書館所藏元日新書堂刻本《太平惠民和劑局方》（索書號 09376。以下簡稱「元本」）作「札」。

〔五〕「厥没」元本作「厥後」。

〔六〕「見步」元本作「見於」。此句後、「主上天縱深仁」前，元本有「又設太醫局熟藥所於京師，其恤民瘼可謂勤矣」一句。

〔七〕「繼」元本作「縱」。

〔八〕「烈」元本作「列」。

〔九〕「所用」元本作「所有」。

〔一〇〕「須以」元本作「頒行」。

〔一一〕「製住」元本作「製作」。

〔一二〕「爲妄」元本作「僞妄」。

〔一三〕「採賢之書録」元本作「採名賢之别録」。

〔一四〕「校正凡柒伯捌處」至「分貳拾壹門」元本無。

〔一五〕「須」元本作「頒」。

〔一六〕兩句元本作「遂使熙豐惠民之美意，崇觀述事之洪規」。

〔一七〕「將仕郎措置置藥局」元本作「將仕郎措置藥局」。

〔一八〕「奉議郎太醫令」元本作「奉議郎守太醫令」，「裴宗先」作「裴宗元」。

【案】《鄰蘇觀海——院藏楊守敬圖書特展》一書中對館藏《太平惠民和劑局方》有詳細説明(第86頁)：

本院所藏《太平惠民和劑局方》計有四部，除一部收録於文淵閣《欽定四庫全書》外，餘三部均由楊守敬訪自東瀛。其中，元刊本共二部，分别爲元大德八年余氏勤有堂刊本及元刊黑口本(附宋許洪編《太平惠民和劑局方指南總論》三卷,出版時間不詳),另一部則爲明代崇禎十年朱葵、袁元熙重校梓行的《重刻太平惠民和劑局方》。院藏元大德八年余氏勤有堂刊本,書末有木記題「大德甲辰余志安刊于勤有堂」,然卷一及卷三之書名題爲《太平惠民和劑局方》,餘八卷爲《增註太平惠民和劑局方》。二者版式、行款均相同,故吴壁雍教授曾推測當時勤有堂先後出版兩種局方,一種有註,一種無註(吴壁雍,《第一部國家藥局刊行的醫方——太平惠民和劑局方》,《故宫文物月刊》第22卷第11期,2005年2月,頁40—47)。因此,院藏《太平惠民和劑局方》當係由兩種拼合而成。

《留真譜初編》收録楊氏舊藏書影兩種,一爲元大德八年勤有堂本(廣文本第699—700頁,北京本第757—758頁);一爲元刊黑口本(廣文本第701—702頁,北京本第759—760頁)。

此處楊氏題跋所提及三本皆藏今臺北「故宫博物院」,依次著録爲:元大德甲辰(八年)余氏勤有堂刊本,十册(故觀000248－000257);元刊本,一册(故觀000259);明崇禎丁丑(十年)治城袁元熙刊本,存卷一至四、七至十八,四册(故觀010802－010805)。

除以上三本外,臺北「故宫博物院」還藏有一部元刊黑口十五行本,五册(索書號:故觀 000271 – 000275)。似與《留真譜》所收元刊黑口本爲同一版本。

因未見原書題跋真跡和録文,現據王氏《訪書志補》録。

268 新編婦人良方二十四卷 影鈔本

森立之《訪古誌》稱,陳氏真本唯朝鮮活字本,而未載其行欵字數。又載《新刊》殘本二卷,每半頁十二行,行廿四、五字不等。此本半頁十二行,行十九字,有小島學古疊文印,與《仁齋直指》同裝一櫝。《仁齋直指》爲朝鮮活字本,此亦從朝鮮活字本出無疑。故其篇幅、行欵、字數、裝式悉與之合。按此書《四庫》著録,載有元勤有堂刊本;而近代藏書家如張氏愛日精盧、陸氏皕宋樓、丁氏八千卷樓(二)、黄氏士禮居均不載,則其傳本之稀可知。日本雖有朝鮮活字本,亦惟存誠藥室及懷仙閣有之,且亦多補鈔。日本醫家以其書難得也,故亦多展轉傳鈔。余以此書中土罕傳也,故既得小島精鈔本,又購得尋常抄本二通。行款皆不改。他日或不終絶焉。宣統庚戌四月五日宜都楊守敬記。

或謂此鈔本小島學古并未稱從朝鮮活字本出,而余乃質言是朝鮮本,未免臆斷。蓋余又得熊宗立《婦人良方補遺》殘本,存第三至第六一册,又自十三至十八一册,又自十九至二十四一册,不知何人所校。其中引韓本異同,皆與此本合,益知此從朝鮮本出,斷斷然矣。同日守敬再記。

〔一〕「八千卷」原作「八萬卷樓」。

【案】 此本與《訪書志》著録 144 號爲同一本，二者解題不同，見前。因未見原書題跋真跡和録文，現據王氏《訪書志補》録。

269 新編婦人良方補遺大全二十四卷 元麻沙本

首陳自明自序，次行題「臨川陳自明良甫編集」，三行題「鰲峰熊宗立道軒補遺」，每半板十二行，行二十二字。熊宗立未詳何代人，以此本字體定之，當爲建安麻沙本。《訪古志》載有明天順八年刊本，余亦得殘本二册，行款與此同，而鐫刻失其圓潤，當是據此本重翻。據薛己《校注婦人良方凡例》一《各論》，有陳無擇、熊鰲峰二先生評論《治法》云云。以宗立與自明並稱，知所補必皆有依據效驗，故薛氏推重之。且宗立於陳氏原書多所删削改訂，正可參其異同而核其長短。況此熊本今亦不常見，安得不亟録之？宣統庚戌四月七日宜都楊守敬記。

【案】 《留真譜初編》收録該書書影（廣文本第 737—738 頁，北京本第 795—796 頁）。補遺作者熊宗立爲明代人，故此本非元本，應爲明本。

此本未見諸家書目著録，《「國立故宫博物院」善本舊籍總目》未有書名爲此者，只有《新刊婦人良方補遺大全》，且與此處所記行款不同。

王重民先生題記説明（《圖書館學季刊》第二卷第三期，1928 年）標注此篇録自《晦明軒稿》。因未見原書題跋真跡和録文，現據王氏《訪書志補》録。

270　新刊仁齋直指方論二十六卷　影抄本

景定甲子三山楊士瀛登父自序，目録前有「環溪書院刊行」一行，卷一題「三山名醫仁齋楊士瀛登父編撰」。建安儒醫翠峯詹中元本「中」上有「宏」字。洪道校定。每半頁十二行，行十九字。有小島學古三印。學古爲日本侍醫，藏書之富，自多紀外，罕有其匹。余所得醫籍，大抵皆其舊藏。按森立之《訪古志》稱聿修堂藏宋槧本，半頁十四行，行二十四字，其書亦爲守敬所得，實是元刊本，與此本行欵不合，篇幅亦異。其每卷或題「新刊」，或題「新編」，或題「增修」，莫知其義例所在。二十六爲《婦人類》，有《血氣》《拾遺》二子目，元本則有《血氣》《吐衄》《拾遺》三門。此書有明朱崇正補遺本，其《婦人類》有《子嗣》一門，此與其中文字經小島學古以朱筆校宋元本及《醫方類聚》多所異同，大抵以此本爲是。又《訪古志》稱懷仙閣、酌源堂均有朝鮮國活字印本，此本原與影抄朝鮮《婦人良方》同裝一櫝，其篇幅行欵皆同，則此從朝鮮活字板出無疑。元本二十六卷，有《傷寒類》《書小兒方論》《醫學真經》，此本無之。蓋朝鮮以重印《直指》，而以陳自明《婦人良方》配之，故行款皆同。學古校此書，雖未題此本爲何代刊本，而於明朱崇正本上，臚列宋、元本，其稱宋本，皆與此本合，則此本小島固以爲宋本也。或謂此本目録前題「環溪書院刊行」，與元本同，書院刊書多出元代，疑此亦元刊。余謂不然，考建安有三山書院，宋寶祐中提刑王汝建；又藍田書院，宋紹興中建；環溪在羅源縣東南。當南宋時，書院之設遍於閩中，此書在宋時已刊于環溪書院，至元時復刻之，而改其行欵。不然，以元刊反多訛字耶？此書《四庫》著録已只有明朱崇正本，且云宋槧舊刊已不存，近日藏書家若歸安陸氏、錢唐丁氏皆只得明朱崇正本，則此本誠爲天壤間罕覯之物矣。宣統庚戌四月五日宜都楊守敬記。

宋本

卷一新刊　卷二新刊　卷三新刊
卷四新刊　卷五新刊　卷六新刊
卷七新刊　卷八增修　卷九增修
卷十增修　卷十一增修　卷十二增修
十三增修　十四增修　十五增修

十六新編　十七增修　十八增修
十九增修　二十增修　二十一新編
廿二新編　廿三新編　廿四增修
廿五增修　廿六新刊

元本

卷一新刊　卷二新刊　卷三新編
卷四新刊　卷五新刊　卷六新刊
卷七新刊　卷八增修　卷九增修
卷十增修　卷十一增修　十二增修
十三增修　十四增修　十五增修
十六新編　十七增修　十八增修
十九增修　二十增修　二十一新編
廿二新編　廿三新編　廿四增修
廿五增修　廿六新刊

【案】《留真譜二編》收録該書書影（廣文本第 307—308 頁，北京本第 1463—

1464 頁)。

此本今藏臺北「故宫博物院」,著録爲日本傳鈔朝鮮活字本,六册,近人楊守敬手書題識(故觀 000715－000720)。

因未見原書題跋真跡和録文,現據王氏《訪書志補》録。

271　唐宋白孔六帖殘本四十四卷 宋刻本

海内著録家有宋單刻《白氏六帖》,而無宋《白孔六帖》合刻本,故皆以明本爲祖刻。此爲宋刻宋印,精妙絶倫,雖殘缺,當以吉光片羽視之,不第爲海内孤本也。　癸丑五月端午鄰蘇老人記。

【案】　《留真譜初編》收録該書書影(廣文本第 577—578 頁,北京本第 635—636 頁)。　此本行款爲半葉十行,行大字十六、七字,小二十三字。

此本今藏臺北「國家圖書館」,著录爲南宋建刊十行本,存四十二卷,十六册,近人楊守敬手書題記(索書號 07799)。

《「國立中央圖書館」善本題跋真跡》收録楊氏題跋書影(第 1613 頁),《標點善本題跋集録》收録楊氏跋文(第 369 頁),此次即據該書迻録,與王氏《訪書志補》相同。

此本中有張乃熊「芷圃收藏」印記，見於《適園藏書志》《芷圃善本書目》著録，爲張氏家藏，王重民先生任職國立北平圖書館時未見此本，當是抄録自《適園藏書志》。

272　大唐新語十三卷 《稗海》本

首缺劉肅自序、末缺《總論》一篇；又《政能》第八標目誤刻于《持法》篇「韋陟」條末，與馮本同。《提要》稱《稗海》本於劉肅自序增入「世説」二字，今以此本照之，并無劉肅自序。蓋《稗海》所刻書，皆妄删原序、原跋，不獨此本也。《提要》所云蓋是馮本而誤屬商氏也。觀此本每卷仍題「大唐新語」，尚仍《唐志》之舊，足見無改增序目之事。其每篇文字與馮本亦互有長短，而此本較勝。今一一校出，以與馮本并讀，庶乎善本焉。《提要》又云：據諸本校定爲三十篇，《總論》一篇，似合爲三十一篇。今從《持法》分出《政能》一篇，實只二十九篇，合《總論》爲三十篇，《提要》所云，蓋稍未分析云。光緒癸巳春三月宜都楊守敬記。

【案】此本不知今藏何處，《故宫所藏觀海堂書目》著録一本云「明刊本，原題《唐世説新語》，有光緒癸巳楊氏題識」；檢《「國立故宫博物院」善本舊籍》，未著録有明刊本。《故宫所藏觀海堂書目》所著録者當即此本。因未見原書題跋真跡和録文，現據王氏《訪書志補》録。

273　文子二卷　明萬曆五年刊本

戊子五月楊守敬記，明萬曆五年刊本《文子》二卷，首有潛庵子序，稱得墨希子所藏徐靈府注本，因彙刻之，然僅存《文子》正文，其徐注則皆删之，可惜也，丁丑夏日潛庵子志。未詳其人。《四庫提要》稱此書有明道潛堂刊本，未知誰爲後先。然以《纘義》所列異同，則此本與道潛本多合。又錢氏《守山閣叢書》據《雲笈七籤》九十一卷引《九守篇》，與此分篇迥異，知宋本尚不誤，然則序稱從靈府本出，恐未然。

【案】《留真譜初編》收録該書書影（廣文本第 485—486 頁，北京本第 525—526 頁）。此本行款爲半葉十行，行二十一字。

此本今藏臺北「故宫博物院」，著録爲明萬曆五年刊本，二册，近人楊守敬手書題識（故觀 015480－015481）。

阿部隆一《中國訪書志一》著録此本之楊氏手書題記（第 131 頁），此次即據該書迻録，與王氏《訪書志補》有異。

274 文章正宗二十六卷 明刊本

【案】 此本與《訪書志》182號爲同一本，二者解題亦幾乎一致，見前。

275 倪注庾開府全集十六卷 原刊本

《四庫提要》稱魯玉錢塘人，康熙乙酉舉人，官内閣中書舍人。是編以吴兆宜所箋《庾開府集》合衆手以成之，頗傷漏略，乃詳考諸史，云云。今觀此書題辭及後跋，皆不著年月，大抵此書之刻，在康熙末年；吴注之刻，則在康熙戊辰，魯玉不容不見吴本。而魯玉書首僅載張溥一序，并不及有吴注本，又似未見吴注者。近日葉廷琯《吹綱録》議魯玉《哀江南賦注》「楚老相逢，泣將何及」，引《漢書》兩龔事，與情事不合；不如吴兆宜《注》引《列子》「燕人生長于楚」云云。今按，注《哀江南賦》是諸家集成，此書失注出典者者當不止此一條。

【案】 此本書名《庾子山集》，清倪璠注。今藏臺北「故宫博物院」，著録爲清康熙間崇岫堂刊本，六册（故觀 011110－011115）。行款爲半葉十行，行二十字，小字雙行字數同。

阿部隆一《中國訪書志一》著録此本之楊氏手書題記(第132頁),此次即據該書迻録,與王氏《訪書志補》相同。

276 分類補注李太白詩二十五卷 元刊本

此即元建安氏勤有堂原刊本,其目録末有余氏篆文木記。此本缺目録及第一卷,余得之寺田弘。據森立之《訪古志》,有楓山官庫本,卷末有「至大庚戌余志安刊于勤有堂」記,此本卷末將木記挖去,不知何故。案,楊、蕭二家皆只注李詩,不注其文,故《愛日精廬藏書志》及楓山官庫皆只詩二十五卷,即明許自昌刊本亦然。唯明郭雲鵬本有三十卷,然自二十六卷以下,皆題「吴會郭雲鵬編次」,則知附雜文五卷,出郭手也。《四庫提要》著録爲三十卷,不知後五卷出何人,且疑是楊、蕭所爲,蓋未見此元刊本也。光緒戊子五月十一日守敬記。

【案】此本今藏臺北「故宫博物院」,著録爲明初覆元至大三年余氏勤有堂刊本,八册,近人楊守敬手書題記(故觀002227－002234)。行款爲半葉十二行,行二十字。

阿部隆一《中國訪書志一》著録此本之楊氏手書題記(第133頁),此次即據該書迻録,與王氏《訪書志補》相同。

277 分類補注李太白詩二十卷 明翻刻本

此爲明中葉重刊元建安余氏勤有堂本。目録末空格，即勤有堂木記，翻刻者挖除耳。卷首蕭士贇一序，自郭雲鵬、玉几山人、許自昌刻本皆逸去。近日海昌蔣光煦《東湖叢記》始從元刊本録出，此本序亦有殘缺，據元刊本補録之。守敬。〔一〕

郭雲鵬本、玉几山人雕刻雖佳，然删除注文過甚，玉几山人及許自昌本亦略有删除，非蕭氏原書，固當以此本爲據也。

蕭序〔二〕

唐詩大家數李、杜爲稱首，古今注杜詩者號千家，注李詩者曾不一二見，非詩家一欠事與〔三〕？僕自弱冠知誦太白詩，時習舉子業，雖好之，未暇究也。厥後乃得意于此間〔四〕，趨庭以求聞所未聞，或從師以蘄解所未解。冥思暇想，章究其意之所寓；旁搜遠引，句考其字之所原。若夫義之所題〔五〕，概不贅演。或疑其贋作，爲移置卷末〔六〕，以俟真眼者自擇焉〔七〕。此其例也。一日，得巴陵李粹甫家藏左緜，所刊春陵楊君齊賢子見注本讀之，惜其博而不能約，至取唐廣德以後事及宋儒記録詩詞爲祖。甚而併杜注内僞作蘇東坡箋事已經益守郭知達删去者，亦引用焉。因取其本類此者爲節文〔八〕，擇其善者存之，注所未盡者，以予所知附其後，混爲一註。《全集》有賦八篇，子見本無註，此則併註之，標其目曰《分類補注李太白集》。吁！晦庵朱子曰，太白詩從容於法度之中，蓋聖於詩者。則其意之所寓，字之所原，又豈予寡涵之見所能知，乃欲以意逆志於數百載之上，多見其不知量矣！註成，不忍棄置，又從而刻諸棗者，所望於四方之賢師友是正之、發明之、增而益之，俾箋註者由是而十百千焉，與杜注等，顧不美歟？其毋誚以註蟲魚幸甚。至元辛卯中秋日章貢金精山北冰崖後人粹齋蕭士贇粹可。

〔一〕據阿部隆一所録跋文，此處爲第一則。

〔二〕國家圖書館藏余氏勤有堂元刻明修本《分類補注李太白詩》（索書號 13369）標題作《序例》。

〔三〕「與」國圖藏本作「歟」。

〔四〕「得意」國圖藏本作「得專意」。

〔五〕「所題」國圖藏本作「顯者」。

〔六〕「爲」國圖本作「則」。

〔七〕「真眼」國圖藏本作「具眼」。

〔八〕「爲節文」國圖藏本作「爲之節文」。

【案】 此本今藏臺北「故宫博物院」，著録爲明初覆元至大三年余氏勤有堂刊本，十册（故觀 001094－001103）。行款爲半葉十二行，行二十字。

阿部隆一《中國訪書志一》著録此本之楊氏手書題記（第 134 頁），此次即據該書迻録。

阿部氏所録楊氏題跋爲兩則，王氏《訪書志補》第一則後少「守敬」二字，並將兩則連綴爲一則。

278　分類補注李太白詩二十五卷　明玉几山人刊本

此本爲明嘉靖丙午玉几山人校刊，卷首有重刊序，後于郭雲鵬刊本三年。板式與郭本同，而注文但略有删節，不如郭本之甚。亦僅有詩二十五卷，不刻雜文。後來許自昌刊本即從此本出也。

【案】 此本今藏臺北「故宫博物院」，著録爲明嘉靖二十五年玉几山人校刊後代修補本，十二册（故觀 011614－011625）。行款爲半葉八行，行十七字，注小字雙行。

阿部隆一《中國訪書志一》著録此本之楊氏手書題記（第 135 頁），此次即據該書迻録，與王氏《訪書志補》相同。

279　分類補注李太白詩二十五卷　明許氏刻本

明長洲許自昌刊本。許君好刻古書，此蓋合《工部集》同刊者。以楊、蕭元刊本照之，注文亦多删略，蓋原于嘉靖丙午玉几山人刊本也。戊子五月守敬對校記。

【案】　此本今藏臺北「故宫博物院」，著録爲明萬曆三十年長洲許自昌校刊本，六册（故觀 011631－011636）。行款爲半葉九行，行廿字，注小字雙行。

阿部隆一《中國訪書志一》著録此本之楊氏手書題記（第 135 頁），此次即據該書迻録，與王氏《訪書志補》相同。

280　分類補注李太白詩三十卷　明刊本

此本爲明嘉靖癸卯吴人郭雲鵬刊本。按元刊楊、蕭《補注》本只詩廿五卷，無雜文，此并雜文爲三十卷。觀卷末雲鵬自跋，知係雲鵬所爲。《天禄琳琅》載此本，缺雲鵬跋，遂疑雲鵬爲書賈，誤也。守敬記。

【案】　此本今藏臺北「故宫博物院」，著録爲明嘉靖二十二年吴會郭雲鵬寶善堂刊本，六册（故觀 011590－011595）。行款爲半葉八行，行十七字，小注雙行。

阿部隆一《中國訪書志一》著録此本之楊氏手書題記（第134頁），此次即據該書迻録，與王氏《訪書志補》相同。此本與《訪書志》200號同一部，書志内容不同，參前。

281 樊川文集二十二卷 宋刊本

宋槧《樊川文集》廿卷《外集》一卷《別集》一卷，原本藏日本楓山官庫，無刊板年月，避「桓」「鏡」等字，不避「貞」「慎」字，當是北宋本。然每卷不爲總目，而以總目居卷首，亦非唐本之舊。劉克莊《後村詩話》云，樊川有《續別集》三卷，十八、九是許渾詩。牧仕宦不至南海，而《別集》乃有《南海府罷》之作。是劉所見者，《別集》之外更有《續別集》。此本無《續別集》，故無《南海府罷詩》。《提要》誤以劉所指者在《別集》中，又以今之《別集》只一卷，較劉所見少二卷，遂疑又爲後人删定。不知《別集》有熙寧六年田槩序，明云五十九首編爲一卷，此本一一相合，安得有删削之事？則知後村所見《續別集》，更爲後人所輯，反不如此本之古。《全唐詩》編牧詩爲八卷，其第七、八兩卷皆此本所無，而與《丁卯集》複者五首，當即後村所見之《續別集》中詩。考牧詩唯《正集》皆爲牧作，其外、別兩集已多他人之詩。如《外集》之《歸家》一首爲趙嘏詩；《龍邱途中》二首、《隋苑》一首，見《李義山集》；《別集》之《子規》一首，見《太白集》。皆採輯之誤，不獨《續別集》有許丁卯詩也。樊川詩文爲有唐大家，近唯桐鄉馮氏注其《詩集》行世，其《文集》罕傳，余故不惜重費使書手就庫中影摹以出，待好事者重鐫焉。光緒癸未四月宜都楊守敬記于東京使館。

【案】楊氏所影摹之本今藏臺北「故宫博物院」，著録爲清光緒二十二年宜都楊氏景蘇園影宋刊本，六册（故觀 007704－007709）。

因未見原書題跋真跡和録文，現據王氏《訪書志補》録。

282 孫樵集十卷 明刊本

此本蓋從王濟本重刊者，顧澗蘋跋宋本，稱《龍多山録》「樵起辛而遊，洎甲而休」，又《刻武侯碑陰》云「獨謂武侯治於燕爽」，皆仍濟之之誤，未能訂正。余嘗以《文粹》所載樵文十篇校之，此本尤多脱誤，然勝於汲古本遠矣。觀樵自序前不標「孫可之文集序」，題銜在序後，猶是舊式，異於妄改者也。光緒丁亥守敬記。此本爲小島尚質所藏，見森立之《經籍訪古志》。蓋彼土無宋本，固不得不以此爲秘書。

【案】此本與《訪書志》203號《孫可之集》爲同一書，阿部隆一《中國訪書志一》著録此本之楊氏手書題記（第141頁），此次即據該書迻録，與王氏所輯録《訪書志補》有異。

283 劉蜕集六卷 明刊本

是書《四庫》著録，稱《文泉子》一卷，明崇禎庚辰閩人韓錫所編。此則香城吴𦋺所輯，云原本得之於桑悦，天啟甲子吴綝又重加搜輯者也。至崇禎癸未，閩中黄燁然又爲之補綴重刊，合《孫可之集》行世。按黄本後於韓錫本四年，同爲閩人，顧不知先有韓本。今韓本流傳亦少，僅有《別下齋》重刊本。余架上無韓本，未知與此書異同若何。他日當得韓本一校之。此本根源於《文粹》《文苑》，故篇中亦以二書校異同，而脱誤復不少。劉本長沙人，故文《冢銘》自題甚明，他書皆據其流寓著録，非也。守敬光緒丁亥丙月。又按明崇禎時，烏程閔齊伋亦刻此集，名曰《拾遺集》。惜未見。士禮居有之。

【案】此本與《訪書志》204 號爲同一書，阿部隆一《中國訪書志一》著録此本之楊氏手書題記(第 141 頁)，此次即據該書迻録，與王氏所輯録《訪書志補》有異。

284 山谷内集註二十卷 日本覆宋刊本

此蜀大字本《山谷内集》，末有子黄埒跋，自來無著録者。余得自日本，義寧陳君伯嚴欲重價購之，余不忍割，乃議借刻，別以所藏朝鮮古刻《外集》《別集》補之，一時風行，其實較比原本十得四五耳。癸丑五月守敬記。

【案】 此本書名《山谷詩集注》，《留真譜初編》收録該書書影（廣文本第903—904頁，北京本第993—996頁，書影中去掉了原書注音標注），行款爲半葉九行，行十六字，夾注雙行同。

此本今藏臺北「國家圖書館」，著録爲明朝鮮覆刊宋紹定壬辰延平本，十册，民國二年楊守敬手書題記（索書號10268）。

《「國立中央圖書館」善本題跋真跡》收録楊氏題跋書影（第2195頁），《標點善本題跋集録》收録楊氏跋文（第521頁），此次即據該書迻録，與王氏所輯録《訪書志補》相同。

該館「古籍與特藏文獻資源」收録該書電子版，可見書中有張珩「韞輝齋」藏印，《適園藏書志》亦著録此本，王重民先生任職國立北平圖書館時，未見此本，當是抄録自《適園藏書志》。

附録二

昔宜都楊惺吾氏以光緒甲辰東游，大搜秘籍，先後得三萬餘卷，多此土久佚之書。每得一本，輒考其原委，歸國後刊之，是爲《日本訪書志》。其書考訂精審，爲學術界有數之書。而書僅十六卷，據自序，謂年老無力整理，其秘笈善本不見於《志》者尚多，世以此惜之；而鄰蘇老人旋歸道山，嗣出之説終成空言。民國己未，觀海堂書將出售，吾師沅叔先生時長教部，慫恿當局買之，書遂爲國有，初庋於集靈囿，旋歸故宫圖書館。友人王君有三於民國十五、六年間來館任職，得閲楊氏遺書，即其批本迻録序跋，復以數年之力參之他書，輯爲此編。楊氏訪書遺稿沈薶數十年，至是復得與世人相見，可謂學術界之一快事矣。有三沉潛好學，所著諸書均博雅見稱於時，於前輩著作尤搜討不遺餘力。如越縵堂諸史札記之輯、清儒集外文之輯，俱爲藝林佳話，有稗實學。兹編之作於前志外約多四十餘篇，其關係於目録之學者尤鉅，楊氏所嘆惋而不克實行者，今乃終成於有三之手。鄰蘇老人地下有知，亦將引爲知己也。有三爲予言：「《士禮居題跋記》，經潘、繆二氏再三搜輯，爲《補編》、爲《緒編》，以至於《再續》而未已，可謂勤矣。而島田翰述俞曲園語，謂曾見蕘翁晚年手定之《古書録》，以爲此書出世，繆刻《題跋》可廢。余之爲此編，亦復如斯。設一旦楊氏定稿出，則亦歸於無用耳。」余謂楊氏書生前已散出，恐無定稿，吾輩工作亦祇能就眼前力所能爲者爲之，但期於學術界有所埤補，則個人之志願已畢，其定稿有無可不必論，而多年秘本一旦呈露，世之人亦復有讀未見書之快，如有三兹編正不以未覩全稿而稍減其價值也。

時民國十九年六月十八日，同學弟孫楷第序於北平中海《國語大辭典》編纂處

書名索引

本索引依據《日本訪書志》和“附録一”所著録的書名，按照四角號碼檢字法編排。書名後標注其在正文中的編碼。